압도적 1위

전치사쇼크

정형정 저

**압도적인 1위의 영숙어 베스트셀러! 초스피드 1개월 완성!
수능, 공무원, 편입, 토플, 토익, 텝스 핵심 필수 전치사 100%!**

SHOCK

PREPOSITION SHOCK

쇼크잉글리쉬

전치사쇼크

초판 1쇄 2013년 1월 2일
초판 18쇄 2018년 5월 8일
개정판 1쇄 2019년 7월 1일
개정판 3쇄 2025년 3월 1일

지은이 정형정
영문 교정 Cristin, Jobi
발행인 최영미

발행처 도서출판 쇼크잉글리쉬
등록번호 제347-2012-00028호
주소 대구광역시 달서구 선원로 122
대표전화 070-8778-4077
팩스 050-4224-0646
e-mail shockeng@naver.com
홈페이지 www.telchina.co.kr
블로그 http://blog.naver.com/shockeng

가격 21,800원
ISBN 979-11-88730-03-2 13470

ⓒ 정형정. 2025. Printed in Korea
- 이 책은 저작권법에 따라 보호받는 저작물이므로 무단전재와 무단복제를 금지하며, 이 책 내용의 전부 또는 일부를 이용하려면 저작권자와 출판사의 서면 동의를 받아야 합니다.
- 내용 문의, 제휴 및 모든 제반 사항은 메일로 문의해 주시기 바랍니다.
- 파본이나 잘못된 책은 구입처에서 교환해 드립니다.

Prologue

고등학교 시절, 영어 공식에 대한 의문이 너무나 많아 영어 선생님에게 질문했더니, 학력고사에 도움이 안 되는 쓸데없는 질문은 그만하고 공식이니까 무조건 암기하라는 대답에 무척 화가 났습니다. 대학 진학 후 여러 문법책과 영어 원서를 뒤져봤지만 명확한 대답은 그 어디에도 없었지요. 그 당시 나는 일본어 실력도 상당했기 때문에 영어와 일본어를 동시에 공부할 목적으로 일본어로 된 일본 영문법 책을 일본인 강사를 통하여 구입했습니다. 일본 영문법 책을 읽어나가면서 우리가 배우는 영문법이 일본 영문법을 그대로 번역하여 만든 것임을 알게 되었고 큰 충격을 받았습니다. 우리가 무작정 암기했던 영어 공식들이 일본식 엉터리 영문법이었다니. 자존심이 무척 상했고, 그 충격과 분노는 엉터리 일본 영문법을 바로잡는 우리의 영어 문법서를 만들겠다는 결심과 함께 여러 논문과 참고 도서를 보며 꾸준한 연구로 이어졌습니다.

30대 중반에 출간을 시도했지만, 과거분사 영역이 완벽하게 해결되지 않아서 포기했고, 시간이 흘러 40대 초반이 되어 중학생이 된 아들의 중간, 기말고사 영어 시험문제를 보고 다시 충격을 받게 되었습니다. 20여 년이 지났음에도 그때와 달라진 것이 아무것도 없었고, 여러 EBS 인터넷 강의를 들어봐도 마찬가지였지요. **언제까지 이런 엉터리 일본식 영어를 배우고 가르쳐야 하는가? 그런 분노는 나로 하여금 다시 책을 쓰게 하는 강력한 에너지가 되었습니다.** 원어민 영어, 중국어 교육 사업을 하면서 나의 중국어 실력이 상당한 수준에 올랐고, 같은 언어 영역에 속해 있는 영어와 중국어 문법을 비교 연구하는 과정에서 과거분사 개념을 명확하게 정립했고 출간에 강한 자신감이 생겼습니다.

그런데, 2명의 커가는 자녀를 둔 42세의 가장이 영문법, 영숙어, 영단어 책을 출간하기 위해 하던 사업을 그만두고 집필에 전념한다고 했을 때 주변 사람들의 비아냥과 만류는 이만저만이 아니었습니다. 스마트폰 시대로 진입하면서 출판 시장은 날로 악화되었고, 초판 1천 권을 판매하기 어려운 상황에서 유명 학원 강사도 아닌 이름 없는 무명 저자가 1인 출판사를 창업하여 출판 사업에 뛰어든다는 것은 누가 봐도 무모한 도전임에 틀림없었습니다. 그럼에도 불구하고 출간에 대한 나의 의지는 꺾이지 않고 더 강렬해졌습니다. 가족과 주변 사람들을 안심시키기 위해 원고의 일부를 여러 고등학생, 대학생, 영어 교사에게 보여주며 냉정한 평가를 부탁했습니다. 그저 그런 평가나 혹평이 나오면 출간을 포기할 계획이었지요. 객관적인 평가들을 받았는데 '혁명적이다, 쇼크 그 자체다, 너무 쇼크받았다, 출간하면 당장 사겠다'는 내용이 대부분이었고, '쇼크'라는 평가에 착안하여 출판사 이름을 '쇼크잉글리쉬'라고 정하고 과감하게 쇼크시리즈 출간에 도전했습니다.

출판사 '쇼크잉글리쉬'는 이렇게 탄생하게 되었고, 쇼크시리즈는 4년여 만에 10만 부 돌파하며 꾸준히 사랑받는 베스트셀러가 되었습니다. 쇼크잉글리쉬는 저자인 제가 출판사 대표인 1인 출판사입니다. 1인 기업인 1인 출판사가 출간한 쇼크시리즈가 특별한 광고 없이 출간하자마자 왜 돌풍을 일으키며 단숨에 베스트셀러가 되었을까요? 그것은 일본식 엉터리 영어를 바로 잡아 영어 학습자에게 영어다운 영어, 외우지 않는 즐거움, 학습시간 단축의 즐거움을 줬기 때문입니다. 또, 책을 보신 고등학생, 대학생, 영어 선생님, 직장인, 일반인들이 탄성을 지르며 주변 사람들에게 강력 추천했기 때문입니다. 입소문으로 베스트셀러가 된 것이지요.

영어를 잘하기 위한 3박자는 문법, 단어, 숙어로 영문법은 영문법쇼크, 영단어는 영단어쇼크, 영숙어는 전치사쇼크입니다. 이 책들은 영어학습자와 영어 선생님들로부터 극찬을 받은 책으로, 고등학교 부교재 및 학원 교재로 널리 사용되고 있고, KBS 방송 굿모닝 팝스에 2년간 연재되었으며, 국방부 도서에 선정되어 군인 필독서가 되었으며, 전국 도서관에 비치되어 있는 화제의 베스트셀러입니다. 영어가 흘러온 영어의 역사, 어원, 원어민의 일상생활 등을 바탕으로 너무나 쉽고 재미있게 설명되어 있어 이 책들을 본 영어학습자들은 감동하고 탄성을 지릅니다. 지금까지 그 어떤 영어 선생님도 가르쳐주지 못한 내용으로 가득 차 있어, 쇼크시리즈는 암기 지옥에서 벗어나 외우지 않는 즐거움과 학습시간 단축의 즐거움을 줄 것입니다. **영어의 신세계! 직접 확인하세요.**

저자 올림

영숙어 학습 혁명!
왜 전치사쇼크인가?

대부분의 숙어집은 숙어도 아닌 것을 숙어로 만들어 영어학습자들을 암기 지옥에 빠뜨려 놓았습니다. 우리가 무작정 외우는 영숙어의 70%는 숙어가 아닙니다. 영숙어쇼크는 동사와 전치사(부사)를 결합하여 수천수만의 숙어를 만들어내는 원어민의 숙어 결합 원리를 영어의 역사, 단어의 기원, 원어민의 일생생활 등을 바탕으로 스토리 전개 방식으로 재미있게 설명해 놓았습니다. **처음부터 끝까지 소설책 읽듯이 반복해서 읽어보세요. 그러면 자신도 모르게 원어민의 숙어 결합 원리를 습득하게 될 것입니다.**

dress up은 '정장하다', give up은 '~을 포기하다', dry up은 '바싹 마르다', make up은 '화장하다', tie up은 '단단히 묶다', open up은 '활짝 열다...'처럼 두 단어를 하나로 묶어 숙어로 암기하는 것은 스스로 암기 지옥에 빠지는 것입니다. 사전에서 up을 찾아보면 '완전히, 철저하게, 모두, 깨끗이, 가득, 바싹, 일렬로, 단단히, 활짝, 꽁꽁...' 등 20여 개나 됩니다. 이 모든 뜻을 암기하여 기억할 수 있나요? 동사의 뜻과 up의 핵심 개념을 결합하면 전혀 암기할 필요가 없습니다. 지금 바로 이 책 22p부터 50p까지 읽어보세요. up과 관련된 숙어 100개를 대부분 기억할 것입니다. 놀랍지 않나요? **단어와 단어가 결합하여 새로운 뜻이 파생되는 원어민의 숙어 결합 원리를 익히면 우리가 무작정 암기하는 대부분의 숙어는 암기할 필요가 없습니다.**

call off는 call에 off를 붙였을 뿐인데 왜 '취소하다, 중지하다'는 뜻이 될까요? turn down은 turn에 down을 붙였을 뿐인데 왜 '거절하다'는 뜻이 될까요? kick off는 왜 '시작하다'일까요? come down with는 왜 '(병)에 걸리다'일까요? go out with는 왜 '~와 데이트하다'일까요? put in for는 왜 '지원하다'일까요? rain cats and dogs는 왜 '억수같이 비가 오다'일까요? break a leg은 왜 '행운을 빌다'일까요? get the ax는 왜 '해고당하다'일까요? 이렇게 마구 쏟아지는 수많은 숙어를 무작정 외운다면 그것은 그야말로 암기 지옥이지요. 위의 숙어들을 색인에서 찾아 읽어보세요. 쇼크 그 자체일 것입니다.

전치사쇼크에는 어원을 통한 단어 암기법이 들어 있습니다. 학(學)의 어원은 '배우다'죠. 學이 들어간 학생, 학교, 학습, 학문은 모두 배우는 무엇임을 알 수 있지요. submit은 sub(아래=down)+mit(보내다=send)입니다. 적의 장수 아래에 백기를 든 신하를 보내면 '항복하다', 대학 생활에서 과제물을 교수연구실에 제출하러 갔는데 아무도 없어서 문 아래 틈 사이로 과제물을 밀어 보내면 '제출하다'입니다. 재미있지 않나요?

**쇼크! 탄성! 감동! 모든 시험 필수 영숙어 1,200개를 단번에!
영어가 즐겁다! 학습시간 단축! 외우지 않는 즐거움! 암기 지옥 탈출!**

 이와 같이 어원과 단어가 흘러온 역사를 알면 단어 암기가 매우 쉽고 재미있지요. 영숙어쇼크를 보고 보카쇼크를 보면 단어 공부가 한층 더 쉬워질 것이고, 보카쇼크를 보고 영숙어쇼크를 보면 숙어 공부가 한층 더 쉬워질 것입니다. 동시에 보면 더 좋지요.

 전치사쇼크에는 파생 원리를 통한 단어 암기법이 들어 있습니다. want는 'n.부족, ~을 원하다'입니다. 사람들은 자신에게 부족한 것을 원하기 때문에 '부족'이란 뜻에서 '원하다'는 뜻이 파생되는 것이죠. 모든 언어에서 단어의 뜻과 뜻에는 상관관계가 있답니다. 파생 원리를 모른 채 무작정 단어 뜻을 외우는 것 또한 암기 지옥에 빠지는 것입니다.

 전치사쇼크는 1,000개 이상의 숙어를 영어의 역사, 단어의 어원, 원어민의 일상생활 등을 바탕으로 스토리 전개 방식으로 재미있게 설명해 놓았기 때문에 읽으면서 쉽게 기억할 수 있습니다. 원어민의 숙어 결합 원리를 원어민 감각으로 느낄 수 있도록 해 놓았기 때문에 **소설책 읽듯이 반복해서 읽으세요. 자신도 모르게 단어와 단어를 결합하여 그 뜻을 파악해 내는 원어민의 감각이 생길 것입니다.**

영문법 학습 혁명!
영문법쇼크 소개

"안녕하세요. 영문법쇼크에 크게 감명받아 총 세 번 정독 후 올해부터 모든 영문법을 영문법쇼크 스타일로 가르치고 있는 서*여자고등학교 1학년 영어교사 이**입니다. 약 한 달간 저자님 방식의 문법을 설명해본 결과 초반에는 일본식 영문법에 익숙해져 있는 학생들이 받아들이기 어려워했지만 차츰 더 쉬워하더군요. 정말 감사드립니다" 위와 같은 학교 영어 선생님의 감사 메일. 고등학교 다니는 아들은 "아빠, 우리 학교 영어 선생님이 영문법쇼크로 수업해"라고 합니다. **영문법쇼크는 고등학생, 대학생, 영어교사의 필독서가 되어 있습니다.** 탄탄한 영문법 체계 없이 수능 영어 고득점이 가능할까요? 단어와 숙어를 연결하여 문장을 만드는 규칙이 바로 문법입니다. 내가 배운 영문법이 왜 엉터리인지 그 예를 들어볼까요?

1. 영문법에서 시제 영역은 엉터리 그 자체입니다.

현재완료는 '완료, 경험, 계속, 결과다'라는 공식은 엉터리입니다. 독해를 하면서 무슨 용법인지 생각한다면 시간 낭비이고, 회화를 하면서 무슨 용법인지 생각한다면 대화 자체가 되지 않겠지요. 'be+과거분사는 수동태다'라는 공식도 엉터리입니다. 'be+과거분사'가 수동태가 아닌 경우는 모두 예외로 규정하여 암기했는데, 시간이 흐른 지금 그 예외가 산더미처럼 불어나 있지요. "be+V -ing'는 현재진행형으로 가까운 미래에도 쓴다'라는 공식이 있는데 어디까지가 가까운 미래일까요? 'be+V -ing'가 현재진행형이 아닌 경우에는 또 예외로 규정해 암기해야 합니다. '현재 완료 진행형은 현재에서 완료하고 계속되는 것이다'라고 정의해 놓고, 예외로 동작이 끝난 직전 과거에도 사용한다고 합니다. '미래시제에는 will을 사용해야 한다'라고 정의하고 그 공식에서 벗어나면 '왕래 발착 동사는 미래시제가 현재시제를 대신하고, 시간 부사절과 조건 부사절은 미래시제 대신에 현재시제를 사용하고, 형용사절과 명사절은 미래시제 그대로 쓴다'라는 예외 공식을 암기하여 적용해야 합니다. 끝없는 황당한 공식들. **영문법쇼크는 이 모든 엉터리 시제 공식들을 완전히 타파**하여 암기할 필요가 없도록 해 놓았습니다.

2. 분사구문 공식은 엉터리로, 영어학습자들이 가장 힘들어하는 부분이죠.

분사구문을 '시간, 이유, 조건, 양보, 부대 상황'이라고 정의합니다. 부대 상황이란 황당한 문법 용어부터 먼저 익혀야 하지요. 분사구문은 독해 지문에 자주 등장하는데 어떤 용법으로 사용되었는지 생각한다면 시간 낭비지요. 분사구문 공식 또한 엉터리입니다.

일본식 엉터리 영문법! 이제는 버려야 한다.
독해, 회화, 작문이 너무나 쉬워지는 영문법!

3. 대부분의 영어 문법서는 to 부정사를 미래개념으로 잘못 공식화하고 있습니다.

to 부정사를 과거 개념으로 사용하는 경우도 많습니다. 또 부정사(不定詞)를 제멋대로 해석해 놓은 책들이 너무나 많습니다. '부정사의 의미상 주어는 'for+목적격'을 쓴다. 예외로 사람의 성격을 나타내는 kind, friendly, generous 등등은 'of+목적격'을 쓴다'라는 공식 역시 엉터리입니다.

4. 조동사 역시 엉터리 설명으로 가득 차 있습니다.

could를 can의 과거형으로 암기하고 있다면 조동사의 핵심을 모르는 것이고, 조동사의 핵심을 모르면 가정법 학습이 더욱 어려워지지요. 또 '조동사 have pp'의 뜻을 공식처럼 외웠는데 그 공식에서 벗어나는 예외 문장들을 만나면 또 당황하게 됩니다.

5. 영어의 관계사는 너무도 많아 혼란스럽습니다.

선행사란 용어가 먼저 등장하고, 선생님은 '관계대명사 뒤에는 불완전한 문장이 오고, 접속사 뒤에는 완전한 문장이 온다'라고 강조하며 무조건 암기하라고 합니다. 관계대명사에서 끝났나 싶은데 관계부사가 등장하여 더욱 복잡해지지요. 관계사가 흘러온 영어의 역사를 알면 암기할 필요도 없고 너무 쉽고 간단합니다. 영문법쇼크 관계사 편을 읽어보세요. 탄성을 지르게 됩니다.

엉터리 영문법 공식을 예로 들자면 끝이 없습니다. 고등학교 때 엉터리 영문법을 바로잡아 확실한 영문법 체계를 갖추어야 합니다. 그렇지 않으면 대학 가서 만나게 되는 토익, 토플, 텝스, 공무원 시험 등 각종 시험에서 낭패를 보게 되고, 영어 회화와 작문도 제대로 할 수 없습니다. 대학진학 후 왜 많은 대학생이 기초영문법부터 다시 볼까요? 그것은 자신이 배운 영문법이 엉터리였다는 것을 뒤늦게 알기 때문입니다. **수능을 넘어서 미래를 생각한다면 영문법쇼크는 반드시 봐야 합니다.**

영단어 학습 혁명!
영단어쇼크 소개

1. 어원학습법과 해마학습법! 단어 암기가 너무나 쉽습니다.

영어 단어를 암기하는 방식은 크게 어원학습법과 해마학습법(연상법)이 있는데, 단어를 쉽게 외울 수 있으면 어떤 방법이든 좋습니다. conceive는 '생각(상상)하다, 임신하다'입니다. 어근 ceive가 take(잡다)라는 뜻이기 때문에 '머릿속에 잡다=생각(상상)하다'이고, '배 속에 아기를 잡다=임신하다'입니다. 무엇을 잡고 있는데 잡고 있는 위치가 머릿속이냐 뱃속이냐에 따라서 의미가 달라질 뿐이죠. 재미있지 않나요?

또, 단어의 영어 발음과 우리말 뜻을 연결 지어 암기하는 해마학습법(연상법)도 좋은 암기 방법입니다. '깨지기 쉬운'이란 의미의 fragile[frǽdʒəl]을 '쁘라질'로, demon[díːmən]을 '뒤에 뭔가가 있는 듯 오싹함을 느끼면 뒤에 귀신이 있는 거야'처럼 기억하면 쉽게 암기할 수 있지요. **영단어쇼크는 영어 단어를 어원학습법과 해마학습법으로 설명하여 단어 암기가 매우 쉽고 재미있습니다.**

2. 영단어쇼크만의 학습 비법! 파생 원리를 알아야 합니다.

파생 원리를 알면 모든 언어의 단어 암기가 상당히 쉽습니다. appreciate는 '감상하다, 인정하다, 평가하다, 감사하게 생각하다'입니다. 어떤 작품을 감상한 후, 그 작품성을 인정하고, 작품 가격을 높이 평가하면, 그 평가에 감사하게 생각하지요. appreciate는 '감상'에서 모든 의미가 파생된 단어입니다. '감상, 인정, 평가, 감사'로 이어진 의미 확장을 이해하셨나요? assess는 '평가하다, (세금)부과하다'입니다. 세금 징수원이 주인의 재산과 수입을 평가한 후에 세금을 부과한 것에서 유래하여 '평가하다'에서 '부과하다'는 의미가 파생되었습니다. 재미있고 암기도 쉽지 않나요? cave는 '동굴'이란 뜻인데 왜 '양보하다'는 뜻을 갖고 있을까요? bar는 '막대기'라는 뜻인데 왜 '막다, 법정, 변호사직'이란 뜻을 갖고 있을까요? 파생 원리를 알면 단어 뜻을 무작정 암기할 필요 없이 쉽게 기억할 수 있습니다. 모든 언어는 시간이 흘러가면서 하나의 뜻에서 여러 뜻으로 파생됩니다. **단어 뜻이 파생되는 파생 원리를 무시하고 무작정 암기하는 것은 스스로 암기 지옥에 빠지는 것**이죠. 보카쇼크는 단어 뜻이 파생되는 원리를 자세하게 설명해 놓았기 때문에 영단어쇼크를 보면 본서에 없는 단어들의 파생 원리도 쉽게 파악할 수 있을 것입니다. **파생 원리는 영단어쇼크만의 학습 비법으로 대한민국 그 어느 책에도 없습니다.**

3. 자동사와 타동사의 쓰임! 영어에서 너무나 중요합니다.

 품사를 무시한 채 자동사 타동사 구분 없이 무작정 단어 뜻만 암기하는 단어집은 영어를 망치게 합니다. What time do I reach Seoul?과 He reached for a handshake에서 왜 for가 있어야 할까요? 첫 번째 문장의 reach는 'vt. ~에 도착하다'는 타동사로, 단어 속에 전치사 '~에'가 붙어 있기 때문에 전치사 for나 to가 필요 없습니다. 두 번째 문장의 reach는 'vi. 손을 뻗다'는 자동사로, '그는 악수하기 위하여 손을 뻗었다' 입니다. 전치사 for가 없으면 '그는 악수 손을 뻗었다'로 황당한 말이 되지요. 영어는 우리말과 달리 하나의 단어로 자동사와 타동사 겸용으로 사용하기 때문에 그 감각을 확실하게 익혀야 합니다. 독해 중심의 수능 영어에서 타동사, 자동사 구분은 그다지 중요하지 않습니다. 그러나 대학 가면 모든 것이 달라집니다. 토익, 토플, 텝스, 공무원 시험 등에서 자동사, 타동사를 구분하는 문제들이 자주 등장하고, 회화와 작문에서 타동사와 자동사의 쓰임은 더욱 중요하지요. 대학진학 후 대부분의 대학생이 고등학교 때 봤던 단어집을 버리는 이유는 무엇일까요? 영단어쇼크는 영어의 핵심 기초인 자동사와 타동사의 감각을 읽으면서 자연스럽게 습득되도록 해놓았습니다. 그것이 진짜 영어입니다.

4. 영단어쇼크는 영어 어휘 기본서입니다.

 영단어쇼크는 완벽한 수능대비뿐만 아니라 대학진학 후 준비할 공무원, 편입, 토플, 텝스, 토익, SAT, GRE와 같은 각종 시험에 고득점을 안겨줄 영어 어휘 기본서입니다. 각종 영어 시험의 고득점 비결은 어휘력이고, 단어를 잊지 않고 오래 기억하는 최고의 비법은 하나의 책을 수십 번 반복해서 보는 것입니다.

Contents

Prologue / 004

영숙어 학습혁명! 왜 전치사쇼크인가? / 006

영문법 학습혁명! 영문법쇼크 소개 / 008

영단어 학습혁명! 영단어쇼크 소개 / 010

영어의 역사 / 014

숙어란 무엇인가? / 018

up / 022
down / 062
on / 072
off / 114
from / 132
to / 142
of / 178
in / 202
into / 228
out / 236
for / 264
at / 290

with / 306
by / 324
away / 340
over / 350
about / 360
after / 368
apart / 372
across / 374
against / 376
재미있는 숙어 모음 / 377
찾아보기 / 394
학습 후기 글 모음 / 404

영어의 역사

우리가 배우는 영문법, 영단어, 영숙어에는 영어가 흘러온 역사가 고스란히 담겨 있습니다. 우리는 영어를 학문적으로, 전공할 목적으로 배우는 것이 아니지요. 영어 학습에 도움이 되는 상식적인 수준의 영어 역사를 설명합니다. 영어가 흘러온 역사를 알면 영어 공부가 한층 더 재미있어집니다.

영어는 영국인의 언어입니다. 영국인의 원래 조상은 브리튼족(켈트족)으로 풀밭을 찾아 양 떼를 몰고 유럽대륙에서 영국 섬으로 이동한 민족입니다. 영국을 British라고 하는 것은 브리튼족에서 나온 것이죠. 영국인의 조상은 유목민으로 그들의 생활 수단은 목축입니다. **영어에 있어서 이동 개념이 매우 중요한 것은 영국인의 조상이 유목민이었기 때문입니다.** up, down, in, out, over, away, to, on, off 등 많은 전치사에는 이동개념이 포함되어 있습니다.

BC 55년. 로마 장군 카이사르가 영국을 정복하여 **영국은 로마제국에 편입되어 로마문화가 깊이** 뿌리내리게 됩니다. 영국은 로마의 선진 문명을 받아들이고 300년간 평온한 시간을 보냅니다. 4C 초에 아시아의 훈족(=흉노족)이 유럽으로 진격하고 여기에 쫓긴 게르만족들이 로마 본토로 쳐들어가게 됩니다. 그것을 역사에선 게르만족의 대이동이라고 하지요. 로마 본토를 방어할 병력이 부족하여지자 영국에 주둔하고 있던 로마군대가 모두 본토로 철수하여 영국은 무방비 상태가 되었습니다. 이때를 놓치지 않고 로마군에게 쫓겨 북쪽으로 도망갔던 스코트족이 남쪽으로 쳐들어옵니다. 스코트족이 쳐들어 왔지만 이를 막을 군대가 그들에겐 없었습니다. 300년 동안 로마군대가 지켜줬으니 당연히 군대가 없지요. 그래서 누군가 바다 건너편에 있는 민족을 그들을 지킬 용병으로 부르자고 제안합니다. 그들이 불러들인 용병이 바로 게르만족의 일파인 앵글족과 색슨족입니다.

색슨족은 독일의 작센지방에서 사는 민족이고, 앵글족은 작센지방 위에 낚싯바늘처럼 생긴 앵갤른 지방에 사는 민족으로 두 민족은 이웃사촌이었습니다. 그들은 전쟁이 일상생활이었고, 전쟁을 스포츠로 생각하는 야만인이었습니다. 남녀노소 어린아이까지 도륙을 일삼았으니 야만인 소리를 들을 수밖에 없겠지요. 이들이 브리튼족의 구원요청을 받아 용병으로 영국에 건너갔는데 그들은 따뜻한 기후와 기름진 평야를 보고는 갑자기 돌변하게 됩니다. 이렇게 기름지고 따뜻한 땅이 있었는데 왜 우리는 춥고 음산한 지역에서 바보처럼 살았을까 하는 생각이 들었고, 그들은 브리튼족을 도륙하고 그 지역을 차지하게 됩니다. 브리튼족은 도륙을 당했고 살아남은 자는 웨일스, 아일랜드, 스코틀랜드로 도망갔습니다. **앵글족과 색슨족이 용병으로 영국에 건너가 브리튼족을 도륙한 후 런던을 중심으로 한 평야 지대를 차지하여 정착한 것이 오늘날 영국 역사의 시작**입니다. 앵글(Angle)족의 땅(land)에서 잉글랜드(England)가 탄생하게 된 것이죠. 현재 영국연방은 잉글랜드, 스코틀랜드, 웨일스, 북아일랜드로 되어 있습니다.

앵글로색슨족이 영국의 조상인데 그 당시 그들은 어떤 언어를 사용했을까요? 그들은 게르만족(독일민족)으로 독일어 방언을 사용했습니다. 즉 **앵글로색슨족이 사용하던 언어는 독일어 방언이었기 때문에 영어의 출발은 독일어 방언**인 것이지요. 영어의 출발이 독일어 방언이었는데 1500년 전의 독일어 방언이 어떻게 독일어와 전혀 다른 영어로 진화했는지 그 과정을 알면 암기할 내용이 현저히 줄어들고 영어 학습이 더욱더 재미있어진답니다.

앵글로색슨족이 영국으로 건너와 정착하고 더 많은 게르만족이 영국으로 건너갑니다. 영국 땅이 게르만족이 살고 있는 땅보다 더 따뜻하고 비옥하다는 소문이 났으니 너도나도 건너가는 것은 당연하죠. 다음부터는 영국에 정착한 게르만족을 영국인이라고 부르겠습니다. **영국인은 가톨릭을 국교로 받아들여 그들의 사고에는 기독교적 세계관이 깊이 자리하게** 됩니다. 영국인은 로마 문명에 가톨릭을 받아들여 정착하여 살면서 게르만족이 갖고 있던 야만성에서 조금씩 벗어나고 있었습니다. 그런데 그들보다 더 강력한 야만인들이 영국을 집요하게 공격하기 시작합니다. 그들이 바로 바이킹(덴마크, 노르웨이)으로 살인, 약탈, 방화로 그들이 지나간 자리는 개미 한 마리 살아남지 못할 정도로 잔인했습니다. 오죽했으면 영국인들은 바이킹을 지옥의 묵시록에 나오는 악마라고 표현했을까요? 그들이 사용하던 배는 바이킹이란 이름으로 오늘날 놀이공원에도 살아 있지요. 871년 대규모 전투가 9번이나 있었고 연전연패를 거듭하다가 마지막 전투에서 승리하여 영국을 살려낸 사람이 바로 알프레드 대왕입니다. 우리에게 이순신 장군과 같은 존재가 영국 역사에선 알프레드 대왕이죠. 알프레드 대왕이 마지막 전투에서 패했다면 지금의 영국은 존재하지 않을지도 모르지요. 알프레드 대왕은 영국 땅의 상당 부분을 바이킹에게 넘겨주고 경계선을 정한 후 휴전을 합니다.

이제 영국 땅에는 앵글로색슨족뿐만 아니라 바이킹족이 함께 정착하게 되었습니다. 두 민족의 언어는 비슷하면서도 많이 달라 언어소통에 문제가 발생했지요. 예를 들어 '말에게 물을 줘라'라는 표현에서 '말에게'는 '말+에게'로 결합되어 있는데 명사 뒤에 붙는 조사 '~에게'가 서로 달라서 언어소통에 충돌이 발생했던 것입니다. 물건을 사고파는 시장에서 언어가 다르다는 것은 누군가 손해를 보는 일이 발생한다는 것이지요. 그래서 그들은 **정확한 의사소통을 위하여 새로운 언어규칙을 만들게 됩니다. 그것이 바로 명사 뒤에 붙여서 사용하는 조사 '~에게'를 서로가 통일시켜 명사 앞으로 이동시키는 새로운 규칙**을 만들었던 것이지요. '말에게'가 '에게+말'이 된 것입니다. 즉 영국인과 바이킹이 한 지역에 살아가면서 언어충돌로 인해서 전치사(前置詞)가 탄생한 것입니다. 전치사(前置詞)란 명사 앞에 두는 말이란 뜻이죠. 독일어의 '~에게'는 우리말과 똑같이 명사 뒤에 붙여 사용하는 후치사(後置詞)인데 언어충돌로 인해 후치사가 명사 앞으로 이동하여 전치사가 된 것이지요. 제일 먼저 태어난 전치사가 to입니다.

영어의 역사   015

　전치사의 출현이 1000년 전의 독일어 방언이 오늘날의 영어가 되기 시작하는 출발이지요. **전치사는 우리말에는 조사(助詞)에 해당**합니다. 이렇게 전치사 to가 발생하고 그다음엔 from, with, by 등이 하나씩 생겨나 전치사가 그 기능을 확대해 나갑니다. 영어 학습에 있어서 전치사를 정복하면 영어를 정복했다고 할 정도로 전치사는 매우 중요합니다.

　1066년. 영국의 운명이 바뀌게 됩니다. 프랑스의 노르망디 공 윌리엄이 영국을 정복하여 영국은 프랑스의 식민지가 됩니다. 한 번의 마지막 전투에서 왕과 귀족들이 몰살당하고 영국민은 프랑스의 노예가 되어 버리지요. 그 시간이 몇백 년입니다. 그 기간 동안 **영어 단어의 85%가 사라지고 프랑스어 단어가 영어를 대체**하게 됩니다. 참으로 재미있는 것은 영어단어의 15%는 살아남았다는 것이지요. 앵글로색슨족이 브리튼족을 정복하고 난 이후 브리튼족이 사용하던 켈트어는 완전히 사라졌습니다. 앵글로색슨족이 사용하던 독일어 방언이 켈트어를 완전히 사라지게 만든 것이지요. 남아메리카를 보세요. 그들의 언어는 사라지고 정복국가의 언어인 스페인어, 포르투갈어(브라질)를 사용하고 있습니다. 영국이 프랑스에 정복당했지만 그들의 언어인 영어를 끝까지 지킬 수 있었던 것은 게르만족이 원래 갖고 있던 용맹함에서 오는 저항정신 때문입니다. apple의 원래 뜻은 과일이었습니다. 과일이란 뜻을 가진 프랑스어 fruit가 들어오니 영국인은 apple을 사과란 뜻으로 바꾸어 사용하기 시작한 것입니다. 이런 방식으로 영어는 소멸되지 않고 끝없이 저항하고 버텨 나갔던 것이지요.

　영어는 원래 앵글로색슨족이 사용하던 독일어 방언이었는데 프랑스의 식민 지배를 받으면서 독일어 방언이었던 영어가 프랑스어처럼 바뀌어 갑니다. 프랑스어 단어와 프랑스어 문법이 그대로 들어와 사용되니 영어가 프랑스어처럼 보이는 것은 당연하지요. 프랑스어는 상류층에서 사용하는 고급스럽고, 고상하고, 우아한 언어이고 영어는 하층민 노예들이나 사용하는 쓰레기 언어였습니다. 무시당하지 않기 위해 대부분의 영국인은 프랑스어 단어를 사용하려고 노력했고, 그런 시간이 오랜 기간 지속되어 영어단어의 85%가 사라지게 된 것이지요. 우리가 외우는 영단어의 대부분은 프랑스어 계열의 단어랍니다. **프랑스어 단어가 영어를 점령하고 영어는 더욱더 전치사에 의존하는 언어가 되어 버립니다. 왜냐하면, 프랑스어 단어가 폭포수처럼 밀려오는데 프랑스어 동사를 어떻게 활용할지 아무도 몰랐기 때문**이지요. abandon이라는 프랑스어 단어가 들어 왔는데 어떻게 단어 끝을 변화시켜 활용해야 하는지 아무도 알 수 없었습니다. 학교에서 가르치는 것은 영어가 아닌 프랑스어였으니 영어를 가르쳐 주는 곳은 그 어디에도 없었지요.

 1453년. 116년 동안 지속되던 백년전쟁이 끝나고 영국과 프랑스는 완전히 결별하게 됩니다. 우리가 일본에 느끼는 감정처럼 영국과 프랑스는 원수가 되었고 영국인들은 프랑스에 대한 반감으로 영국인만의 언어를 만들어 갑니다. 우리는 프랑스인이 아니기 때문에 영어 단어를 사용해야 한다는 생각이 모든 영국인의 가슴에 자리 잡게 되는 것은 당연하지요. 누가 자신을 핍박하던 원수의 단어를 사용하고 싶을까요? 그것은 우리를 억압한 일본어를 일상생활에서 사용하지 않는 것과 같습니다. 그래서 영국인들은 그들이 프랑스의 지배를 받기 이전부터 갖고 있던 순수 영어 단어로 일상대화를 하기 시작합니다. 프랑스의 지배로 영어단어의 85%는 사라졌지만 15%는 살아남았지요. 그 단어의 대부분은 make, take, look처럼 단음절로 된 짧은 단어였기 때문에 생존할 수 있었습니다. 프랑스어 단어 decline을 사용하는 대신에 turn down을 사용하고, abandon을 사용하는 대신에 give up을 사용하는 것처럼 순수 영어 동사에 전치사(부사)를 결합하여 사용하기 시작한 것입니다. 그것이 오늘날 구어 영어의 출발입니다. **영어 원어민은 500단어로 하고 싶은 말을 다 표현합니다.** take, put, make와 같은 기초단어에 up, down, in out, on, off 등의 전치사(부사)를 붙여서 그들이 하고 싶은 말을 모두 표현하는 것이지요. 중학교 수준이면 모두 다 아는 단어에 전치사를 결합하면 무수히 많은 뜻이 발생하는 것입니다. 구어 영어에서 전치사의 역할은 절대적입니다. 이러한 역사적 과정을 거쳐 전치사는 영어의 전부라고 해도 지나치지 않을 정도로 영어의 핵심이 되었습니다.

 영어는 '독일어+로마어(라틴어)+바이킹어+프랑스어+기타언어'로 된 복합 언어입니다. 영어가 아무도 거들떠보지도 않던 삼류 언어에서 국제어가 된 것은 '셰익스피어+해상권장악+산업혁명+미국' 때문입니다. 셰익스피어 작품이 영어를 고급화시켰고, 스페인의 무적함대를 격파하고 영국은 세계를 식민지화하면서 영어의 사용영역을 넓혀 갔습니다. 그리고 영국에서 산업혁명이 일어나 영어의 가치는 더욱더 높아졌지요. 마구 쏟아지는 신기술은 영어로 기록되었고 후발국가에서 그 기술을 받아들이기 위해선 영어를 배워야 했기 때문입니다. 그리고 신대륙 아메리카의 발견 이후 미국이란 나라에서 영어를 사용하고 미국이 세계 제1의 강대국이 됨으로써 영어가 세계 제1의 언어가 된 것입니다.

 영국인의 역사에는 이동, 전쟁, 기독교, 상업문화가 깊숙이 뿌리박혀 있습니다. 대부분의 전치사에 이동의 뜻이 있고, 많은 영어 숙어가 이동, 전쟁, 기독교, 상업문화에서 발생하는 것은 당연하겠지요. **영어의 역사를 알고 영어를 배우면 원어민의 감각을 느낄 수 있고 영어 학습이 매우 재미있다는 것을 이 책을 읽어 가면서 느끼게 될 것입니다.**

숙어란 무엇인가?

숙어(熟語)란 단어와 단어를 결합하여 그 뜻을 파악할 수 없는 특수한 의미를 나타내는 어구를 말합니다. bring up, look at, put in for, take out 등을 우리는 숙어라고 하는데, 각각의 단어가 갖고 있는 뜻을 결합하면 그 뜻을 충분히 알 수 있기 때문에 실제로는 숙어가 아니지요. 그렇지만 우리는 보통 숙어라고 부르기 때문에 이 책에서도 편의상 숙어라고 부르겠습니다. **숙어 동사는 3가지 형태로 결합**되어 있습니다.

1. **자동사＋전치사**   ex) look at, listen to, concentrate on
2. **자동사＋부사＋전치사**   ex) look up at, come down with, look down on
3. **동사(자동사, 타동사)＋부사** ex) send out, take off, give up

1. '자동사 ＋전치사'로 결합된 숙어

영어 학습에 있어 가장 중요한 기초 중에 하나는 자동사와 타동사의 쓰임입니다. 영어 사전에 자동사는 vi로 표시되어 있고, 타동사는 vt로 표시되어 있지요. talk와 tell을 사전에서 찾아보면 자동사와 타동사에 대해 바로 이해가 될 것입니다. talk는 자동사로 'vi.말하다'이고, tell은 타동사로 'vt.~에게 말하다'입니다. talk에는 '~에게'라는 전치사(=조사)가 붙어 있지 않고, tell에는 '~에게'라는 전치사(=조사)가 이미 붙어 있지요. '나에게 말해 봐'는 talk **to** me, tell me입니다. talk는 'vi.말하다'로, 단어 속에 전치사(=조사) '~에게'가 붙어 있지 않기 때문에 전치사 '~에게(to)'를 붙여 talk to me로 사용해야 합니다. tell은 'vt.~에게 말하다'로 단어 속에 이미 전치사(=조사) '~에게(to)'가 붙어있기 때문에 전치사 to를 다시 붙여서는 안 됩니다. 타동사 tell에 전치사 to를 붙여 사용하면 '나에게 에게'가 되어 전치사(=조사)가 중복되어 듣기가 상당히 거북해 지지요. 우리말로 '나에게에게 전화해줘'라고 친구에게 말해 보세요. 그 말을 듣는 사람은 상당히 어색할 것입니다. '**자동사＋전치사=타동사**'임을 반드시 기억하세요. 어떤 단어는 자동사(vi)로, **어떤 단어는 타동사로(vt), 어떤 단어는 자동사, 타동사 겸용으로 사용합니다.**

예를 더 들어볼까요? look at me는 '나를 봐'입니다. look은 자동사로 'vi.보다'이기 때문에 뒤에 명사를 연결할 때 '~를'에 해당하는 전치사 at을 붙여 look **at**으로 '~를 보다'가 되지요. at은 '~를'의 기능을 하는 전치사(=조사)입니다. 자동사를 타동사로 만들기 위해서는 자동사 뒤에 전치사를 붙여야 합니다. '**자동사＋전치사=타동사**'임을 항상 기억하세요. listen to me는 '내 말을 들어'입니다. listen은 자동사로 'vi.듣다'이기 때문에 뒤에 명사를 연결할 때 '~를'에 해당하는 전치사 to를 붙여 listen **to**로 '~를 듣다'가 됩니다. to는 '~를'의 기능을 하는 전치사입니다. 영어로 전치사(前置詞)는 preposition인데 pre(앞=before=前)＋position(n.위치)의 어원 결합으로 명사 앞에 위치시키라는 것입니다.

'자동사+전치사+명사(목적어)'로 전치사는 항상 명사(목적어)앞에 위치합니다. talk to me(나에게 말하다)에서 전치사 to를 생략하면 '나 말하다'가 되어 나 자신에 대해 말을 하겠다는 것인지, 내가 말을 하겠다는 것인지, 나에게 말을 하라는 것인지 알 수 없는 모호한 말이 됩니다. **전치사를 생략하면 의미 전달을 정확하게 할 수 없고 문법적으로 틀린 표현이 됩니다.** 자동사 뒤에 명사를 연결할 때 왜 전치사가 필요한지 이해하셨나요?

2. '자동사+부사 +전치사'로 결합된 숙어

talk to(~에게 말하다)의 사이에 down을 넣으면 talk **down** to(~에게 야단치다)가 됩니다. talk to에 부사 down을 넣으니 '~에게 말하다'에서 '~에게 야단치다'란 새로운 뜻이 발생하는 것이죠. look to(~쪽으로 보다)의 사이에 up을 넣으면 look **up** to(~를 존경하다)가 됩니다. look to에 부사 up을 넣으니 '~쪽으로 보다'에서 '~을 존경하다'는 새로운 뜻이 발생합니다. 이렇게 자동사와 전치사 사이에 부사가 들어가 새로운 의미가 파생되는 숙어가 많습니다.

3. '동사(자동사, 타동사)+부사'로 결합된 숙어

'동사+부사'로 결합된 숙어를 구동사 또는 2어 동사라고 합니다. **부사(副詞)는** 단독으로 사용하는 하나의 단어로 **동사, 형용사, 부사를 수식하는 기능**을 하지요. 부사는 영어로 adverb인데 ad(이동)+verb(동사)의 결합으로, 주로 동사를 꾸며주는 기능을 합니다. '그는 밖에서 놀고 있어요'에서 '밖에서'는 '놀다'라는 동사를 수식하는 부사입니다. 그리고 띄어쓰기를 보면 '밖에서'는 전치사(=조사)처럼 명사에 붙어 있는 것이 아니라 단독으로 사용하고 있지요. '밖에서'를 생략하면 '그는 놀고 있어요'로, **부사는 생략해도 의미 전달에 이상이 없으며 문법적으로 완전한 문장이 됩니다.**

send **out** the dog과 send the dog **out**을 보세요. '개를 **밖으로** 보내라'인데 'out(밖으로)'은 동사 send를 꾸며주기 때문에 부사입니다. 부사의 위치는 자유로워서 명사인 the dog 앞에 놓아 send out the dog처럼 사용해도 되고, send the dog out처럼 명사 뒤에 놓아도 되지요. send out the dog에서 out이 전치사인지 부사인지는 사전에 동사를 찾아보면 간단합니다. send를 사전에 찾아보면 'vt.~을 보내다'이기 때문에 send out에서 out이 부사임을 알 수 있지요. look at me를 look me at으로는 절대로 사용할 수는 없습니다. look을 사전에서 찾아보면 'vi.보다'이기 때문에 at은 전치사이고, 항상 look at처럼 붙여서 사용해야 하지요. **전치사는 반드시 명사 앞에 위치해야 하고, 부사의 위치는 자유로워 명사 앞에 위치해도 되고 명사 뒤에 위치해도 됩니다.**

　water는 명사로 사용하면 '물'이고, 동사로 사용하면 '~에 물을 주다'입니다. fast는 부사로 사용하면 '빨리'이고, 형용사로 사용하면 '빠른'입니다. 이와 같이 영어 단어는 품사가 정해져 있지 않습니다. 전치사로만 사용하는 것은 at, for, from, of, to, with, into이고, 부사로만 쓰이는 것은 away입니다. 전치사와 부사로 둘 다 쓰이는 것은 up, down, on, off, in, out, by, over, about입니다. **동사 뒤에 있는 단어가 전치사인지 부사인지 궁금하면 고민하지 말고 동사를 사전에서 찾아보세요. 자동사(vi) 뒤에 있는 것은 전치사이고, 타동사(vt) 뒤에 있는 것은 부사입니다.**

　숙어 학습을 위해서는 자동사, 타동사, 전치사, 부사가 무엇인지 알아야 합니다. 자동사, 타동사, 전치사, 부사에 대해 확실히 이해했나요? 이해를 못 해도 상관없습니다. 이 책을 읽어나가면 저절로 알게 됩니다. 이제 즐겁게 본문으로 넘어갈까요? **처음부터 끝까지 소설책 읽듯이 반복해서 읽어보세요. 그러면 자신도 모르게 원어민의 숙어 결합 원리를 습득하게 될 것입니다.**

무작정 암기할 것인가?
원어민의 숙어 결합 원리를 익힐 것인가?

1. 위로
2. 쪽으로(= toward)
3. 위에
4. 끝까지, 전체 다

1. up의 뜻은 '위로'입니다.

up은 무엇이 아래에, 바닥에 있는데 그것이 '위로' 움직이는 것입니다. He went up은 '그는 위로 올라갔어'로 말해주지 않아도 알고 있는 정보는 그는 아래에, 낮은 곳에 있었다는 것이지요. up이 사용되었다는 것은 무엇이 down 상태에 있다는 것입니다.

2. up의 뜻은 '~쪽으로(toward)'입니다.

'위로'에서 '~쪽으로'란 뜻이 파생됩니다. 서울 가는 것을 상경(上京)한다고 하지요. 그런데 지도상으로 보면 위에 있는 평양사람들은 서울에 내려간다고 하는 것이 맞는데 서울에 올라간다고 합니다. 그 이유는 서울이 더 큰 도시이고, 서울이 중심이 되는 도시이기 때문에 심리적으로 더 높은 곳에 있다고 생각하기 때문입니다. 영국인 또한 마찬가지죠. 수도인 런던, 케임브리지 대학, 옥스퍼드 대학을 간다고 할 때 북쪽에 있는 사람도 런던에 내려간다고 하지 않고 런던에 올라간다고 합니다.

이렇게 up은 마음속으로 더 높은 곳에 있다고 생각하여 중심이 되는 곳 쪽으로, 말하고 있는 사람 쪽으로 입니다. 우리는 up 하면 '위로'의 느낌을 강하게 갖는데, 높고 낮음을 알 수 없는 수평 상태에서의 up은 '~쪽으로(toward)'로 느껴야 합니다.

3. up의 뜻은 '위에'입니다.

The flag is up은 '깃발이 위에 있어'입니다. 눈에 보이는 깃발이 아래가 아닌 '위에, 위쪽에' 위치하고 있는 것이죠.

4. up의 뜻은 '끝까지, 전체 다(all)'입니다.

　up의 가장 중요한 뜻은 끝(end), 마지막(last)입니다. '끝'과 '마지막'에서 '끝까지, 전체 다'라는 뜻이 나옵니다. up을 사전에서 찾아보면 '완전히, 철저하게, 끝까지, 모두, 가득, 깨끗하게, 바싹, 일렬로, 잔뜩, 조각조각, 단단히, 갈기갈기, 활짝, 골고루, 꽁꽁, 뒤죽박죽' 등 20 여 개나 됩니다. 이 모든 것을 하나하나 외워버릴까요? up이 '끝까지, 전체 다'라는 핵심 개념을 알면 100개에 가까운 up이 붙어 있는 숙어들을 읽는 순간 바로 알 수 있지요. 그것이 영숙어쇼크가 갖고 있는 강력한 힘입니다.

　up은 '위로, ~쪽으로'인데 왜 up을 영국인은 끝(end)으로 느꼈을까요? 그것은 바로 과거 영국인이 가지고 있던 믿음에 있습니다. 지금은 지구가 둥글고, 지구가 태양을 중심으로 돌고 있다는 지동설을 유치원생도 알고 있지요. 그런데 과거엔 천동설을 굳게 믿었습니다. 지구는 우주의 중심으로 고정되어 있고 천체가 지구를 중심으로 회전한다는 것이 천동설이죠.

　우주의 동서남북 각 방향에서 위로, 중심으로 up 하면 그 끝에 우주의 중심 지구가 있다고 믿었지요. 즉 중심 쪽으로 계속 up 하면 그 끝(end)이 있고, 그 끝이 우주의 중심인 지구라는 것입니다. 영국인들이 믿었던 천동설에 의해서 up의 '위로, 중심 쪽으로'에서 '끝(end)'이라는 생각으로 확장된 것입니다. 또 8C 경 영국은 가톨릭을 받아들여 가톨릭을 믿게 됩니다. 하늘 위로 up 하면 계속 갈 수 있는 것이 아니라 지구의 끝(end)이 나오고 그다음에 천국이 있다고 믿었습니다. 위로 up 하면 지구의 끝이 나오고 천국의 세계로 들어간다고 믿었던 것이지요. 교회에서 항상 천동설을 바탕으로 설교하니 자연스럽게 믿을 수밖에 없었던 것입니다. 천동설은 성서의 천지 창조론에 바탕을 둔 이론으로 가톨릭에서 천동설을 정설로 채택했기 때문에 천동설은 불변의 진리로서 절대적 권위를 갖고 있었습니다. 천동설을 부정히거니 의심하면 하나님을 부정하고 의심하는 것이 되어 마녀로 몰려 모두 처형당했지요.

　지구가 우주의 중심이고, 중심 쪽으로 up 하면 그 끝(end)에 지구가 있다는 믿음과, 하늘 위로 up 하면 지구의 끝(end)이 나오고 천국이 있다는 믿음에서 up에 끝이라는 사고가 발생한 것입니다. 원어민의 사고를 통해 up이 '끝까지, 전체 다(all)'임을 자연스럽게 기억할 수 있을 것입니다.

01 up 위로, ~쪽으로(toward)

up은 '위로, ~쪽으로'입니다. 위와 아래가 분명한 상태에서의 up은 '위로'이고, 위와 아래를 알 수 없는 수평 상태에서의 up은 '~쪽으로'입니다.

go up ① 위로 가다 ② 쪽으로 가다

① go up은 go(가다)+up(위로)으로 '위로 가다'입니다.
   1번 문장은 언덕 아래에 있는 사람이 언덕 위로 올라간 것이지요.
② go(가다)+up(쪽으로)으로 '~쪽으로 가다'입니다.
   2번 문장의 up to는 '~쪽으로'입니다. up도 '~쪽으로'이고, to도 '~쪽으로'로 두 단어를 결합한 up to 역시 '~쪽으로'죠. 높고 낮음을 알 수 없는 상황에서 up은 '위로'가 아니라 '~쪽으로(toward)'입니다.

1. We **went up** a hill slowly.
   우린 천천히 언덕 위로 올라갔어.

2. He **went up** to Seoul with no definite goal.
   그는 명확한 목표 없이 서울 쪽으로 갔다.

walk up ① 위로 걷다 ② 쪽으로 걷다
run up   ① 위로 달리다 ② 쪽으로 달리다
drive up ① 위로 운전하다 ② 쪽으로 운전하다

① walk up to는 walk(걷다)+up(위로)+to(쪽으로)로 '위로 걷다'입니다.
② walk up to는 walk(걷다)+up(~쪽으로)+to(쪽으로)로 '~쪽으로 걷다'입니다.
   up도 '~쪽으로'이고, to도 '~쪽으로'로 두 단어를 결합한 up to 역시 '~쪽으로'입니다. 1번 문장은 언덕 아래에 있는 사람이 언덕 '위로' 걸어간 것이죠. 즉 언덕은 높고 낮음을 눈으로 확인할 수 있지요. 2번 문장은 높고 낮음을 알 수 없는 수평 상태입니다. 평평한 길거리에선 높고 낮음을 알 수 없기 때문에 up은 상대편 '~쪽으로'입니다. 우리는 up 하면 '위로'라는 느낌을 강하게 갖고 있기 때문에 대화하는 상황에 따라서 '~쪽으로'라는 느낌을 함께 갖는 것이 매우 중요합니다. up은 toward입니다.

1. We **walked[ran, drove] up** to the hill.
   우리는 언덕 위로 걸어[달려, 운전해서] 올라갔어.

2. A strange man **walked[ran, drove] up** to me.
   낯선 남자가 내 쪽으로 걸어[달려, 운전해서] 왔어.

come up   ① 위로 오다   ② 쪽으로 오다

come은 'vi.오다, 가다'입니다. 상대편 쪽으로 가거나, 상대와 함께 갈 때는 go가 아니라 come입니다. 문밖에서 누군가 초인종을 누르면 I'm coming이라고 하지 I'm going이라고 하지 않지요. 상대편 쪽으로 가는 것이기 때문에 come을 사용하는 것입니다.

① come up은 come(오다)+up(위로)으로 '위로 오다'입니다.
   1번 문장은 땅 아래에 있는 식물들이 땅 위로 올라오는 것입니다. 2번 문장은 1층에(아래) 있는 사람이 2층(위로)으로 올라오는 것이지요.

② come up은 come(오다)+up(쪽으로)으로 '~쪽으로 오다'입니다.
   3번 문장은 누가 위에 있고 누가 아래에 있는지 알 수 없는 수평 상태입니다. 평평한 길거리에선 위와 아래가 없지요. 그래서 up은 상대편 '~쪽으로'입니다. 4번 문장은 선생님이 학생에게 한 말입니다. 위로 오라는 것이 아니라 말하고 있는 선생님 쪽으로 오라는 것이지요. 어디로 가야 할지 머뭇거린다면 up의 뜻을 모르는 것입니다. **up은 '상대편 쪽으로, 말하는 사람 쪽으로'입니다.** 영화관에서 예고편을 보여주면서 Coming up soon이라고 하죠. 영화가 곧 당신 **쪽으로** 갈 예정이란 것입니다. up 뒤에 to you가 생략되어 있습니다. 위아래를 알 수 없는 상황에서 up은 상대편, 말하는 사람 '~쪽으로'이고, 위아래를 알 수 있는 상황에서 up은 '위로'입니다.

1. Plants **come up** in spring.
   식물들은 봄에 위로 올라와.

2. **Come up** to the second floor.
   이 층으로 위로 올라오세요.

3. Can you **come up** to my house for dinner?
   저녁 먹으러 우리 집 쪽으로 오지 않겠니?

4. **Come up** and solve the problem.
   내 쪽으로 와서 문제 풀어봐.

hands up!   손을 드세요!
volume up!   소리를 높이세요!
speed up!   속도를 높이세요!

① hands up은 hands(두 손)+up(위로)입니다.
   아래쪽에(down) 있는 두 손을 위로 올리라는 것입니다. 눈으로 보면 두 손이 아래에 있지요.

② volume up은 volume(소리크기)+up(위로)입니다.
   아래쪽에(down) 있는 컨트롤러를 위로 올리라는 것입니다.

③ speed up은 speed(속도)+up(위로)입니다.
   아래쪽에(down) 있는 속도계 바늘을 위로 올리라는 것입니다. up(위로)은 무엇이 down 상태에 있을 때 사용한다는 것을 꼭 기억하세요.

It's up to you 그것은 너에게 달렸어

It's up to you는 It(그것) + is(가 있다) + up to you(너 쪽으로)로 '그것(=결정권)은 너 쪽으로 가있어'입니다. 결정권이 너에게 가 있으니 네가 결정하라는 것이지요. 같은 표현으로 It depends on you가 있습니다. 외국어를 쉽게 배우는 방법은 기초단어를 완벽하게 익히는 것입니다. 기초단어를 완벽하게 익히지 않으면 읽고도 무슨 뜻인지를 모르는 경우가 많죠. 모든 언어는 기초단어를 반복해서 다양한 뜻으로 사용하는 공통점이 있습니다. be 동사의 뜻은 완벽하게 익혀야 합니다. be(am, are, is)는 '이다, 되다, 있다, 와 있다, **가 있다**, 오다, 가다, 다녀오다, 방문하다, 참여하다, 참석하다, 발생하다'입니다.

1. The decision **is up to** you.
   그 결정은 너에게 달렸어.

2. It **is up to** you to go or not.
   가고 안가고 그것은 너에게 달렸어.

3. The choice **is** all **up to** you.
   그 선택은 모두 너에게 달렸어.

call A up A에게 전화하다
ring A up
phone A up

call, ring, phone[foun]은 'vt.~에게 전화하다'입니다.
call up은 call(vt.~에게 전화하다) + up(쪽으로)입니다. **전화는 상대편 쪽으로 하는 것이기 때문에 up(~쪽으로)을 붙이는데 요즘은 up을 생략하는 편입니다.** 모든 언어는 시간이 흘러감에 따라 간소화되는 특징이 있는데 간소화 현상은 특히 회화에서 빈번하게 발생합니다.

1. I'll **call** you (**up**) in ten minutes.
   10분 후에 너에게 전화할게.

2. **Ring** me (**up**) as soon as you get there.
   네가 거기 가자마자 나에게 전화해.

grow up 성장하다

grow는 'vi.자라다, 되다(become) vt.~을 재배하다'입니다.
grow up은 grow(자라다) + up(위로)으로 '위로 자라다'를 줄여서 표현하면 '**성장하다**'가 됩니다. 원어민은 성장하는 것을 눈에 보이는 모습 그대로 키가 '위로 자라다'라고 표현합니다.

1. I'd like to **grow up** to be a fighter pilot.
   나는 성장하여 전투기 조종사가 되고 싶어.

2. Children **grow up** at different rates.
   아이들은 다른 속도로 성장해.

pull A up   ① A를 위로 당기다   ② A를 ~쪽으로 당기다   ③ A를 세우다, 멈추다

① pull up은 pull(~을 당기다)+up(위로)으로 '무엇을 위로 당기다'입니다.
1번 문장은 옷의 아랫부분을 위로 당겨 올리는 것입니다.

② pull up은 pull(~을 당기다)+up(쪽으로)으로 '무엇을 ~쪽으로 당기다'입니다.
2번 문장은 말하고 있는 사람 쪽으로 의자를 당기라는 것입니다. 2번 문장을 듣고 의자를 위로 들어 올리면 바보겠지요.

③ pull up은 pull(~을 당기다)+up(위로)으로 '(말고삐)를 위로 당기다'입니다.
pull up은 pull (the reins) up에서 말고삐(the reins)가 생략된 표현으로 '말고삐를 위로 당기다'입니다. 마차를 타고 달리고 있는 상태에서 **'말고삐를 위로 당기세요'**라고 하면 **'말을 세우세요'**라는 말이 되지요. 마부가 쥐고 있는 두 줄의 말고삐(the reins)를 위로 당기면 말의 머리가 위로 들리면서 서게 됩니다. 이 표현은 말 타는 것이 일상생활인 과거 영미인(英美人)의 생활에서 나온 표현으로 지금의 자동차에도 그대로 사용하고 있습니다. 이렇게 영어가 흘러온 역사를 알면 암기할 필요 없이 자연스럽게 이해가 됩니다.

pull up을 타동사로 사용하면 'vt.~을 세우다(stop)'이고, pull up을 자동사로 사용하면 'vi.서다(stop)'입니다. draw 또한 'vt.~을 당기다'로 pull과 같은 뜻입니다. 같은 동작이기 때문에 draw up 역시 pull up과 뜻이 같겠지요. draw up은 뒤에서 다시 설명합니다.

1. Please **pull up** your shirt. I'll listen to your chest.
   셔츠를 위로 올려주세요. 가슴 소리를 듣겠습니다(청진하겠습니다).

2. **Pull up** the chairs here, please.
   의자를 이쪽으로 당기세요.

3. Please **pull up** in front of the bank.
   은행 앞에서 차를 세워 주세요.

4. **Draw up** here please.
   여기에 차를 세워 주세요.

pull up one's socks   정신을 바짝 차리다

'양말을 끌어올리다'가 '정신을 바짝 차리다'란 의미가 된 것은 운동선수의 동작에서 유래한 것입니다. 안타를 연이어 두들겨 맞는 투수가 신발 끈을 풀어 다시 묶고 흘러내린 양말을 끌어 올리며 정신을 가다듬는 모습을 중계방송에서 자주 보게 됩니다. 태클을 당해 쓰러진 축구선수도 흘러내린 양말을 끌어올리면서 정신을 가다듬지요.

1. If you **pull up your socks**, you can win this game.
   정신을 바짝 차리면, 너는 이 경기를 이길 수 있어.

2. It's time to **pull up our socks** and make a fresh start.
   정신을 바짝 차리고 새로 시작할 때야.

bring A up
① A를 키우다(raise, rear, foster)
② A를 제안하다(propose, suggest)
③ A를 토하다(vomit, throw up)

bring은 'vt.~을 가지고 오다'입니다. 물건이면 '가지고'이고 사람이면 '데리고'가 되겠지요.
bring up은 bring(~을 가지고 오다)+up(위로)으로 '**무엇을 위로 가지고 오다**'입니다.

① bring up은 '~을 키우다(=양육하다)'입니다.
bring up a child는 bring(~을 가지고 오다)+up(위로)+a child(아이)로 '아이를 위로 가지고 오다'입니다. 아이는 태어나면 4kg 정도 되지요. 4kg의 아기 몸무게를 50~60kg의 어른 몸무게로 가지고 올라오고, 유치원생에서 대학생으로 가지고 올라오는 것은 아이를 키우는 것입니다. '**아이를 위로 가지고 오다**'를 줄여서 표현하면 '**아이를 키우다**'가 됩니다. '키우다'는 순수 우리말이고 한자어로 된 우리말로 바꾸면 '양육(養育)하다'가 됩니다.

② bring up은 '~을 꺼내놓다(=제안하다)'입니다.
bring up an idea는 bring(~을 가지고 오다)+up(위로)+an idea(생각)로 '생각을 위로 가지고 오다'입니다. 아래에(가슴에) 있는 생각을 위로(입으로) 가지고 오는 것은 생각을 꺼내 놓는 것이고, 생각을 꺼내 놓는 것은 생각을 제안하는 것입니다. '**생각을 위로 가지고 오다**'를 줄여서 표현하면 '**생각을 꺼내놓다**'입니다. '꺼내놓다'는 순수 우리말이고 한자어로 된 동의어로 바꾸면 '제안하다'가 되지요.

③ bring up은 '~을 꺼내놓다(=토하다)'입니다.
bring up lunch는 '점심을 토하다'입니다. bring(~을 가지고 오다)+up(위로)+lunch(점심)로 '**점심을 위로 가지고 오다**'입니다. 아래에(위장에) 있는 음식을 위로(입으로) 가지고 오는 것은 음식을 토하는 것이죠. '음식을 위로 가지고 오다'를 줄여서 표현하면 '**음식을 토하다**'가 되지요. 위장에 있는 음식을 위로(입으로) up 시키면 vomit 하는 것이고, 가슴에 있는 생각을 위로(입으로) up 시키면 생각을 suggest 하는 것입니다.

bring up은 '**무엇을 위로 가지고 오다**'일 뿐입니다. 아래에 있는 무엇을 위로 이동시키는 것이지요. 저학년을 고학년으로 up 시키는 것은 양육, 가슴속의 생각을 입으로 up 시키는 것은 제안, 가슴속의 음식을 입으로 up 시키는 것은 구토입니다. 이해 없이 무작정 암기하는 것은 숙어 지옥에 빠지고 영어를 포기하게 되는 지름길이죠.

1. It is hard work to **bring up** children.
   아이들을 키우는 것은 어려운 일이야.

2. Why don't you **bring up** your idea at the next meeting?
   다음 회의 때 너의 생각을 꺼내보는(제안하는) 것이 어때?

3. He **brought up** lunch.
   그는 점심을 토했어.

look up to A   ① A 쪽으로 위로보다   ② A를 존경하다(respect)

look up to는 look(보다)+up(위로)+to(쪽으로)로 '위쪽으로 보다'입니다.
지금 고개를 들어 하늘을 보세요. 그것이 look up to the sky입니다. 위쪽으로 쳐다보는 대상이 하늘이나 산이 아니고 사람이면 '존경하다'라는 뜻이 됩니다. 즉 **어떤 사람을 위에 놓고, 높은 곳에 놓고 보는 것은 우러러보는 것이고 그 사람을 존경하는 것**이지요.

동의어는 respect입니다. re(다시=again)+spect(보다=see)로 보고 또다시 보는 모습에서 존경의 뜻이 그대로 들어 있습니다. inspect는 in(안으로=into)+spect(보다=see)로 안으로 들여다보고 조사하는 것이지요.

1. I **looked up to** the sky for a while.
   나는 잠시 동안 하늘을 쳐다봤어.

2. I **look up to** my parents.
   나는 나의 부모님을 존경해.

look A up   A를 찾아보다, 검색하다

look은 자동사로는 'vi.보다, 눈을 돌리다', 타동사로는 'vt.~을 살펴보다, 관찰하다'입니다.
look up은 look(vt.~을 살펴보다)+up(위로)입니다. '**무엇을 살펴보고 위로 올리다**'를 줄여서 표현하면 '**무엇을 찾아보다**'입니다. 눈 아래에 놓여 있는 컴퓨터, 책, 신문 등에서 필요한 정보를 look 한 다음에 찾은 정보를 위로(머리로) up 시키는 것이죠. 컴퓨터에서 찾아보면 '검색하다'라는 뜻이 됩니다.

1. If you don't know a word, **look** it **up** in a dictionary.
   단어를 모르면, 사전에서 찾아보세요.

2. You should **look up** what you need on the computer.
   네가 필요한 것을 컴퓨터에서 찾아보는(=검색하는) 것이 좋겠어.

stand up!   일어서!
get up!   일어나!

stand!라고 하면 될 텐데 왜 굳이 up을 붙여야 할까요?
stand up은 stand(vt.~을 세우다)+yourself(몸)+up(위로)으로 '당신 몸을 **위로** 세우세요'에서 yourself가 생략된 것입니다. 영어는 oneself를 넣어서 사용하는 표현이 많은데 시간이 흐르면서 생략된 것이지요. stand는 'vi.서다 vt.~을 세우다'입니다.

get up은 get(vt.~을 이동시키다)+yourself(몸)+up(위로)으로 '당신 몸을 **위로** 이동시키세요'에서 yourself가 생략된 것이지요. 영어는 하나의 단어로 자동사, 타동사로 자유롭게 사용하기 때문에 영어를 배우는 우리는 그 감각에 익숙해져야 영어가 쉬워집니다.

pick A up

A를 잡아 위로 올리다

① A를 사다 ② A를 되찾다 ③ A를 태우다 ④ A를 주워듣다

pick up은 pick(vt.~을 잡다)+up(위로)으로 '무엇을 잡아서 위로 올리다'입니다.

먼저 **손으로 pick 하세요.** 그리고 **up 시키세요.** 1번 문장은 아래에 놓여 있는 술잔을 잡은 다음 위로 올리는 것입니다. 건배할 때는 아래에 놓여 있는 술잔을 잡은 다음 위로 올리죠. 2번 문장은 아래에 놓여 있는 수화기를 잡은 다음 위로 올리는 것입니다. '**수화기 집어 들어**'와 '**전화 받아**'는 같은 표현이죠. 3번 문장은 아래에 놓여 있는 계산서를 잡은 다음 위로 올리는 것입니다. 음식을 먹고 바닥에 놓여 있는 계산서를 손으로 잡아 위로 올리면 계산서를 집어 올린 사람이 계산하겠다는 것이지요. 4번 문장은 판매점에서 눈 아래에 놓여 있는 물건을 잡은 다음 위로 올리는 것으로 pick up은 물건을 '사다(buy, get)'입니다. 5번 문장은 세탁소에 맡겨놓은 물건을 잡은 다음 위로 올리는 것으로 pick up은 맡겨놓은 물건을 '되찾다'입니다. 6번 문장은 공항에서 탑승 시 맡겨 놓은 물건을 잡은 다음 들어 올리는 것으로 맡겨놓은 물건을 되찾는 것이지요. 7번 문장은 마차 주인이, 또는 먼저 탄 사람이 아래에 있는 사람의 손을 잡은 다음 마차 위로 올리는 것으로 pick up은 사람을 '태우다'입니다. 8번 문장은 길거리에 흘러 다니는 말들을 잡은 다음 위로(머리로) 올리는 것으로 pick up은 말을 '주워듣다'입니다.

pick up은 '**무엇을 잡은 다음 위로 올리다**'로 말하는 상황에 따라 그 뜻이 달라질 뿐이죠. 판매점에서 물건을 pick 한 다음 up 시키면 물건을 '사다(buy)'가 되고 세탁소, 공항 등에서 맡긴 물건을 pick 한 다음 up 시키면 물건을 '되찾다'가 됩니다. 마차 위에 있는 사람이 아래에 있는 사람의 손을 pick 한 다음 up 시키면 사람을 '태우다'가 되고, 길거리에서 흘러다니는 말들을 pick 한 다음 up 시키면 말을 '주워듣다'입니다. 모두 **pick 한 다음에 up 시키는 같은 동작**인데 말하는 상황에 따라서 뜻이 달라질 뿐이지요.

1. Everybody, please **pick up** your glasses.
   여러분, 모두 잔을 들어 올리세요.

2. **Pick up** the phone. It's for you.
   수화기 집어 들어. 너한테 온 전화야.

3. Let me **pick up** the bill.
   내가 계산할게. (=내가 계산서 집어 들도록 놔두세요.)

4. Please **pick up** some fruits on your way home.
   집에 오는 길에 과일 좀 사 오세요.

5. I'm here to **pick up** my pants.
   바지 찾으러 여기 왔어요.

6. Where can I **pick up** my baggage?
   내가 어디에서 짐을 찾을 수 있나요?

7. I'll **pick** you **up** and take you to the airport.
   내가 널 태워서 공항에 데려다줄게.

8. I **pick up** a few words of Japanese when I was in Tokyo.
   내가 도쿄에 있을 때 일본어 몇 마디를 주워들었어.

save A up A를 저축하다

save up은 save(vt.~을 모으다)+up(위로)입니다.
'(돈)을 모아 위로 올리다'를 줄여서 표현하면 '(돈)을 저축하다'입니다. 과거의 돈은 은이나 구리로 만든 엽전이죠. 엽전을 모아 위로 up 시키는 것은 돈을 저축하는 것이죠. save money up에서 money를 생략하고 보통 save up으로 사용합니다. 저축은 돈을 쌓는 것임을 누구나 알고 있기 때문에 돈(money)을 생략하는 것이지요.

영국인에게 a rainy day는 힘든 시기입니다. 1년 중에 날씨가 맑은 날은 몇 달 되지 않습니다. 비가 계속 오면 양들에게 풀을 먹이기 힘들고, 사냥을 가기 힘들고, 농사도 힘들어 평민들에게 a rainy day는 힘든 시기죠.

1. I'm **saving up** money to buy a new car.
   나는 새 차를 사기 위해 저축하고 있어.

2. **Save up** for a rainy day.
   힘든 시기를 위해 저축해.

lay A up A를 저축하다

lay up은 lay(vt.~을 놓다)+up(위로)입니다.
'(돈)을 위로 놓다'를 줄여서 표현하면 '저축하다'입니다. 엽전을 위로 쌓아 놓는 것은 돈을 저축하는 것이죠. 위에서 배운 save up과 같습니다. save (money) up, lay (money) up에서 money를 생략하면 save up, lay up만 남게 되지요. 어떤 단어가 생략되었는지 모르면 save up, lay up은 무작정 외워야 하는 숙어가 되어버립니다.

1. I'm trying to **lay up** to get my own place.
   나는 집을 사기 위해 저축하려고 노력하고 있어.

2. We have to **lay up** for the trip.
   우린 여행 가기 위해 저축해야 해.

cheer A up ① 기운 내다 ② A를 기운 나게 하다

cheer[tʃiər]는 'vt.~를 기운 나게 하다'입니다.
Cheer up!은 '기운 내!'입니다. 원래 표현은 cheer (yourself) up에서 yourself가 생략된 것이죠. '너 자신을 기운 차리게 해서 up 시켜!'를 줄여서 표현하면 '기운 내!'가 됩니다. down 상태에 있는 너 자신을 기운 차리게 한 다음 평상시의 모습으로 up 시키라는 것이지요. Cheer her up!은 '그녀를 기운 나게 해'입니다. **기분이 down 되어 있는 사람을 기운 차리게 한 다음 평상시의 모습대로 up 시키는 것입니다.**

1. **Cheer up**! It's not your fault.
   기운 내! 그건 너의 잘못이 아니야.

2. I sent her a present to **cheer** her **up**.
   나는 그녀를 기운 나게 하려고 선물을 보냈어.

wake A up ① 일어나다 ② A를 깨우다

wake[weik]는 'vt.~을 깨우다'입니다. Wake up!은 '일어나!'입니다.
 wake (yourself) up에서 괄호(yourself)가 생략된 표현이죠. '너 자신을 깨워서 up 시켜!'를 줄여서 표현하면 **'일어나!'**가 됩니다. Wake him up!은 '그를 깨워서 up 시켜!'로 '그를 깨워!'입니다. up을 붙이지 않으면 잠에서 깼지만, 침대에서 일어나지 않은 상태가 되지요.

1. I **wake up** at 7 in the morning.
   난 아침 7시에 일어나.

2. He is sleeping now. Shall I **wake** him **up**?
   그는 지금 자고 있어요. 내가 그를 깨울까요?

take A up A를 잡아 올리다
① A를 시작하다(start, begin) ② A를 차지하다(occupy)

take는 'vt.~을 잡다, ~을 가지고 가다'입니다. 사람이면 '데리고'가 되겠지요.

① take up은 take(~을 잡다)+up(위로)으로 '무엇을 잡아 위로 올리다'입니다.
 take up은 무엇을 take 한 다음 위로 up 시키는 동작에서 '~을 시작하다'라는 뜻이 발생합니다. 우리말에 '교편을 잡다'는 말이 있는데 '가르치는 일을 시작하다'입니다. 교편은 수업시간에 사용하는 막대기로 중요한 것을 가리키거나 회초리로 사용하지요. 아래에 놓여 있는 교편을 take 해서 up 시키는 것은 교사 일을 시작하는 것입니다. 영어책을 take 해서 위로 up 시키면 영어 공부를 시작하는 것입니다. 곡괭이와 삽, 골프채, 악기, 붓, 수영복, 축구공, 야구 글러브를 잡아 올리면 그것을 시작하는 것입니다. take up은 필요한 도구를 take 한 다음에 위로 up 시키는 동작에서 **'~을 시작하다'라는 뜻이 발생**합니다.

② take up은 take(~을 잡다)+up(~쪽으로)으로 '무엇을 잡아 자기 쪽으로 가져가다'입니다.
 무엇을 take 한 다음 자기 쪽으로(up) 가져가는 것으로 '~을 차지하다'입니다. 차지란 물건 따위를 자기 쪽으로 가져가서 사용하는 것이죠. 식당이나 공원에 빈 의자가 많습니다. 빈 의자를 take 한 다음 자기 쪽으로(up) 가져가서 앉아 보세요. 그럼 그 의자를 차지하고 사용하게 됩니다. take up은 물건을 **take 한 다음 자기 쪽으로(up) 가지고 가서 차지하는 것**입니다. take up은 '공간을 차지하다'에서 확장되어 '시간을 차지하다'로 사용합니다.

1. I **took up** swimming yesterday.
   나 이제 수영을 시작했어. (=수영모를 집어 들었어.)

2. When did you **take up** painting?
   너 언제 그림을 그리기 시작했어? (=언제 붓을 집어 들었어?)

3. This bed will **take up** too much room.
   이 침대는 너무 많은 공간을 차지할 거야.

4. Reading the whole book **takes up** lots of time.
   책 한 권 전체를 읽는 것은 많은 시간을 차지해.

butter A up A에게 아첨하다, 추켜세우다

butter[bʌ́tər]는 'n.버터, 아첨 vt.~에 버터를 바르다, ~에게 아첨하다'입니다.
butter up은 butter(~에게 아첨하다)+up(위로)의 결합으로 **누군가의 기분을 up 시키며 아첨하는 것**입니다. up을 붙이지 않은 butter는 '~에 버터를 바르다'입니다. 버터처럼 듣기에 고소한 말은 아첨이기 때문에 '버터'에서 '아첨하다'라는 의미가 파생되지요.

1. It's no use trying to **butter** me **up**.
   나에게 아첨해 봐야 소용없어.

2. I'm not just saying that to **butter** you **up**, it's true.
   너에게 아첨하려고 그렇게 말하고 있는 게 아니야. 그것은 사실이야.

move up 위로 움직이다, 승진하다

move는 'vi.움직이다, 가다 vt.~을 움직이다, 감동시키다'입니다.
사람의 마음을 움직이는 것은 감동시키는 것이기 때문에 '~을 움직이다'에서 '~을 감동시키다'라는 뜻이 발생합니다.
move up은 move(이동하다, 움직이다)+**up(위로)**으로 '**위로** 이동하다, 움직이다'입니다.
회사에서 낮은 직책에서 높은 직책으로 이동하는 것은 승진하는 것이죠. 굳이 move up을 '승진하다'로 외울 필요가 없습니다. 학생의 move up은 승급이고, 회사원의 move up은 승진이죠. move up은 위로 올라가는 것일 뿐입니다.

1. I'm studying English very hard to **move up** to the advanced class.
   난 고급반으로 올라가기 위해 영어를 열심히 공부하고 있어.

2. You need to speak fluent English to **move up**.
   여러분은 승진하기 위해 유창한 영어 구사가 필요합니다.

live it up 인생을 즐기다, 신나게 살다
live up to A A에 부응하다

live(~을 살다)+it(그것=인생)+up(위로)의 결합입니다.
it은 your life로 life(인생, 삶) 수준을 위로 up 시켜 사는 것은 즐겁게, 신나게 사는 것이죠. live up to는 '~에 부응하다'인데 숙어로 암기할 필요가 없습니다. live(살다)+up(쪽으로)+to(쪽으로)의 결합으로 '**어떤 기준 쪽으로 가서 그 기준에 맞추어 살다**'를 줄여서 표현하면 '**~에 부응하다**'입니다.

1. My dad always says life is short, **live** it **up**.
   아버지는 항상 인생은 짧으니 즐기라고 말씀하셔.

2. He tries hard to **live up to** his parents' expectations.
   그는 부모님의 기대에 부응하려고 열심히 노력해.

bark up the wrong tree   잘못짚다, 헛다리 짚다, 번지수가 틀리다

'개가 틀린 나무 위로 보고 짖다'가 '잘못짚다, 헛다리 짚다, 번지수가 틀리다'라는 뜻이 된 것은 19C 너구리 사냥에서 유래했습니다. 사냥꾼들은 밤에 사냥개를 동원하여 너구리 사냥을 했는데 사냥개가 너구리를 몰아붙여 나무 위로 오르도록 한 후 그 나무를 보고 계속 짖어 너구리가 있다고 알려주는 역할을 했습니다. 사냥개라고 해서 모두 영리한 것은 아니지요. 영리하지 못한 사냥개가 너구리가 올라가지 않은 엉뚱한 나무 위(up)를 쳐다보며 짖어대는, 나무를 잘못짚는 일이 종종 있었습니다.

 bark up the wrong tree(잘못짚다)는 사냥개가 나무를 잘못짚는, 헛다리를 짚는 일에서 유래한 표현으로 **항상 진행형으로만 사용**합니다.

1. You**'re barking up the wrong tree** if you're expecting us to lend you any money.
   우리가 당신에게 돈을 한 푼이라도 빌려줄 거라고 기대한다면 당신은 헛다리 짚은 거야.
2. You**'re barking up the wrong tree** if you think I'm to blame.
   내가 비난받아야 한다고 생각한다면 잘못짚은(번지수가 틀린) 거야.

02 up 위에, 높은 곳에, 위쪽에

up은 '위에, 높은 곳에, 위쪽에'입니다.
눈으로 보니 무엇이 '위에, 높은 곳에, 위쪽에' 있다는 것이죠. 현재 눈에 보이는 상태가 up 상태라는 것입니다. 일상생활에서 기분이 up 되어 있다, down 되어 있다고 흔히 말하지요. 5번 문장은 콘서트에서 관객들이 춤추고 박수치도록 하기 위하여 가수들이 흔히 하는 말입니다.

1. My temper is **up**.
   나는 화가 up 상태에 있어.

2. The river is **up**.
   강물의 수위가 높은 곳에 있어.

3. The national flag is **up**.
   국기가 위에(=높은 곳에) 있어.

4. The sun is **up**.
   태양이 떠(=높은 곳에) 있어.

5. Put your hands **up**.
   두 손을 위에 두세요. (=두 손을 높이 드세요.)

hang A up   ① A를 위에 걸다   ② 전화를 끊다

① hang up은 hang(vt.~을 걸다)+up(위에)으로 '무엇을 위에 걸다'입니다.

② hang up은 hang (the receiver) up이 원래 표현입니다. **수화기를 위에 걸다**를 줄여서 표현하면 '**전화를 끊다**'가 되지요. 전화 통화 중에 '수화기 위에 걸지 마세요'라고 말하면 '전화 끊지 마세요'라는 뜻이 됩니다. 전화 중에 서는 것이 수화기라는 것은 누구나 알기 때문에 괄호(the receiver)를 생략하여 hang up이 되지요. 모든 언어에서 말하지 않아도 서로가 알고 있는 단어는 생략합니다.

1. Take your coat off and **hang** it **up**.
   코트를 벗어서 위에 걸어.

2. Don't **hang up**. I'll get her.
   전화 끊지 마. 내가 그녀를 데리고 올게.

전치사 up

03 up 끝까지, 전체 다

up은 '끝까지, 전체 다'입니다.

up 하면 all을 떠올리세요. all은 '끝까지, 전체 다'입니다. all은 명사로 'n.전체, 전부, 전원, 모두'이고 형용사로는 'a.모든, 전부의, 전체의, 온, 전(全), 할 수 있는 최대의, 할 수 있는 최고의'입니다. all은 '할 수 있는 최대의, 할 수 있는 최고의'라는 뜻이 있어 all은 '끝까지'라는 뜻을 갖고 있지요. 반드시 기억하세요. up=all입니다.

'전체 다'의 동의어는 '끝까지 다, 전부 다, 모두 다, 조금도 남김없이 다, 조금도 빠뜨리지 말고 다, 100% 다'입니다. 간단하게 줄여버리면 up은 '다'가 되지요. up은 일부분만 하지 말고 남김없이 끝까지 다, 전체 다 하라는 것입니다. up이 '끝까지, 전체 다'임을 알면 아래에 나오는 100개에 가까운 숙어들은 단번에 쉽게 익힐 수 있습니다. 그것이 영숙어쇼크의 힘입니다.

write up 전체 다 쓰다, 끝까지 다 쓰다
read up 전체 다 읽다, 끝까지 다 읽다
check up 전체 다 확인하다, 끝까지 다 확인하다
match up 전체 다 연결하다, 끝까지 다 연결하다

write up, read up, check up, match up을 각종 참고서의 연습문제에서 자주 보지 않았나요?

write up 코너에 연습문제가 몇 개 있는지 보세요. write 해야 할 문제가 10개가 있군요. write up은 write(쓰다)+(끝까지 다, 전체 다)로 '끝까지 다 쓰세요, 전체 다 쓰세요'입니다. 문제 10개를 하나라도 빠뜨리지 말고 끝까지 다, 전체 다 쓰라는 것이지요. 문제 10개 중에서 10번째 문제가 마지막 문제이고, 10번째 문제가 문제의 끝입니다. 마지막 문제, 맨 끝에 있는 10번째 문제에 답을 적으면 끝까지 다 적는 것이고, 전체 다 적는 것이죠. 그래서 '끝까지 다'와 '전체 다'는 동의어가 되는 것입니다.

up은 전체 중에서 일부분만 하지 말고 남김없이 끝까지 다, 전체 다 하라는 것입니다.
read up은 '끝까지 다 읽으세요, 전체 다 읽으세요'.
check up은 '끝까지 다 확인하세요, 전체 다 확인하세요'.
match up은 '끝까지 다 연결하세요, 전체 다 연결하세요'입니다.
up이 '끝까지, 전체 다'임을 확실히 느꼈나요?

drink A up   A를 다 마시다

drink up은 drink(마시다)+up(전체 다)으로 '**전체 다 마시다**'입니다.
'**전체 다 마시다, 끝까지 다 마시다, 전부 다 마시다, 남김없이 다 마시다, 100% 다 마시다**'는 모두 같은 뜻이지요. 간단하게 줄여서 표현하면 '**다 마시다**'가 됩니다.

술자리에서 건배할 때, 목이 무척 마를 때, 한약이나 녹즙 등 몸에 좋은 것을 마실 때 drink up 합니다. 한 바가지의 물을 가져와서 drink up 하라고 하면 그것은 물고문이죠. 강물을 drink up 했다, 수돗물을 drink up 했다고 하면 황당한 말이 됩니다.

1. I was very thirsty, so I **drank up** a bottle of coke.
   나는 너무 목이 말라서 콜라 한 병을 다 마셨어.

2. **Drink up**. It's good for your health.
   다 마셔. 그것은 네 건강에 좋아.

eat A up   A를 다 먹다

eat up은 eat(먹다)+up(전체 다)으로 '**전체 다 먹다**'입니다.
'**전체 다 먹다, 끝까지 다 먹다, 전부 다 먹다, 남김없이 다 먹다, 100% 다 먹다**'를 줄여서 간단하게 표현하면 '**다 먹다**'입니다. I ate up breakfast라고 하면 밑반찬과 간장까지 식탁 위에 있는 모든 음식을 전체 다 먹었다는 황당한 말이 됩니다. up을 아무 생각 없이 붙이면 엉뚱하고 황당한 말이 되지요. up=all이란 것을 항상 기억하세요.

1. Somebody **ate up** my cake.
   누군가 내 케이크를 다 먹었어.

2. This is good for you, so **eat up**.
   이것은 너한테 좋으니까 (남기지 말고) 다 먹어.

use A up   A를 다 쓰다

use up은 use(~을 쓰다)+up(전체 다)으로 '**~을 전체 다 쓰다**'입니다.
'**전체 다 쓰다, 끝까지 다 쓰다, 전부 다 쓰다, 남김없이 다 쓰다, 100% 다 쓰다**'를 줄여서 표현하면 '**다 쓰다**'입니다. 이제 up(=all)에 대한 감이 잡히나요.

1번 문장은 달걀을 전부 다(**all the** eggs) 사용하여 달걀이 한 개도 없다는 것이고, 2번 문장은 용돈을 전부 다(**all the** money) 사용하여 지갑을 열어보니 1원도 남아 있지 않다는 것입니다.

1. Mom, we **used up** all the eggs.
   엄마, 우리 달걀 다 썼어요.

2. I **used up** all my pocket money in a day.
   난 하루 만에 용돈을 다 썼어.

give A up — A를 포기하다(abandon), 양보하다(yield)

give up은 give(~을 주다)+up(전체 다)으로 '~을 **전체 다** 주다'입니다.
'**무엇을 전체 다 주다**'에서 '**무엇을 포기하다, 양보하다**'라는 의미가 되었습니다. 영국인의 조상은 앵글로색슨족으로 독일지역에서 살던 게르만족인데 살인, 약탈, 방화를 재미있는 놀이로 생각하는 야만인이었습니다. 영토는 좁은데 많은 민족이 살고 있어서 생존을 위한 전쟁은 일상생활이었지요. 한 부족이 다른 부족과의 전쟁에서 패하면 가진 것을 전체 다 넘겨주게 됩니다. give up은 가진 것을 전체 다 **넘겨준 결과 아무런 힘이 없어서 '~을 단념하다, 포기하다(abandon, forsake)'라는 뜻**이 되었습니다. give up의 의미는 전쟁에서 유래한 것입니다. 지하철에서 나의 좌석을 노약자에게 주면 그것은 양보하는 것입니다. 힘이 없어 빼앗겨서 다 주는 것은 항복하고, 포기하고, 단념하는 것이고, 힘이 있는 상태에서 자발적으로 다 주는 것은 양보(yield)하는 것입니다.

1. Eating is one of my great pleasures. I can't **give up** food.
   먹는 것은 나의 가장 큰 즐거움 중에 하나야. 음식을 포기할 수 없어.

2. Why did you **give up** your college course?
   넌 대학 과정을 왜 포기했어?

throw A up
① A를 위로 던지다
② A를 토하다(vomit)
③ A를 포기하다(give up, abandon)

① throw up은 throw(~를 던지다)+up(위로)입니다.
   아래에 있는 무엇을 위로 던지는 것입니다. 나는 위에 있고 친구가 아래에 있는 상태에서 Throw it up이라고 말하면 그것을 위로 던져 주겠지요.

② throw up은 '(위장의 음식)을 위로 던지다'에서 '~을 토하다'입니다.
   throw up the milk는 아래(위장)에 있는 우유를 위로(입) 던지는 것입니다. 원어민은 토하려는 친구의 등을 두들기면서 '위로 던져'라고 말하고 우리는 '토해'라고 말합니다. 동의어로는 vomit이 있는데 vo는 volcano(화산), mit은 '보내다(send)'입니다. 뱃속의 음식물을 화산이 폭발하는 것처럼 위로 보내는 것은 토하는 것이죠.

③ throw up은 throw(~을 던지다)+up(전체 다)으로 '(무기)를 **전체 다** 던지다'입니다.
   throw up은 throw (weapon) up으로 '**무기를 전체 다 던지다**'에서 '**~을 포기하다**'라는 뜻이 되었습니다. 자신이 갖고 있는 **창과 화살을 적을 향하여 모두 다 던져버리면 더 이상 싸울 무기가 없어 싸움을 포기**하게 되지요. 위에서 배운 give up과 같습니다.

1. I drank too much and **threw up** again.
   나는 술을 너무 많이 마셨고 또 토했어.

2. Can you just stop here? I feel like **throwing up**.
   여기에 차 좀 세워 줄 수 있어? 토하고 싶어.

3. Don't **throw up** your plan so easily.
   그렇게 쉽게 너의 계획을 포기하지 마.

`clean A up`
`clear A up`
`straighten A up`
`tidy A up`   A를 전체 다 청소하다

clean, clear, straighten[stréitn], tidy[táidi]는 'vt. ~을 청소하다'입니다.

clean up은 clean(~을 청소하다)+up(전체 다)으로 '~을 **전체 다** 청소하다'입니다. 많은 교재에서 up의 의미를 '깨끗하게, 말끔하게'라고 설명해 놓았죠. 이런 식으로 up을 암기하면 up의 뜻은 20여 가지나 됩니다. 지금 방을 보세요. 책상, 침대, 바닥, 창문, 옷장 등 지저분한 곳이 많지요. '책상 청소해라, 침대 청소해라, 바닥 청소해라, 창문 청소해라'라고 청소할 곳을 하나하나 알려 준다면 얼마나 피곤할까요? 그냥 방을 '전체 다 청소해라'라고 하면 간단하지요. 방 안에 있는 지저분한 것을 **빠뜨리지 말고 다, 남김없이 다, 끝까지 다, 전체 다 청소**하라는 것입니다. clean up the house는 집을 전체 다 대청소하라는 것입니다. 손님이 오면 집 청소를 해야지요. '방 청소해라, 거실 청소해라, 부엌 청소해라' 이렇게 하나하나 말하기 귀찮으니까 '집 전체 다 청소해라'라고 말하는 것입니다.

야구에는 클린업 맨, 클린업 트리오가 있습니다. clean up man은 4번 타자를 말하고, clean up trio는 3, 4, 5번 타순을 말하지요. 홈런이나 2루타 이상 장타 한 방을 날려서 1~3루에 진루한 주자를 끝까지 다, 모두 다, 전체 다 홈으로 불러들이는 것이 clean up입니다.

1. **Clean up** your room. It's so dirty.
   네 방 전체 다 청소해. 너무 더러워.

2. **Tidy up** the house before the guests arrive.
   손님이 도착하기 전에 집을 전체 다 청소해.

`wash A up`   ① 설거지하다(do the dishes)   ② 세수하다

wash up은 wash(~을 씻다)+up(전체 다)으로 '~을 **전체 다** 씻다'입니다.

① wash up the dishes는 '**싱크대 안에 있는 접시들을 전체 다 씻다**'를 줄여서 표현하면 '**설거지하다(do the dishes)**'입니다. 싱크대에 담겨 있는 접시들을 끝까지 다, 전체 다 씻는 것은 설거지하는 것이지요. 원어민은 '접시를 다 씻다'라고 하고 우리는 '설거지하다'라고 합니다.

② wash up one's face는 '세수하다'입니다.
눈, 코, 입, 귀, 이마 등 얼굴을 전체 다 씻는 것은 세수하는 것입니다. '눈 씻어라, 코도 씻어라, 입도 씻어라'라고 나열하면 말하는 사람도 듣는 사람도 짜증나지요. 그래서 얼굴 전체 다 씻으라고 하는 것입니다. one's face는 흔히 생략합니다.

1. Would you **wash up** the dishes?
   설거지 좀 해 주겠어요?

2. Brush your teeth and **wash up** (your face).
   양치하고 세수해.

finish A up   A를 다 끝마치다

finish up은 finish(vt.~을 마치다)+up(전체 다)으로 '~을 **전체 다** 끝마치다'입니다.
주말에 가족여행을 갈 예정이라 아이들에게 미리 숙제를 모두 다 끝내라고 합니다. 국어, 영어, 수학 3과목의 숙제가 있다면 '국어 숙제 마쳐라, 영어 숙제 마쳐라, 수학 숙제 마쳐라'라고 일일이 나열하면 얼마나 귀찮을까요? 간단하게 '숙제 다 마쳐라'라고 하면 되겠지요.

1. **Finish up** your homework before you go out.
   네가 나가기 이전에 숙제를 다 끝마쳐.

2. I have to **finish up** things.
   나는 일들을 모두 다 끝내야 해.

count A up   A를 다 세다

count는 'vt.~을 세다 vi.의존하다(rest, depend, rely)'입니다.
count up은 count(~을 세다)+up(전체 다)으로 '~을 **전체 다** 세다'입니다. 하나라도 빠뜨리지 말고 **다**, 모두 **다**, 전부 **다**, 전체 **다** 세라는 것입니다. count는 'vt.~을 세다 vi.의존하다'입니다. 사업을 하려면 돈이 필요한데 필요한 돈을 **세어**보고 모자라는 부분은 주변 사람에게 **의존**하라는 것이지요. '세다'에서 '의존하다'라는 의미가 파생됩니다.

1. **Count up** the arrivals.
   도착한 사람들 다 세어봐.

2. **Count up** the participants.
   참석자들 다 세어 봐.

add A up
total A up
sum A up
figure A up   A를 다 더하다(=합산하다)

add, total[tóutl], sum[sʌm], figure[fígjər]는 'vt.~을 더하다'입니다.
add up은 add(~을 더하다)+up(전체 다)입니다. **(숫자)를 전체 다 더하다**를 줄여서 표현하면 '**합계(合計)하다, 합산(合算)하다**'입니다. 더해야 할 항목을 하나라도 빠뜨리지 말고 다, 전체 다 더하라는 것입니다. 합계를 내면서 전체에서 하나라도 빠뜨리면 문제가 생기지요.

1. Would you **add up** my bill?
   계산서 모두 다 더해 주시겠어요?

2. **Total up** travel expenses.
   여행경비를 다 더해 봐.

collect A up
gather A up
A를 다 모으다

collect[kəlékt], gather[gǽðər]는 'vt.~을 모으다'입니다.
collect up은 (~을 모으다)+up(전체 다)으로 '~을 **전체 다** 모으다'입니다.
하나라도 빠뜨리지 말고 다, 전부 다, 전체 다 모으는 것입니다. 일상생활에서 다 모으는 경우는 언제일까요? 유리 조각이나 압정 등 위험한 것이 놓여 있으면 전체 다 모아야 하고, 청소할 때 아이들이 이리저리 던져놓은 장난감도 다 모아야 합니다. 30명이 단체여행을 떠나 한 곳을 방문하고 다른 곳으로 이동할 때 한 명이라도 빠짐없이 30명 다 모아서 이동해야 하겠지요.

1. **Collect up** your toys.
   장난감을 전체 다 모아라.

2. **Gather up** the arrivals and come here.
   도착한 사람들 전체 다 모아서 여기로 와.

buy A up
A를 다 사다

buy up은 buy(~을 사다)+up(전체 다)으로 '~을 **전체 다** 사다'입니다.
토지, 표, 상품 따위를 전체 다, 몽땅 다 사들이는 것입니다. 2018년에 평창 동계올림픽이 있는데 그 주변의 땅은 정보가 빠른 소수가 다 사놓았죠. 우리나라 중고 오토바이는 없어서 못 팔 정도로 있는 대로 전부 다 사서 동남아시아로 수출합니다. 가장 멋있는 buy up은 영화관의 영화표를 모두 다 사서 여자 친구와 단둘이 있는 공간에서 프러포즈하는 것이 아닐까요? 드라마에서 가끔 나오는 장면입니다.

1. I **bought up** all the tickets to propose to her.
   난 그녀에게 프러포즈하기 위해 표를 다 샀어.

2. Our company **bought up** the land for the factory.
   우리 회사는 공장 짓기 위하여 그 땅을 다 샀어.

pay A up
A를 다 갚다(=빚을 청산하다)

pay up은 pay(~을 갚다)+up(전체 다)으로 '(돈)을 **전체 다** 갚다'입니다.
갚아야 할 빚을 전체 다 갚는 것은 빚을 청산하는 것이지요. '**빚을 다 갚다**'와 '**빚을 청산하다**'는 같은 표현입니다. pay up 하면 남아 있는 빚이 zero 상태가 되겠군요.

1. I **paid up** all my debt yesterday.
   나 어제 빚을 다 갚았어.

2. If you want to live, shut up and **pay up**.
   네가 살고 싶으면, 닥치고 빚 다 갚아.

dry up 　다 마르다(=바싹 마르다)

dry up은 dry(vi.마르다 vt.말리다)+up(전체 다)으로 '**전체 다 마르다**'입니다.
　연못이나 강물이 마지막 남은 한 방울까지 끝까지 다, 전체 다 마른 것은 바싹 마른 것이죠. 물이 '**전체 다 마르다, 끝까지 다** 마르다, **바싹** 마르다'는 같은 뜻입니다. up이 처음부터 '바싹'이란 뜻을 갖고 있는 것이 아닙니다. dry up을 처음부터 '바싹 마르다'로 외우면 up의 어감은 사라지고 무작정 외워야 할 숙어가 되어버리죠.

1. When we went there, the stream had **dried up**.
   우리가 거기 갔을 때, 그 개울은 바싹 말라 있었어.
2. The earth is **dried up** because of the drought.
   가뭄 때문에 땅이 바싹 말라 있어.

burn A up 　① 다 타다　② A를 다 태우다

burn은 'vi.불타다 vt.~을 불태우다'입니다.
① burn up은 burn(vi.불타다)+up(전체 다)입니다. '**전체 다 불타다**'를 줄여서 표현하면 '**전소하다**'입니다. '다 탔어'와 '전소했어'는 같은 말이지요. burn up을 '전소하다'라는 숙어로 암기할 필요가 없습니다.
② burn up은 burn(vt.~을 불태우다)+up(전체 다)입니다. '**무엇을 전체 다 불태우다**'를 줄여서 표현하면 '**무엇을 전소시키다**'입니다. 전소(全燒)는 **전부 다** 불타는 것이죠.

1. There was a fire near my house last night. It **burned up**.
   어젯밤 우리 집 근처에 화재가 있었어. 다 불탔어.
2. A big fire **burnt up** everything.
   대형 화재가 모든 것을 다 불태웠어.

mess A up 　A를 다 망치다(=난장판으로 만들다)

mess[mes] up은 mess(vt.~을 망치다)+up(전체 다)으로 '~을 **전체 다** 망치다'입니다.
　중간고사나 기말고사가 끝난 뒤에 흔히 '나 시험 전체 다 망쳤어'라고 합니다. 6과목을 쳤다면 6과목 몽땅 다 망친 것입니다. 일부만 망쳤으면 '영어 망쳤어, 수학 망쳤어'라고 말하겠죠. 애들이 집에 놀다가 돌아간 뒤 방에 들어가 보면 어느 한 부분도 깨끗한 곳이 없지요. 방 전체를 다 망쳐놓은 것을 우린 '난장판으로 만들다, 엉망진창으로 만들다'라고 합니다.

1. I **messed up** my final test.
   나는 마지막 시험(기말 고사)을 다 망쳤어.
2. They **messed up** my room.
   그들은 내 방을 난장판으로 만들었어.

wrap A up   ① A를 포장하다   ② A를 끝내다(finish)

wrap up은 wrap(vt.~을 덮다, 싸다)＋up(전체 다)으로 '~을 **전체 다** 덮다'입니다.
1번 문장을 보세요. 코트를 입고 단추를 채우지 않으면 코트가 몸의 일부분을 덮게 되는데 그것이 wrap입니다. 날씨가 추우면 단추를 끝까지 다, 전체 다 채워서 코트가 몸을 전체 다 덮고 감싸게 되지요. 그것이 전체 다 덮는 wrap up입니다. 사전에는 wrap up이 '폭 싸다'로 나와 있는데 up에 '폭'이란 의미가 있는 것이 아닙니다.

① wrap up은 '(물건)을 전체 다 덮다'로 '(물건)을 포장하다'입니다.
물건을 포장해보세요. 포장(包裝)은 물건이 눈에 보이지 않게 전체 다 덮는 것이지요. 물건의 일부분만 덮으면 포장이 아닙니다. 물건을 전체 다 덮는 것을 우린 포장이라고 합니다.

② wrap up은 '전체 다 덮다, 전체 다 싸다'로 '(일)을 끝마치다(finish)'입니다.
퇴근할 때 사람들은 '짐 다 싸라, 퇴근하자'라고 흔히 말하죠. 책상 위에 벌려 놓은 서류철 등을 전체 다 싸고, 다 덮으면 그날의 업무를 끝마치는 것입니다. 시장에서 판매하기 위해 **진열한 상품을 전체 다 싸고, 전체 다 덮으면** 그날의 영업을 **끝마치는** 것이죠. 하루 일을 끝마치는 일상생활에서 나온 표현입니다.

1. It's cold. **Wrap** yourself **up**.
   날씨가 추워. 몸을 폭(전체 다) 감싸라.

2. Waiter, can you **wrap** this **up**, please?
   웨이터, 이것을 포장해 줄 수 있나요?

3. It's time to **wrap up**.
   일을 끝마칠 시간이군요.

break up with A   A와 헤어지다(part with)
make up with A   A와 화해하다

● break up with는 break (relations) up with에서 relations가 생략된 표현입니다.
break relations(관계를 끊다)＋up(전체 다)＋with(~와)로 '**누구와 관계를 전체 다 끊다**'를 줄여서 표현하면 '**누구와 헤어지다**'입니다. 연인과의 관계를 끝까지 다, 모두 다 끊는 것은 연인과 결별하고 헤어지는 것이지요.

● make up with의 원래 표현은 make (broken relations) up with입니다.
make broken relations(깨진 관계를 만들다)＋up(전체 다)＋with(~와)입니다. '**누구와 깨진 관계를 전체 다 원래 상태로 만들다**'를 줄여서 표현하면 '**누구와 화해하다**'입니다. break up의 반대가 make up이 되는 이유를 아셨나요? break up은 다 깨는 것이고 make up은 다 깬 것을 다 원상태로 만드는 것입니다.

1. He looked blue after he **broke up with** his girlfriend.
   그는 여자 친구와 헤어지고 우울해 보였다.

2. Did you **make up with** your friend?
   너 친구와 화해했니?

dress up 정장하다

dress up은 dress(vi.옷을 입다)+up(전체 다)으로 '옷을 **전체 다 입다**'입니다.
 우린 흔히 영국신사라고 하지요. 영국인이나 미국인이 결혼식이나 파티 등 격식을 갖추어야 할 장소에 갑니다. 셔츠, 양복, 넥타이, 코트, 모자 등 반드시 입어야 할 옷을 전체 다 차려입습니다. 입어야 할 옷을 모두 다 차려입은 모습을 보세요. 정장 차림으로 옷 입는 것입니다. dress up은 '**격식을 갖추기 위해서 차려입어야 할 옷을 전체 다 입다**'로 줄여서 표현하면 '정장하다'입니다. 처음부터 dress up을 '정장하다'로 외우면 하나의 숙어가 되어버리죠.

1. Do I have to **dress up**?
   내가 정장 차림을 해야 하나요?

2. She **dressed up** to go to the party.
   그녀는 파티에 가기 위해 정장 차림을 했어.

show up / turn up 나타나다(appear), 오다(come), 도착하다

- show up은 show(vi.보이다)+up(전체 다)으로 '**전체 다 보이다**'입니다.
  멀리 있는 사람은 사람의 일부분만 보여서 누가 누구인지 알 수 없지요. 가까이 오면 사람의 모습이 끝까지 다, 전체 다 보여서 누구인지를 알게 됩니다. 사람이 눈앞에 와서 '**전체 다 보이다**'를 줄여서 표현하면 사람이 '**나타나다**', '**도착하다**', '**오다**'가 됩니다.

- turn up은 turn(vi.돌다)+up(전체 다)으로 '(모퉁이)를 다 돌다'입니다.
  모퉁이를 다 돌아 사람의 모습이 전체 다 보여서 '나타나다', '도착하다', '오다'는 뜻이 됩니다. 영어는 눈에 보이는 모습 그대로 설명하는 언어임을 잊어서는 안 됩니다.

1. He didn't **show up** at the party yesterday.
   그는 어제 파티에 나타나지 않았어.

2. Why didn't you **turn up** for the class?
   너 왜 수업받으러 오시 않았니?

line up 일렬로 줄 서다

line up은 line(vi.줄 서다)+up(전체 다)으로 '**전체 다 줄 서다**'입니다.
'**전체 다 줄 서다**'를 줄여서 표현하면 '**일렬로 줄 서다**'입니다. 모여 있는 사람들이 전체 다 줄을 서면 일렬로 줄을 서는 것이지요. 축구에서 시합 전에 출전 선수들이 운동장에 전체 다 나와서 일렬로 줄을 서는 것을 본 적 있나요? 그것이 선발 라인업(line-up)입니다.

1. It's hard to believe people **line up** to get into this place.
   사람들이 이곳에 들어가기 위해 일렬로 줄을 서다니 믿기 힘들다.

2. **Line up** in the order of arrival.
   도착 순서대로 일렬로 줄을 서세요.

brush up A   A를 복습하다(review)

brush up은 brush(~을 솔질하다)+up(전체 다)으로 '**전체 다 솔질하다**'입니다.

brush up의 원래 뜻은 옷에 묻어 있는 먼지를 전체 다 솔질하는 것으로 '몸단장하다'입니다. 화장을 다 고치고, 몸단장을 다 마치고 사람들은 거울을 다시 한 번 보면서 확인하는 습관이 있지요. **brush up**은 화장을 다 고치고, 몸단장을 다 마친 후에 그 상태를 다시 보는 습관에서 '**~을 다시 보다(review)**'는 뜻이 파생되었습니다. 입은 옷과 고친 화장을 다시 보는 것이 아니라 읽은 책을 다시 보는 것은 복습(review)하는 것이죠. 왜 brush up에 review(~을 복습하다)란 의미가 파생되었는지 이해하셨나요?

brush up은 중학교 교과서에도 나오는데 brush up on으로 on이 붙어서 나오더군요. on은 붙여도 되고 붙이지 않아도 상관없습니다. brush up on은 brush up(다시 보다)+on(접촉)으로 '~에 눈을 붙여 다시 보다'입니다. 영어를 복습하는 것은 영어책에 눈을 붙여서(=접촉하여) 다시 보는 것이기 때문에 접촉의 on을 붙이는 것이지요. on은 '접촉'으로 on에서 자세히 배우게 됩니다.

1. I have to **brush up** (on) English.
   나는 영어를 복습해야 해.

2. You should **brush up** (on) your table manners.
   당신은 식사 매너를 다시 배워야겠군요.

set A up   ① (기계, 텐트)를 설치하다
② (회사)를 설립하다(establish, found)

set up은 set(~을 놓다)+up(전체 다)으로 '무엇을 **전체 다 놓다**'입니다.

'**(구성부품)을 전체 다 놓다**'를 줄여서 표현하면 '**무엇을 설치하다, 무엇을 설립하다**'입니다. 컴퓨터를 설치해 볼까요? 키보드, 마우스, 모니터, 본체 등 컴퓨터 구성부품들을 전체 다 조립해 놓으면 컴퓨터를 설치하는 것이지요. 텐트를 쳐 볼까요? 텐트 가방에 들어 있는 구성부품들을 전체 다 조립해 놓으면 텐트를 치는 것입니다.

회사를 설립해 볼까요? 집기도 놓고, 간판도 놓고, 전화도 놓고, 직원도 놓고, 상품도 놓고 필요한 것을 전체 다 놓으면 회사를 설립하는 것입니다. set up은 '무엇을 전체 다 놓다'에서 '무엇을 설치하다, 무엇을 설립하다'라는 의미가 되는 것이지요.

무작정 암기하면 나중에 배우게 되는 set out, set off, set about 등 여러 표현과 혼동하기 때문에 up의 개념을 느끼면서 학습하면 이해도 빠르고 암기도 쉽지요.

1. I **set up** my new computer last week.
   나는 지난주에 새 컴퓨터를 설치했어.

2. Don't **set up** a tent near the river.
   강가에 텐트를 치지 마세요.

3. My dream is to **set up** a company like Apple.
   나의 꿈은 애플과 같은 회사를 설립하는 거야.

put A up   ①(텐트)를 치다   ②(건물)을 짓다(build)

put up은 put(~을 놓다)+up(전체 다)으로 '무엇을 **전체 다 놓다**'입니다.

① put up a tent는 '텐트를 치다'입니다. 텐트, 덮개, 고정핀 등 텐트를 치기 위한 구성부품들이 가방 안에 들어있습니다. '**텐트 구성부품들을 전체 다 조립해 놓다**'를 줄여서 표현하면 '**텐트를 치다**'입니다. 부품 하나만 put 해서는 텐트를 칠 수 없지요. 구성부품을 전체 다 put 해야 텐트를 치는 것입니다.

② put up a building은 '건물을 짓다'입니다. 건물을 짓기 위해선 벽돌, 시멘트, 모래, 나무 등 건축 재료들이 필요합니다. '**건축 재료를 전체 다 제 위치에 놓다**'를 줄여서 표현하면 '**건물을 짓다**'가 되지요. 벽돌만 put 해서 건물을 지을 수 있나요? 필요한 건축 재료들을 전체 다 put 해서 건물을 짓는 것입니다.

1. Do you know how to **put up** a tent?
   너 텐트 치는 방법을 아니?

2. We are **putting up** a new building.
   우리는 새 건물을 짓고 있어요.

put up at A   A에 머무르다, 숙박하다(stay at)

put up at은 put(~을 놓다)+up(전체 다)+at(장소에)입니다. '**(어디)에 짐을 전체 다 놓다**'를 줄여서 표현하면 '**(어디)에 머무르다, 숙박하다**'입니다.

여행객이 가진 모든 짐(all the baggage)을 **전체 다** 호텔에 내려놓으면 그 호텔에 머무르고 숙박하는 것이죠. '그 호텔에 짐을 다 내려놓았어'와 '그 호텔에 머물렀어'는 같은 뜻입니다. put up at은 put up (all the baggage) at에서 괄호가 생략된 표현입니다.

1. I **put up at** a hotel in Shanghai.
   나는 상해에서 호텔에 머물렀어.

2. We **put up at** a small motel.
   우리는 작은 모텔에서 머물렀어.

pack A up   A를 다 짐 싸다

pack[pæk] up은 pack(~을 짐 싸다)+up(전체 다)으로 ~을 **전체 다** 짐 싸다'입니다.

하나라도 빠짐없이 다, 끝까지 다, 전체 다 짐 싸는 것은 언제일까요? 호텔에서 나올 때, 이사 갈 때, 여행이나 출장 갈 때입니다. 하나라도 남기거나 빠뜨리면 그것을 가지러 다시 가야 하기 때문에 전체 다 짐을 싸는 것이지요.

1. It's time to leave. **Pack up** your things.
   떠날 시간입니다. 물건들 다 짐 싸세요.

2. We have to **pack up** to move.
   우린 이사하기 위해서 짐을 다 싸야 해요.

cloud up 잔뜩 흐리다
clear up 날씨가 개다

- cloud up은 cloud(vi.흐려지다)+up(전체 다)으로 '**전체 다** 흐려지다'입니다.
하늘이 '**전체 다 흐려지다**'를 줄여서 표현하면 하늘이 '**잔뜩 흐리다**'가 됩니다. 먹구름이 하늘 전체 다 덮으면 '잔뜩' 흐린 것입니다. up이 원래 '잔뜩'이란 뜻이 있는 것이 아니지요.

- clear up은 clear(vi.깨끗해지다)+up(전체 다)으로 '전체 다 깨끗해지다'입니다.
하늘이 '**전체 다 깨끗해지다**'를 줄여서 표현하면 '**날씨가 개다**'입니다. 하늘에 있던 먹구름이 전체 다 사라져 하늘이 전체 다 깨끗해지면 날씨가 개는 것이지요. 읽을수록 쉽지 않나요?

1. It is going to rain. It's **clouding up**.
   비가 올 것 같아. 잔뜩 흐려지고 있어.

2. It's **clearing up**. Let's go fishing.
   날씨가 개고 있어. 낚시하러 가자.

let up (비가)멎다, 멈추다

let은 'vt.~을 내보내다, 허락하다, 내버려 두다, 세놓다'입니다.
let up은 let(~을 내보내다)+up(전체 다)으로 '(물)을 **전체 다** 내보내다'입니다.
'**구름이 머금고 있는 물을 전체 다 내보내다**'를 줄여서 표현하면 '**비가 멎다, 비가 멈추다**'입니다. 구름이 머금고 있는 물을 전체 다 내보내면 비가 멎고, 비가 멈추게 되지요. The rain let up은 The rain let (water) up에서 괄호가 생략되었습니다. 구름이 내보내는 것이 물이라는 것을 누구나 다 알기 때문에 괄호(water)를 생략하고 let up만 남는 것입니다.

1. The rain **let up** for a while.
   비가 잠깐 멈추었어.

2. When is this rain going to **let up**?
   이 비가 언제 멈출까요?

cover A up ① A를 다 덮다 ② A를 숨기다(hide, conceal), 은폐하다

cover up은 cover(~을 덮다)+up(전체 다)으로 '~을 **전체 다** 덮다'입니다.
1번 문장의 cover up은 앞에서 배운 wrap up과 같습니다. 몸의 일부분만 덮지 말고 몸을 전체 다 덮으라는 것이지요. cover up은 '**~을 전체 다 덮다**'에서 '**~을 숨기다, 은폐하다**'라는 뜻이 발생합니다. 전체 다 덮는 것은 안에 무엇이 있는지 알 수 없도록 숨기고 은폐하는 것이죠.

1. It's cold. **Cover** yourself **up** before you go out.
   춥다. 나가기 전에 몸을 전체 다 덮어라.

2. Don't **cover** it **up**. Everyone knows that.
   그것을 숨기지 마세요. 모두가 그것을 알고 있어요.

shut A up　① (매장)을 폐점하다　② (입)을 닥치다

shut up은 shut(~을 닫다=close) + up(전체 다)으로 '(문)을 **전체 다** 닫다'입니다.

① shut up은 '**문을 전체 다 닫다**'로 '**~을 폐업하다**'라는 뜻입니다. 매장 문을 전체 다 닫는 것은 더 이상 손님을 받지 않고 문을 닫는 폐업이지요. close 또한 '~을 닫다'로 close up 역시 '~을 폐업하다'입니다.

② shut up은 입이란 입은 모두 다 닫는 것으로 어떠한 말도 하지 말고 닥치란 소리입니다. shut(your mouth) up에서 괄호가 생략된 표현이죠. 사람의 입도 말이 나가는 문으로 말문을 모두 닫는 것입니다.

1. He **shut up** his book store last week.
   그는 지난주에 책방을 폐업했어.

2. Just **shut up** and listen to me.
   그냥 닥치고 내 말을 들어.

check A up　① A를 다 확인하다　② 건강검진 하다

① check up은 check(~을 확인하다) + up(전체 다)으로 '~을 **전체 다** 확인하다'입니다.
맨 앞에 write up에서 이미 설명했습니다. 하나도 빠뜨리지 말고 끝까지 다, 전체 다 확인하라는 것입니다. 컴퓨터가 고장 났을 때 고장 원인을 모르면 전체 다 확인해야 하겠지요.

② check up은 '건강검진 하다'입니다. check (one's body) up에서 괄호(one's body)가 생략되었습니다. **병원에서 사람 몸을 전체 다 확인하는 것은 건강검진 하는 것**이죠. up의 의미를 모르면 check up이 왜 건강검진인지 모르고 무작정 외워야 할 숙어가 되어 버립니다.

1. **Check up** the computer.
   컴퓨터를 전체 다 확인해.

2. She went to hospital to **check up**.
   그녀는 건강검진 하기 위하여 병원 갔어.

sew A up　A를 꿰매다

sew up은 sew(~을 바느질하다) + up(전체 다)으로 '**전체 다** 바느질하다'입니다.
찢어진 부분을 '**끝까지 다, 전체 다 바느질하다**'를 줄여서 표현하면 '**~을 꿰매다**'가 됩니다. sew[sou]는 바느질을 한 땀 하는 것이죠. 옷이 10cm 찢어지면 한 땀으로 꿰맬 수 있나요? 한 땀 한 땀 끝까지 다, 전체 다 바느실해야 찢어진 부분을 꿰매는 것입니다.

1. Please **sew up** this hole in my jeans.
   청바지에 난 구멍을 꿰매주세요.

2. The doctor **sewed up** my wound.
   의사는 나의 상처를 꿰맸어.

fix A up   A를 다 수리하다

fix up은 fix(~을 수리하다)+up(전체 다)으로 '~을 **전체 다** 수리하다'입니다.

다른 집으로 이사 가면 도배, 장판, 욕실, 부엌 등 집을 전체 다 수리하지요. 부동산 정보지를 보면 **올(all) 수리**란 말이 자주 나오죠. 또 자전거는 어디 부딪혀 고장 나면 바퀴, 핸들, 기어 등 여러 곳이 망가져서 콕 찍어서 어디가 고장 났는지 모르기 때문에 전체 다 손을 봐달라고 하는 것입니다.

1. They **fixed up** the house before they moved in.
   그들은 이사 들어가기 이전에 집을 전체 다 수리했어.

2. I can't **fix up** my bike.
   난 나의 자전거를 수리할 수 없어.

be booked up   전체 다 예약되어 있다

book[buk]은 동사로 'vt.~을 예약하다(reserve)'입니다.

be booked up은 be booked(예약되어 있다)+up(전체 다)으로 '**전체 다** 예약되어 있다'입니다. 의사와 진료 예약을 하거나, 식당에 자리를 예약하려고 문의하면 전체 다 예약되어 있어 남아 있는 시간과 자리가 없다고 하는 경우 많지요.

1. The restaurant **is booked up** tonight.
   그 식당은 오늘 밤 전체 다 예약되어 있어.

2. The doctor **is booked up** until next week.
   그 의사는 다음 주까지 전체 다 예약되어 있어요.

3. I **am** all **booked up** today.
   나는 오늘 일정이 전체 다 예약되어 있어.

lock A up   문단속하다, 가두다

lock up은 lock(~을 잠그다)+up(전체 다)으로 '문을 **전체 다** 잠그다'입니다.

'(문)을 전체 다 잠그다'를 줄여서 표현하면 '**문단속하다, 가두다**'가 됩니다. 어머니가 밤에 '문 다 잠가라'라고 하면 '문단속해라'와 같은 뜻이지요. 누구를 방에 넣고 '문을 다 잠가라'라고 말하면 '누구를 가두어라'는 뜻이 됩니다.

lock up은 lock (the doors) up에서 괄호(the doors)가 생략된 표현입니다. 집이나 가게 문을 전체 다 잠그는 것은 누군가 침입하지 못하도록 문단속하는 것이지요. 그리고 사람을 안에 두고 문을 전체 다 잠그면 그 사람이 탈출하지 못하도록 가두고 감금하는 것입니다.

1. Don't forget to **lock up** at night.
   밤에 문단속하는 것 잊지 마.

2. He was **locked up** for 20 years.
   그는 20년 동안 감금되었어.

tie A up   A를 단단히 묶다, 꽁꽁 묶다

tie up은 tie(~을 끈으로 묶다)+up(끝까지)입니다.
 지금 노끈을 가져와서 상자를 묶어 보세요. tie는 한 번 매듭지어 묶는 것입니다. 상자를 한 번 매듭지어 묶으면 여분의 끈이 남아있지요. 그 여분의 끈을 그냥 두지 않고 끝까지 다, 전체 다 사용하여 묶으면 여러 번 묶게 되고 '단단히' 묶게 됩니다. **'여분의 끈을 끝까지 묶다, 여분의 끈을 전체 다 사용하여 묶다'** 를 줄여서 표현하면 **'단단히 묶다, 꽁꽁 묶다'** 가 되지요. up이 처음부터 '단단히, 꽁꽁'이란 뜻을 갖고 있는 것이 아닙니다. be tied up은 '일정이 끝까지 다, 전체 다 묶여 있다'로 '매우 바쁘다'입니다. 오늘 일정이 끝까지 다, 전체 다 묶여 있으면 오늘은 매우 바쁜 날이죠.

1. Before departure, **tie up** the baggage!
   출발 전에, 짐을 단단히 묶어!

2. **Tie up** a garbage bag.
   쓰레기 봉지를 단단히 묶어.

3. **I'm tied up** today.
   난 오늘 매우 바빠. (=나는 오늘 **전체 다** 일정으로 묶여 있어.)

be fed up with A   A에 신물이 나다, 진절머리나다

be fed up with는 be fed(먹여져 있다)+up(끝까지)+with(~을 가지고)입니다.
 '~을 가지고 끝까지 먹여져 있다' 를 줄여서 표현하면 **'~에 신물이 나다, 진절머리가 나다'** 입니다. 누군가 먹기 싫은 음식을 계속 먹어서 그 음식이 **목구멍 끝까지** 가득 차 있는 상태입니다. 그 상태에서 그 음식을 또 먹으라고 하면 그 음식을 쳐다보기만 해도 신물이 올라오고 진절머리나겠지요. feed[fiːd]는 'vt.~을 먹이다'로 feed-fed-fed로 활용합니다.

1. He must **be fed up with** studying.
   그는 공부에 질려 있음에 틀림없어.

2. I **am** really **fed up with** my job.
   난 정말 내 일에 질려있어.

stand A up   A를 바람맞히다

stand up은 stand(vt.~을 세워놓다)+up(끝까지)입니다.
 '누구를 끝까지 세워놓다' 를 줄여서 표현하면 **'누구를 바람맞히다'** 입니다. 약속한 사람이 약속 장소에 나타나지 않아 사람을 끝까지 세워 놓는 것은 사람을 바람맞히는 것이지요.

1. She **stood** me **up** last night.
   그녀는 지난밤에 나를 바람맞혔어.

2. Don't **stand** me **up** tomorrow night.
   내일 밤에 나 바람맞히지 마.

sit up with A A와 끝까지 앉아 있다

sit up with는 sit(vi.앉아 있다)+up(끝까지)+with(~와)입니다.
'~와 끝까지 앉아 있다'를 줄여서 표현하면 '~와 밤샘하다'입니다. 밤이 새고 아침이 될 때까지 누구와 끝까지 앉아 있으면 누구와 밤샘하는 것이죠. sit up with를 '~와 밤샘하다'로 무작정 외울 필요가 없습니다.

1. When his father passed away, I **sit up with** him at the hospital.
   그의 아버지가 돌아가셨을 때, 나는 병원에서 그와 끝까지 앉아 있었어(밤샘했어).

2. I **sit up with** her when she was ill.
   그녀가 아팠을 때 난 그녀와 끝까지 앉아 있었어.

hurry up 끝까지 서두르다

hurry up은 hurry(서두르다)+up(끝까지)으로 '끝까지 서두르다'입니다.
조금의 여유도 남기지 말고, 끝까지 속도를 내서 서두르는 것입니다. 동영상 강의를 보세요. 0.5배속부터 2배속까지 있지요. 끝에 해당하는 2배속으로 바꿔보세요. 2배속의 동작이 끝까지 서두르는 hurry up 하는 동작입니다.

1. If you don't **hurry up**, you'll miss the train.
   네가 서두르지 않으면, 넌 기차를 놓칠 거야.

2. **Hurry up**! We have no time.
   서둘러! 우린 시간 없어.

open A up A를 활짝 열다

open up은 open(~을 열다)+up(끝까지, 전체 다)입니다.
'끝까지 다 열다, 전체 다 열다'를 줄여서 표현하면 '활짝 열다'입니다. open은 일부분을 여는 것이고 open up은 끝까지, 전체 다 여는 것입니다. 사람이 들어 올 때 보통 문을 끝까지 열지 않습니다. 절반 정도 문을 열고 들어오지요. 그 정도면 사람이 들어오기 충분하기 때문입니다. 그러나 가구와 같이 큰 물건이 들어 올 때는 문의 손잡이가 벽에 닿도록 끝까지 문을 열어야 하지요. 이제 박스를 열어 볼까요? 박스에는 덮개가 4개가 있는데 4개 모두 다 여는 것이 open up으로 활짝 여는 것입니다. 문을 끝까지 여는 것을 우리는 '활짝 열다'라고 하지요. up이 처음부터 '활짝'이란 뜻이 있는 것이 아닙니다.

1. **Open up** your mind.
   네 마음을 활짝 열어.

2. **Open up** the door.
   문을 활짝 열어.

3. **Open up** the box, and you will find that.
   박스를 활짝 열어. 그러면 그것을 발견할 거야.

start up A   A를 시동 걸다, 시작하다

start up은 start(~을 움직이다)+up(끝까지)입니다.
'(키)를 끝까지 움직이다'를 줄여서 표현하면 '시동 걸다'입니다. 자동차 키를 꽂아 보세요. 위로 한 칸 움직이면 미등이 켜지고, 두 칸을 움직이면 라디오가 켜지고, 그리고 키를 끝까지 다 움직이면 부릉 하면서 시동이 걸리지요. start up은 키를 '끝까지 움직이다'로 '시동 걸다'는 뜻입니다. '시동 걸다'와 '시작하다'는 같은 뜻이죠. '이제 시동 걸어 볼까'와 '이제 시작해 볼까'는 같은 뜻입니다.

1. I could not **start up** the engine.
   난 엔진을 시동 걸 수 없었어.

2. He's quitting and **starting up** a new company.
   그는 회사를 그만두고 새로운 회사를 시작할 예정이야.

cut A up   A를 잘게 자르다

cut up은 cut(~을 자르다)+up(끝까지)입니다.
'무엇을 끝까지 자르다'를 줄여서 표현하면 '무엇을 잘게 자르다'입니다. 끝이란 자신이 충분하다고 느끼는 끝을 말합니다. 양파 한 개가 있군요. 만들려는 음식에 맞게 충분하다고 느낄 때까지, 끝까지 잘라 보세요. 자른 양파를 보면 잘게 잘게 잘려져 있습니다. up이 '잘게 잘게'라는 뜻이 있는 것이 아니라 요리에 맞게 끝까지 자른 결과를 보니 잘게 자른 것이죠.

1. To make this food, at first, **cut up** the meat.
   이 음식을 만들기 위하여, 먼저, 고기를 잘게 자르세요.

2. **Cut up** the onion on the plate.
   접시 위의 양파를 잘게 잘라 줘.

warm A up   ① 약간 덥게 만들다   ② 준비운동하다

warm up은 warm(~을 따뜻하게 만들다)+up(끝까지)으로 '끝까지 따뜻하게 만들다'입니다. 사람에 따라 다르겠지만 뜨겁지 않고 따뜻하게 느끼는 따뜻한 온도의 끝은 40도 정도입니다. 따뜻함의 끝은 약간 더운, 후끈한 상태지요.
warm up은 '끝까지 따뜻하게 만들다'로 '약간 덥게 만들다'입니다. 운동하기 전에 사람 몸을 약간 덥게 만드는 것은 '준비 운동하다'입니다. 기계를 작동하기 이전에 공회전을 시켜 엔진을 약간 덥고 후끈하게 만드는 것은 '예열하다'입니다.

1. A hot cup of milk **warms** you **up** in cold weather.
   추운 날씨에는 뜨거운 우유 한 잔이 너를 후끈하게 해줘.

2. You must **warm up** before getting into the pool.
   수영장에 들어가기 전에 반드시 준비운동 해야 해.

3. **Warm up** your car engine before you start.
   출발하기 전에 차를 예열시켜.

mix A up   ① A를 골고루 섞다   ② A를 혼동하다(confuse)

mix up은 mix(~을 섞다)+up(**끝까지**)입니다.
'**무엇을 끝까지 섞다**'를 줄여서 표현하면 '**무엇을 골고루 섞다**'입니다. 밀가루, 달걀, 우유를 섞어 반죽해 보세요. 한두 번 휘저어 섞으면 일부분만 섞이고, 밀가루 따로 달걀 따로 모여 있어 섞이지 않은 부분이 많지요. **섞이지 않은 부분이 없도록 끝까지 다, 전체 다 섞으면 골고루 섞는 것입니다.**

2번 문장은 머리가 전체 다 섞여서 뒤죽박죽이라는 것입니다. up이 처음부터 '골고루, 뒤죽박죽'이란 뜻이 있는 것이 아닙니다. 이제 골고루 섞은 반죽을 보세요. **골고루 섞으면 무엇이 달걀이고 무엇이 밀가루인지 구분되지 않고 혼동**하게 되지요. 그래서 '골고루 섞다'에서 '혼동하다'라는 뜻이 발생합니다.

1. **Mix up** the vegetables.
   나물을 골고루 무쳐라.

2. I'm really **mixed up**.
   난 머리가 정말 뒤죽박죽이야. (=머리가 **전체 다** 섞여 있어.)

3. They look so much alike. I always **mix** them **up**.
   그들은 너무 매우 비슷해 보여. 난 항상 그들을 혼동해.

listen up   끝까지 듣다

listen up은 listen(vi.듣다)+up(**끝까지, 전체 다**)로 '**끝까지 듣다, 전체 다 듣다**'입니다.
내가 중요한 말을 하니까 중간에 자르지 말고 내 말을 끝까지, 전체 다 들으란 소리지요. 보통 중요한 말을 할 때 먼저 listen up! 이라고 말을 합니다.

1. Shut up and **listen up**.
   닥치고 내 말 끝까지 들어.

2. Stop talking and **listen up**.
   대화를 멈추고 내 말 끝까지 들어.

tear A up   A를 갈기갈기 찢다

tear up은 tear(~을 찢다)+up(**끝까지**)입니다.
'**무엇을 끝까지 찢다**'를 줄여서 표현하면 '**무엇을 갈기갈기 찢다**'입니다. 자신이 충분하다고 느끼는 순간까지, 끝까지 종이 한 장을 직접 찢어 보세요. 그리고 찢은 종이를 보세요. 갈기갈기 찢은 것입니다. up이 처음부터 '갈기갈기'란 뜻이 있는 것이 아니라 끝까지 찢은 종이를 눈으로 보니 갈기갈기 찢은 것입니다.

1. She **tore up** his letter and began to cry.
   그녀는 그의 편지를 갈기갈기 찢어 버리고 울기 시작했어.

2. She got angry, and **tore up** the check.
   그녀는 화가 났고, 수표를 갈기갈기 찢어 버렸어.

fill A up   A를 끝까지 채우다

fill up은 fill(~을 채우다)+up(끝까지)으로 '~을 끝까지 채우다'입니다.
각종 신청서를 보면 빈칸이 많지요. 그 빈칸을 끝까지 다, 전체 다 채우는 것이 fill up입니다. 주유소에서 기름 탱크를 끝까지 다, 전체 다 채우는 경우 많지요. '**다** 채워 주세요', '**끝까지** 채워주세요', '**가득** 채워주세요'는 같은 뜻입니다. up이 처음부터 '가득'이란 뜻이 있는 것이 아니죠.

1. **Fill up** the blanks.
   빈칸을 다 채워 주세요.

2. Would you please **fill up** the tank?
   기름 탱크를 다 채워 주시겠어요?

blow A up   ① A를 위로 불다   ② 터지다, 폭발하다(explode)

① blow up은 blow(~을 불다)+up(위로)으로 '~을 위로 불다'입니다.
   풍선이 점점 커지게 아래에서 위로 불어 올리는 것입니다. up은 '위로'입니다.

② blow up은 blow(~을 불다)+up(끝까지)으로 '~을 끝까지 불다'입니다.
   풍선을 끝까지 불면 풍선이 터지고 폭발하지요. '**풍선을 끝까지 불다**'에서 '**폭발하다, 터지다**'라는 뜻이 발생합니다. 풍선이 '퍽' 하면서 터지는 모습은 사람이 참고 있던 화가 폭발하거나, 기계의 엔진이 폭발하는 모습과 같지요.

1. **Blow up** a balloon and tie it.
   풍선을 위로 불고 묶으세요.

2. She **blew up** because we were so late.
   우리가 너무 늦었기 때문에 그녀는 (화가) 폭발했어.

3. My car **blew up** on the expressway.
   고속도로에서 내 차가 (엔진이) 폭발했어.

buckle A up
belt A up   A를 끝까지 졸라매다(=안전벨트하다)

buckle[bÁkəl] up은 buckle(~을 졸라매다)+up(끝까지)입니다.
'**끝까지 벨트를 졸라매다**'를 줄여서 표현하면 '**안전벨트하다**'입니다. 원어민은 '끝까지 졸라매세요'라고 말하고 우리는 '안전벨트하세요'라고 말합니다. 사고가 났을 때 사람이 의자에서 떨어지지 않게 벨트가 배에 붙도록 벨트를 끝까지 졸라매는 것, 그것이 안전벨트 하는 것이죠.

1. **Buckle up** your seat belt.
   안전벨트하세요. (=벨트를 끝까지 졸라매세요.)

2. It's important to **belt up** when you're in a car.
   차에 타고 있을 때 안전벨트를 하는 것은 중요합니다.

draw A up   ① A를 세우다, 멈추다   ② A를 작성하다(make out)

draw는 'vt.~을 끌다, 당기다, 그리다, 긋다'입니다.

① draw up은 draw(~을 당기다)+up(위로)으로 '~을 위로 당기다'입니다.
pull up에서 이미 배웠지요. draw (the reins) up으로 '말고삐를 위로 당기다'에서 '말을 세우다'라는 뜻입니다. draw는 pull과 같은 동작이니까 draw up이 pull up과 같은 뜻이 되는 것은 당연하지요. **'말고삐를 위로 당기세요'**는 '(마)차를 세워주세요'입니다.

② draw up은 draw(~을 긋다)+up(끝까지)입니다.
'선을 끝까지 긋다'를 줄여서 표현하면 **'표를 완성하다'**입니다. 종이에 자를 대고 가로세로 필요한 선을 끝까지 다 긋고 나면 표가 완성되지요. draw up은 **'표를 완성하다'**라는 뜻에서 계획서를 **'작성하다'**라는 뜻으로 확장되었습니다.

1. **Draw up** at the bus stop.
   버스 정류장에서 차를 세워줘.

2. At first, **draw up** a shopping list.
   먼저, 물건 구매 목록을 작성해.

3. I'll **draw up** a plan and send it to you.
   내가 계획을 작성해서 너에게 보내 줄게.

make A up   ① 화장하다   ② (이야기)를 꾸며내다   ③ 화해하다

make up은 make(~을 만들다)+up(끝까지 다, 전체 다)으로 '무엇을 **전체 다** 만들다'입니다.

① make up은 '화장하다'로 원래 표현은 make (the face) up입니다.
'얼굴을 전체 다 만들다'를 줄여서 표현하면 **'화장하다'**입니다. 화장(化粧)은 눈, 코, 입, 눈썹 등 얼굴을 끝까지 다, 전체 다 예쁘게 만드는 것이지요. 얼굴의 일부분만 예쁘게 만들면 화장이 아닙니다.

② make up stories는 '이야기를 꾸며내다'입니다. **'없는 사실을 처음부터 끝까지, 전체 다 만들다'**를 줄여서 표현하면 **'이야기를 꾸며내다, 날조하다'**입니다.

③ make up은 '화해하다'임을 break up에서 이미 배웠지요. 기억나지 않으면 색인에서 break up을 찾아 다시 확인하세요.

make up은 '무엇을 **전체 다** 만들다'일 뿐입니다. 화장 안 한 민얼굴을 전체 다 예쁘게 make 하면 화장하는 것이고, 없는 사실을 전체 다 make 하면 이야기를 꾸며내고 날조하는 것이고, 완전히 깨진 관계를 전체 다 원래 상태로 make 하면 화해하는 것입니다.

1. I need time to **make up**.
   나 화장할 시간이 필요해.

2. Don't **make up** stories. He told me another story.
   이야기를 꾸며내지 마. 그는 나에게 다른 이야기를 했어.

3. Did you **make up with** your girlfriend?
   너 여자 친구와 화해했어?

make up for A — A를 보충하다, 보상하다(compensate for)

make up for는 make(~을 만들다)+up(끝까지 다, 전체 다)+for(~때문에)입니다. '~때문에 손해 난 것을 끝까지 원래대로 만들다'를 줄여서 표현하면 '무엇을 보충하다, 무엇을 보상하다'입니다.

운전하다가 실수로 앞차를 들이받습니다. 그럼 앞차 운전자는 목을 잡고 밖으로 나오지요. 흔히 보는 장면입니다. 그럼 어떻게 해야 할까요? 나의 실수 **때문에(for)** 앞차에 입힌 **손해를 끝까지 다(up)** 원래 상태로 **make** 해 줘야 합니다. 그것이 **보상**하는 것이죠. 망가진 차를 원래 상태가 되도록 끝까지 다 make 하고, 사람이 다쳤으면 사람이 다치기 이전의 상태가 되도록 끝까지 다 make 하는 것이 보상하는 것입니다.

몸이 아파 병원에 입원해서 한 달 동안 학교를 쉬었습니다. 돌아와 보니 영어 진도가 100페이지에서 200페이지까지 나가 있습니다. 그럼 어떻게 할까요? 결강 때문에(for) 손실 난 수업 100페이지를 끝까지 공부해서 200페이지까지 채우면 손실 난 것을 보충하는 것이지요. make up for는 무엇 때문에 발생한 손해나 손실을 전체 다 원래 상태로 만드는 것으로 '보상하다, 보충하다'입니다.

1. You have to work hard to **make up for** lost time.
   넌 잃어버린 시간을 보충하기 위하여 열심히 공부해야 해.

2. Don't worry. I'll **make up for** it.
   걱정하지 마. 내가 그것을 보상할게.

make A up — A를 구성하다
be made up of A — A로 구성되어 있다(consist of, comprise)

make up은 make(~을 만들다)+up(끝까지 다, 전체 다)으로 '무엇을 끝까지 만들다'입니다.

make up a team은 make(~을 만들다)+up(끝까지)+a team(팀 구성원)입니다. '팀 구성원을 끝까지 다 만들다'를 줄여서 표현하면 '팀을 구성하다'입니다. 구성(構成)은 '구성원 한 명 한 명 끝까지 다 모아 전체를 만드는 것'이지요.

축구경기에 나가기 위해선 11명의 선수를 구성해야 합니다. 10명도 나갈 수 없지요. 11명이 될 때까지 끝까지 팀원을 make 하면 그것이 팀을 구성하는 것입니다. 그럼 make a team은 뭘까요? 그것은 축구팀을 만드는 것이지요. 구성원이 한 명도 없어도 축구팀은 만들 수 있습니다. 축구팀을 만든 이후에 구성원을 채워 넣으면 되니까요.

make up은 보통 수동형인 be made up of로 사용됩니다. be made up(구성되어 있다)+of(~을 가지고)로 '~로 구성되어 있다'입니다. of는 have로 '~을 가지고'입니다. of에서 make up을 한 번 더 설명합니다.

1. We need one more person to **make up** a team.
   우리는 팀을 구성하기 위해 한 사람이 더 필요해.

2. The class **is made up of** 30 students.
   그 반은 30명으로 구성되어 있어.

3. The committee **is made up of** five members.
   위원회는 5명의 위원으로 구성되어 있어.

make up one's mind 결심하다, 결정하다(decide, determine)

make up one's mind는 make(~을 만들다)+up(끝, 마지막)+one's mind(마음)입니다. **'마음을 끝(=마지막)으로 만들다'**를 줄여서 표현하면 **'결심하다, 결정하다'**입니다.

make one's mind는 '마음을 만들다'로 마지막 결심이 아니기 때문에 마음이 또 바뀔 수 있지요. make up one's mind는 마음의 변화가 여러 번 있고 **끝으로, 마지막으로** 마음을 만든 것이기 때문에 **'결정하다, 결심하다'**라는 뜻이 됩니다.

decide는 de(분리=off)+cide(자르다=cut)로 A를 할까 B를 할까 고민하다가 A를 잘라 분리시켜 없애면 B를 하기로 결심하는 것이죠. determine은 de(분리=off)+term(끝=end)+ine의 결합으로 끝으로 하나를 분리시켜 내는 것 역시 결심하는 것입니다.

1. I **made up my mind** to live alone.
   난 혼자 살기로 결심했어.

2. He **made up his mind** to stop smoking.
   그는 금연하기로 결심했어.

back A up
① A를 지지하다, 편들다, 돕다
② A를 복사해 놓다
③ A를 후진하다

① back up은 back(뒤에서 돕다)+up(끝까지)입니다.
축구, 야구 등에서 back up 수비가 있습니다. 수비수가 볼을 놓치는 것을 대비해서 수비수의 뒤에 가서 돕는 수비를 말합니다. 이런 수비는 한 번으로 끝나는 것이 아니라 경기 시작부터 경기가 끝날 때까지 **끝까지** 계속되지요. back up은 '**끝까지 뒤에서 돕다**'를 줄여서 표현하면 '**지지하다, 후원하다**'입니다.

② back up은 back(~을 뒤에 놓다)+up(위에)입니다.
'무엇을 뒤쪽 위에 놓다'는 '**복사본을 만들다**'입니다. 사용 중인 시스템에 문제가 있을 것을 대비해서 똑같은 데이터를 디스켓 등에 복사해서 뒤쪽 선반 위에 보관하던 습관에서 유래한 표현입니다. back up은 우리말처럼 일반화되어 백업으로 자주 사용하지요.

③ back up은 back(~을 후진하다)+up(~쪽으로)으로 '~쪽으로 후진하다'입니다.
up은 '위로'가 아니라 '~쪽으로'입니다. back up은 '뒤쪽으로 움직이다, 후진하다'입니다. 3번 문장에서 back up은 back (your car) up에서 괄호가 생략된 것이죠.

1. Please, **back** me **up** in this argument.
   부탁인데, 이 논쟁에서 나를 지지해줘.

2. You should always **back up** your data.
   항상 자료를 백업하는(=복사본 만드는) 것이 좋아.

3. Check your rear-view mirror before you **back up**.
   네가 후진하기 이전에 백미러를 확인해.

put up with A   A를 참다(stand, bear, endure)

put up with는 put(~을 놓다)+up(끝까지)+with(~을 가지고)입니다.
'**가지고 있는 무엇을 끝까지 가슴속에 놓아두다**'를 줄여서 표현하면 '**~을 참다**'입니다. 누군가 나에게 심한 욕을 합니다. 그 욕을 들으면 화가 치밀죠. 그 화를 끝까지 가슴속에 놓아두면 참는 것입니다. 가슴 속에 끝까지 놓아두지 않고, 분노를 입으로, 분노를 행동으로 표출하면 참는 것이 아니죠.
stand는 'vt.~을 참다 vi.서 있다, 서다'입니다. 누군가 나에게 욕을 해도 되받아 쳐서 욕을 하거나, 주먹을 날리지 않고 가만히 서 있으면 그것은 참은 행동이죠. stand는 '서 있다'에서 '~을 참다'라는 뜻이 발생합니다. bear는 'vt.~을 참다, ~을 낳다'입니다. 아이를 **낳기** 위해선 10개월간 **참아야** 하기 때문에 '낳다'에서 '참다'라는 뜻이 파생됩니다.

1. He had to **put up with** her rude words.
   그는 그녀의 무례한 말들을 참아야만 했어.
2. I can't **put up with** noise from the fridge.
   냉장고에서 나는 소음을 참을 수가 없어.
3. I can't **put up with** this situation.
   나는 이 상황을 참을 수 없어.

catch up with A   A를 뒤따라 잡다

catch up with는 catch(~을 잡다)+up(끝)+with(~와)입니다.
'**누구와 끝을 잡다**'를 줄여서 표현하면 '**누구를 뒤따라 잡다**'입니다. 뒤에 있는 사람이 앞에 있는 사람의 거리나 실력을 뒤따라 잡는 것입니다.
토끼와 거북이가 경주를 시작합니다. 토끼는 먼저 달려나가 500m 앞에서 잠을 자고 거북이는 부지런히 걸어갑니다. 토끼가 잠자고 있는 500m 지점에 거북이가 발을 놓으면, 발을 놓는 그 지점이 up(끝)으로 토끼를 뒤따라가서 catch 한 것이지요.
친구가 중국어 공부를 시작해서 교재 200페이지까지 진도가 나갔습니다. 나는 이제 발음부터 시작하지만, 하루에 학습량을 두 배로 늘려 더욱 열심히 공부합니다. 시간이 지나 친구의 진도를 보니 300페이지이고 나의 진도 역시 300페이지입니다. 나는 친구의 진도를 뒤따라 잡은 것이지요. 친구가 학습한 300페이지가 진도의 up(끝)이고 내가 그것을 catch 했으니 뒤따라 잡은 것입니다. **catch up with는 뒤처진 거리와 뒤처진 실력을 뒤따라 잡는 것입니다.**

1. You go on and I'll **catch up with** you soon.
   너 계속 가고 있어, 곧 너를 뒤따라 잡을게.
2. I can **catch up with** you in three months.
   3개월 후에 나는 널 뒤따라 잡을 수 있어.
3. The police **caught up with** the thief.
   경찰은 도둑을 뒤따라 잡았어.

come up with A
① A를 뒤따라 따라잡다(catch up with)
② A를 꺼내놓다(=제안하다)(suggest)

① come up with는 come(가다) + up(끝) + with(~와)입니다.
'누구와 끝을 가다'를 줄여서 표현하면 **'누구를 뒤따라 잡다'**입니다. 뒤에 있는 사람이 come 해서 앞에 있는 사람의 발끝에 맞추면 뒤따라 잡는 것이죠. 바로 앞에서 배운 catch up with와 같은 뜻입니다.

② come up with는 come(오다) + up(**위로**) + with(~을 가지고)입니다.
'~을 가지고 위로 오다'를 줄여서 표현하면 **'~을 꺼내놓다(제안하다)'**입니다. 아래에(가슴속에) 있는 생각을 위로(입으로) 가지고 올라오는 것은 말을 꺼내는 것이죠. '말을 꺼내 놓다'를 줄여서 표현하면 **'제안하다'**입니다. come up with는 앞에서 배운 bring up과 같습니다. 기억나지 않으면 색인에서 bring up을 찾아 읽어보세요.

1. I'll **come up with** you in five minutes.
   5분 후에 내가 널 뒤따라 잡을게.
2. I hope you **come up with** a better plan than this.
   여러분이 이것보다 더 나은 계획을 내놓기(제안하기)를 기대합니다.
3. She **came up with** a new idea for increasing sales.
   그녀는 매출 증가를 위한 새로운 아이디어를 내놓았다(제안했다).

keep up with A
A와 같은 수준을 유지하다(=뒤처지지 않다)

keep은 '~을 막다, 지키다, 유지하다'입니다.
keep up with는 keep(~을 계속 유지하다) + up(끝) + with(~와)입니다. **'무엇과 끝을 계속 유지하다'**는 **'뒤처지지 않고 같은 수준을 유지하다'**입니다.

'영숙어쇼크'는 하루에 30개씩 읽어서 40일이면 충분합니다. 1일 차의 끝은 30개, 2일 차의 끝은 60개, 3일 차의 끝은 90개로 3일째에 90개를 익히면 교재와 끝을 유지하는 것으로 교재에 뒤처지지 않는 것이지요.

친구와 오래달리기를 합니다. 친구가 한 바퀴 돌 때 나도 한 바퀴, 친구가 두 바퀴 돌 때 나도 두 바퀴 돌아보세요. 친구가 내딛는 앞발의 끝에 나의 발을 맞추어 계속 유지하여 달리면 친구와 같은 속도를 유지하고, 뒤처지지 않는 것입니다. keep up with는 같은 수준을 계속 유지하고, 뒤처지지 않는 것입니다.

1. **Keeping up with** English course is easy for me.
   영어 과정과 같은 수준을 유지하는 것은 나한테 쉬워.
2. I can't **keep up with** you. Could you run more slowly?
   난 너와 같은 속도를 유지할 수 없어. 좀 더 천천히 달릴 수 있겠니?
3. **Keep up with** the times.
   시대 흐름과 같은 수준을 유지해. (=시대 흐름에 뒤처지지 마.)

end up A   (결국) A로 끝나다

end up은 end(vi.끝나다 vt.끝내다)+up(끝)의 결합입니다. end(끝나다)라는 단어의 의미에 맞는 up(끝)을 붙여 end up으로 사용합니다.

1. Self-centered people usually **end up** alone.
   자기중심적인 사람들은 보통 결국 혼자로 끝난다.

2. You will **end up** arguing or fighting with people around you.
   당신은 결국 주변 사람들과 논쟁하거나 싸우는 것으로 끝날 것입니다.

It's all up with me   모든 게 끝장이야

It(상황)+is(이다)+all(모두)+up(끝)+with me(내가 갖고 있는)으로 '내가 갖고 있는 상황이 모두 끝이야'입니다. 모든 것이 끝에 와 있어 절망적이라는 것이지요. up이 '끝'임을 알면 굳이 통문장으로 암기할 필요가 없습니다.

Time is up   시간 다 되었어

Time is up은 '시간이 다 되었어'입니다. 1문제를 푸는데 주어진 풀이시간이 60입니다. 초시계를 누르면 시간이 흘러가지요. 57, 58, 59, 60초에서 **60초 되는 순간에 주어진 시간이 끝(up)**입니다. 선생님은 60초 되는 순간에 Time is up이라고 말하죠. 61초부터는 주어진 시간의 끝을 넘어갔기 때문에 Time is over 라고 합니다.

change up   체인지 업(야구)

요즘 프로야구가 인기가 있지요. 야구에서 투수가 던지는 공에는 직구, 커브, 슬라이드, 포크볼, 체인지 업 등이 있습니다. 체인지업은 change(~을 바꾸다)+up(끝)으로 **직구의 끝을 바꾼 공**입니다. 직구처럼 직선으로 공이 오다가 타자의 눈앞에서 공 끝이 바뀌어 바닥으로 툭 떨어지는 공입니다. 직구로 생각하고 직구에 맞춰 배트를 휘둘렀는데 공이 툭 떨어지기 때문에 헛스윙하게 되지요.

send out the dog과 send the dog out 어순

pick up a purse(지갑을 줍다), **put on** your coat(코트를 입다), **turn off** the light(불을 끄다), **send out** the dog(개를 내보내다)처럼 '동사+부사+목적어' 구조로 사용해도 되고 **pick** a purse **up, put** your coat **on, turn** the light **off, send** the dog **out**처럼 '동사+목적어+부사' 구조로 사용해도 됩니다. 부사의 위치는 자유롭기 때문에 명사 앞에 두어도 되고 명사 뒤에 두어도 되지요. 그러나 목적어가 대명사인 경우에는 pick **it** up, turn **it** down, send **them** out처럼 반드시 '동사+대명사+부사' 구조로 사용합니다. 목적어가 대명사인 경우에는 대명사를 사이에 끼워서 사용한다는 것입니다.

그럼 원어민은 send out the dog 어순을 많이 사용할까요? 아니면 send the dog out 어순을 많이 사용할까요? 우리는 send out the dog 어순에 익숙할 것입니다. 그것은 원어민이 send out the dog 어순을 압도적으로 많이 사용하기 때문이죠. 영어는 앵글로색슨족이 사용하던 독일어 방언에서 시작한 언어입니다. 독일어 단어는 단어 끝에 -en으로 끝나고 어미 -en을 인칭에 맞게 변화시켜 활용합니다. 영어 send를 독일어 사전에서 찾아보면 send**en**으로 나올 것입니다. 영국이 몇백 년간 프랑스 식민 지배를 받으면서 프랑스어 단어가 물밀 듯이 들어와 영어 단어의 85%가 사라졌습니다. 우리가 암기하는 상당수의 단어는 순수 영어 단어가 아니라 프랑스어에서 온 단어죠. 그런데 프랑스어 단어 끝에는 어미 en이 붙어 있지 않아 단어를 인칭에 맞게 어떻게 활용해야 할지 아무도 몰랐습니다. 프랑스어 단어를 어미의 변화 없이 그대로 사용한 결과 영어는 전치사와 어순에 의존하는 언어가 되었고 어미 en을 변화시켜 사용하는 굴절기능(독일어 기능)은 완전히 사라지게 되었습니다.

그래서 send**en**은 send, find**en**은 find, sing**en**은 sing이 되었습니다. send**en** the dog out 어순으로 사용하다가 어미 en이 사라져 send the dog out으로 사용하니 뭔가 있어야 할 것이 사라진 허전함을 느끼게 됩니다. 그래서 비어 있는 허전함을 채우기 위해 뒤에 있는 부사 out을 명사 앞으로 옮겨 send out the dog 어순으로 많이 사용하게 되었다고 학자들은 보고 있습니다. 역사를 알고 나니 더 재미있지 않나요?

down

1. 아래로
2. 아래에, 바닥에

down은 up의 반대입니다. '위로'의 반대는 '아래로'이고, '위에'의 반대는 '아래에, 바닥에'입니다.

1. down은 '아래로'입니다.

무엇이 위에, 위쪽에 있는데 그것이 아래로 가는 것이 down입니다. He ran down은 '그는 아래로 달렸어'인데 말해주지 않아도 알고 있는 것은 그는 아래에, 낮은 곳에 있었다는 것이죠. down이 사용되었다는 것은 무엇이 up 상태에 있다는 것을 기억해야 합니다.

2. down은 '아래에, 바닥에'입니다.

눈으로 보니까 무엇이 '아래에, 바닥에, 낮은 곳에' 있는 것입니다. '지금 기분이 down 상태니까 건드리지 마'라는 말을 가끔 하지요. 기분이 바닥 상태라는 것입니다.

01 down 아래로

down은 '아래로'입니다. down은 위에 있는 무엇이 아래로 가는 것입니다. down이 사용되면 어떤 무엇이 up 상태에 있다는 것을 꼭 기억하세요.

hands down 손을 내리다
sit down 앉다

- hands down은 hands(두 손) + **down(아래로)**입니다. 눈으로 보면 두 손이 위에 있는 상태입니다. up 상태에 있는 두 손을 아래로 내리라는 것이지요.
- sit down에서 왜 down을 붙여야 하는지 궁금하지 않나요? sit이 '앉다'이기 때문에 우리식 사고로는 down이 필요 없지요. sit down은 sit(~을 앉히다) + yourself(몸) + **down(바닥에)**으로 '당신 몸을 바닥에 앉히세요'입니다. sit이 'vt.~을 앉히다'란 타동사로 사용된 것입니다. yourself를 생략해 버리니까 sit down이 되는 것입니다.

turn A down ① 소리를 낮추다 ② A를 거절하다(decline, reject)

① turn down은 turn(~을 돌리다) + down(아래로)입니다.
'(다이얼)을 아래로 돌리다'를 줄여서 표현하면 **소리를 낮추다**입니다. 볼륨을 조절하는 다이얼을 아래로 돌리는 것은 소리를 낮추는 것이죠.

② turn down은 turn(~을 돌리다) + down(아래로)입니다.
turn down은 turn (one's thumb) down에서 괄호(one's thumb)가 생략된 표현입니다. '**엄지손가락을 아래로 돌리다**'에서 '**~을 거절하다**'라는 뜻이 발생합니다. 로마 시대는 노예 검투사들이 원형극장에서 결투를 벌였지요. 결투 후에 승자는 상처투성이의 패자를 앞에 두고 관객과 황제를 쳐다봅니다. 그럼 황제와 관객은 엄지손가락을 아래로 돌려 살려두지 말고 죽이라는 거절의 신호를 보내지요. 영화에서 그런 장면을 보았을 것입니다. 엄지손가락을 아래로 돌려 보세요. 그것은 거절의 표시입니다.

동의어 decline을 보세요. de(아래=down) + cline(기울이다)으로 엄지손가락을 아래로 기울여 거절하는 turn down과 같은 결합이죠. reject는 re(반대=against) + ject(던지다=throw)로 반대표를 던져서 상대의 제안을 거절하는 것입니다.

1. It's too noisy. Could you **turn** the radio **down**?
   너무 시끄럽네요. 라디오 소리를 낮추어 주시겠어요?

2. I politely **turned down** his proposal.
   나는 정중하게 그의 제안을 거절했어.

3. My plan was **turned down**.
   나의 계획은 거절당했어.

cut A down   ① A를 베어 넘기다 ② A를 줄이다

cut은 'vt. ~을 베다, ~을 자르다'입니다.

① cut down은 cut(~을 베다)+down(아래로)입니다.
'무엇을 베어 아래로 보내다'를 줄여서 표현하면 '무엇을 베어 넘기다'입니다. 가끔 cut만 사용하면 되지 않느냐는 질문을 합니다. I cut my finger는 '나는 손가락을 베었어'입니다. 손가락을 자른 것이 아니라 벤 것이지요. 손가락이 붙어 있고 상처만 낸 것입니다. I cut the tree는 나무를 베긴 했는데 윗부분의 나무가 넘어졌는지 그대로 붙어 있는지는 알 수 없지요. down을 붙여야만 베어서 윗부분을 바닥으로 넘긴 것입니다.

② cut down은 '무엇을 베어 넘기다'에서 '무엇을 줄이다'로 의미가 확장됩니다.
생활비 200만 원을 동전으로 나무처럼 위로 쌓아놓고 100만 원을 베어 넘기면 생활비를 줄이는 것이지요. 1년 마신 술병을 나무처럼 위로 쌓았더니 200병이나 됩니다. 200병에서 100병을 베어서 넘기면 술을 줄이는 것입니다. cut down은 수량을 줄이는 것입니다.

1. An ax is used to **cut** trees **down**.
   도끼는 나무를 베어 넘기는 데 사용돼.

2. I'm trying to **cut down** my drinking.
   나는 음주량을 줄이려고 노력하고 있어.

3. We must **cut down** living expenses.
   우린 생활비를 줄여야 해.

close A down / shut A down   A를 폐업하다

close, shut[ʃʌt]은 'vt. ~을 닫다'입니다.
close down은 close(~을 닫다)+down(아래로)입니다.
'문을 닫아 내리다'를 줄여서 표현하면 '~을 폐업하다'입니다. 문을 닫은 상태에서 문 하나를 또 아래로 내리는 것은 매장을 폐업하는 것입니다. close는 문을 닫는 것으로 필요할 때마다 열고 닫고를 반복하는 것입니다. 매장에 들어가려고 하는데, closed라고 걸려 있는 팻말을 본 적이 있나요? 그것을 보고 '폐점'이라고 생각하면 바보겠지요. 지금은 닫혀 있지만 때가 되면 문을 연다는 것이죠. close down은 문을 close 한 다음에 문 하나를 또 down 시켰기 때문에 다시 문을 열지 못합니다. 매장 문을 다시 열지 않는 것은 영업을 그만두고 폐업하는 것입니다. 동의어로 up에서 배운 shut up, close up이 있습니다.

1. When does the store **close**?
   그 상점 언제 문 닫는데?

2. I **closed down** my shop yesterday.
   나 어제 가게를 폐업했어.

3. If the rent goes up, we'll have to **shut down**.
   임대료가 오르면 우리는 문을 닫아야 할 거야.

let A down A를 실망시키다(disappoint)

let은 'vt. ~을 허락하다, 내버려 두다, 세놓다, 내보내다'입니다.
let down은 let(~을 내버려 두다)+down(아래로)입니다. '(기대치)가 아래로 내려가는 것을 내버려 두다'를 줄여서 표현하면 '~을 실망시키다'입니다. 사람은 사람에 대한 기대치가 있지요. 그 기대치가 아래로 내려가는데 그 기대치를 높이려고 노력하지 않고 그대로 내버려 두는 것은 사람을 실망시키는 것이죠.

1. I don't want to **let** you **down**.
   난 널 실망시키고 싶지 않아.

2. You **let** us **down**. Why didn't you show up at the party?
   넌 우릴 실망시켰어. 왜 파티에 오지 않았어?

take A down
① A를 받아 적다
② A를 철거하다
③ A를 쓰러뜨리다

take down은 take(~를 잡다)+down(아래로)으로 **무엇을 잡아서 아래로 내리다**입니다.
먼저 위에 있는 무엇을 손으로 take 하세요. 그다음에 아래로 down 시키세요.
1번 문장은 선반 위에 있는 가방을 take 한 다음 아래로 down 시키는 것이지요. 2번 문장은 벽에 붙은 포스터를 take 한 다음 아래로 down 시키는 것입니다. 3번 문장은 불러주는 전화번호를 머리로 take 한 다음(=암기해서) 바닥에 있는 종이에 down 시키는 것입니다. **불러 주는 것을 머리로 take 해서 종이에 down 시키는 것은 '~을 받아 적다'**가 되지요. 4번 문장은 서 있는 **건물의 윗부분을 take 한 다음 아래로 down 시키는 것으로 '~을 철거하다'**입니다. 과거 영국인의 집은 통나무와 판자로 집을 지었지요. 지붕에 있는 통나무를 take 한 다음 아래로 down 시키면 건물을 철거하는 것입니다. 5번 문장은 서 있는 사람의 **멱살을 take 한 다음 아래로 down 시키면 '~을 쓰러트리다'**가 됩니다. 이종 격투기에서 take down 기술을 많이 보았을 것입니다.

take down은 위에 있는 무엇을 take 한 다음 아래로 down 시키는 동작일 뿐입니다. 위에 있는 무엇을 잡는지만 알면 무슨 뜻인지 쉽게 파악할 수 있지요. 동작을 그대로 따라 해 보세요.

1. She forgot to **take down** the bag from the shelf.
   그녀는 선반에서 가방 내리는 것을 잊어버렸어.

2. **Take down** the poster on the wall.
   벽에 붙은 포스터를 뜯어내려.

3. **Take down** my phone number.
   내 전화번호를 받아 적어.

4. I have to **take down** the storehouse.
   난 창고를 철거해야 해.

5. I **took** him **down** and punched him.
   난 그를 넘어뜨리고 때렸어.

pull A down   ① A를 아래로 당기다   ② A를 철거하다

pull down은 pull(~을 당기다)+down(아래로)으로 '무엇을 아래로 당기다'입니다. 위에 있는 무엇을 아래로 당기는 것입니다. 통나무 집 **지붕의 통나무를 아래로 당기는 것은 집을 철거하고 해체하는 것**이죠. 지붕의 통나무를 take 해서 down 시키든, pull 해서 down 시키든 모두 건물을 철거하는 것입니다.

1. **Pull** the blind **down**.
   블라인드를 아래로 당겨.

2. The house was **pulled down** long ago.
   그 집은 오래전에 철거되었어.

tear A down   A를 찢어 아래로 내리다, 철거하다

tear[tɛːr]는 'vt. ~을 찢다, 잡아 뜯다'입니다.

tear down은 tear(~을 찢다)+down(아래로)으로 '무엇을 찢어 아래로 내리다'입니다. 목조 건물의 통나무나 나무판자를 tear 해서 down 시키면 역시 건물을 해체하고 철거하는 것이지요.

1. **Tear down** the placard.
   그 플래카드를 찢어 내려라.

2. They **tore down** the old building and built a new one.
   그들은 낡은 건물을 철거하고 새 건물을 지었어.

knock A down   ① A를 치다   ② A를 철거하다

knock down은 knock(~을 치다)+down(아래로)으로 '**무엇을 쳐서 아래로 내리다**'입니다.

① knock down은 '~을 치다'입니다.
   차가 서 있는 **사람을 knock 해서 아래로 down 시키면 그것은 사람을 치는 것**이죠. 우리는 사람을 '치다'로 표현하고 원어민은 사람을 '쳐 내리다'로 표현합니다. 항상 강조하지만 영어는 눈에 보이는 모습 그대로 표현하는 언어입니다.

② knock down은 '~을 철거하다'입니다.
   통나무집이나 벽돌**집의 지붕을 망치나 해머로 knock 해서 down 시키면 건물을 철거**하고 해체하는 것이지요. knock down은 무엇을 쳐서 아래로 내리는 것입니다.

1. All the street stalls were **knocked down** yesterday.
   모든 노점상이 어제 철거되었어.

2. She was **knocked down** by a bus.
   그녀는 버스에 치였어.

break down ① 고장 나다, 건강이 나빠지다
break A down ② A를 철거하다

break는 'vi.깨어지다, 부서지다 vt.~을 깨다, 부수다, 찢다'입니다.

① break down은 break(vi.부서지다)+down(아래로)입니다.
'부서져 아래로 내리다'를 줄여서 표현하면 '고장 나다'입니다. 사용 중인 기계에서 부품이 부서져 내리는 것은 고장 나는 것이지요. 사람이 고장 나는 것은 '건강이 나빠지다'라고 해야 하겠죠. 기계나 사람 몸을 계속 사용하면 깨지고 부서져 내리는 것은 당연합니다.

② break down은 break(vt.~을 깨다)+down(아래로)으로 '무엇을 깨어 아래로 내리다'입니다. 흙집이나 벽돌**집의 지붕을 break 해서 아래로 down 시키면 건물을 철거**하는 것입니다.

건물을 '철거하다'라는 표현이 많지요. 건물은 통나무, 판자, 벽돌 등으로 짓습니다. 건물을 철거하는 것은 사용한 건축 재료를 제거하는 것으로 철거방법이 여러 가지입니다. **지붕의 재료를 take(잡다) 해서 down 시키고, pull(당기다) 해서 down 시키고, tear(찢다) 해서 down 시키고, knock(치다) 해서 down 시키고, break(깨다) 해서 down 시켜 보세요.** 모두 건물을 철거하고 해체하는 것입니다.

1. My car has **broken down**.
   내 차는 고장 나 있어.

2. You will **break down** if you work too hard.
   너무 열심히 공부하면(일하면) 건강이 나빠질 거야.

3. They **broke down** the old building and built a new one.
   그들은 낡은 건물을 해체하고 새 건물을 지었어.

hand A down ① A를 물려주다 ② A를 판결하다

① hand down은 hand(~을 건네주다)+down(아래로)으로 '무엇을 아래로 건네주다'입니다. 위에 있는 사람이 아래에 있는 사람에게 건네주는 것이죠. 조상이 후손에게, 아버지가 아들에게 물려주는 것 또한 위에서 아래로 건네주는 것입니다. 우리는 **조상이 후손에게 건네주는 것을 '물려주다'로 표현**합니다. 위에서 아래로 물려주는 것은 전통, 문화, 재산, 가난, 기술선수 등이죠.

② hand down은 hand(판사의 손)+down(아래로)입니다.
'판사 손을 아래로 내리다'를 줄여서 표현하면 '~을 판결하다'입니다. '피고 누구에게 징역 3년을 선고하노라'하고 망치를 든 판사의 손을 아래로 내리면 판결하는 것입니다.

1. He has nobody to **hand down** his skills.
   그는 자기 기술을 물려줄 어떠한 사람도 없어.

2. My father **handed down** poverty to me.
   아버지는 나에게 가난을 물려주셨어.

3. The judge **handed down** three years in prison.
   판사는 3년 징역(감옥 안에서 3년)을 판결했어.

calm A down   A를 진정시키다, 진정하다

calm[kɑ:m]은 'vt.~을 달래다, 진정시키다'입니다.
calm down은 calm(~을 달래다)+down(아래로)으로 '누구를 달래서 아래로 내리다'입니다. 흥분한 사람을 보면 Calm down!이라고 하죠. Calm (yourself) down에서 괄호(yourself)가 생략된 표현입니다. '**너 자신을 달래서 아래로 내려!**'를 줄여서 표현하면 '**진정해!**'가 되지요. calm her down은 '그녀를 달래서 아래로 내리다'로 줄여서 표현하면 '그녀를 진정시키다'입니다.

calm이 '~을 진정시키다'로 calm만 사용해도 될 것 같은데 왜 down을 붙여야 하는지 궁금하지 않나요? 우리말로 하면 down이 필요 없지요. 진정(鎭靜)은 '진압할 진, 고요할 정'으로 감정을 진압해서 마음이 잔잔한 상태로 만드는 것입니다. 우리말의 진정은 단어 속에 이미 down이 들어가 있습니다. 사람은 화가 나면 평상시의 평온한 상태에서 분노 수치가 막 올라가죠. 분노 수치가 올라가는 것을 멈추게 하는 것이 calm입니다. **calm만 하면 흥분이 멈추기만 했을 뿐 여전히 감정은 up 상태죠. 평상시의 감정 상태로 down 시켜야만 진정시키는 것입니다.** 영어 단어와 우리말 단어는 전혀 다르지요. 우리말은 60% 이상이 한자어로 되어있어 내용이 함축되어 있습니다. 영어 단어를 우리말로 바꿀 때 영어 단어에 없는 뜻까지 포함되어 있는 경우가 상당히 많습니다. 그래서 우리식 사고로는 필요 없는데 원어민은 무엇을 붙여서 사용하는 것은 모두 영어 단어를 우리말로 잘못 옮겼기 때문입니다.

1. **Calm down** and tell me what happened.
   진정하고 무엇이 일어났는지 말해줘.

2. I can't **calm** her **down**.
   난 그녀를 진정시킬 수 없어.

put one's foot down   단호한 조치를 취하다, 단호히 반대하다

'**발을 땅에 내려놓다**'가 '**단호한 조치를 취하다**'란 뜻이 된 것은 발을 땅에 박듯이 쾅 내리밟고 꼿꼿이 서서 더 이상 흔들리지 않고 단호한 조치를 취하겠다고 결연한 의지를 보여주는 사람의 행동에서 유래했습니다.

1. I have to **put my foot down**. I won't give her money anymore.
   나는 단호한 조치를 취해야 해. 나는 더 이상 그녀에게 돈을 주지 않을 거야.

2. I'll **put my foot down** if you do such a thing again.
   또다시 그런 일을 하면 단호한 조치를 취하겠습니다.

02 down 아래에, 바닥에

down은 '아래에, 바닥에'입니다. 눈으로 보니까 무엇이 '아래에, 바닥에, 낮은 곳에' 있는 것입니다.

be down   아래에 있다, 바닥에 있다

1. The sun is **down**.
   태양이 바닥에, 낮은 곳에 있어.

2. The river is **down**.
   강물의 수위가 낮은 곳에 있어.

3. The flag is **down**.
   깃발이 낮은 곳에 있어.

4. The temperature is **down**.
   기온이 낮은 상태야.

5. You look **down**.
   너는 다운 상태로 보여. (=기분이 바닥 상태로 보여.)

6. The birth rate is **down**.
   출산율이 낮은 상태에 있어.

7. She is **down** in health.
   그녀는 건강상태가 바닥에 있어.

8. I lie / **down** / on the grass.
   나는 누워 있어. / 바닥에 / 잔디에 붙어서

9. I fell / **down** / and broke my arm.
   난 넘어졌어. / 바닥에 / 그리고 팔을 부러뜨렸어.

keep A down   A를 낮은 상태로 유지하다

keep은 'vt.~을 막다, 지키다, 유지하다'입니다.
keep down은 keep(~을 유지하다)+down(낮은 상태)으로 '~을 낮은 상태로 유지하다'입니다. 1번 문장은 매월 300만 원씩 되던 생활비를 200만 원으로 낮추어 계속 유지하는 것이고, 2번 문장은 고음의 목소리를 낮은 상태로 계속 유지하는 것이고, 3번 문장은 높은 속도를 낮은 속도로 계속 유지하는 것입니다.

1. Due to an economic crisis, we **keep** the cost of living **down**.
   경제위기 때문에, 우리는 생활비를 낮은 상태로 유지해.

2. Please **keep** your voice **down**.
   당신 목소리를 낮은 상태로 유지해 주세요.

3. Please **keep** the speed **down**.
   속도를 낮은 상태로 유지해 주세요.

take A down	A를 받아 적다
get A down	
write A down	A를 적다
put A down	
set A down	

- take down은 take(~을 잡다)+down(아래로)으로 '무엇을 잡아 아래로 내리다'입니다. 불러주는 내용을 **머리로 take** 한 다음 **종이에 down** 시키는 것으로 '**무엇을 받아 적다**'입니다. 머리로 잡는 것은 기억하는 것이죠. **머리로 take**만 하고 **종이에 down** 시키지 않으면 받아 적는 것이 아니지요. 받아 적다는 '받다+적다'로 두 가지 동작입니다.

- get down은 get(~을 받다, 잡다)+down(아래로)으로 '무엇을 받아 아래로 내리다'입니다. get은 take와 같은 뜻이죠. 불러주는 내용을 머리로 get 해서 종이에 down 시키는 것으로 '**무엇을 받아 적다**'입니다.

- write down은 write(~을 쓰다)+down(아래에)입니다. '무엇을 아래에 쓰다'를 줄여서 표현하면 '무엇을 적다'가 되지요.

- put down은 put(~을 놓다)+down(아래에)입니다. 어떤 내용을 아래에 있는 종이에 놓는 것은 '무엇을 적다'입니다. put과 set은 'vt.~을 놓다'로 같은 뜻이라 별도의 설명이 필요 없을 것입니다.

1. **Take down** what I am saying.
   내가 말하고 있는 것을 받아 적으세요.

2. Please **set down** my contact number.
   제 연락처를 받아 적어 주세요.

3. Can you **write down** your street name and zip code?
   거리명과 우편번호 좀 적어 주시겠어요?

run down   ① 아래로 달리다   ② (에너지) 바닥이 되다

run은 'vi.달리다, 되다(become) vt.~을 경영(운영)하다'입니다.

① run down은 run(달리다)+down(**아래로**)입니다. 위에서 아래로 달리는 것입니다.

② run down은 run(되다)+down(**바닥 상태**)으로 에너지가 '**바닥 상태가 되다**'입니다. 건전지의 배터리나 사람의 에너지가 모두 소진되어 바닥 상태가 되는 것입니다. 휴대전화를 보세요. 충전하면 건전지가 가득 찬 모양이 나옵니다. 계속 사용하면 빈 병과 같은 바닥 상태의 모양이 되지요.

1. I **ran down** to the subway station to meet my friend.
   난 친구를 만나기 위해 지하철역으로 달려 내려갔어.

2. My battery has **run down**.
   배터리가 바닥이 되어 있어.

put A down
A를 아래에 놓다
① A를 적다   ② A를 진압하다

put down은 put(~을 놓다)+down(아래에)으로 '**무엇을 아래에 놓다**'입니다.
1~2번 문장은 위에 들고 있는 총과 짐을 아래에, 바닥에 내려놓는 것입니다. 3번 문장은 앞에서 배웠습니다. 4번 문장은 '반란을 바닥에 놓다'를 줄여서 표현하면 '반란을 진압하다'입니다. **반란군이 무장하고 있는 모든 무기를 바닥에 down 시키는 것은 반란을 진압하는 것이죠.**

1. **Put** your gun **down**.
   총을 바닥에 놓으세요.

2. **Put down** your load and rest.
   짐을 바닥에 내려놓고 쉬어.

3. Would you **put down** your name for me?
   성함 좀 적어 주시겠어요?

4. The army **put down** the rebellion.
   군대가 반란을 진압했어.

settle down
① 정착하다, 자리 잡다
② 진정하다, 진정시키다(calm down)

settle[sétl]은 'vt.~을 놓다'입니다. settle에는 set(vt.~을 놓다)가 들어있습니다.

① settle down은 settle(~을 놓다)+down(바닥에)입니다.
'**모든 짐을 바닥에 놓다**'를 줄여서 표현하면 '**정착하다**'입니다. set down은 set (all baggage) down에서 괄호가 생략된 표현입니다. 갖고 있는 모든 짐을 바닥(땅)에 내려놓는 것은 살기 위해 정착하는 것이지요. 영국인은 끊임없이 이동했습니다. 영국인은 5C 경에 독일에서 영국으로 건너간 게르만족이고, 그들은 신대륙 발견 이후 다시 미국으로 건너갔습니다. 그리고 미국 동부에서 서부로 이동하며 서부를 개척했지요. 영국인은 이동하면서 원하는 장소에 짐을 내려놓고 그곳에서 정착했습니다.

② settle down은 settle(~을 놓다)+down(아래에)입니다.
'**up 상태의 마음을 아래에 놓다**'를 줄여서 표현하면 '**진정시키다**'입니다. settle down은 settle (yourself) down에서 괄호가 생략된 표현입니다. 흥분되어 up 상태에 있는 마음을 아래에 놓는 것은 마음을 진정시키는 것이죠. 앞에서 배운 calm down과 같습니다.

1. I'd like to **settle down**, but not yet.
   난 정착하고 싶지만 아직은 아냐.

2. Stop chatting and **settle down**.
   잡담 그만하고 진정해.

on

1. 접촉
2. 계속
3. 시간
4. 장소
5. ~에 관하여

1. on의 핵심은 '접촉'과 '계속'입니다.

　on 하면 '접촉'이 떠올라야 합니다. on의 모든 뜻은 '접촉'에서 파생되어 나오지요. on 하면 '위에'가 제일 먼저 떠오른다면 영어 학습이 어려워집니다. a book on the desk를 우리는 '책상 위의 책'으로 '위에'로 느끼지만 원어민은 책과 책상이 접촉하여(=붙어) 있는 것으로 느낍니다. a fly on the wall은 '벽에 붙은 파리'이지 '벽 위의 파리'가 아니지요. on의 기본 개념은 접촉입니다. 길거리에서 자동차의 접촉사고를 본 적 있나요? 차와 차가 접촉하여(=붙어서) 일어나는 사고입니다. 접촉이란 따로따로 떨어져 있는 A와 B가 만나서 AB 상태가 되는 것입니다.

　생활 속에서 on의 개념을 찾아볼까요? 전원을 켜고 끄는 스위치에 on과 off가 적혀 있습니다. 지금 바로 on을 눌러보세요. on을 누르면 따로 떨어져 있는 두 개의 전선이 접촉하여(=붙어) 불이 들어오지요. 그리고 불이 켜진 상태로 계속 있습니다. 계속은 접촉 후 그 상태로 계속 있는 것입니다. 그래서 접촉에서 계속이란 의미가 파생되는 것입니다.

　TV를 보면 화면에 on air가 자주 보이지요. '방송 계속'으로 줄이면 '방송 중'이란 뜻입니다. 두 개의 전선이 접촉하여 전원이 들어오고 방송이 계속되고 있다는 것입니다. 역시 on에 접촉과 계속의 뜻이 들어 있습니다. on과 off를 폼으로 붙여 놓은 것이 아닙니다.

　지금 자신의 몸을 쳐다보세요. 무엇이 몸에 접촉하여(=붙어) 있나요? 옷, 모자, 안경, 시계, 반지, 신발, 스카프, 화장품 등은 모두 몸에 접촉하여(=붙어) 있습니다. 원래 옷과 모자는 나의 몸과 따로따로 떨어져 있었지요. 옷과 모자를 몸에 붙이는 것 그것이 on입니다. 몸에 접촉시켜(=붙여) 놓은 옷과 모자는 몸에 계속 붙어 있지요. 모자나 안경을 몸에 붙이면서 on!이라고 말하고, 몸에 붙어 있는 모자나 안경을 몸에서 분리시키면서 off!라고 10번만 해 보세요. 그럼 on과 off를 모두 익힌 것입니다. off는 '~에서 분리, 중지'로 on의 정반대 개념입니다. off에서 자세히 다루는 만큼 여기선 on의 정반대 개념이 off라는 것만 기억해 두세요.

2. on은 시간에 사용합니다.

on은 수첩이나 달력에 펜을 접촉시켜 표시하여 둘 만한 시간에 사용합니다. on my birthday는 '내 생일에'입니다. 내 생일은 달력이나 수첩에 펜을 접촉시켜 표시해 둘 만한 시간이지요. 접촉의 개념에서 나오는 시간으로 뒤에서 다시 추가 설명합니다.

3. on은 장소(위치)에 사용합니다.

on은 접촉개념의 장소에 사용합니다. on the first floor는 '1층에'인데 사람은 귀신이 아닌 이상 바닥에 붙어(=접촉하여)살지요. on a list는 '명단에'인데 사람의 이름은 명단에 붙어(=접촉하여) 있습니다. 접촉의 개념에서 나오는 장소로 뒤에서 다시 추가 설명합니다.

4. on은 '~에 관하여'입니다.

'~에 관하여'는 '~에 관계하여'를 줄여서 표현한 것입니다. 계속 접촉하면 관계가 형성되지요. 접촉과 계속 개념에서 '~에 관하여'라는 뜻이 발생합니다. a fly on the wall을 보세요. 벽에 파리가 붙어 있는 지점은 하나입니다. 두 개가 만나는 접촉지점은 하나이기 때문에 on은 하나의 주제에 관하여 구체적이고 자세하게 말하는 것입니다. '~에 관하여'는 on, about, over, of가 있어서 그 차이를 확실하게 알아야 합니다. about 편에 '~에 관하여'를 총정리해 놓았습니다.

01 접촉의 on

접촉이란 따로따로 떨어져 있는 A와 B가 접촉하여(=붙어서) AB 상태가 되는 것을 말합니다. 책상 위의 책은 원어민의 눈에는 책과 책상이 접촉하여(=붙어) 있는 것으로 보이지요. 영어를 배우는 우리는 원어민의 사고방식 그대로 보고 느끼는 것이 중요합니다.

1. There is a book **on** the desk.
   책상 위에 책이 있어. (=책상에 책이 붙어 있어.)

2. There's a fly **on** the ceiling.
   천정에 파리가 붙어 있어.

3. There is a handle **on** the door.
   문에 손잡이가 붙어 있어.

4. There are four legs **on** the table.
   다리 4개가 붙어 있는 테이블이 있어.

5. A baby is **on** my back.
   아이가 나의 등에 붙어 있어.

6. I am **on** the computer.
   나 지금 컴퓨터 하고 있어. (=나는 지금 컴퓨터에 붙어 있어.)

7. He is singing **on** the piano.
   그는 피아노 치며 노래하고 있어. (=그는 피아노에 붙어 노래하고 있어.)

on 하면 '위에'가 먼저 떠오르면 영어 학습에 문제가 있다고 했었지요. 1번 문장에서 a book on the desk의 on을 '위에'라고 옮겨도 좋습니다. 그런데 2번 문장의 a fly on the ceiling에서 on을 '위에'라고 옮기면 '천장 위에 파리'라는 엉뚱한 말이 됩니다. a book on the desk는 책과 책상이 접촉해(=붙어) 있는 것이고, a fly on the ceiling은 파리가 천장에 접촉해(=붙어) 있는 것입니다.

3번 문장의 a handle on the door는 '문에 붙어 있는 손잡이'이고, 4번 문장의 four legs on the table은 '테이블에 붙어 있는 4개의 다리'입니다. 5번 문장은 아이가 등에 붙어(=업혀) 있는 것입니다. 6번 문장은 나의 손이 컴퓨터의 마우스나 키보드에 붙어 있는 것으로 컴퓨터를 사용하고 있는 중이지요. 7번 문장은 사람 손이 피아노에 붙어있는 상태에서 노래하는 것입니다.

모두 눈에 보이는 모습 그대로 표현한 것이죠. 반드시, 반드시 기억해야 하는 것은 영어는 눈에 보이는 모습 그대로 표현하는 언어라는 것입니다. 눈으로 보아 두 개가 붙어 있으니 접촉의 on을 사용하는 것입니다. on은 따로따로 떨어져 있는 두 개가 접촉하는(=붙는) 것입니다.

8. You are standing **on** my foot.
   당신은 내 발을 밟고 있어요. (=당신은 내 발에 접촉하여(=위에) 서 있어요.)

9. I cut my finger **on** a piece of glass.
   나는 유리 조각에 접촉하여 손가락을 베었어.

10. Dinner is **on** me.
    저녁은 내가 계산해. (=저녁 계산서가 나에게 붙어 있어.)

11. There is a nice hotel **on** the sea.
    바닷가에 좋은 호텔이 있어. (=바닷가에 좋은 호텔이 붙어 있어.)

12. I'm talking **on** the phone.
    나는 전화로 대화하고 있어. (=나는 전화기에 손을 붙여 대화중이야.)

13. I'm down **on** my knees.
    나는 무릎 꿇고 있어. (=나는 무릎을 바닥에 붙여두고 있어.)

14. She is **on** the tennis club.
    그녀는 테니스클럽에 소속되어 있어. (=그녀는 테니스클럽에 붙어 있어.)

8번 문장은 '당신은 나의 발에 접촉하여 서 있어요'입니다. 우리는 밟고 서 있다고 하지만 원어민은 눈에 보이는 모습 그대로 붙어(=접촉하여) 서 있다고 표현하지요. 9번 문장은 '손가락이 유리 조각에 접촉하여'입니다. 10번 문장은 '저녁 식사 계산서가 나에게 붙어 있어'로 '저녁 식사는 내가 계산해'입니다. 식사 후에 계산서를 자기 손에 붙인다는 것은 자기가 계산하겠다는 것이죠. '이것은 내가 계산할게'는 This is on me입니다.

11번 문장의 a hotel on the sea는 '바다 위의 호텔'이 아닙니다. 호텔이 바다 옆 해변에 위치하고 있어 해변에 호텔이 붙어 있다는 것입니다. 영어가 눈에 보이는 모습 그대로 표현하는 언어란 것이 느껴지지 않나요? 눈으로 보아 두 개가 붙어 있으니까 on을 사용하는 것입니다. 12번 문장의 on the phone은 '전화기에 붙여서'입니다. 전화는 손을 전화기에 붙여서 대화하지요. on the phone을 '전화로'라는 숙어로 외울 필요가 없습니다. 13번 문장의 on my knees는 '나의 두 무릎을 붙여서'입니다. 두 무릎을 바닥에 붙여서 있으니 무릎 꿇고 있는 것이죠. 14번 문장은 '그녀는 테니스 클럽에 붙어있어'로 그녀의 이름이 테니스 클럽 회원명단에 붙어 있다는 것입니다.

다시 강조합니다. 반드시, 반드시 기억해야 하는 것은 영어는 눈에 보이는 모습 그대로 표현하는 언어라는 것입니다. 눈으로 보아 두 개가 붙어 있으니 접촉의 on을 사용하는 것이지요. on은 따로따로 떨어져 있는 두 개가 접촉하는(=붙는) 것입니다.

on foot 걸어서

on foot은 '걸어서'입니다. 초등학생도 다 알고 있지요. 그런데 왜 on을 사용할까요?
on foot은 '발을 땅에 붙여서'입니다. '발을 땅에 붙여서'를 줄여서 표현하면 **'걸어서'**입니다. 그럼 왜 on feet이 아닐까요? 그것은 두 발을 동시에 땅에 붙여 버리면 걸을 수가 없기 때문입니다. 걸을 때 발 하나는 땅에 붙이고 하나는 들어야만 앞으로 가기 때문에 복수형 feet가 아닌 단수인 on foot입니다.

1. It takes about ten minutes **on foot**.
   걸어서 약 10분 정도 걸립니다.

lie on your back 똑바로 누우세요

병원에서 간호사나 의사가 Lie on your back이라고 말하면 어떤 동작을 취해야 할까요?
lie(눕다) + on your back(등을 붙여서)으로 '(침대에) 등을 **붙여** 누우세요'입니다. 침대에 등을 붙여서 눕는 것은 우리말로 '똑바로 누우세요'입니다. 1번 문장은 '(침대에) 옆구리를 **붙여** 누우세요'인데 우리는 '옆으로 누우세요'라고 하지요. 2번 문장은 '(침대에) 배를 **붙여** 누우세요'인데 우리는 '엎드리세요'라고 합니다. 원어민에게 눕는 것은 눈에 보이는 그대로 침대와 사람 몸이 접촉하는(=붙는) 것입니다.

1. Lie **on** your side.
   옆으로 누우세요. (=옆구리를 붙여 누우세요.)

2. Lie **on** your stomach.
   엎드리세요. (=배를 붙여 누우세요.)

3. I always sleep **on** my back.
   나는 항상 똑바로 누워 자. (=난 항상 등을 붙여 잠을 자.)

stand on one's hands 물구나무서다
go on one's hands and knees 엉금엉금 기다

- stand on one's hands는 stand(서다) + on one's hands(두 손을 바닥에 붙여서)입니다. '두 손을 바닥에 붙여서 서다'를 줄여서 표현하면 **'물구나무서다'**입니다. 두 손이 아니라 머리를 바닥에 붙여서 물구나무서고 싶으면 stand on one's head로 하면 됩니다.

- go on one's hands and knees는 go(가다) + on one's hands and knees(손과 발을 바닥에 붙여서)입니다. '손과 발을 바닥에 붙여서 가다'를 줄여서 표현하면 **'엉금엉금 기다'**입니다. on이 접촉인 것만 알면 무작정 외울 필요가 없지요.

1. I can **stand on my hands**.
   나는 물구나무설 수 있어. (=난 두 손을 (바닥에) 붙여 설 수 있어.)

2. They **went on their hands and knees**.
   그들은 엉금엉금 기어갔어. (=그들은 두 손과 무릎을 (바닥에) 붙여서 갔어.)

put A on B   A를 B에 붙여놓다

　put on은 '옷을 입다, 모자를 쓰다, 안경을 끼다, 크림(화장품, 립스틱)을 바르다, 향수를 뿌리다, 양말(신발)을 신다, 반지를 끼우다, 타이어를 갈다, 단추를 달다, 위에 놓다, 전화를 연결하다'입니다. **put A on B**는 put A(A를 놓다)+on B(B에 붙여서)로 '**A를 B에 붙여놓다**'일 뿐입니다. 위의 많은 뜻을 외우기도 힘들뿐더러 외우는 것도 어리석은 짓이지요.

1. **Put** the box **on** the table.
   박스를 테이블 위에 놓으세요. (=박스를 테이블에 붙이세요.)

2. **Put** the bell **on** the cat.
   벨을 고양이에 다세요. (=벨을 고양이에 붙이세요.)

3. You must **put** this cream **on** your face every day.
   당신은 날마다 이 크림을 얼굴에 발라야 해요. (=크림을 얼굴에 붙여야 해요.)

4. I **put** a gold ring **on** her finger.
   나는 그녀의 손가락에 금반지를 끼웠어. (=금반지를 붙였어.)

5. It's cold! **Put** your clothes **on** (your body)!
   날씨가 추워요! 옷을 입으세요! (=옷을 몸에 붙이세요!)

6. It is hard to **put** the tire **on** (the car).
   타이어 갈아 끼우는 것은 어려워. (=타이어를 자동차에 붙이는 것은 어려워.)

7. Can you **put** a button **on** my dress.
   내 옷에 단추 하나 달아 줄 수 있나요? (=단추를 옷에 붙여줄 수 있나요?)

8. Could you **put** your father **on** the phone?
   아버지 좀 바꿔 줄래요? (=아버지 손을 수화기에 붙여 줄래요?)

　1번 문장은 박스를 테이블 위에 붙이는 것입니다. 2번 문장은 벨을 고양이 목에 붙이는 것이지요. 우리는 '달다'라고 하지만 원어민은 '붙이다'로 표현하죠. 3번 문장은 크림을 얼굴에 붙이는 것입니다. 우리는 '바르다'라고 하지만 원어민은 '붙이다'로 표현합니다. 4번 문장은 반지를 손가락에 붙이는 것입니다. 우리는 반지를 '끼우다'라고 하지만 원어민은 반지를 '붙이다'로 표현하지요. 5번 문장은 옷을 몸에 붙이는 것입니다. 우리는 '옷을 입다'라고 하지만 원어민은 '옷을 몸에 붙이다'로 표현합니다. 옷을 몸(one's body)에 붙여 입는 것은 누구나 다 알기 때문에 괄호(one's body)를 생략하여 뒤에 on만 남는 것이죠. 6번 문장은 타이어를 차에 붙이는 것입니다. 우리는 '타이어를 갈다'라고 하지만 원어민은 '타이어를 차에 붙이다'로 표현합니다. 타이어를 차에 붙이는 것은 누구나 다 알기 때문에 괄호(the car)를 생략하여 뒤에 on만 남는 것이죠. 7번 문장은 단추를 옷에 붙이는 것입니다. 우리는 단추를 '달다'라고 하지만 원어민은 단추를 옷에 '붙이다'라고 표현합니다. 8번 문장은 아버지 손을 수화기에 붙이는 것으로 전화 받는 사람을 아버지로 바꿔주는 것입니다.

　put A on B는 'A를 B에 붙여놓다'일 뿐이지요. 입다, 쓰다, 끼우다, 바르다, 달다, 두르다, 매다'는 우리식 표현이고 **원어민은 눈에 보이는 그대로 몸에 '붙이다'**입니다. 원어민 감각대로 '붙이다'하나만 알면 끝나는 것을 그 많은 뜻을 일일이 외운다는 것은 시간 낭비입니다.

put on a play   연극을 공연하다

put on a play의 원래 표현은 put a play on (a stage)입니다.
'**연극을 무대 위에 놓다**'를 줄여서 표현하면 '**연극을 공연하다**'입니다. 연극공연은 배우가 무대 위에, 무대에 붙어서 하는 것이지요. 그래서 말을 안 해도 누구나 다 알고 있는 단어인 무대(a stage)를 생략합니다. 그리고 뒤에 홀로 남아 있는 on을 앞으로 이동시켜 put on a play가 된 것입니다.

1. Rain is going to **put on a concert** next week in China.
   비는 다음 주에 중국에서 콘서트를 공연할 예정이야.
2. We **put on a** Shakespeare **play** every year at our school.
   우리는 매년 학교에서 셰익스피어 연극을 공연해.

put on airs   잘난 척하다

put on airs의 원래 표현은 put airs on (one's stomach)입니다.
'**공기주머니를 배에 붙여놓다**'를 줄여서 표현하면 '**잘난 척하다**'입니다. 요즘 잘난 척하는 사람들은 목이나 어깨에 힘을 주는 사람들이죠. '어깨에 힘주지 마라'는 '잘난 척하지 마라'입니다. 지금은 똥배가 나온 것을 비만으로 간주하여 좋지 않게 보지만 과거에 큰 배는 부와 권력의 상징이었죠. 과거에 잘난 척하는 사람은 배에 헛바람을 집어넣어 배를 앞으로 내밀어 배를 크게 하고 손을 뒤로 젖히고 다녔지요. put airs on (one's stomach)에서 괄호가 생략되고 홀로 남아 있는 on이 앞으로 이동하여 put on airs가 된 것입니다.

1. Don't **put on airs**. It's really annoying.
   잘난 척하지 마. 정말 짜증나거든.
2. He often **puts on airs** in front of other people.
   그는 자주 다른 사람들 앞에서는 잘난 척한다.

put on weight   살찌다(gain weight)

put on weight의 원래 표현은 put weight on (the body)입니다.
'**체중(=살덩이)을 몸에 붙여놓다**'를 줄여서 표현하면 '**살찌다**'입니다. weight[weit]는 'n.체중, 무게'입니다. weight를 5kg으로 바꾸어 보세요. 5kg의 살덩이를 몸에 붙이면 5kg 살이 찌는 것이죠. 살찌는 것은 살덩이가 몸에 붙는 것임을 누구나 다 알기 때문에 괄호(the body)를 생략합니다. 그리고 뒤에 홀로 남은 on을 앞으로 옮기면 put on weight가 되지요. 반대는 lose weight입니다. 살덩이를 몸에 붙이면 살찌는 것이고, 살덩이를 잃으면 살이 빠지는 것입니다.

1. Men tend to **put on weight** in middle age.
   남자들은 중년에 살이 찌는 경향이 있다.
2. She has **put on** a lot of **weight**.
   그녀는 살이 많이 쪄 있어.

try A on A를 입어보다, 신어보다

try는 'vt.~을 시험 삼아 해보다, 시도하다, 노력하다'입니다.

try on은 try(~을 시험 삼아 해보다)+on(접촉)입니다. '(옷)을 시험 삼아 몸에 붙여보다'를 줄여서 표현하면 '(옷)을 입어보다'입니다. 옷이나 신발이 자기에게 맞는지를 알아보기 위해서 시험 삼아 옷을 몸에 접촉시켜(=붙여) 보는 것은 입어보고, 신어보는 것이죠.

1번 문장은 Can I try this dress on (my body)?가 원래 표현입니다. '이 옷을 나의 몸에 시험 삼아 붙여 봐도 될까요?'를 줄여서 표현하면 '이 옷 입어 봐도 될까요?'입니다. 옷을 몸에 붙여 입는 것은 누구나 다 아는 사실이기 때문에 몸(my body)을 생략합니다. 그리고 뒤에 홀로 남아 있는 on은 뒤에 그대로 남겨도 되고 on을 앞으로 옮겨 Can I try on this dress?처럼 사용해도 되지요.

1. Can I **try on** this dress?
   이 옷 한 번 입어 봐도 될까요?

2. Would you like to **try on** the bigger size?
   한 치수 큰 거로 입어 보시겠어요?

keep A on / have A on A를 입고 있다(wear)

keep은 'vt.~을 막다, 지키다, 유지하다'입니다.

- keep on은 keep(~을 유지하다)+on(접촉)입니다. **'옷을 몸에 접촉시켜 유지하다'**를 줄여서 표현하면 **'옷을 입고 있다'**입니다. 1번 문장의 keep my coat on은 keep my coat on (my body)에서 괄호(my body)가 생략되었습니다. 옷을 입고 있는 것은 옷을 몸에 붙여서 유지하는 것임을 누구나 다 알기 때문에 괄호(my body)를 생략하고 on만 홀로 남는 것이지요. 그냥 이유 없이 on이 붙어있는 것이 아닙니다.

- have a jacket on (my body)는 **'재킷을 몸에 붙여 갖고 있다'**로 줄여서 표현하면 **'재킷을 입고 있다'**입니다. 옷을 입고 있는 것은 옷을 몸에 붙여두고 있는 것임을 누구나 다 아는 사실이기 때문에 괄호(my body)를 생략하고 on만 남는 것이죠. on을 생략해 버리면 옷을 입고 있는 것이 아니라 옷을 갖고 있는 것입니다. on이 그냥 폼으로 붙어 있는 것이 아닙니다.

1. Do you mind if I **keep** my coat **on**?
   내가 코트를 입고(=붙여두고) 있어도 괜찮은가요?

2. I **have** a jacket **on**.
   나는 재킷을 입고(=붙여두고) 있어.

3. I **have** nothing **on**.
   나는 발가벗고(=아무것도 안 붙여두고) 있어.

get on A A를 타다

- get on the bus는 get(가다)+on the bus(버스에 접촉)입니다.
  '가서 버스에 접촉하다'를 줄여서 표현하면 **'버스를 타다'**입니다. 걸어가서 버스 발판에 발을 붙이는 것은 버스를 타는 것이죠. 탈것을 타고 내릴 때 원어민은 get on, get off, get in, get out으로 나누어 사용합니다. **탈것을 탈 때 발부터 먼저 접촉하여 타는 것은 on을 씁니다.** 버스, 배, 비행기, 기차는 탈 때 먼저 발을 발판에 붙여(=접촉시켜) 타기 때문에 get on이고 말, 자전거, 오토바이는 엉덩이를 안장에 붙여(=접촉시켜) 타기 때문에 get on이지요.

- get off the bus는 get(가다)+off the bus(버스에서 분리)입니다.
  '버스에서 몸을 분리하여 가다'를 줄여서 표현하면 **'버스를 내리다'**입니다. 버스를 타고 있는 사람이 버스에서 몸을 분리시켜 가는 것은 버스를 내리는 것이죠. off는 '~에서 분리'로 off에서 자세히 배웁니다.

- get in the taxi는 get(가다)+in the taxi(택시 안으로)입니다.
  '택시 안으로 들어가다'를 줄여서 표현하면 **'택시를 타다'**입니다. 택시나 승용차를 탈 때는 발을 발판에 붙이는 것이 아니라 문을 열고 몸을 숙여 먼저 **머리부터 안으로(in) 들이밀기 때문에 get in을 사용**합니다. 내릴 때는 get in의 반대인 get out입니다.

  타는 모습을 직접 눈으로 보세요. 버스처럼 먼저 발판에 발을 접촉하여 타면 get on이고, 승용차처럼 머리를 먼저 들이밀면서 타면 get in입니다. 영어는 눈에 보이는 모습 그대로 표현하는 언어란 것을 알 수 있지요.

1. We **got on** a bus and went to the station.
   우리는 버스를 타고 역으로 갔어.

2. **Get off** at the next station.
   다음 역에서 내리세요.

3. We have no time. Let's **get in** a taxi.
   우린 시간이 없어. 택시 타자.

4. Stop! I'm **getting out**.
   차 세워! 나는 내릴 생각이야.

on time 정시에

on time은 **'정시에'**입니다. 9시 출발 예정의 기차가 정시에 출발했습니다. '9시 정시에'는 시계의 시침이 9에 접촉(on)하고, 분침은 12에 접촉(on)하는 것이지요. **on time은 시침과 분침의 시곗바늘이 정해진 시간에 접촉**하는 것이죠. in time은 '시간 안에'입니다.

1. Our train started **on time**.
   우리 기차는 정시에 출발했어.

2. Will you be home **in time** for lunch?
   너 점심 먹으러 시간 안에 집에 오겠니?

turn A on
switch A on
A를 켜다

turn, switch[switʃ]는 'vt.~을 바꾸다, 돌리다'입니다.
turn on은 turn(~을 돌리다)+on(접촉)입니다. 'on 쪽으로 다이얼을 돌리다'를 줄여서 표현하면 '~을 켜다'입니다. 원어민은 'on 쪽으로 돌리세요'라고 하고 우리는 '켜세요'라고 합니다. on 쪽으로 돌리면 전기제품을 켜는 것이고, off 쪽으로 돌리면 전기제품을 끄는 것이죠. on은 따로 떨어져 있는 두 개의 전선을 **접촉**시켜 전기가 **계속** 흐르는 것이고, off는 접촉해 있는 전선을 **분리**시켜 전기 흐름을 **중지**시키는 것입니다.

1. It's cold. **Turn** the heat **on**. (=**Turn on** the heat.)
   날씨가 추워. 히트 좀 켜.

2. I'm working. **Switch** it **off**.
   나 공부(일)하고 있어. 그것 꺼줄래.

call on A   (사람)을 방문하다
call at A   (장소)를 방문하다

call on은 call(방문하다)+on(접촉)으로 '(사람)을 방문하다'입니다.
call은 'vi.방문하다'라는 자동사로 뒤에 명사를 연결할 때 '~을'에 해당하는 전치사를 붙여야 하고, 영국인은 **사람을 방문하면 인사로 악수(=접촉)하고, 포옹(=접촉)하기 때문에 접촉의 on**을 붙입니다. call at은 arrive at의 at처럼 장소를 방문하는 것입니다. call은 'v.부르다, 외치다, 요구하다, 전화하다, 방문하다 n.전화'입니다.

1. Will you be home tonight? I'm going to **call on** you.
   너 오늘 밤에 집에 있을 거니? 나 너를 방문할 계획이야.

2. I will **call at** your house tomorrow.
   내일 너의 집을 방문할게.

call one's names   욕을 하다

call은 'vt.~을 부르다', names는 'n.나쁜 별명, 욕'입니다.
call one's names는 '**누구의 나쁜 별명을 부르다**'로 줄여서 표현하면 '**욕을 하다**'입니다. 사람마다 듣기 싫은 나쁜 별명은 하나씩 갖고 있지요. 그것을 부른다는 것은 욕을 하는 것입니다. names는 'n.나쁜 별명, 욕'으로 사전에 있는 단어의 뜻을 그대로 결합하면 되는데 무작정 숙어로 암기할 필요가 있을까요?

1. Don't **call my names**. I could kill you.
   나에게 욕하지 마. 널 죽여 버릴 수도 있어.

on earth / in the world ① 세상에 ② 도대체

earth는 'n.지구, 땅, 세상'입니다. on earth, in the world는 '세상에'입니다.
17C까지만 해도 영국인이 믿었던 세상은 천동설로, 지구는 원형이 아니라 책상과 같은 평면대륙이라고 믿었지요. 모든 것이 **평면대륙 안에(in) 있다**고 믿었기 때문에 in the world입니다. 천동설이 무너지고 지동설이 정설이 된 이후 지구의 모든 것이 중력에 의해 **지구 표면에 붙어(on) 있다**는 것을 알았기 때문에 on earth입니다. '세상에 그럴 수가 있니?'는 '**도대체** 그럴 수가 있니?'와 같은 뜻이죠. '세상에'와 '도대체'가 같은 의미로 사용되는 것은 원어민과 우리 모두 같습니다.

1. The Pacific Ocean is the largest ocean **on Earth**.
   태평양은 지구 위에 가장 큰 바다야.

2. What **on earth** are you doing?
   너 도대체 뭐 하고 있니?

operate on A A를 수술하다

operate[ápərèit]는 'vi.수술하다, 작동하다, 영향을 주다'입니다.
operate on은 operate(수술하다) + on(접촉)으로 '~을 수술하다'입니다. operate는 자동사로 뒤에 명사를 연결할 때 '~을'에 해당하는 전치사를 붙여야 하고, **수술은 의사의 손을 환자에 접촉시켜 하는 것이기 때문에 접촉의 on**입니다. 수술이란 단어 자체가 접촉의 on을 필요로 하지요.

1. He is **operating on** a patient.
   그는 환자를 수술하고 있어요.

2. You have to **operate on** the tumor as soon as possible.
   당신은 가능한 한 빨리 그 종양을 수술해야 합니다.

on edge 신경이 예민한(nervous)

edge[edʒ]는 'n.모서리, 각, 끝'입니다.
on edge는 on(접촉) + edge(끝)로 '끝에 붙어 있는'을 줄여서 표현하면 '**신경이 예민한**'입니다. **모서리나 난간 끝에 붙어 있어서 '신경이 예민한**'입니다. 심심하면 옥상에 올라가 난간 끝에 붙어 있어 보세요. 떨어질까 봐 금방 신경이 곤두서고 예민해질 것입니다. edge는 너도나도 사용할 정도로 2010년 여름 대한민국을 휩쓴 단어죠. 각종 광고 문구에도 등장하고 지금도 흔히 사용하고 있지요. edge는 다른 것과 차별화되는 각으로 '독특한 개성'입니다.

1. I often feel **on edge** before exams.
   나는 종종 시험 전에 신경이 예민함을 느껴.

2. Nowadays I'm **on edge** due to money problem.
   요즘 나는 돈 문제 때문에 신경이 예민해.

be on the edge of A
be on the point of
be on the brink of
be on the verge of   A 직전에 있다, 막 하려고 하다(be about to)

be on the edge of는 be(있다)+on the edge(직전)+of(의)로 '~의 직전에 있다'입니다.
on edge는 '끝에 붙어 있는'으로 '떨어지기 직전'이죠. 1번 문장을 보세요. 내가 절벽 끝에 붙어 있으면 나는 떨어지기 '직전'이고, '막, 곧' 떨어지려는 상황이지요. 이렇게 on edge는 '끝에 붙어 있는'에서 '직전, 곧, 막'과 같은 뜻이 발생합니다. on edge가 on the edge가 된 것은 뒤에 of the cliff라는 of 이하의 수식을 받기 때문입니다. edge[edʒ], point[pɔint], brink[briŋk], verge[vəːrdʒ]는 모두 'n.끝, 모서리'란 뜻의 동의어입니다. 이렇게 해부해 보면 간단하지요.

1. I **am on the edge of** the cliff.
   나는 절벽 끝에 붙어 있어. (=나는 떨어지기 직전이야.)

2. He is **on the point of** ruin.
   그는 파산 직전에 있어.

3. The two countries **are on the brink of** war.
   두 나라는 전쟁 직전에 있어.

4. I **am on the verge of** losing my job.
   나는 실직 직전에 있어.

wait on A
attend on   A를 시중들다, 돌보다, 간호하다(take care of)

- wait on은 wait(vi.기다리다)+on(접촉)입니다.
  '~에 붙어서 기다리다'를 줄여서 표현하면 '~을 돌보다, 시중들다, 간호하다'입니다. 사람 옆에 붙어서 기다리는 것은 시중드는 것이죠. 음식점의 웨이터(waiter)는 손님 시중을 들기 위하여 손님 옆에 붙어서 기다리는 사람입니다. 종업원이 손님 옆에 붙어서 기다리는 것은 시중드는 것이고, 간호사나 간병인이 환자 옆에 붙어서 기다리는 것은 돌보고 간호하는 것이지요. '시중들다, 돌보다, 간호하다'는 대상에 따라 다른 표현일 뿐 같은 뜻입니다.

- attend on은 attend(vi.시중들다)+on(접촉)입니다.
  attend[əténd]는 자동사로 뒤에 명사를 연결할 때 '~을'에 해당하는 전치사를 붙여야 하고, **시중드는 것은 옆에 붙어서 하는 것이기 때문에 당연히 접촉의 on**을 붙여야 합니다.

1. She has **waited on** him for ten years.
   그녀는 10년 동안 그를 돌보고 있어요.

2. I need someone to **attend on** me.
   나는 나를 돌봐줄 누군가가 필요해요.

make an attack on A   A를 공격하다(attack)

make an attack on은 make an attack(공격하다)＋on(접촉)으로 '~을 공격하다'입니다.
make a mistake처럼 make는 '~을 하다'입니다. make an attack은 '공격하다'로 뒤에 '~을'에 해당하는 전치사가 필요하고, **공격은 화살, 대포, 미사일과 같은 무기가 날아가서 사람이나, 건물, 도시에 접촉하는 것이기 때문에 접촉의 on**입니다.

2010년에 북한이 연평도를 공격했습니다. 북한의 공격은 북한에서 발사한 포탄이 연평도에 붙은(=접촉한) 것이지요. 공격은 무기가 날아가서 접촉하는 것이기 때문에 공격이란 단어는 접촉의 on이 필요합니다. make an attack on은 단어 수를 늘려서 표현한 것이고 한 단어로 표현하면 attack[ətǽk]입니다.

1. North Korea **made an attack on** Yeonpyeongdo in 2010.
   북한은 2010년에 연평도를 공격했어.

2. He **made an attack on** me during the discussion.
   그는 토론 중에 나를 공격했어.

play a trick on A   A에게 장난치다, 속이다(deceive, fool)

play a trick on은 play a trick(장난치다)＋on(접촉)으로 '누구에게 붙여 장난치다'입니다.
trick[trik]은 'n.장난, 비열한 짓'입니다. 뒤에서 볼펜으로 콕 콕 찌르거나, 종이 등을 던져서 사람을 맞히는 장난을 보세요. **장난치는 것은 가벼운 무기를 사람에게 접촉시키는 것이기 때문에 접촉의 on**입니다.

make an attack on은 살상 무기를 접촉시켜 공격하는 것이고, play a trick on은 장난 수준의 가벼운 무기를 사람에게 접촉시키는 것입니다. 그리고 이익을 취하기 위한 장난과 비열한 짓은 사람을 속이는 행위지요.

1. She **played a trick on** me. She put salt in my coffee.
   그녀는 나에게 장난쳤어. 그녀는 내 커피에 소금을 넣었어.

2. You must not **play a trick on** us only to succeed.
   넌 단지 성공하기 위해서 우리를 속여서는 안 돼.

on the spot / on the scene   현장에서, 그 자리에서

spot[spɑt], scene[siːn]은 'n.장소'입니다.
on the spot은 on(접촉)＋the spot(그 장소)입니다. '그 장소에 붙어서'를 줄여서 표현하면 '**현장에서, 그 자리에서**'입니다.

1. We had to make a decision **on the spot**.
   우리는 현장에서(=그 자리에서) 결정해야만 했어.

2. The driver died **on the spot**.
   그 운전사는 현장에서 사망했어.

bestow A on B
confer A on B
A를 B에게 수여하다

bestow[bistóu], confer[kənfə́ːr]는 'vt.~을 수여하다'입니다.

bestow A on B는 'A를 B에게 수여하다'입니다. 수여란 상장수여, 학위수여처럼 높은 위치에 있는 사람이 낮은 위치에 있는 사람에게 무엇을 주는(give) 것이죠. give는 to를 사용하는데 '수여'는 반드시 on을 씁니다. 그 이유는 무엇일까요? 철수에게 책을 줬는데 철수는 그 책을 또 다른 친구에게 줬습니다. 이렇게 자유롭게 이동하는 것이 to입니다. 그런데 대학교에서 나에게 박사학위를 수여했는데 그 증서를 친구에게 주면 그 친구가 박사가 될까요? 국가에서 나에게 훈장을 수여했는데 그 훈장을 친구에게 주면 친구가 훈장의 혜택을 받을까요? **수여는 맨 처음 받는 사람에게만 그 혜택이 붙어(on)있는 것이기 때문에 접촉의 on**을 붙입니다.

bestow는 be(있다)+stow(가득 채우다)로 대학 4학년 동안 140학점을 가득 채운 기록이 있으면 학위를 수여하지요. confer는 con(함께=with)+fer(나르다=carry)로 두 사람이 함께 있는 상황에서 증서를 나르는(=주는) 것 역시 수여하는 것이죠.

1. The President **bestowed** a medal **on** him.
   대통령이 그에게 메달을 수여했어.

2. An honorary degree was **conferred on** him by Oxford University in 2017.
   2017년에 옥스퍼드 대학에서 그에게 명예학위가 수여되었다.

impose A on B
A를 B에게 부과하다

impose[impóuz]는 'vt.(세금, 벌금)를 부과하다, 강요하다'입니다.

impose A on B는 'A를 B에 부과하다'입니다. 부과란 국가기관에서 세금 및 벌금 고지서를 개인이나 기관에 부여하는 것이죠. 음주하고 운전하면 면허정지 또는 면허취소와 함께 범칙금 고지서를 받게 됩니다. 그 고지서를 친구에게 주면 그것을 받은 친구의 운전면허가 정지되고 취소되는 것이 아니죠. **세금과 벌금은 부과받은 사람에게만 붙어(on)있는 것이기 때문에 접촉의 on**을 붙이는 것입니다. 위에서 배운 수여가 수여 받은 사람에게만 붙어 있어 on을 붙이는 것과 같지요.

impose는 im(안에=in)+pose(놓다=put)입니다. 상품 안에 놓여 있는 것은 세금으로 세금 따위를 부과하고 강요하는 것입니다. 과자를 1,000원 주고 사면 안에 10%의 세금이 놓여 있습니다. 그것을 간접세라고 하는데 국가가 개인에게 세금을 강요하고 부과한 것이지요.

1. They **imposed** large taxes **on** me.
   그들은 나에게 매우 큰 세금을 부과했어.

2. We will **impose** strong penalties **on** drunken drivers.
   우리는 음주 운전자들에게 강력한 벌칙을 부과할 것입니다.

pride oneself on A   A를 자랑하다(show off, boast)

pride[praid]는 'vt.~을 자랑하다 n.자랑, 자부심'입니다.

pride oneself on은 '~을 자랑하다'입니다. pride는 'vt.~을 자랑하다'이기 때문에 그냥 뒤에 목적어를 놓으면 간단한데 원어민은 항상 pride oneself on으로 사용합니다. 1번 문장에서 He prided himself 까지만 말하면 '그는 자기 자신을 자랑했어'가 됩니다. 무엇에 관해 자랑했는지 알 수 없지요. **himself on his English ability**는 '영어 실력이 붙어 있는 자기 자신'이 됩니다. 결합하면 '그는 영어 실력이 붙어 있는 자신을 자랑했어'가 됩니다.

영어에는 oneself를 넣어 사용하는 표현이 많습니다. 원어민의 언어 습관이니 제가 가서 뜯어고칠 수도 없고 우린 그냥 그대로 익혀야 하겠지요. 2번 문장의 herself on her good looks는 '좋은 외모가 붙어 있는 그녀 자신'입니다.

1. He **prided himself on** his English ability.
   그는 자기 영어 구사 능력을 자랑했어.

2. She often **prides herself on** her good looks.
   그녀는 항상 자신의 좋은 외모를 자랑해.

hold on! / hang on!   ① 잠시만! ② 꼭 잡아!

hold, hang은 'vt.~을 잡고 있다'입니다.
hold on은 hold(~을 잡고 있다)+on(접촉)으로 '(손)을 붙여서 잡고 있다'입니다.

① hold on은 **hold** (your hand) **on** (the receiver)에서 괄호 두 개가 생략된 표현입니다. 전화 통화 중에 '손을 수화기에 붙여서 잡고 있으세요'라고 하면 전화를 끊지 말고 '**잠시만 기다려주세요**'라는 말이죠. 손을 수화기에 붙여서 잡고 있는 것은 누구나 다 아는 사실이기 때문에 괄호를 모두 생략하여 hold on, hang on만 남는 것입니다. 이렇게 전화 중에 사용하던 표현에서 시작하여 '잠시만, 잠깐만'으로 일반화된 것입니다.

② hold on은 '꼭 잡다'입니다. 원래 문장은 **hold** (your hand) **on** (the bar)에서 괄호가 모두 생략된 표현입니다. '손을 난간에 붙여서 잡고 있다'를 줄여서 표현하면 '꼭 잡다, 꼭 잡다'가 되지요.

1. **Hold on** please. I'll get her.
   잠시만 기다리세요. 그녀를 데려오겠습니다.

2. **Hang on!** I'll be back in a minute.
   잠시만 기다려! 금방 돌아올게.

3. **Hang on** tight! Come down!
   꼭 잡아! 내려간다!

4. **Hold on**! This is a bad road!
   꼭 잡아! 여기는 길이 안 좋아!

take on A   A를 떠맡다(undertake), 책임지다

take on은 take(~을 잡다)+on(접촉)입니다.
'무엇을 잡아서 (자기 몸에) 붙이다'를 줄여서 표현하면 **'무엇을 떠맡다. 책임지다'**입니다.

1번 문장은 1985년 노르웨이 3인조 그룹 A-HA가 부른 노래 가사인데 인기가 대단했지요. 제목이 take on me로 '나를 책임지세요'입니다. 원래 문장은 take me on (you)로 take me(나를 잡다)+on you(너에게 붙여)입니다. '나를 잡아서 너에게 붙여주세요'를 줄여서 표현하면 '나를 책임지세요'가 되지요. 괄호(you)가 생략되고 뒤에 홀로 남아 있는 on이 앞으로 이동하여 take on me가 된 것입니다. 음악 사이트에서 take on me를 찾아 들어보세요.

2번 문장은 take many workers on (the company)이 원래 문장입니다. 직원을 잡아서 회사에 붙이는 것은 회사가 직원을 떠맡고 책임지는 것이죠. 회사가 직원을 떠맡고 책임지는 것은 '채용하다. 고용하다' 입니다. take on을 처음부터 '고용하다, 채용하다'로 외우면 그야말로 무작정 외워야 할 숙어가 되어버리지요. 3번 문장은 take the work on (you)로 어떤 일을 take 한 다음 그것을 자기 자신에게 on 시키는 것은 그 일을 떠맡고 책임지는 것입니다.

1. **Take on** me, I'll be gone in a day or two.
   나를 책임져 주세요. 나는 하루 이틀 후에는 떠나 있을 거예요.

2. Our company **took on** many workers last year.
   우리 회사는 지난해 많은 직원을 채용했어.

3. Don't **take on** the work.
   그 일을 떠맡지 마세요.

let on A   A를 폭로하다(reveal), 누설하다, 털어놓다

let은 'vt.~을 내보내다, 허락하다, 내버려 두다, 임대 놓다'입니다.
let on은 let(~을 내보내다)+on(접촉)입니다. **'말을 내보내어 (타인의 귀에) 붙이다'**를 줄여서 표현하면 **'~을 누설하다. 폭로하다'**가 됩니다. 하지 말아야 할 말을 let 해서 다른 사람의 귀에 on 시키는 것은 누설하고 폭로하는 것이죠.

1번 문장은 She let my secret on (somebody's ears)에서 괄호가 생략되었습니다. '그녀는 나의 비밀을 내보내어 누군가의 귀에 붙였어'를 줄여서 표현하면 '그녀는 나의 비밀을 누설했어'가 됩니다. 정보누설은 정보를 타인의 귀에 붙이는 것임을 누구나 알기 때문에 괄호(somebody's ears)를 생략하고, 뒤에 홀로 남아 있는 on을 앞으로 이동시키면 She let on my secret이 됩니다. let on이 왜 '~을 누설하다, 폭로하다' 인지 바로 이해가 되지 않나요?

1. Don't worry, I won't **let on**.
   걱정하지 마. 누구에게도 누설하지 않을 거야.

2. Why did you **let on** what I told you?
   왜 내가 너에게 말한 것을 폭로했니?

on the house 무료인(free of charge), 공짜인

on the house는 on(접촉) + the house(집)로 '집에 붙어 있는'입니다. 집에 붙어 있는, 집에 갖고 있는 음식을 손님이나 가족에게 주면서 돈을 받지 않지요. **'집에 붙어 있는'** 에서 **'무료인, 공짜인'**의 뜻이 발생하는 것입니다.

1. Everything is **on the house** today.
   오늘은 모든 것이 공짜야.

2. Don't worry about money. It's **on the house**.
   돈에 대해선 걱정하지 마. 그것은 공짜야.

on board 승선하여, 탑승하여

on board는 on(접촉) + board(n.판자)입니다. **'두 발이 판자에 붙어 있는'**은 **'배, 비행기에 타고 있는'**입니다. 배 위의 갑판은 판자로 되어 있습니다. 사람의 두 발이 배의 갑판에 붙어 있다는 것은 승선(탑승)하여 있다는 것이죠. 기차, 비행기의 바닥도 판자로 되어 있습니다.

1. All of the people **on board** were saved.
   탑승한 모든 사람이 구조되었다.

2. The six astronauts **on board** will spend ten days in space.
   탑승한 여섯 명의 우주 비행사들은 우주에서 열흘간 지낼 것이다.

on pins and needles 초조한(nervous), 바늘방석에 앉아 있는 듯한

on pins and needles는 on(접촉) + pins and needles(핀과 바늘)의 결합입니다. **'핀과 바늘이 몸에 접촉해 있는'**을 줄여서 표현하면 **'초조한, 바늘방석에 앉아 있는 듯한'**입니다. 날카로운 핀과 바늘이 피부에 접촉하고 있으면 언제 찔릴지 몰라 초조하게 되지요.

1. I felt like I was sitting **on pins and needles**.
   나는 바늘방석에 앉아 있는 기분이었어.

2. We've been waiting **on pins and needles**.
   우리는 초조하게 기다리고 있었어.

sit on the fence   중립적인 태도를 취하다, 관망하다(stand by)

sit on the fence는 sit(vi.앉아 있다) + on(접촉) + fence(n.울타리)의 결합입니다.
'울타리에 엉덩이를 붙여 앉아 있다'를 줄여서 표현하면 '중립적인 태도를 취하다, 관망하다'입니다. 두 사람이 싸우는데 어느 편도 들지 않고 울타리에 엉덩이를 붙여 구경하고 있는 것은 중립적인 태도를 취하는, 관망하는 것이죠.

1. I'm still **sitting on the fence**. I don't know who is right or wrong.
   나는 여전히 중립을 취하고 있어. 누가 옳고 그런지 몰라.

2. He tends to **sit on the fence** at meetings.
   그는 회의 때 중립적인 태도를 취하는 경향이 있다.

get on one's nerves   누구의 신경을 건드리다, 짜증나게 하다

get on one's nerves는 get(가다=go) + on(접촉) + one's nerves(사람의 신경)입니다.
'어떤 성가신 것이 가서 사람의 신경에 들러붙다'를 줄여서 표현하면 '신경을 건드리다'입니다. 잔소리, 소음, 불빛 등 어떤 성가신 것이 사람의 신경에 들러붙어 있으면 신경을 건드리고 짜증나게 하는 것입니다. 1번 문장은 공사장에서 나는 요란한 소리가 나의 신경에 들러붙어 나를 짜증나게 한다는 것이고, 2번 문장은 너의 말과 행동이 그의 신경에 들러붙어 그를 짜증나게 하지 않도록 조심하라는 것입니다.

1. The noise outside is really **getting on my nerves**.
   밖에서 나는 저 소음이 나의 신경을 건드리고 있네요.

2. Be careful not to **get on his nerves**.
   그의 신경을 건드리지 않도록 조심해.

get one's own back on   복수하다(revenge, avenge, get even with)

get one's own back on은 get(만들다) + one's own back(자신의 등에 있는 것) + on(접촉)입니다.
'자신의 등에 붙어 있는 칼과 화살을 적의 몸에 붙도록 만들다'를 줄여서 표현하면 '복수하다'입니다. 자신의 등에 차고 있는 칼과 화살을 날려 적의 몸에 붙이는 것은 복수하는 것이죠. 전쟁영화에서 항상 볼 수 있지요. 동의어로 revenge, avenge, get even with가 있습니다.

1. I'll **get my own back on** him one day, I swear!
   내가 언젠가는 그에게 복수하고 말 거야. 난 맹세해!

2. Someday I'll **get my own back on** you.
   언젠가 너에게 복수할 거야.

go back on one's word 약속을 어기다

go back on은 go back(되돌아가다)+on(접촉)+one's word(말, 약속=promise)입니다. '내뱉은 말(약속)을 콕 찍어(on) 되가져가다'를 줄여서 표현하면 '약속을 어기다'입니다. 아이에게 무엇을 사주겠다고 약속했는데 나중에 알고 보니 그 가격이 엄청 비싸 내뱉은 약속을 콕 찍어 입안으로 되가져가는 것은 약속을 어기는 것이죠. 동의어는 break one's word입니다.

1. You should never **go back on your promise** to a child.
   아이들과의 약속은 절대 어겨서는 안 됩니다.

2. A gentleman never **goes back on his word**.
   신사는 절대 약속을 어기지 않는다.

keep your hair on 진정해(come down)

keep your hair on은 keep(유지하다)+your hair(머리카락)+on your head(머리에 붙여)에서 your head가 생략된 표현입니다. 화가 나면 두 손으로 머리를 쥐어뜯거나 머리카락을 세우는 사람들이 많지요. '머리카락을 쥐어뜯거나 세우지 말고 머리에 붙여 둬'를 줄여서 표현하면 '화내지 말고 진정해'입니다.

A. My bike is broken! I will never lend it to you.
   내 자전거가 고장 났어! 다시는 너에게 빌려주지 않을 거야.

B. **Keep your hair on**. I'll get it fixed.
   진정해. 내가 자전거 수리할게.

keep an eye on A A를 계속 지켜보다(watch)

keep an eye on은 keep(유지하다)+an eye(눈)+on A(A에 접촉하여)의 결합입니다. '눈을 A에 접촉시켜 유지하다'를 줄여서 표현하면 'A를 계속 지켜보다'입니다. 눈을 고양이에 접촉시킨 채 계속 유지하는 것은 고양이를 계속 지켜보는 것이죠.

1. Will you **keep an eye on** my kid while I'm away?
   내가 없을 동안 우리 아이 좀 지켜봐 주실래요?

2. Can you **keep an eye on** my bag, please?
   제 가방 좀 지켜봐 주시겠어요?

on V-ing 즉시(~하자마자)
on asking 요구 즉시
on request 요청 즉시
on application 신청 즉시

application[æplikéiʃən]은 'n.신청', request[rikwést]는 'n.요청'입니다.

on은 접촉개념에서 '즉시'라는 뜻이 발생합니다. 지금 스위치의 on을 눌러 보세요. on을 누르면 두 개의 전선이 접촉하는 즉시 불이 들어오지요. **on은 접촉 즉시 불이 켜지는 다음 동작이 일어나기 때문에 '즉시'라는 뜻이 발생**합니다. '즉시'의 동의어는 '하자마자'입니다. on +V-ing를 '~하자마자'라는 문법 공식으로 무작정 외울 필요가 없습니다.

1. **On seeing** me, he ran away.
   나를 목격 즉시(=보자마자), 그는 도망쳤어.

2. **On arriving** home, he got into his room without a word.
   집에 도착 즉시(=도착하자마자), 그는 말 한마디 없이 자기 방으로 들어갔어.

3. I will lend you some money **on request**.
   요청 즉시 너에게 돈을 빌려줄게.

4. You can get a booklet **on application**.
   당신은 신청 즉시 소책자를 받을 수 있어요.

02 계속의 on 계속, ~중(=ing)

on은 '계속'입니다. 스위치의 on을 누르면 분리되어 있는 두 개의 전선이 접촉하여 전기가 들어오고, 전기가 계속 흐르지요. on은 멈추지 않고 '계속'입니다.

on and on 계속

on은 '계속'입니다. 강조하기 위해서 on and on으로 길게 표현하기도 하지요. over and over, again and again도 같은 표현입니다.

1. She talked **on and on** without pausing for breath.
   그녀는 숨 쉬려는 멈춤도 없이 계속해서 말했어.

2. They moved forward **on and on**.
   그들은 계속해서 앞으로 나아갔어.

from now on 지금부터 계속

from now on은 from now(지금부터)+on(계속)으로 '지금부터 계속'입니다. 단어만 조립하면 되기 때문에 애써 암기할 숙어가 아니지요.

1. **From now on**, I will learn Chinese.
   지금부터 계속. 나는 중국어를 배우겠어.

2. I am skipping breakfast **from now on**.
   지금부터 계속 아침을 건너뛸 계획이에요.

move on 계속 가다
stay on 계속 머무르다

move(가다, 움직이다)+on(계속)으로 '계속 가다'입니다. stay on은 stay(머무르다)+on(계속)으로 '계속 머무르다'입니다. 굳이 외워야 할 숙어도 아니죠. on이 '계속'인 것만 알면 저절로 알게 됩니다.

1. I can't **move on** any more.
   난 더 이상 계속 갈 수 없어.

2. How long are you going to **stay on** here?
   얼마나 오랫동안 여기서 계속 머무를 계획인가요?

drag on 계속 끌다
play on 계속 놀다, 계속 경기하다

drag on은 drag(vi.질질 끌다)+on(계속)으로 '계속 질질 끌다'이고, play on은 play(vi.놀다, 경기하다)+on(계속)으로 '계속 놀다, 계속 경기하다'입니다.

1. His speech **dragged on** for an hour.
   그의 연설은 한 시간 동안 계속 끌었어.

2. We claimed a penalty kick but the referee told us to **play on**.
   우리는 페널티 킥을 주장했지만, 심판이 경기를 계속 진행하라고 했어.

cheer A on A를 응원하다

cheer on은 cheer(vt.~를 격려하다)+on(계속)입니다.
'누구에게 잘하라고 계속 격려하다'를 줄여서 표현하면 '누구를 응원하다'입니다. 격려하기 위해 계속 손뼉 치고, 계속 고함지르는 것이 응원이죠. cheer on을 처음부터 '~을 응원하다'로 외우면 on이 왜 붙어 있는지도 모른 채 단순 암기해야 하는 숙어가 되어버립니다.

1. Many people are **cheering** him **on**.
   많은 사람이 그를 응원하고 있어요.

2. **Cheer** me **on** in the competition.
   시합에서 나를 응원해 줘.

sleep on ① 붙여서 자다 ② 계속 자다

① sleep on은 sleep(vi.잠을 자다)+on(접촉)입니다.
sleep on my stomach는 sleep(잠자다)+on my stomach(배를 붙여서)입니다. '(침대에) 배를 붙여서 자다'로 줄여서 표현하면 '엎드려 자다'입니다. 앞에서 배운 표현이죠.

② sleep on은 sleep(vi.잠을 자다)+on(계속)으로 '계속 자다'입니다.
on이 접촉의 on인지, 계속의 on인지 알면 암기할 필요가 없지요.

1. I always **sleep on** my stomach.
   난 항상 엎드려서 잠을 자.

2. He isn't up yet. He is **sleeping on** now.
   그는 아직 일어나지 않은 상태야. 그는 지금 계속 자고 있어.

get on with A ① A와 잘 지내다 ② A를 계속 해나가다

① get on with는 get(가다)+on(계속)+with(~와)입니다.
'누구와 함께 계속 가다'를 줄여서 표현하면 '누구와 잘 지내다'입니다. 누구와 함께 계속 가는 것은 좋은 관계로 지내는 것이고, 다투지 않고 사이좋게 잘 지내는 것이죠.

② get on with는 get(가다)+on(계속)+with(~을 가지고)입니다. **'(하던 일)을 가지고 계속 가다'**는 지금 하고 있는 일을 중단하지 않고 **'계속 해나가다'**입니다.

1. I want you to **get on with** him.
   난 네가 그와 잘 지내기를 원해.

2. Stop chatting and **get on with** your work!
   잡담을 멈추고 일을 계속 해나가!

prevail on A A를 설득하다(persuade)

prevail on은 prevail(vi.설득하다)+on(접촉, 계속)입니다.
prevail[privéil]은 자동사로 뒤에 명사를 연결할 때 '~을'에 해당하는 전치사를 붙여야 하고, **설득은 사람 옆에 붙어서 계속 하는 것이기 때문에 접촉과 계속의 on**을 붙입니다. prevail on은 한 단어로 persuade 입니다. persuade[pərswéid]는 타동사로 'vt.~을 설득하다'이기 때문에 당연히 전치사 on이 필요 없지요.

1. I **prevailed on** him / to accept the invitation.
   나는 그를 설득했어. / 초대를 받아들이게 하려고

2. She **prevailed on** me / to say nothing at the meeting.
   그녀는 나를 설득했어. / 회의에서 아무 말도 하지 않도록 하기 위하여

on television TV에(서)
on the radio 라디오에서
on the internet 인터넷에서

TV, 라디오, 인터넷은 전기가 **접촉(on)**되어 있고, 그 안에는 각종 프로그램이 **계속(on)**되고 있지요. 그래서 접촉과 계속의 on을 붙입니다. on을 붙이지 않으면 전원이 들어와 있지 않은, off 상태로 있는 TV나 라디오를 말합니다. on the internet은 '인터넷에 접속하여'로 접촉의 어감을 바로 느낄 수 있습니다.

1. Is there anything to watch **on TV** tonight?
   오늘 밤 TV에 시청할만한 어떤 것 있니?

2. Did you hear the news **on the radio**?
   너 그 소식 라디오에서 들었니?

3. We buy even fruits **on the internet**.
   우리는 심지어 과일조차도 인터넷에서 구매해.

on guard 경계(보초) 중

guard[gɑːrd]는 'n.경계, 경비, 보초'입니다.
on guard는 '경계를 **계속**하고 있는'으로 줄여서 표현하면 '경계 **중**'입니다. on이 '**계속**'인데 우리말로 자연스럽게 옮기면 '**~중**'이 됩니다. 경계는 군인, 경찰, 경비원 등이 하는 일이지요. on guard의 반대는 off guard입니다. off는 '~에서 분리'입니다. 경계를 서는 장소에서 분리되어 있으니 경비를 서지 않는 상태죠.

1. When the fire broke out, he was not **on guard**.
   화재가 발생했을 때, 그는 경비 중이 아니었어.

2. The police are **on guard** in front of the building.
   경찰이 건물 앞에서 경계 중이야.

on fire 불타고 있는 중

on fire는 '불타고 있는 **중**'입니다.
차가 불타고 있는 중이란 것은 차에 불이 붙어서(on), 그 상태로 계속(on)되고 있는 것이죠. 1번 문장을 보세요. 2003년 2월 18일 대구 지하철에서 큰 참사가 있었지요. 그때 지하철 안에서 빠져나오지 못한 어떤 승객이 마지막으로 자기 아내에게 전화로 한 말입니다. 세상에서 가장 슬픈 사랑이죠.

1. I am **on fire**. I love you forever.
   나는 불타고 있어. 당신을 영원히 사랑해.

2. All the mountains are **on fire**. We have to escape.
   모든 산이 불타고 있는 중이야. 우리는 대피해야 해.

3. My car is **on fire**. Please call firemen.
   내 차가 불타고 있어요. 소방관을 불러주세요.

be on vacation 휴가 중이다
be on business 사업 중이다
be on a trip 여행 중이다

be on vacation은 be(이다)+on(~중)+vacation(방학, 휴가)으로 '방학 중이다'입니다.
on은 '계속하고 있는'으로 줄이면 '~중'임을 이미 설명했습니다. vacation은 학생에겐 방학이고, 직장인에겐 휴가죠. 나머지는 설명하지 않아도 알겠지요.

1. I'**m on vacation** in China.
   나는 중국에서 휴가 중이야.

2. I'**m on business** in America.
   나는 미국에서 사업 중이야.

3. I'**m on a trip** in France.
   나는 프랑스에서 여행 중이야.

on the job 근무 중(on duty)

on the job은 '일에 계속 붙어 있는'으로 줄여서 표현하면 '근무 중'입니다.
일(the job)을 책상과 기계로 바꾸어 보세요. 관리직에 근무하는 사람은 책상에 붙어서 계속 일하고, 공장에서 근무하는 사람은 기계에 붙어서 계속 일합니다. '나 회사 책상에 붙어 있어. 나 회사 기계에 붙어 있어'를 줄여서 표현하면 '나 근무 중이야'가 되지요. I am working과 같은 표현입니다.

1. I am **on the job**.
   나 일 하고 있는 중이야.

2. They say sleeping **on the job** helps increase productivity.
   근무 중 낮잠이 생산성 향상에 도움이 된다고 한다.

on duty 근무(업무) 중
off duty 휴무인

- on duty는 바로 위에서 설명한 바와 같이 업무(duty)가 관리직이라면 책상에 붙어서 계속 일하고, 생산직이라면 기계에 붙어서 계속 일을 하지요.
- off duty는 off(~에서 분리)+duty(업무)입니다. '업무에서 분리되어 있는'을 줄여서 표현하면 '휴무인'입니다. 직장에 있는 책상과 기계에서 분리되어 있으면 출근하지 않고 쉬는 휴무지요. off는 '~에서 분리'입니다. on에서 off의 감각을 익혀 놓으면 off의 학습은 저절로 되겠군요.

1. The secretaries are not allowed to drink **on duty**.
   비서가 근무 중에 술 마시는 것은 허용되지 않아.

2. I'm **off duty** tomorrow.
   나 내일은 쉬는 날이야.

on sale 판매 중, 할인 판매 중
for sale 판매용

on sale은 '판매 중 또는 할인 판매 중'입니다.
for sale은 '판매용'입니다. not for sale은 '비매품'으로 '판매용이 아님'을 뜻합니다. 매장에는 장식용으로 갖다 놓은 소품이 많은데 마음에 들어 사려고 하면 판매용이 아닌 비매품이라고 하는 경우가 많지요.

1. Excuse me, are these **on sale**?
   저, 이것들 할인판매 중인가요?

2. I'm sorry, that's not **for sale**.
   죄송해요, 저건 판매용이 아니에요.

on one's way to A A로 가는 도중에

on one's way to는 on(~중)+one's way(길)+to(~쪽으로)입니다.
'~로 가는 길 중에'를 줄여서 표현하면 '~가는 도중에'입니다. 도중(途中)은 '길 도, 가운데 중'으로 어디를 향하여 계속 길을 가고 있는 중입니다.

1. I lost my phone **on my way to** school.
   나는 학교로 가는 도중에 휴대전화를 잃어버렸어.
2. **On my way to** the PC cafe, I met Minsu.
   PC방 가는 도중에, 민수를 만났어.

on display 전시 중
on exhibit

display[displéi], exhibit[igzíbit]는 'n.전시 vt.~을 전시하다'입니다.
on display는 '계속 전시하는'으로 줄여서 표현하면 '전시 중'입니다.
display는 dis(반대=against)+pl(접다=fold)+ay로 접어놓고, 포장해 놓은 것을 반대로 펼쳐서 전시하는 것입니다. exhibit는 ex(밖에=out)+hibit(가지다=have)로 갖고 있는 것을 밖에 내놓아 전시하는 것입니다.

1. His works are **on display** in the museum.
   그의 작품들이 박물관에서 전시 중이야.
2. Do not touch the works **on exhibit**.
   전시 중인 작품들에 손대지 마세요.

on the rise 상승 중
on the increase 증가 중
on the decrease 감소 중

on the rise는 on(계속)+the rise(상승)입니다.
'계속 상승하는'을 줄여서 표현하면 '상승 중'입니다. increase는 'n.증가'로 on the increase[inkrí:s]는 '증가 중'입니다. decrease[dikrí:s]는 'n.감소'로 on the decrease는 '감소 중'입니다.

1. The oil price is **on the rise**.
   원유 가격이 상승 중이야.
2. Traffic accidents are **on the increase**.
   교통사고가 증가 중이야.
3. This nation's population is **on the decrease**.
   이 나라의 인구는 감소 중이야.

on the move 이동 중, 움직이는 중
on the run 달리는 중(=도망 중)

on the move는 설명하지 않아도 '이동 중'이죠.
on the run은 '달리는 중'입니다. 경찰로부터 달리는 중이면 '도망 중'이란 의미가 되겠지요.

1. When we arrived at the bus stop, the bus was already **on the move**.
   우리가 정류장에 도착했을 때, 그 버스는 이미 움직이는 중이었어.

2. He's **on the run** from the police.
   그는 경찰로부터 도망 중이야.

go on a diet 다이어트를 시작하다
be on a diet 다이어트 중이다

diet[dáiət]은 'n.음식, 식이요법 vi.식이요법하다'입니다.
- go on a diet은 go(가다)+on(접촉)+a diet(식이요법 음식)입니다. '가서 식이요법 음식과 접촉하다'를 줄여서 표현하면 '**다이어트를 시작하다**'입니다. on은 '접촉'입니다.
- be on a diet은 be(이다)+on(접촉, 계속)+a diet(식이요법 음식)입니다. '식이요법 음식을 접촉, 계속하고 있다'를 줄여서 표현하면 '**다이어트 중이다**'입니다. on은 '접촉, 계속'입니다.

1. I **went on a diet** yesterday.
   나 어제 다이어트를 시작했어.

2. I'm **on a diet**, so I must not eat meat.
   나는 다이어트 중이어서 고기를 먹어서는 안 돼.

go on a strike 파업을 시작하다
be on strike 파업 중이다

strike[straik]는 'vt.~을 치다, 때리다 n.타격, 파업'입니다.
strike(치다, 때리다)가 '파업'인 것은 노동자가 회사를 상대로 파업할 때 위압감을 주기 위해 무엇인가 치고 때리기 때문입니다.
- go on a strike는 go(가다)+on(접촉)+a strike(파업 장소)입니다. '가서 파업 장소에 붙다'를 줄여서 표현하면 '**파업을 시작하다**'입니다. on은 접촉이지요.
- be on strike는 be(이다)+on(계속)+strike(파업)입니다. '파업을 계속하고 있다'를 줄여서 표현하면 '**파업 중이다**'입니다. on은 계속입니다.

1. The workers **went out on a strike**, crying for a wage hike.
   노동자들은 임금인상을 요구하며 파업을 시작했다.

2. Airlines **are on a strike**.
   항공사들은 현재 파업 중이야.

cheat on the test 부정행위 하다

cheat[tʃiːt]은 자동사로 'vi.나쁜 짓 하다'입니다.
cheat on the test는 cheat(vi.나쁜 짓 하다)+on the test(시험 중에)입니다. '**시험 중에 나쁜 짓 하다**'를 줄여서 표현하면 '**부정행위 하다**'이지요. 우리는 시험 칠 때의 부정행위를 커닝이라고 하는데 원어민은 cheating이라고 합니다. 부정행위를 커닝이라고 하는 것은 잘못된 한국식 영어로 cunning은 'a.교활한'입니다.

1. He admitted **cheating on the test**.
   그는 시험 중에 부정행위 한 것을 인정했어.
2. **Cheating** in school continues.
   학교에서 시험 중 부정행위는 계속되고 있어.

come on   ① 어서, 자, 빨리   ② 우연히 만나다

① come on은 come(오다)+**on(계속)**입니다.
몸, 마음, 시선이 말하는 사람에게 '**계속 오라**'는 것으로 **상대방을 재촉하거나, 시선을 끄는 것**입니다. 우리말로는 '**자, 어서, 빨리**'란 감탄사에 해당하죠.

② come on은 come(가다)+**on(접촉)**입니다.
'**가다가 어떤 사람과 접촉하다**'를 줄여서 표현하면 '**우연히 만나다**'입니다. come on him은 '가다가 그를 접촉하다'로 '그를 우연히 만나다'입니다. 걸어가다가 시선이 접촉하거나, 어깨나 팔이 부딪혀(=접촉하여) 사람을 우연히 만나는 경우가 자주 있지요. 눈에 보이는 모습 그대로 표현한 것입니다.

1. **Come on**, we're going to miss the train.
   어서 서둘러. 우리 기차 놓치겠어.
2. I **came on** him on the street.
   나는 거리에서 그를 우연히 만났어.

pick on A   A를 괴롭히다(bother)

pick[pik]은 'vi.찌르다 vt.~을 잡다(take), 따다, 뜯다, 쪼다, 훔치다, 고르다'입니다.
pick on은 pick(찌르다)+**on(계속)**입니다. '**계속 찌르다**'를 줄여서 표현하면 '**~을 괴롭히다**'입니다. 가만히 있는 사람을 계속 찔러 대는 것은 괴롭히는 것이죠. 옆에 있는 친구를 계속 찔러 보세요. 그럼 '괴롭히지 마!'라고 할 것입니다.

1. Don't **pick on** your sister.
   여동생을 괴롭히지 마.
2. He used to **pick on** me all the time.
   그는 항상 나를 괴롭히곤 했어.

and so on 기타 등등
and so forth
and the like
etc

and so on은 and(그리고)+so(그렇게)+on(계속)입니다.
'그리고 그렇게 계속'을 줄여서 표현하면 '기타 등등'이 됩니다. 캠핑을 가는데 무엇을 준비할까요? 배낭, 코펠, 가스버너, 돗자리, 텐트, 기타 등등입니다. 처음부터 끝까지 나열한다면 듣는 사람도 말하는 사람도 지루하겠죠. '기타 등등'은 필요한 개수만큼 예를 들고 나머지는 앞에서 언급한 것과 같은 종류로 '그리고 그렇게 계속' 나열됨을 말합니다.

and so forth는 and(그리고)+so(그렇게)+forth(앞으로)로 '그리고 그렇게 앞으로'입니다. and the like는 and(그리고)+the like(비슷한 것)로 '그리고 비슷한 것'입니다. etc는 et cetera라는 라틴어를 줄인 말로 가장 흔하게 사용합니다.

1. Our store sells fruits, vegetables, meat, rice, **and so on**.
   우리 가게는 과일, 채소, 고기, 쌀, 기타 등등 팔아요.
2. Could you recommend good places, good food, **and so forth**?
   좋은 장소, 좋은 음식, 기타 등등 추천해 줄 수 있나요?
3. I like sports like basketball, baseball, **and the like**.
   난 농구, 야구, 기타 등등 운동을 좋아해.
4. There are various kinds of drinks; cola, cocktails, beers, **etc**.
   다양한 종류의 음료가 있어. 콜라, 칵테일, 맥주, 기타 등등.

look on A
① A를 계속 보다(=구경하다)
② A라고 생각하다

look on은 look(보다)+on(계속)으로 '계속 보다'입니다.
눈을 한 곳에 접촉시켜 계속 보는 것은 구경하는 것이죠. 사람들이 싸우는 모습을 계속 지켜보세요. 그럼 누가 잘못했는지, 원인이 무엇인지 생각하고 판단하게 됩니다. 상황을 계속 지켜보면 그 상황에 대해서 생각하고 판단하게 되기 때문에 '계속 보다'에서 '~라고 생각하다, 판단하다'라는 뜻이 파생됩니다. 보통 look on A as B 구조로 'A를 B로 간주하다, 생각하다'로 사용합니다.

1. We **looked on** the market and went to the tower.
   우리는 시장을 계속 봤고(=구경했고), 타워로 갔어.
2. **Look on** the bright side of things.
   일의 밝은 면을 계속 봐라. (=낙관적으로 생각해.)
3. I **look on** him **as** a super leader of Korea.
   나는 그를 한국의 위대한 지도자로 생각해.

look back on A / think back on
A를 회상하다, 돌이켜보다

- look back on은 look(보다)+back(뒤)+on(계속)입니다.
  '뒤(=과거)를 계속 보다'를 줄여서 표현하면 '~을 돌이켜보다, 회상하다'입니다.
- think back on은 think(생각하다)+back(뒤)+on(계속)입니다.
  '뒤(=과거)를 계속 생각하다'를 줄여서 표현하면 역시 '~을 돌이켜보다, 회상하다'입니다.

1. You should **look back on** your life for your future.
   너는 너의 미래를 위하여 너의 삶을 돌이켜 보는 게 좋아.

2. When I **looked back on** that time, I was very foolish.
   내가 그때를 돌이켜봤을 때, 난 매우 어리석었어.

look down on A
① A를 계속 내려다보다
② A를 경멸하다, 무시하다(despise)

look down on은 look(보다)+down(아래로)+on(계속)으로 '아래로 계속 보다'입니다.
look down on the city는 타워, 산, 빌딩 등 높은 곳에 올라가서 낮은 곳에 있는 도시를 계속 내려다보고 구경하는 것입니다. 그런데 자신이 잘생겼고, 돈 많고, 학벌이 좋기 때문에 다른 사람을 계속 아래로 보면 그것은 사람을 무시하고 경멸하고 깔보는 행위죠. **look down on은 다른 사람을 계속 아래로 보는 행위에서 '~을 경멸하다, 무시하다'입니다.** despise[dispáiz]는 de(아래로=down)+spise(보다=see)로 역시 'vt.~을 무시하다'입니다.

1. I like to **look down on** the city from the tower.
   나는 타워에서 도시를 내려다보는 것을 좋아해.

2. We mustn't **look down on** foreign workers.
   우리는 외국 노동자들을 무시해서는 안 돼.

insist on A
A를 고집하다, 주장하다

insist[insíst]는 'vi.고집하다, 주장하다, 우기다'입니다.
insist on은 insist(고집하다)+on(계속)입니다. insist는 자동사로 뒤에 명사를 연결할 때 '~을'에 해당하는 전치사를 붙여야 하고, **고집(固執)은 자기의 생각을 바꾸지 않고 계속 버티는 것이기 때문에 계속의 on을 붙입니다.** 고집이란 단어가 계속의 on이 필요함을 알려주고 있지요.
insist는 in(on=계속)+sist(서 있다=stand)로 자신의 주장이 관철될 때까지 계속 서 있는 것은 고집하는 것입니다.

1. He **insisted on** going alone.
   그는 혼자 가기를 고집했어.

2. She **insisted on** her innocence.
   그녀는 결백을 주장했어.

have an effect on A A에 영향을 미치다
have an influence on
have an impact on

have an effect on은 have an effect(영향을 갖다)+on(접촉/계속)으로 '~에 영향을 미치다'입니다. **영향을 미치는 것은 계속 접촉함으로써 영향을 미치는 것이기 때문에 접촉과 계속의 on을 붙입니다.** 중국이 북한에 큰 영향을 미치지요. 중국이 북한과 정치적으로, 경제적으로 계속 접촉하기 때문에 중국은 북한에 영향을 미칩니다. 장난감은 아이들과 계속 접촉하기 때문에 장난감이 아이들 건강에 영향을 미치지요. 이렇게 영향을 미치는 것은 계속 접촉하기 때문입니다.

influence[ínflu:əns], effect[ifékt], impact[ímpækt]는 'n.영향'입니다. influence는 in(안으로)+flu(감기균)+ence(명접)로 감기 균이 몸 안으로 들어가면 신체에 영향을 미치죠. effect는 'n.결과, 영향'으로 좋은 결과가 좋은 영향을 미치기 때문에 '결과'에서 '영향'이란 뜻이 파생됩니다. impact는 'n.충돌, 영향'으로 유성이 지구에 충돌하면 지구에 영향을 미치기 때문에 '충돌'에서 '영향'이란 뜻이 파생됩니다.

1. Only China **has an influence on** North Korea.
   오직 중국만이 북한에 영향을 미쳐.
2. Toys **have an effect on** a child's health.
   장난감은 아이의 건강에 영향을 미쳐.

concentrate on A A에 집중하다
focus on

concentrate[kánsəntrèt], focus[fóukəs]는 'vi.집중하다'입니다.

concentrate on은 concentrate(집중하다)+on(접촉/계속)입니다. concentrate는 자동사로 뒤에 명사를 연결할 때 전치사를 붙여야 하고, **집중(集中)은 몸과 마음을 한 곳에 계속 붙여 두는 것이기 때문에 접촉과 계속의 on을 붙입니다.** 집중이란 단어 자체가 접촉과 계속의 on을 필요로 하지요. 수업시간에 창밖으로 내다보고 있으면 선생님의 분필이 날아오면서 '야, 엉뚱한데 쳐다보지 말고 수업에 집중해'라고 말하죠. 수업에 집중하라는 것은 창밖으로 나가 있는 눈과 마음을 교재와 칠판에 접촉시켜서 계속 있으라는 것입니다.

concentrate는 con(함께=with)+centra(중심=center)+te로 몸과 마음을 함께 중심에 놓는 것은 집중하는 것입니다. 축구경기를 시청하다 보면 센터링이란 소릴 자주 듣지요. 골을 넣기 위해 골키퍼가 있는 중심으로 볼을 보내는 것입니다.

1. Don't look out the window. **Concentrate on** your study.
   창밖으로 내다보지 마. 네 공부에 집중해.
2. I want you to **focus on** your problems.
   난 네가 너의 문제에 집중하길 원해.

be keen on A A에 열중(집중)하다

keen[ki:n]은 'a.열중하는'입니다.
be keen on은 be keen(열중하다)+on(접촉, 계속)으로 '~에 열중하다'입니다. **집중하고 열중하는 것은 몸과 마음을 한 곳에 계속 붙여두는 것이기 때문에 접촉과 계속의 on**을 붙입니다. concentrate on과 같은 뜻이지요.

1. In Korea lots of students **are keen on** studying English.
   한국에서 많은 학생이 영어 공부에 열중해.

2. My son **is keen on** baseball.
   나의 아들은 야구에 열중해.

carry on
keep on 계속 유지 하다(continue, go on)

carry, keep은 'vt.~을 유지하다'입니다.
carry on은 carry(~을 유지하다)+on(계속)으로 '~을 계속 유지하다'입니다.
Carry on! 이라고 해보세요. 일을 하고 있는 사람에게 carry on은 계속 일하라는 말이고, 걷고 있는 사람에게 carry on은 계속 걸으라는 말이고, 말하고 있는 사람에게 carry on은 계속 말하라는 것입니다. carry on, keep on, go on은 현재 상태를 중단하지 말고 그대로 계속 유지하라는 것이죠.

1. **Carry on** with your work while I'm away.
   내가 없는 동안 공부 계속해.

2. **Keep on** until you get to the bank, then turn left.
   은행에 도착할 때까지 계속 가세요. 그다음에 왼쪽으로 도세요.

3. If you **go on** working so hard, you will lose your health.
   그렇게 열심히 계속 일을 하면, 넌 건강을 잃을 거야.

get a move on 서두르다(hurry up), 빨리 움직이다

get a move on은 get(만들다=make)+a move(움직임, 동작)+on(계속)의 결합입니다.
'**동작을 멈춤 없이 계속 만들다**'를 줄여서 표현하면 '**서두르다**'입니다. 동작을 멈추지 말고 계속하라는 것은 꾸물거리지 말고 hurry up 하라는 것이죠.

1. **Get a move on**!
   서둘러! (=꾸물거리지 매)

2. Don't chat and **get a move on**.
   잡담 그만하고 얼른 움직이세요.

live on A   A에 의존하여 살다

live on은 live(살다)+on(의존-접촉과 계속)으로 '~에 의존하여 살다'입니다.
의존은 계속 붙어 있는 것이기 때문에 접촉과 계속의 on입니다. 부모님에 의존하여 산다는 것은 부모님에게 계속 붙어산다는 것이죠. 한국인은 쌀에 의존해서 살고, 서양인은 고기에 의존해서 살지요. 직장인은 월급에 의존해서 살고, 아이들은 부모님에 의존해서 삽니다. 사람은 공기에 의존해서 살고, 자동차는 가스나 기름에 의존해서 움직이죠. **의존은 계속 붙어 있는 것이기 때문에 접촉과 계속의 on입니다.** 의존의 on 꼭 기억하세요.

1. We **live on** rice(meat, vegetables, salary, our parents).
   우리는 쌀에 (고기에/ 채소에/ 월급에/ 부모님에) 의존하여 살아.

2. My car runs **on** gas.
   내 차는 가스에 의존하여 달려.

feed on A   A에 의존하여 살다

feed[fi:d]는 'vi.(동물이)먹고 살다 vt.~을 먹이다'입니다.
feed on은 feed(살다)+on(의존)으로 동물이 '~에 의존하여 살다'입니다. **의존은 계속 붙어 있는 것이기 때문에 접촉과 계속의 on을 붙입니다.** 뱀은 개구리에 의존하여 살고, 물고기는 플랑크톤에 의존하여 살고, 소는 풀에 의존하여 살지요.

1. Snakes **feed on** mice and other small animals.
   뱀은 쥐와 다른 작은 동물에 의존하여 살아.

2. Hyenas **feed on** small dead animals and birds.
   하이에나는 죽어있는 작은 동물과 새에 의존하여 살아.

on one's own   자기 자신에 의존하여

on one's own은 on(의존)+one's own(자기 자신)으로 '자기 자신에 의존하여'입니다.
의존은 계속 붙어 있는 것이기 때문에 접촉과 계속의 on을 붙입니다. '자기 자신에 의존하여'는 '타인의 도움 없이'로 without other's help입니다.

1. Thank you, but I can do it **on my own**.
   감사합니다만, 나 자신에 의존해서 할 수 있어요.

2. I want to succeed **on my own**.
   난 나 자신에 의존해서 성공하고 싶어.

`be dependent on A` A에 의존하다, 의지하다
`depend on`   `rest on`
`count on`   `rely on`
`draw on`   `fall back on`

be dependent, depend, rest, count, rely[rilái]는 'vi.의존하다'입니다.
위의 동사들은 자동사로 뒤에 명사를 연결할 때 전치사를 붙여야 하고, **의존은 계속 붙어 있는 것이기 때문에 접촉과 계속의 on**을 붙입니다. rest는 n.휴식 vi.의존하다로 피곤할 때는 휴식에 의존하라는 것이죠. count는 'vt.~을 계산하다 vi.의지하다'로 계산해보고 부족한 돈은 주변 사람의 도움에 의존하라는 것입니다.

- draw on 역시 '~에 의존하다'입니다. Don't draw on me는 '나에게 의존하지 마'입니다. 원래 표현은 Don't draw (something) on me로 draw something(무엇을 당기다)+on me(나에게 붙어서)입니다. '**나에게 붙어서 무엇을 당기지 마**'를 줄여서 표현하면 '**나에게 의존하지 마**'가 됩니다. 사람에게 붙어서 필요한 돈이나 도움 따위를 계속 당기는 것은 의존하고, 의지하는 것이죠.

- fall back on은 fall(떨어지다)+back(등)+on(접촉, 계속)입니다. '**등에 떨어져 계속 붙어있다**'를 줄여서 표현하면 '~에 의존하다'입니다. 어머니의 등에 계속 붙어 있는 아기를 생각해 보세요. 아기가 어머니에게 의존하여 생활하는 것입니다.

1. Don't **depend on** drugs.
   약물에 의존하지 마세요.

2. Our economy **is dependent on** exports.
   우리 경제는 수출에 의존하고 있어.

3. I have no friend to **count on**.
   난 의지할 친구가 없어.

4. He has some savings to **fall back on**.
   그는 의지할 조금의 저축이 있어.

`act on A` ① A 위에서 연기하다
② A에 의존하여 행동하다

act는 'vi.행동하다, 연기하다 vt.~을 하다 n.행위, 막(연극)'입니다.
① act on은 act(연기하다)+**on(접촉)**으로 '(무대)위에서 연기하다'입니다.
② act on은 act(행동하다)+**on(의존)**으로 '의존해서 행동하다'입니다. 접촉의 on인지 계속의 on인지 파악하면 무작정 암기할 필요가 없지요.

1. He will **act on** the stage from tomorrow.
   그는 내일부터 무대 위에서 연기할 거예요.

2. He tends to **act on** impulse.
   그는 충동에 의존해서 행동하는 경향이 있어.

on credit 외상으로
in cash 현금으로

- on credit[krédit]은 on(의존)+credit(신용)입니다.
'신용에 의존해서'를 줄여서 표현하면 **'외상으로'**입니다. 아직도 시골에선 물건을 먼저 가져가고 나중에 돈을 갚는 경우가 많지요. 오랜 시간 동안 쌓여있는 신용에 의존해서, 외상으로 판매하는 것입니다.

- in cash[kæʃ]는 '현금으로'입니다.
과거 원어민의 일상생활로 들어가 보면 교회에서 헌금할 때 돈을 통 안에 집어넣고, 물건을 팔고 받은 돈을 통 안에 집어넣어 보관하지요. **in cash는 돈을 통 안에 넣는 생활습관에서 발생**한 것입니다.

1. Most cars are bought **on credit**.
   대부분의 차는 외상으로 구매돼.
2. You can pay the bill **in cash** or by credit card.
   계산서를 현금으로 또는 신용카드로 지급해도 좋아요.

be based on A A에 근거 되어 있다
be founded on

base[beis], found[faund]는 'vt.~에 근거를 두다, 기초를 두다'입니다.
be based on은 be based(근거 되어 있다)+on(접촉, 계속)으로 '~에 근거되어 있다'입니다.
근거(根據)의 근(根)은 '뿌리 근'입니다. 나무뿌리는 땅속에 계속 붙어 있지요. 기초는 건물과 다리의 밑받침으로 또한 땅에 계속 붙어 있습니다. 사람이 생활하는 근거지는 한 곳에 계속 붙어 있지요. 높은 산을 등정할 때 베이스 캠프(Base camp)는 산 아래에 계속 붙어 있습니다. 야구장의 베이스는 운동장에 계속 붙어 있습니다. 이렇게 **근거, 기초는 한 곳에 계속 붙어 있는 것이기 때문에 접촉과 계속의 on**입니다.
find가 'vt.~을 찾다'인 경우에는 find-found-found로 활용합니다. found는 'vt.~에 기초를 두다, (회사)설립하다'로, 활용은 found-founded-founded입니다.

1. The movie **is based on** a true story.
   그 영화는 실화에 근거(기초) 되어 있어.
2. Marriage should **be founded on** love and respect.
   결혼은 사랑과 존경으로 기초되어야 해.

on the basis of A / on the ground of
A를 근거로 하여, 기초하여

on the basis of는 on(근거)+the basis(근거)+of(을)로 '~을 근거로 하여'입니다.
basis[béisis], ground[graund]는 'n.기초, 근거'입니다. 근거, 기초는 계속 붙어 있는 것이기 때문에 접촉과 계속의 on을 붙입니다.

1. We often make a decision **on the basis of** incorrect information.
   우리는 종종 부정확한 정보에 근거해서 결정해.

2. We take on employees **on the ground of** their Chinese ability.
   우리는 중국어 능력에 근거해서 종업원을 채용합니다.

on purpose
의도적으로, 고의로(intentionally)

purpose[pə́ːrpəs]는 'n.의도, 목적'입니다.
on purpose는 on(근거)+purpose(목적)로 '어떤 목적에 근거해서'를 줄여서 표현하면 '의도적으로'입니다.

1. He did it **on purpose**.
   그는 의도적으로 그것을 했어.

2. I didn't avoid you **on purpose**.
   난 널 의도적으로 피하지 않았어.

on the whole
전체적으로, 전반적으로, 대체로

on the whole은 on(근거)+the whole(전체)입니다.
'전체를 근거로 해서'로 줄여서 표현하면 '전체적으로, 전반적으로, 대체로'입니다. 일부분이 아닌 전체를 기준으로, 전체를 근거로 판단한다는 것이죠. whole[houl]은 항상 the whole로 사용합니다.

1. **On the whole**, the party was pretty good.
   대체로, 그 파티는 매우 좋았어.

2. **On the whole**, I am satisfied with the result.
   대체로, 난 결과에 만족해.

3. You did a good job **on the whole**.
   넌 대체로 잘했어.

on record 공식적으로
off the record 비공식적으로

- on record는 on(근거, 기초)+record(기록)입니다.
  '기록에 근거해서, 기초에 기초해서'를 줄여서 표현하면 **'공식적으로'**입니다. 공식기록은 종이나 컴퓨터에 계속 붙어 있어 접촉과 계속의 on이지요.

- off the record는 **'기록에서 분리되어 있는'**으로 **'비공식적으로'**입니다.
  기록에 붙어 있지 않고 기록에서 분리되어 있으면 비공식적이죠. off는 '~에서 분리'입니다.

1. It is the hottest June **on record**.
   공식적으로 가장 더운 6월이야.

2. This is **off the record**, I don't like his plan.
   이것은 비공식적인데, 난 그의 계획을 좋아하지 않아.

go on a vacation 휴가 가다
go on a business 출장 가다
go on an errand 심부름 가다

go on a vacation은 go(가다)+**on** a vacation(휴가를 근거로)입니다. '휴가를 근거로 가다'를 줄여서 표현하면 '휴가 가다'입니다. go on a business는 '출장을 근거로 가다'로 줄여서 표현하면 '출장가다'입니다. go on an errand[érənd]는 '심부름을 근거로 가다'로 줄여서 표현하면 '심부름가다'입니다. **go on**은 집을 나간 근거와 이유를 확실하게 알려주는 것입니다. go out은 단순히 나가는 것으로 go out만으로는 왜 나가는지 그 이유를 알 수 없지요.

이제 go on 뒤에 집을 나가는 다양한 근거와 이유를 붙여 보세요. go on a hike(하이킹 가다), go on a trip(여행가다), go on a delivery(배달 가다), go on a blind date(소개팅 가다)입니다. **go on은 집을 나간 근거와 이유를 확실하게 알려주는 것입니다.**

1. I'm **going on a vacation** tomorrow.
   나 내일 휴가 갈 예정이야.

2. I have to **go on a business** trip next week.
   나 다음 주에 출장 가야 해.

3. He **went on an errand** to the bank.
   그는 은행에 심부름 갔어.

on behalf of A   A를 대신하여(instead of), 대표하여

behalf[bihǽf]는 'n.대표, 측근'입니다.

on behalf of는 **on**(근거)+behalf(측근)+of(의)입니다. '누구의 측근을 근거로'는 줄여서 표현하면 **'누구를 대신하여'**입니다. 사람은 자기가 바쁠 때 자신을 대신할 가까운 측근을 보내지요. 팀의 대표라는 근거로 우승컵을 받는다면 팀을 '대신하여, 대표하여' 받은 것이죠. 친구의 측근이란 근거로 왔다면 친구를 '대신하여' 온 것입니다.

1. I accepted the cup **on behalf of** the team.
   난 팀을 대신해서(대표해서) 우승컵을 받았어.

2. I'm here **on behalf of** my company.
   저는 우리 회사를 대표해 이 자리에 나왔습니다.

on account of A   A 때문에(because of)

on account of는 **on**(근거)+account(이유)+of(의)입니다.

'~의 이유를 근거로'를 줄여서 표현하면 '~때문에'입니다. account[əkáunt]는 핵심 다의어로 'n.계산, 예금계좌, 보고(서), 이유, 고려 vi.이유를 설명하다, 책임지다'입니다.

account는 ac(이동=ad=to)+count(계산하다)로 예금통장에 기록된 돈을 위에서부터 아래로 이동하면서 계산하는 것입니다. account는 1300년 프랑스어에서 유입된 단어로 그 뜻은 **계산서나 예금통장**입니다. 맡긴 돈을 **계산**한 **보고서**와 **예금통장**을 보니 문제가 있습니다. 그래서 그 이유를 설명하라고 은행에 요구합니다. 은행은 고객에게 그 **이유**를 자세히 설명하고 상황을 **고려**하여 그 **책임**을 집니다. 이렇게 account는 계산서와 통장을 관리하는 과정에서 여러 가지 뜻이 파생되어 나왔습니다.

1. The picnic was put off **on account of** heavy rain.
   소풍은 폭우 때문에 연기되었어.

2. She retired early **on account of** ill health.
   그녀는 나쁜 건강 때문에 조기 퇴직을 했다.

03 on – (시간)에

- **on** Friday   금요일에
- **on** the weekend   주말에
- **on** may 13, 2009   2009년 5월 13일에
- **on** Christmas Day   크리스마스 날에
- **on** my birthday   내 생일날에

on의 기본 개념은 접촉이죠. 펜을 일기장이나, 달력에 접촉시켜 기록해 둘 만한 날은 on을 사용합니다. 요일은 원래 달력에 붙어 있기 때문에 on이죠. 제삿날, 결혼기념일, 생일날, 국경일, 크리스마스 등은 보통 날과 달리 달력이나 수첩에 기록 해 둘 특별한 날이기 때문에 on입니다.

1. He came **on** a rainy morning.
   그는 비 오는 날 아침에 왔어.
2. She came **on** a snowy afternoon.
   그녀는 눈 오는 날 오후에 왔어.
3. He came **on** the night of my birthday.
   그는 내 생일날 밤에 왔어.

'아침에'는 in the morning입니다. 아침, 점심, 저녁은 시작과 끝의 범위가 명확한 시간이기 때문에 in입니다. 그런데 '비가 오는 아침에'는 on a rainy morning으로 on을 붙입니다. 비 오는 날 아침은 평범한 일상의 아침과는 구별되는 특별한 아침이기 때문에 달력이나 일기장에 기록(=접촉) 해 둘 만한 날이기 때문에 on입니다.

'오후에'는 in the afternoon입니다. 그런데 '눈 오는 오후에'는 on a snowy afternoon입니다. 눈 오는 오후는 일상의 평범한 오후와 구별되는 특별한 오후로 달력이나 일기장에 기록(=접촉) 해 둘 만한 날이기 때문에 on입니다.

'밤에'는 at night입니다. 그러나 '내 생일날 밤에'는 on the night of my birthday입니다. 생일날 밤은 보통의 평범한 밤과 다른 특별한 밤으로 달력이나 일기장에 기록 해 둘 수 있겠죠. 이렇게 달력이나 일기장에 펜을 접촉시켜 기록해 둘 만한 특별한 날은 on을 사용합니다.

04 on – (장소)에

우리는 '한국에(in), 파티에(at), 맞은편에(on)'처럼 장소를 표현할 때 모두 '~에'이지만 영어는 in, at, on으로 구분해서 사용합니다.

in은 시작과 끝의 범위가 명확한 장소에 사용합니다. in Korea, in a city처럼 지도상에서 나라, 시, 군, 읍, 면, 동은 모두 명확한 경계와 범위가 정해져 있기 때문에 in입니다. in the room, in the building처럼 방이나 건물처럼 사방이 벽으로 되어 있어 시작과 끝이 명확한 장소도 in입니다.

at은 손가락(=시곗바늘)으로 가리켰을 때 주변 공간까지 포함하는 장소입니다. 즉 in처럼 어디부터 어디까지 명확한 경계와 범위를 알 수 없는 장소를 말하죠. at the party, at the bus stop처럼 at은 in처럼 명확한 경계와 범위를 정할 수 없는 모든 장소에 사용합니다. 여기에선 in과 at의 감각만 익혀두고 자세한 것은 at과 in에서 다시 설명합니다.

on은 접촉개념을 갖고 있는 장소입니다. on이 사용되는 경우는 아래가 거의 전부입니다. 접촉의 느낌을 찾아보세요. 우리 집 맞은편에 무엇이 땅에 붙어 있는지 보세요. 우리 집 왼쪽과 오른쪽에는 무엇이 땅에 붙어 있는지 보세요. 1층에 산다고 하면 사람은 1층 바닥에 붙어서 생활하지요. 박쥐가 아닌 이상 사람은 바닥에 붙어서 살기 때문에 on입니다. 지도, 메뉴, 명단은 모두 종이에 글자나 그림이 붙어 있지요. 농장은 땅에 붙어 있고, 거리나 코너에는 건물이 땅에 붙어 있습니다. 눈에 보이는 모습 그대로 표현한 것이지요. 눈으로 보아 무엇이 붙어 있으니까 접촉의 on을 사용하는 것입니다.

- **on** the other side of my house 나의 집 맞은편에
- **on** the left(right) 왼쪽(오른쪽)에
- **on** the first floor 1층에
- **on** a map 지도에
- **on** a menu 메뉴에
- **on** a list 명단에
- **on** a farm 농장에(서)
- **on** a street 거리에
- **on** the corner 코너에

05 on ~에 관하여

on은 '~에 관하여'입니다. '~관하여'는 '~에 관계하여, 관련하여'의 줄임말입니다. **관계와 관련은 계속 접촉하기 때문에 발생**하는 것이지요. on이 '~에 관하여'란 뜻이 발생하는 것 역시 '접촉과 계속'의 개념에서 나오는 것입니다. a fly on the wall을 보세요. 벽에 파리가 붙어 있는 지점은 하나입니다. 두 개가 만나는 접촉지점은 하나이기 때문에 on은 하나의 화제나 주제**에 관하여 구체적이고 자세하게** 말하는 것입니다.

1. I need a book **on** history.
   난 역사에 관한 책이 필요해.

2. Can I get some tips **on** Chinese food?
   중국 음식에 관한 몇 가지 조언들을 얻을 수 있을까요?

3. There is an article **on** crime in the newspaper.
   신문에 범죄에 관한 기사가 있어.

4. I have some information **on** him.
   나는 그에 관하여 조금의 정보를 갖고 있어.

5. She often talks **on** her family.
   그녀는 종종 자기 가족에 관하여 이야기해.

tell on A   A를 고자질하다

tell on은 tell(~에게 말하다)+on(~에 관하여)입니다.
tell (somebody) on이 원래 표현입니다. tell은 '~에게 말하다'로 타동사이기 때문에 tell 뒤에 전치사가 올 이유가 없죠. 목적어가 생략되어 있는 것입니다. He told on me는 '그는 나를 고자질했어'입니다. 원래 문장은 He told (somebody) on me로 '그는 나에 관해서 (엄마, 선생님)에게 말했어'입니다. **엄마나 선생님에게 나의 일에 관하여 구체적으로 말하는 것은 고자질하는 것이지요.**

1. If you **tell on** me, I could kill you.
   네가 고자질하면, 널 죽여 버릴 수도 있어.

2. Why did you **tell** the teacher **on** me?
   너 왜 선생님에게 나를 고자질했어?

comment on A A에 관해 의견을 말하다

comment[kάment / kɔ́m]는 자동사로 'vi.의견을 말하다'입니다.
노코멘트란 말을 일상생활에서 자주 쓰기 때문에 이미 알고 있는 단어죠. comment on은 comment(의견을 말하다)+on(~에 관하여)으로 '~에 관하여 의견을 말하다'입니다. on 대신에 about을 사용해도 됩니다.

1. He **commented on** her hair style.
   그는 그녀의 머리 모양에 대해서 말했어.

2. I don't want to **comment on** your weak points.
   나는 너의 단점에 관하여 말 하고 싶지 않아.

congratulate A on B
compliment A on B A에게 B에 관해서 축하하다

congratulate[kəngrǽtʃəlèit]는 'vt.~에게 축하하다', compliment[kάmpləmənt]는 'vt.~에게 칭찬하다, 축하하다'입니다. congratulate A on B는 'A에게 칭찬하다 + B에 관하여'입니다. **칭찬과 축하는 메달, 꽃다발, 용돈과 같은 선물을 상대에게 붙여주는(=접촉) 것이기 때문에 접촉의 on**입니다.

1. We **congratulated** him **on** his success.
   우리는 그의 성공에 관해 축하했어.

2. Mom **complimented** me **on** my exam results.
   엄마는 내 시험 결과에 관해 칭찬했어.

1. ~에서 분리, ~에서 벗어나
2. 중지

off는 '~에서 분리'와 '중지'입니다.

on에서 off가 자주 나왔는데 off에 대한 감각이 생겼나요? off는 on의 정반대입니다. 접촉의 반대는 분리이고, 계속의 반대는 중지입니다. on에서 스위치의 on과 off를 설명했지요. on을 누르면 따로 분리되어 있던 두 개의 전선이 접촉하여(=붙어서) 전기가 계속 흐르죠. off를 누르면 붙어있던 두 개의 전선이 따로따로 분리되어 계속 흐르던 전기 흐름이 중지됩니다. on을 누르면 '접촉'하고 '계속'됨을 알려주고, off를 누르면 '분리'되고 '중지'됨을 알려주는 것이죠. 스위치에 on과 off를 붙여 놓은 것은 그냥 폼으로 붙여 놓은 것이 아닙니다. off는 두 개가 붙어 있는 상황에서, 무엇이 계속되고 있는 상황에서 사용됩니다.

off는 두 개가 붙어 있는 AB 상태에서 A 따로 B 따로 분리되는 것이고, 계속되는 것이 중지되는 것이지요. on은 '떨어져 있는 두 개를 붙이세요. 계속하세요'이고 off는 '붙어 있는 두 개를 분리시키세요. 계속하는 것을 중지하세요'입니다.

지금 몸에 무엇이 붙어 있나요? 몸에 붙어 있는 안경, 반지, 옷, 목걸이, 모자, 시계 등을 몸에서 분리시켜 보세요. on에서 연습했습니다. 안경(A)을 얼굴(B)에 붙이면서 on! 이라고 하고, 안경(A)을 얼굴(B)에서 분리시키면서 off! 라고 10번만 해 보세요. 그럼 on과 off의 감각이 자연스럽게 익혀질 것입니다. off는 '~에서 분리'이고 동의어는 '~에서 벗어나'입니다.

off 분리와 중지

1. A button is **off** your coat.
   단추 하나가 코트에서 분리되어(=떨어져) 있어.

2. The train ran **off** the track.
   그 기차는 선로에서 분리되어 달렸어.

3. The car drove **off** the bridge.
   그 차는 다리에서 분리되어 질주했어.

4. He fell **off** the ladder.
   그는 사다리에서 분리되어 떨어졌어.

5. The painting is peeling **off** the wall.
   페인트가 벽에서 분리되어 벗겨지고 있어.

6. The light is **off**.
   전등이 꺼져 있어.

7. I cut the branch **off** (the tree).
   난 나뭇가지를 잘랐어.

 1번 문장은 단추가 코트에 붙어 있다가 코트에서 분리되는 것이죠. off your coat는 '코트에서 분리되어'입니다. 2번 문장은 기차가 선로에 붙어 있다가 선로에서 분리되는 것이죠. off the track은 '선로에서 분리되어'입니다. 3번 문장은 차가 다리에 붙어 있다가 다리에서 분리되는 것이지요. off the bridge는 '다리에서 분리되어'입니다. 4번 문장은 사람이 사다리에 붙어 있다가 사다리에서 분리되는 것이지요. off the ladder는 '사다리에서 분리되어'입니다. 5번 문장은 페인트가 벽에 붙어 있다가 벽에서 분리되는 것이지요. off the wall은 '벽에서 분리되어'입니다. 모두 눈에 보이는 모습 그대로 붙어 있다가 분리되는 것입니다. off는 '~에서 분리'입니다. 6번 문장은 계속 흐르던 전기의 흐름이 중지(off)되어 있다는 것이지요.

 7번 문장에서 우리식 사고로는 cut the branch라고 하면 되는데 왜 off를 붙였을까요? off가 나오면 어디에 붙어 있다가 분리되는지 찾아야 합니다. 원래 문장은 I cut the branch off (the tree)죠. '나는 가지를 (나무)에서 분리시켜 잘랐어'인데, 나뭇가지를 나무에서 분리시켜 자른다는 것은 누구나 다 알기 때문에 the tree를 생략하는 것이죠. 뒤에 남아 있는 off를 앞으로 이동시켜 I cut off the branch로 사용해도 됩니다. 그 이유는 up 끝에서 설명했습니다.

- **go off** 떠나다
- **get off** 떠나다
- **take off** 떠나다
- **walk off** 떠나다
- **move off** 떠나다
- **ride off** 말 타고 떠나다
- **drive off** 운전해서 떠나다
- **fly off** 날아서 떠나다

go와 go off의 차이는 뭘까요?

그 차이를 알면 위에 나오는 2어 동사들은 암기할 필요가 없습니다. He went는 '그는 갔어'로 거실에 갔는지, 방에 갔는지, 정원에 갔는지, 어디에 갔는지 아무런 정보가 없는 모호한 말입니다. He went off는 '그는 떠났어'입니다. go off는 go(가다)+off home(집에서 분리하여)으로 '집에서 분리하여 가다'입니다. **사람이 집, 사무실, 회사, 길거리 등 어떤 장소에 붙어 있다가 그곳에서 몸을 off 시켜 go 하는 것은 그곳을 떠나는 것이죠.** 자신이 붙어 있는 장소는 말하지 않아도 알고 있기 때문에 장소를 생략해 버리고 off만 남아서 go off가 된 것입니다. 이해하셨나요?

이제 go off의 go를 동의어 get(가다), take(가다), walk(걸어가다), move(움직이다, 가다)로 바꾸어 보세요. 뜻이 달라질 이유가 있나요? ride off는 말을 타고 떠나는 것이고, drive off는 차를 몰고 떠나는 것이고, fly off는 날아서 떠나는 것이고, swim off는 수영해서 떠나는 것입니다. 전혀 암기할 필요가 없지요.

사람은 귀신이 아닌 이상 집에 붙어 있든지, 학교에 붙어 있든지, 사무실에 붙어 있든지, 길거리에 붙어 있든지 어떤 장소에 붙어 있습니다. **원어민의 눈에는 모든 사람과 사물이 어디에 붙어(on) 있는 것으로 보입니다.** 지금 나는 어디에 붙어 있나요? 그 장소에서 몸을 off 시켜서 go, take, get, walk, move, drive 하세요. 그럼 그 장소를 leave 하는 것입니다.

1. He **went off** without saying a word.
   그는 한마디 말도 없이 떠났어.

2. He jumped on his horse and **rode off**.
   그는 말에 올라타고, 말을 타고 떠났어.

3. He **drove off**, and didn't come back again.
   그는 차를 몰고 떠났고, 다시 돌아오지 않았어.

4. The plane **flew off**.
   비행기가 떠났어.

get off 떠나다(leave), 내리다

get off는 get(가다)+off(~에서 분리)로 '~에서 분리하여 가다'입니다.

① get off the bus는 get(가다)+off the bus(버스에서 분리)입니다.
'버스에서 몸을 분리시켜 가다'를 줄여서 표현하면 **'버스를 내리다'**입니다. 버스에 붙어 있는 사람이 버스에서 자기 몸을 off 시켜 get 하는 것은 버스를 떠나고, 버스를 내리는 것이지요.

② get off는 '떠나다(leave)'입니다. 바로 앞에서 배웠죠. get off work는 일터에서 몸을 off 시켜 가는 것으로 일터를 떠나는 것은 퇴근하는 것입니다. 회사나 학교에 있는 사람에게 언제 get off 하는지 물어보세요. get off를 중학교에서 배운 '내리다'로만 암기하고 있으면 무슨 뜻인지 알아듣지 못하겠죠.

1. Let me know where to **get off**.
   어디서 내려야 하는지 알려주세요.

2. What time do you usually **get off** / of work?
   너는 보통 언제 일터에서 떠나(퇴근해)?

hurry off 서둘러 떠나다

hurry off는 hurry(vi.서두르다)+off(~에서 분리)입니다.
서둘러 자신이 붙어 있는 장소에서 몸을 분리시키는 것은 서둘러 떠나는 것입니다. off는 자신이 붙어 있는(=머물고 있는) 장소에서 몸을 분리시키는 것입니다. off를 붙이지 않은 hurry는 서두르기만 하는 것으로 떠나는 것이 아니지요.

1. **Hurry off**!
   서둘러 떠나!

2. We don't have to **hurry off**.
   우리는 서둘러 떠날 필요가 없어.

dash off 서둘러 떠나다

dash[dæʃ] off는 dash(vi.돌진하다)+off(~에서 분리)입니다.
'자신이 붙어 있는 장소에서 분리하여 다른 곳으로 돌진하다'를 줄여서 표현하면 **'서둘러 떠나다'**입니다. 돌진하는 것은 빨리 달려가는 것이죠. 1번 문장은 dash off (here)로 자신이 있는 여기에서 몸을 분리시켜 다른 곳으로 돌진하는 것이고, 2번 문장은 dash off (the office)로 근무하고 있는 사무실에서 몸을 분리시켜 식당으로 돌진하는 것입니다.

1. Sorry, I have to **dash off** now.
   미안한데, 나 지금 급히 가 봐야 해.

2. We always **dash off** / to lunch at 12.
   우린 항상 12시에 점심 먹으러 서둘러 떠나.

get off the ground   (일이)순조롭게 시작하다(되다)

get off the ground는 get(가다=go)+off the ground(땅에서 분리하여)의 결합입니다. '일이 비행기가 땅에서 분리되어 가듯 가다'는 '일이 순조롭게 시작하다(되다)'입니다. 일이 비행기가 땅(활주로)에서 분리되어 하늘로 날아가듯 시작되면 순조롭게 시작되는 것이죠.

1. The plane was **getting off the ground** when I was walking.
   내가 길을 걷고 있을 때 비행기가 이륙하고 있었다.

2. His business **got off the ground** smoothly.
   그의 사업은 순조롭게 시작되었다.

see A off
send A off   A를 배웅하다

see는 'vt.~을 목격하다, 만나다, 알다, 바라보다'입니다.

- see off는 see(~을 바라보다)+off(~에서 분리)입니다.
  '자신으로부터 분리시킨 누구를 바라보다'를 줄여서 표현하면 '(누구)를 배웅하다'입니다. 1번 문장은 I saw him **off (me)** at the bus stop으로 '나는 버스 정류장에서 **나에게서 분리시킨 그를** 바라보았어'입니다. 배웅하는 모습을 떠올려 볼까요? 친구와 버스정류장에 있습니다. 잘 가라는 작별인사를 하고 친구는 버스를 타지요. 친구가 버스를 타는 것이 나로부터 분리되는 off me입니다. 그리고 손을 흔들며 친구가 탄 버스가 가는 것을 see(보다) 하는 것이 배웅하는 모습이지요. 배웅이 자신으로부터 사람을 분리시켜 보내는 것임을 누구나 다 알기 때문에 괄호(me)를 생략하는 것입니다. 위의 문장에서 off를 생략해 버리면 '나는 버스정류장에서 그를 목격했어, 만났어'라는 뜻이 되어버리죠. see가 여러 가지 뜻이 있기 때문입니다.

- send off는 send(~을 보내다)+off(에서 분리)입니다.
  '누구를 자신으로부터 분리하여 보내다'를 줄여서 표현하면 '(누구)를 배웅하다'입니다. send만 사용하면 심부름을 보냈는지, 병원에 보냈는지 알 수 없는 말이 됩니다. off를 붙여야만 자신에게 붙어 있는 사람을 분리시켜 보내는 배웅이 됩니다. 무작정 외우려고 하지 말고 왜 off가 붙었는지 파악하면 이해도 쉽고 암기도 쉽지요.

1. I **saw** him **off** at the bus stop.
   나는 버스 정류장에서 그를 배웅했어.

2. You don't need to **send** me **off**. I can go alone.
   나를 배웅할 필요 없어. 나 혼자 갈 수 있어.

put A off ① A를 연기하다 ② A를 벗다(take off)

put off는 put(~을 놓다)+off(~에서 분리)로 '~에서 무엇을 분리시켜 놓다'입니다.

① put off는 '~을 연기하다'입니다.

'(계획)을 (일정)에서 분리시켜 놓다'를 줄여서 표현하면 '(계획)을 연기하다'입니다. 수첩을 보세요. 저는 15일에 가족여행이 잡혀 있군요. 그런데 태풍이 온다고 해서 갈 수 없습니다. 그래서 여행계획을 15일에서 **off** 시켜서 25일에 **put** 했습니다. 여행계획을 15일에서 분리시켜 25일에 놓은 것은 여행을 **연기**한 것이지요. 1번 문장은 We put our trip off (our schedule)에서 괄호가 생략되었습니다. '우리는 여행을 (일정)에서 분리시켜 놓았어'를 줄여서 표현하면 '우리는 여행을 연기했어'가 되지요.

동의어 postpone, delay는 'vt.~을 연기하다'입니다. postpone은 post(다음)+pone(놓다=put)으로 '다음에 놓다'입니다. 오늘 할 일을 다음에(=다른 날에) 놓으면 연기하는 것이죠. delay는 de(아래=down)+lay(놓다=put)로 '아래에 놓다'입니다. 1순위에 잡혀 있는 일을 아래에 옮겨 놓으면 나중에 하려고 일을 연기하는 것이지요. 모두 put off와 같은 어원 결합입니다.

② put off는 '~을 벗다(take off)'입니다.

'(옷)을 (몸)에서 분리시켜 놓다'를 줄여서 표현하면 '(옷)을 벗다'입니다. 2번 문장은 Put your clothes off (your body)에서 괄호가 생략되었습니다. '옷을 (몸)에서 분리시켜 놓으세요'를 줄여서 표현하면 '옷을 벗으세요'입니다. 옷이 몸에 붙어 있는 것은 누구나 다 알기 때문에 괄호(your body)를 생략하는 것이죠. 원어민은 '입다'를 '붙여 놓다', '벗다'를 '분리하여 놓다'로 표현합니다.

put off는 '무엇을 분리시켜 놓다'일 뿐입니다. 기존계획을 일정에서 분리시켜 다른 날에 놓으면 '연기하다'가 되고, 입고 있는 옷을 몸에서 분리시켜 놓으면 옷을 '벗다'가 되지요.

1. Is it possible to **put off** my trip until the 25th?
   25일까지 여행을 미룰 수 있을까요?

2. Would you please **put off** your hat inside?
   실내에서는 모자를 벗어 주시겠어요?

hold A off A를 연기하다(put off, postpone, delay)

hold off는 hold(~을 갖고 있다)+off(~에서 분리)입니다.

'(계획)을 (일정)에서 분리시켜 갖고 있다'를 줄여서 표현하면 '(계획)을 연기하다'입니다. 15일에 떠나기로 한 여행계획을 15일에서 **off** 시켜 언제 갈지 날짜를 **확정 짓지 못하고** hold하고 있는 것도 **연기**하는 것이지요. 기존계획을 일정에서 off 시킨 후 다른 날로 확정 지어 put 해도 연기하는 것이고, off 시킨 후 날짜를 확정 짓지 못하고 hold 하고 있어도 연기하는 것입니다.

1. We can't **hold off** our plan.
   우리의 계획을 연기할 수 없어.

2. Let's **hold off** our picnic.
   소풍을 연기합시다.

let A off — A를 내려주다
drop A off

let은 'vt.~을 내보내다, 허락하다, 내버려 두다, 임대하다'입니다.

● let off는 let(~을 내보내다)+off(~에서 분리)입니다. let me off (your car)가 원래 표현으로 '**나를 당신 차에서 분리하여 내보내세요**'를 줄여서 표현하면 '**나를 내려주세요**'입니다. 사람이 차에 붙어 있는 것은 누구나 다 알기 때문에 괄호(your car)를 생략하는 것이지요. let me off에서 off를 붙이지 않고 let만 쓰면 나를 허락하라는 것인지, 나를 내버려 두라는 것인지 알 수 없는 모호한 말이 됩니다.

● drop me off는 drop(~을 떨어뜨리다)+off(~에서 분리)입니다. drop me off (your car)가 원래 표현으로 '**당신 차에서 나를 분리시켜 떨어뜨려 주세요**'를 줄여서 표현하면 역시 '**나를 내려주세요**'입니다. 괄호(your car)는 당연히 생략되어야 하겠죠. 차에 타고 있는 사람이 '차에서 내려주세요'라고 말하면 어색한 말이 됩니다. 모든 언어는 말하지 않아도 서로가 알고 있는 내용은 생략해 버리지요. 그것이 언어의 간소화 현상입니다.

1. Will you **let** me **off** at the post office?
   우체국에서 내려 주시겠습니까?

2. Thanks. **Drop** me **off** at the corner.
   감사합니다. 코너에서 내려 주세요.

lay A off — A를 해고하다(fire)

lay off는 lay(~을 놓다)+off(~에서 분리)입니다.
'**(직원)을 (회사)에서 분리하여 놓다**'를 줄여서 표현하면 '**(직원)을 해고하다**'입니다. 회사에 붙어 있는 직원을 회사에서 분리시켜 놓으면 그것은 직원을 해고하는 것이죠. 1번 문장은 The company laid 100 workers off (the company)가 원래 문장입니다. '회사는 100명의 직원을 회사에서 분리시켜 놓았어'를 줄여서 표현하면 '회사는 100명의 직원을 해고했어'입니다. 직원이 회사에 붙어 있다는 것은 누구나 다 알고 있는 사실이기 때문에 괄호(the company)를 생략하고, 뒤에 남아 있는 off를 앞으로 이동시키면 lay off가 되지요.

3~4번 문장은 lay (myself) off입니다. 3번 문장은 자신의 몸을 술**로부터 분리**하여 놓는 것으로 술을 끊는 것이죠. 4번 문장은 몸을 햄버거**로부터 분리**시켜 놓는 것으로 햄버거를 끊는 것입니다. 이제 슬슬 자신감도 생기고 응용력이 생기지 않나요?

1. The company **laid off** 100 workers.
   회사는 100명의 직원을 해고했어.

2. Why do we have to **lay off** half of the workers?
   우리는 왜 직원의 절반을 해고해야 하나요?

3. I'd better **lay off** alcohol.
   난 당분간 술을 끊는 것이 좋겠어.

4. I **laid off** hamburgers.
   나는 햄버거를 끊었어.

kick off 시작하다, 시작되다(start, begin)

kick off는 kick(~을 차다)+off(~에서 분리)입니다.
'(공)을 (땅)에서 분리하여 차다'를 줄여서 표현하면 **'시작하다, 시작되다'**입니다.
　kick off는 **kick** (the ball) **off** (the ground)가 원래 표현으로 축구경기에서 나온 표현입니다. kick the ball(공을 차다)+off the ground(운동장에서 분리시켜)입니다. 공을 운동장에서 분리시켜 차는 것은 축구 경기를 시작할 때 공을 차는 모습이지요. 축구 경기를 시작할 때 양 팀 선수가 운동장 중앙선에 모여 있고 공은 땅에 붙어 있습니다. 그 공을 차서 땅에서 분리시키는 순간 호각소리와 함께 축구 경기는 시작됩니다. 눈으로 보면 축구공(the ball)이 땅(the ground)에 붙어있는 것은 누구나 다 알기 때문에 괄호를 모두 생략하여 kick off만 남는 것이죠. 중계방송을 보면 아나운서들도 종종 경기가 킥오프되었다고 말하지요. kick off는 자동사로 사용하면 'vi.시작되다'이고 타동사로 사용하면 'vt.~을 시작하다'입니다.

1. The soccer game **kicks off** at 7.
    축구 경기는 7시에 시작해.

2. What time shall we **kick off**?
    우리 몇 시에 시작할까요?

call off A ① A를 취소하다(cancel)
　　　　　　② A를 중단하다(stop)

call off는 '~을 취소하다, ~을 중단하다'로 야구경기에서 유래한 표현입니다.
① call off는 call(~을 부르다)+off(~에서 분리)입니다.
　야구경기 일정이 5시에 잡혀 있는데 경기 시작 전에 폭우가 쏟아지면 경기를 시작할 수 없죠. 그러면 심판은 두 팀 감독을 **call** 해서 오늘 경기를 일정**에서 off 시켜 취소**하고 다음에 한다고 통보하지요. call off는 야구경기에서 심판이 감독을 불러 당일 경기를 우천 취소하는 것에서 유래하여 '~을 취소하다'라는 뜻이 되었습니다.
② call off는 call(~을 부르다)+off(중지)입니다.
　5시에 야구 경기를 시작하여 경기를 진행하고 있는데 폭우가 쏟아집니다. 더 이상 경기를 진행할 수 없는 상태가 되면 심판은 두 팀 감독을 **call** 해서 경기를 **중지**(off)한다고 통보하지요. call off는 야구경기 중에 심판이 감독을 불러 당일 경기를 우천 중지하는 것에서 유래하여 '~을 중단하다'라는 뜻이 되었습니다. 이렇게 영어가 흘러온 역사를 알면 무작정 외울 필요도 없고, 학습에 재미도 있고, 자연스럽게 기억할 수 있어서 좋지요.

1. We didn't **call off** our trip, we just put it off.
    우리는 여행을 취소하지 않았어. 단지 연기했을 뿐이야.

2. We had to **call off** everything.
    우린 모든 것을 취소해야만 했어.

3. The baseball game was **called off** because of the rain.
    비 때문에 야구 경기가 중지되었어.

take a rain check   다음 기회로 미루다

　회화에서 자주 사용하고, 중학교 과정에 나오는 표현입니다. off를 배우다가 이 표현이 나온 이유는 call off와 상관이 있기 때문이죠. **call off**는 경기를 시작하기 전에 폭우로 인해 경기를 **취소**하는 것이고, 경기를 진행하는 도중에 폭우로 인해 경기를 **중단**하는 것입니다. 야구에서 6회 이전에 폭우로 인해 경기를 중지시키면 노게임이 선언되고 입장한 관중에겐 다음에 와서 경기를 볼 수 있도록 입장권에 표시(check)해 주지요. 그것이 바로 a rain check입니다. take a rain check은 '**표시된 입장권을 쥐고 있다**'로 다음 기회로 미룬 경기를 볼 수 있는 입장권을 갖고 있다는 것이죠. 이렇게 해서 take a rain check이 '다음 기회로 미루다'라는 의미로 일반화된 것입니다.

1. Can I **take a rain check**? I have to go home now.
   다음 기회로 미룰 수 있어? 나 지금 집에 가야 해.
2. Thanks a lot, but could I **take a rain check**?
   감사한데요. 다음 기회로 미룰 수 있을까요?

rain cats and dogs   비가 억수같이 내리다

　비와 관련된 숙어 하나 더 설명할까 합니다. cats and dogs는 '고양이들과 개들'인데 rain cats and dogs는 '비가 억수같이 오다'입니다. 무작정 숙어로 열심히 외웠을 테지요. cats and dogs가 '억수같이'의 의미가 된 이유는 역사적인 사건에 있습니다. 19C 초 런던에 엄청난 폭우가 쏟아졌습니다. 런던시가 대부분 물에 잠겨서 고양이 사체와 개 사체가 둥둥 떠다녔죠. rain cats and dogs는 '**고양이와 개 사체가 둥둥 떠다닐 정도로 비가 오다**'를 우리말로 바꾸니 '**비가 억수같이 내리다**'가 되는 것입니다. 그 사건 이후 영국인들은 비가 억수같이 올 때 rain cats and dogs란 표현을 즐겨 사용했고 그것이 일반화된 것입니다. 누군가는 dogs and cats라고 하면 안 되냐고 하는데 아무런 상관없습니다. 알파벳 순서로 cats and dogs라고 표현했고 그 순서에 익숙할 뿐이지요. 우리는 한일관계, 남북관계로 말하는데 일한관계, 북남관계를 들으면 익숙하지 않아 어색할 뿐이지 뜻에 변화가 있는 것은 아니죠.

1. It **rained cats and dogs** yesterday.
   어제 비가 억수같이 내렸어.
2. It is **raining cats and dogs**.
   비가 억수같이 내리고 있어.

stand off me!   떨어져 서세요!

　stand off me는 stand(서다)+off me(나에게서 분리)로 '나**에게서 분리**하여 서세요'입니다. 나와 붙어(on) 있으니 나에게서 몸을 off 시켜, 떨어져서 서 있으란 것이지요. 사람이 아이 옆에 붙어 있으면 Stand off my child! 라고 하세요.

clear A off   ① A를 깨끗이 치우다   ② 날씨가 개다

clear는 'vt.~을 깨끗이 치우다 vi.맑아지다, 깨끗해지다'입니다.

① clear off는 clear(vt.~을 깨끗이 치우다)+off(~에서 분리)입니다.
식사 후에 하는 말로 '식탁 좀 치워'는 clear the table이라고 하면 될 것 같은데 왜 clear off the table일까요? clear off the table의 원래 표현은 clear **(something)** off the table입니다. clear something(무엇을 치워)+off the table(식탁**에서 분리**시켜)로 '식탁에서 무엇을 분리시켜서 치워'입니다. 식탁 위에는 무엇(음식, 접시, 수저)이 붙어 있는지 누구나 다 알고 있기 때문에 괄호(something)를 생략하고 clear off the table이 되는 것이죠.

② clear off는 clear(vi.맑아지다)+off(~에서 분리)입니다.
'**날씨가 (먹구름)에서 분리되어 맑아지다**'를 줄여서 표현하면 '**날씨가 개다**'입니다. 2번 문장은 It is clearing off (dark clouds)에서 괄호가 생략되었습니다. 먹구름으로부터 분리되면 날씨가 개는 것이죠.

1. After eating meal, **clear off** the table.
   식사 후, 테이블 치워.

2. It is **clearing off**.
   지금 날씨가 개고 있어.

off and on
on and off   가끔, 불규칙적으로(not regularly, sometimes)

off and on은 '**가끔, 불규칙적으로**'입니다. 이 뜻은 일상생활에서 파생된 것입니다. 우리는 일상생활에서 전원을 필요할 때 on하고 필요 없을 때 off 하지요. 그래서 off and on은 전원을 끄고 켜는 것처럼 '가끔, 불규칙적으로'하는 행위를 말합니다. 순서를 바꾸어 on and off 또한 같은 뜻입니다.

1. I go to see a movie **on and off**.
   나는 가끔 영화 보러 가.

2. It rained **on and off** all day.
   비가 하루 종일 오락가락했어.

play off

프로야구는 정규시즌에 약 140게임의 정규 경기(play)가 있습니다. 정규경기를 모두 끝마친 후 정규경기의 1~4위가 플레이오프를 해서 1위 한 팀이 한국시리즈 챔피언이 됩니다. play off는 **정규경기에서 분리되어 있는 추가경기**로 한국시리즈 챔피언을 결정하기 위한 별도의 특별 경기를 말합니다.

take A off

① 떠나다(leave)
② 옷을 벗다(put off)
③ 휴가를 내다

　take는 'vt.~을 제거하다, 잡다(catch), 하다(do), 받다(receive), 사다(buy), (차)타다, (시간이)걸리다, 가지고(데리고) 가다'입니다. take의 핵심은 'vt.~을 잡다, 가지고 가다'입니다.

① take off는 take(가다)+off(~에서 분리)입니다.
　　자신이 붙어 있는 '장소에서 분리하여 가다'를 줄여서 표현하면 '떠나다(leave)' 입니다. 1번 문장은 Our plane took off (the ground)가 원래 표현이죠. '비행기가 땅(=활주로)에서 분리하여 갔어'를 줄여서 표현하면 '비행기가 떠났어'입니다. 비행기가 활주로를 벗어나 가는 것은 누구나 다 알기 때문에 괄호(the ground)를 생략해 버립니다. 비행기가 떠나는 것이기 때문에 '이륙하다'가 될 뿐이지요. take off를 '이륙하다'로 무작정 외우면 1~2번 문장과 같은 일상대화를 알아듣지 못하겠죠.

② take off는 take(~을 제거하다)+off(~에서 분리)입니다.
　　'(옷)을 몸에서 분리하여 제거하다'를 줄여서 표현하면 '옷을 벗다'입니다. 4번 문장은 Take your clothes off (your body)가 원래 표현으로 '옷을 당신 몸에서 분리시켜 제거하세요'입니다. Take your clothes(옷을 제거하세요)+off your body(몸에서 분리시켜)로 나누어 보면 바로 이해가 되지요. 옷이 몸에 붙어 있는 것은 누구나 알기 때문에 괄호(your body)를 생략하는 것입니다. 5번 문장은 당신 손이 나의 어깨에 붙어 있으니 나의 어깨에서 손을 분리시켜 손을 제거하란 것입니다.

③ take off는 take(~을 잡다)+off(~에서 분리)입니다.
　　'(근무시간)에서 분리하여 시간을 잡다'를 줄여서 표현하면 '휴가를 갖다'입니다. I took a day off는 '나는 하루 휴가를 가졌어'입니다. I took a day off (working hours)가 원래 표현으로 근무시간에서 하루를 분리시켜 가진 것이기 때문에 하루 휴가를 갖는 것이죠. I took a day라고 하면 하루를 가지긴 했는데 어떤 하루인지 알 수 없지요. a day off는 근무시간에서 분리시킨 하루이기 때문에 '하루 휴가'인 것입니다. 1주 휴가는 a week off, 한 달 휴가는 a month off가 되겠지요.

1. What time are you going to **take off**?
   몇 시에 떠날 계획이야?

2. He **took off** 10 minutes ago.
   그는 10분 전에 떠났어.

3. Our plane **took off** on time.
   우리 비행기는 정시에 떠났어. (=이륙했어.)

4. **Take** your clothes **off** and put this gown on.
   옷을 벗으시고 이 가운을 입으세요.

5. **Take** your hand **off** my shoulder.
   손을 내 어깨에서 제거하세요(치우세요).

6. I'd like to **take** a day **off**.
   하루 휴가를 갖고 싶어요.

nod off / drop off
꾸벅꾸벅 졸다, 깜빡 잠들다

- nod off는 nod(머리를 끄떡이다)+off(~에서 분리, ~에서 벗어나서)입니다.
  '**의식 상태에서 벗어나서 머리를 끄떡이다**'를 줄여서 표현하면 '**꾸벅꾸벅 졸다, 깜빡 잠들다**'입니다. 의식 상태에서 벗어나 있는 것은 무의식 상태로 잠든 상태를 말하죠. 무의식 상태에서 머리를 끄떡이는 것이기 때문에 '꾸벅꾸벅 졸다, 깜빡 잠들다'입니다. nod는 'vi.머리를 끄떡이다, 졸다, 인사하다, 대답하다'입니다. off를 붙이지 않은 nod는 고개를 끄떡이는 것으로 인사하는 것인지, 대답하는 것인지, 조는 것인지 알 수 없지요.

- drop off는 drop(~을 떨어뜨리다)+off(~에서 벗어나서)입니다.
  '**의식 상태에서 벗어나서 머리를 떨어뜨리다**'를 줄여서 표현하면 '**꾸벅꾸벅 졸다, 깜빡 잠들다**'입니다. drop (one's head) off에서 괄호가 생략된 표현입니다. 꾸벅꾸벅 조는 것은 무의식 상태에서 머리를 아래로 drop 시키는 것이죠.

1. Don't **nod off**! This chapter is very important.
   꾸벅꾸벅 졸지 마! 이 과는 매우 중요해.

2. I **dropped off** and missed the end of the film.
   나는 깜빡 졸아서 영화의 끝부분을 놓쳤어.

blow A off
A를 날려 버리다

blow off는 blow(~을 불다)+off(에서 분리)로 '**무엇을 불어서 분리시키다**'입니다.
1번 문장은 The wind blew my hat off (my head)가 원래 표현입니다. 나의 모자가 머리에 붙어 있는데 바람이 불어서 나의 머리에서 모자를 분리시킨 것이죠. 모자를 머리에 붙여 쓰는 것임을 누구나 다 알기 때문에 괄호(my head)를 생략하지요. 위의 문장에서 off를 생략하면 바람이 불었는데 모자가 머리에 그대로 붙어 있는지, 아니면 분리되어 날아갔는지 알 수 없는 표현이 됩니다. off를 붙여야만 모자가 머리에서 분리되어 날아간 것입니다.

1. The wind **blew** my hat **off**.
   바람이 나의 모자를 날려 버렸어.

2. I really want to **blow** your head **off**.
   나 정말 네 머리를 날려버리고 싶어.

Keep off the grass
잔디밭에 들어가지 마세요

공원에서 흔히 보는 문구죠. Keep (yourself) off the grass에서 괄호가 생략된 표현입니다. keep yourself(당신 몸을 유지하세요)+off the grass(잔디**에서 분리**시켜)로 '당신 몸을 잔디에서 분리시켜 유지하세요'입니다. 잔디에 몸을 on 시키지 말고 off 시켜 유지하란 것으로 잔디밭에 들어가지 말라는 소리죠.

pay A off ① (빚)을 다 갚다   ② 이익을 남기다, 성공하다, 성과를 내다

pay off는 pay(~을 지급하다, 갚다)+off(~에서 분리)입니다.
'(재산)에서 분리시켜 빚을 갚다'를 줄여서 표현하면 '빚을 다 갚다'입니다. 1번 문장은 I paid my debts off (my wealth)에서 괄호가 생략되고 off가 앞으로 이동한 것입니다. 갖고 있는 재산에서 빚을 모두 분리시켜 갚은 것이기 때문에 빚을 전체 다 갚은 것이죠. off를 생략한 I paid my debts는 '빚을 갚았어'로 빚을 갚기는 했는데 다 갚았는지 일부만 갚았는지 알 수 없는 표현이 됩니다. '빚을 다 갚다'는 '빚을 청산하다'와 같은 뜻이죠.
　pay off는 '빚을 다 갚다'에서 의미가 확장되어 '이익을 남기다'라는 뜻입니다. 사업하기 위해서 빌렸던 돈을 몽땅 다 갚았다는 것은 이익을 남겼다는 것이지요.

1. I **paid off** my debts.
   나는 빚 다 갚았어.

2. I can't **pay off** my debts within two years.
   난 2년 안에 빚을 다 갚을 수 없어요.

3. I can't make my business **pay off**.
   나의 사업에 이익을 남길 수가 없어.

set A off ① A를 발사하다(launch)   ② 출발하다(leave, depart)

set off는 set(~을 놓다)+off(~에서 분리)로 '~에서 무엇을 분리시켜 놓다'입니다.
① set off는 '(발사대)에서 로켓을 분리시켜 놓다'로 줄여서 표현하면 '로켓을 발사하다'입니다. 1번 문장은 Korea set a rocket off (the launch pad)가 원래 표현입니다. '한국은 (발사대)에서 로켓을 분리시켜 놓았어'를 줄여서 표현하면 '한국은 로켓을 발사했어'가 되지요. 발사대에 붙어있는 로켓을 발사대에서 off 시켜 set 하는 것은 로켓을 발사하는 것입니다. 로켓이 발사대에 붙어있다는 것은 누구나 다 아는 사실이기 때문에 괄호(the launch pad)를 생략하는 것입니다.
② set off는 '(집)에서 (몸)을 분리시켜 놓다'로 줄여서 표현하면 '출발하다'입니다.
　I set off at seven은 '나는 7시에 출발했어'입니다. I set (myself) off (my house)가 원래 표현으로 '나는 집에서 몸을 분리시켜 놓았어'입니다. 집에서 몸을 분리시켜 놓는 것은 집에서 출발하고, 집을 떠나는 것이지요. 출발은 집(my house)에서 몸(myself)을 분리시켜 놓는 것임을 누구나 다 알기 때문에 괄호를 모두 생략하여 set off만 남는 것입니다.
　set off는 '~에서 무엇을 분리시켜 놓다'일 뿐이죠. 발사대에서 로켓을 분리시켜 놓으면 발사하는 것이고, 집에서 몸을 분리시켜 놓으면 집을 떠나고 출발하는 것입니다.

1. Korea is going to **set off** a rocket named NARO.
   한국은 나로호라는 이름의 로켓을 발사할 예정이야.

2. I called her before I **set off**.
   나는 출발하기 전에 그녀에게 전화했어.

make off with A A를 가지고 달아나다

make off with는 make(가다)+off(~에서 분리)+with(가지고)입니다.
'무엇을 가지고 (집)에서 분리하여 가다'를 줄여서 표현하면 '무엇을 가지고 달아나다'입니다. 돈을 가지고 집에서 몸을 분리시켜 가는 것은 돈을 가지고 달아나는 것이죠. make 대신에 '가다'는 뜻을 가진 동사 get, run, go를 넣어도 같은 뜻입니다.

1. He **made off with** all the money in the safe.
   그는 금고 안의 모든 돈을 갖고 도망쳤어.
2. A thief broke in and **made off with** all the jewelry.
   도둑이 침입해서 모든 보석을 가지고 달아났어.

be well off 부유하다(rich, wealthy)
be badly off 가난하다(poor)

well은 'a.건강한, 형편이 좋은 n.우물'이고, badly는 'a.상황이 나쁜, ad.나쁘게'입니다.

- be well off는 be well(형편이 좋다)+off(~에서 분리)입니다.
  원래 표현은 be well off (poverty)로 '가난에서 벗어나 형편이 좋다'를 줄여서 표현하면 '부유하다, 부자다'입니다. 부자인 것은 가난에서 벗어나고, 가난에서 분리된 것임을 누구나 알기 때문에 괄호(poverty)를 생략하지요. off를 붙이지 않고 I am well이라고 하면 '나는 건강해'라는 다른 말이 됩니다.

- be badly off는 be badly(상황이 나쁘다)+off(~에서 분리)입니다.
  원래 표현은 be badly off (richness)로 '부유함에서 벗어나 상황이 나쁘다'를 줄여서 표현하면 '가난하다'가 됩니다. off를 붙이지 않고 I am badly라고 하면 '나는 나쁘게'가 되어 불완전한 말이 됩니다. off는 그냥 폼으로 붙인 것이 아니라 어떤 상태에서 분리되어, 벗어나 있다는 것이지요.

1. Farmers **are** quite **well off** in the country.
   그 나라에서는 농부들이 부자야.
2. While my parents **are well off**, I **am badly off**.
   부모님은 부유하지만, 나는 가난해.

two miles off 2마일 떨어진 곳에
two years off 2년 전에

- two miles off는 two miles off (here)에서 괄호가 생략된 것이죠. '여기에서 떨어져서(=분리되어) 2마일'입니다.

- two years off는 two years off (now)에서 괄호가 생략된 것입니다. 지금부터 2년이 떨어져(=분리되어) 있는 것으로 two years off는 two years ago와 같지요.

go off   ① 떠나다(leave)   ② (화, 폭탄)폭발하다   ③ (총)발사되다   ④ (알람)울리다

go off는 go(가다)+off(에서 분리)로 '~에서 분리하여 가다'입니다.

① go off는 '**떠나다**'입니다. '자신이 붙어있는 장소에서 분리하여 가다'를 줄여서 표현하면 '떠나다 (leave)'입니다. 앞에서 배운 표현입니다.

② go off는 '**폭발하다**'입니다. '(자신)에게서 분리하여 가다'를 줄여서 표현하면 '폭발하다'입니다. 폭탄이 폭발하는 것은 폭탄 자신에게 붙어 있는 금속 파편이 분리되어 가는 것이고, 사람의 분노가 폭발하는 것은 자신의 가슴에 붙어있는 분노가 분리되어 나가는 것이죠.

③ go off는 '**(총)발사되다**'입니다. 4번 문장은 원래 The gun went off (itself)입니다. 총알이 총 자체에서 분리되어 가는 것임을 누구나 다 알기 때문에 괄호(itself)를 생략합니다.

④ go off는 '**(알람)울리다**'입니다. 시계 소리 알람기능은 시계에 붙어 있지요. 정해진 시간이 되면 알람소리가 시계 자신으로부터 분리되어 갑니다.

go off는 '떠나다'일 뿐입니다. 폭탄이 터져서 파편이 폭탄 자신으로부터 떠나면 폭발하는 것이고, 총알이 총에서 분리되어 떠나면 발사되는 것이고, 알람 소리가 시계로부터 떠나면 알람이 울리는 것이지요. 어디에서 off 하여 떠나는지 알면 무작정 암기할 필요가 없습니다.

1. He **went off** 10 minutes ago.
   그는 10분 전에 떠났어요.

2. Luckily the bomb didn't **go off**.
   운 좋게도 폭탄이 폭발하지 않았어.

3. My father **went off** when he saw my phone bill.
   나의 전화 요금을 봤을 때 아버지는 화가 폭발하셨어.

4. The gun **went off**.
   총이 발사되었어.

5. The thieves ran off when the alarm **went off**.
   알람이 울렸을 때 도둑들은 도망쳤어.

tell A off   A에게 야단치다(scold)

tell off는 tell(~에게 말하다)+off(~에서 분리)입니다.

'**(평정심)에서 분리되어(=벗어나서) 말하다**'를 줄여서 표현하면 '**~에게 야단치다**'입니다. 평상시의 감정 상태인 평정심에서 벗어나 말을 하는 것은 호통치고 야단치는 것이죠. He told me off (his temper)는 '그는 평정심에서 벗어나 나에게 말했어'로 '그는 나를 야단쳤어'입니다. off를 빼버리면 '그는 나에게 말했어'가 되지요.

1. He **told** me **off** for being late.
   그는 지각 때문에 나를 야단쳤어.

2. I **told** the boys **off** for making so much noise.
   난 너무 떠들었기 때문에 애들을 야단쳤어.

show A off   A를 자랑하다(pride oneself on, boast)

show off는 show(~을 보여주다)+off(~에서 분리)입니다. **'(무엇)을 분리시켜 보여주다'**를 줄여서 표현하면 **'(무엇)을 자랑하다'**입니다. 주머니 속에 1억짜리 수표가 있는데 그것을 자랑해 볼까요? 먼저 주머니**에서 수표를 off** 시키세요. 그다음에 다른 사람에게 **show** 하세요. 몸에서 분리시켜 보여주는 행위는 **자랑하는 것**이죠.

1번 문장을 보세요. Don't show your money off (yourself)가 원래 문장입니다. '돈을 몸에서 분리시켜 보여주지 마라'를 줄여서 표현하면 '돈 자랑하지 마라'입니다. 몸에 돈이 붙어 있는 것은 누구나 다 아는 사실이기 때문에 괄호(yourself)를 생략하고, 뒤에 홀로 남아 있는 off를 앞으로 이동시키면 show off가 되지요. 동의어로는 앞에서 배운 pride oneself on이 있습니다.

1. Don't **show off** your money.
   돈 자랑하지 마.
2. She often **shows off** her legs.
   그녀는 종종 자신의 다리를 자랑해.

a day off   하루 휴가

a day off의 원래 표현은 a day off (working hours)로 '근무시간**에서 분리**시킨 하루'이기 때문에 '하루 휴가'입니다. off를 붙이지 않은 a day는 그냥 막연한 하루로 휴가가 아니지요. a weak off는 '1주 휴가', a month off는 '1달 휴가', a year off는 '1년 휴가'입니다.

1. I gave my wife **a week off**.
   나는 아내에게 1주일의 휴가를 주었어.
2. I had **a day off**.
   난 하루 휴가를 냈어.

I'm off now   나 이제 가
Where are you off to?   어디 가세요?

- I'm off는 '나 간다'로 자리를 떠나면서 인사말로 흔히 사용하죠.
  원래 문장은 I am off (here) now입니다. '나 (이곳)**에서 분리**되어 가'입니다. 사람은 귀신이 아닌 이상 항상 어떤 장소에 붙어 있지요. 자기가 붙어있던, 머물고 있던 장소에서 몸을 분리시켜 간다는 말입니다. be의 뜻은 '이다, 되다, 오다, 가다, 다녀오다, 참석하다, 발생하다, 살아있다'인데 여기서 am은 '가다(go)'입니다.

- Where are you off (here) to?로 생략된 단어를 채워 넣으면 쉽게 이해가 되죠.
  Where(어디)+be(가다)+off here(여기에서 분리하여)+쪽으로(to)'로 '여기에서 분리하여 어디 쪽으로 가세요?'를 줄여서 표현하면 '어디 가세요?'입니다. Where are you going?과 같은 뜻이죠.

shut A off   A를 차단하다

shut off는 shut(~을 닫다)+off(분리)입니다.
'(흐름)을 분리시키고 닫다'를 줄여서 표현하면 '~을 차단하다'입니다. 차단(遮斷)은 이어지는 액체나 기체 따위의 흐름을 끊는(분리시키는) 것입니다. 도로, 수도관, 가스관은 방문이나 창문 따위를 열고 닫는 것이 아니라 계속 이어지는 흐름을 차단하는 것입니다. 1번 문장은 차량의 흐름을 차단한 것입니다. off를 빼버리면 도로를 닫았다는 것으로 도로엔 도로를 열고 닫는 문이 없지요.

1. The police **shut off** all the roads.
   경찰은 모든 길을 차단했어.

2. **Shut off** the gas after use.
   사용 후에 가스를 차단하세요.

bite off more than one can chew   과욕을 부리다

bite off(물어뜯다)는 bite(물다)+off(~에서 분리)입니다.
bite는 입으로 무는 것이고 off를 붙여야만 물어서 뜯어내는(분리) 것입니다. '씹을 수 있는 것보다 더 많이 물어뜯다'를 줄여서 표현하면 '과욕을 부리다'입니다. 친구가 사과를 한 입 베어 먹으라고 합니다. 너무 크게 베어 물어 씹지를 못해 뱉어 내본 경험이 있나요? 씹지 못할 만큼 크게 베어 무는 것은 과욕을 부리는 것이죠.

1. Do whatever you can, but don't **bite off more than you can chew**.
   할 수 있는 모든 걸 해. 하지만 과욕을 부리지는 마.

2. I warned you not to **bite off more than you can chew**.
   과욕부리지 말라고 너에게 경고했잖아.

bite one's tongue off   말(실언)하고 후회하다

bite one's tongue off는 bite(vt.물다)+one's tongue(혀)+off(분리)입니다.
'어떤 말을 입에서 분리시키고(내뱉고) 혀를 깨물다'를 줄여서 표현하면 '실언하고 후회하다'입니다. 실언하고 나서 '내가 혀를 물고 있었으면 실언을 안 했을 텐데'라고 혀를 탓하며 후회하는 습관에서 나온 표현입니다. 사람은 혀가 없으면 말을 못하기 때문에 사람의 말은 혀에서 off 되어 나오지요. 모든 화(재앙)의 출발은 세 치 혀이기 때문에 항상 혀를 조심해야 합니다.

1. I shouldn't have said that. I'm **biting my tongue off**.
   나는 그걸 얘기하지 말았어야 했어. 후회하고 있는 중이야.

2. He often **bite his tongue off**.
   그는 자주 실언하고 후회해.

laugh one's head off — 자지러지게 웃다, 포복절도하다

laugh one's head off는 laugh(웃다)+one's head(머리)+off(분리)입니다. **'머리가 몸에서 분리되어 나갈 정도로 웃다'**를 줄여서 표현하면 **'자지러지게 웃다, 포복절도하다'**입니다. 너무 우스운 상황에서 원어민은 '머리가 달아날 정도로 웃다'라고 하고 우리는 '배(배꼽)를 잡고 웃다'라고 합니다. 너무 웃으면 배가 당겨 배가 아프기 때문에 배를 잡고 웃는 것이고, 배꼽이 빠져 달아날까 봐 배꼽을 잡고 웃는 것이죠.

1. The story was so funny that I **laughed my head off**.
   그 이야기는 너무나도 웃겨서 나는 자지러지게 웃었어.

2. He made me **laugh my head off**.
   그는 나를 배꼽 잡고 웃게 만들었어.

talk one's head off — 쉴 새 없이 지껄이다

talk one's head off는 talk(말하다)+one's head(머리)+off(분리)입니다. **'머리가 몸에서 분리되어 나갈 정도로 말하다'**를 줄여서 표현하면 **'쉴 새 없이 지껄이다'**입니다. 말을 많이 하면 입술이 닳는다고 하죠. 말을 너무 많이 해서 입술이 닳고, 머리가 닳아서 분리되어 나갈 정도로 쉴 새 없이 지껄인다는 것입니다.

1. Because he **talked his head off**, she were tired out.
   그가 쉴 새 없이 지껄여서 그녀는 완전히 지쳤다.

2. I couldn't relax because the driver was **talking his head off**.
   택시 기사가 너무 지껄여서 쉴 수가 없었어.

from

1. ~에서, ~로부터-분리(=off)
2. ~에서, ~로부터-시작

from을 우리말로 옮기면 대부분 '~에서, ~로부터'입니다. from을 '~로부터, ~에서'로 기억하면 다른 전치사와 구별할 수 없기 때문에 from의 정확한 뜻을 알아야 합니다. from은 '~에서 분리'와 '~에서 시작'입니다. from은 분리와 시작을 뜻하는 동사와 함께 사용합니다. from은 '~에서 분리'로 동의어는 앞에서 배운 off입니다. from과 off가 같은 뜻이란 것을 기억하세요. off를 배우고 바로 뒤에 from을 배우는 것도 from이 off와 같은 뜻을 갖고 있기 때문이죠.

분리와 시작은 비슷한 뜻을 갖고 있습니다. 반기문 UN 사무총장이 취임했을 때 중국에 있는 반 씨들이 축제를 했습니다. 반기문 사무총장이 자신들의 후손이기 때문에 가문의 영광이라고 생각한 것이지요. 한국의 반 씨는 중국에서 분리(from)되어 나온 것이고, 한국 반 씨는 중국에서 시작(from)한 것입니다. 즉 '~에서 분리'와 '~에서 시작'은 비슷한 뜻입니다.

01 from ~에서, ~로부터-분리(=off)

from은 '~에서, ~로부터'로 분리(off)를 나타냅니다. 어디에서 분리되는 것은 어디에서 벗어나는 것입니다.

graduate from A   A를 졸업하다

graduate[grǽdʒuèit]는 'vi.졸업하다'입니다.
graduate from은 graduate(vi.졸업하다)+form(~에서 분리)입니다. graduate는 자동사로 뒤에 명사를 연결할 때 '~을'에 해당하는 전치사를 붙여야 하고, **졸업은 학생이 학교에 붙어 있다가 학교에서 분리되는(=벗어나는) 것이기 때문에** 분리의 from을 붙입니다. 원어민이 느끼는 졸업은 학생이 학교에서 분리되는 것이지요.

1. When you **graduate from** school, what are you going to do?
   네가 학교를 졸업한 후에, 넌 무엇을 할 계획이니?

2. He **graduated from** Seoul University.
   그는 서울대학을 졸업했어.

absent oneself from A
be absent from   A에 결석하다, 결근하다

absent[ǽbsənt]는 'vt.~을 비우다 a.자리에 없는'입니다.

- absent oneself from은 absent(~을 비우다)+oneself(몸)+from(~에서 분리)입니다. '어디에서 자기 몸을 비우다'를 줄여서 표현하면 '~에 결석하다, 결근하다'입니다. 학교에서 자기 몸을 비우면 결석, 회사에서 자기 몸을 비우면 결근, 학원에서 자기 몸을 비우면 결강이지요. **결석, 결강, 결근이란 단어 자체가 있어야 할 장소에서 분리되어(=벗어나서) 있는 것이기 때문에** 분리의 from을 붙입니다.

- be absent from은 be(있다)+absent(자리에 없는)+from(~에서 분리)으로 '**어디에서 분리하여 자리에 없다**'로 역시 '~에 결석, 결강, 결근하다'입니다.

  absent는 ab(분리=off)+sent(보내다=send)로 자기 몸을 분리시켜 보내어 '자리에 없는'입니다. absent의 반대말 present(a.참석한)는 pre(앞=before)+sent(보내다=send)로 선생님 앞에 나의 몸을 보내면 '참석한' 것이죠.

1. He **absented himself from** school because of a cold.
   그는 감기 때문에 학교에 결석했어.

2. She **was absent from** work yesterday.
   그녀는 어제 결근했습니다.

far from   결코 아닌(never, not~at all)

far from은 far(먼)+from(~에서 분리)입니다.
'~에서 분리되어 멀리 떨어진'을 줄여서 표현하면 never가 됩니다. 만족감에서 분리되어(=벗어나서) 멀리 있다면 결코 만족스럽지 못하다는 것이고, 정직한 사람 부류에서 분리되어 멀리 있다면 결코 정직한 사람이 아니라는 것이죠.

1. The result of the exam is **far from** being satisfactory.
   시험 결과는 만족에서 멀리 있어. (=결코 만족스럽지 못해.)

2. He is **far from** an honest man.
   그는 정직한 사람에서 멀리 있어. (=결코 정직하지 않아.)

remove A from B   A를 제거하다 / B에서

remove[rimúːv]는 'vt.~을 이동시키다, 제거하다'입니다.
remove A from B는 remove A(A를 제거하다)+from B(B에서 분리)로 'A를 B에서 분리시켜 제거하다'입니다. 제거란 붙어 있는 것을 분리시켜 없애는 것이기 때문에 분리의 from입니다. '제거'란 단어만 봐도 분리의 전치사가 와야 함을 알 수 있지요. 명단에서 이름을 제거하는 것은 명단에 붙어 있는 이름을 명단에서 분리시키는 것입니다.
remove는 re(다시=again)+move(움직이다)로 현재의 장소에서 또 다시 이동시키는 것은 없애고 제거하는 것입니다.

1. **Remove** his name **from** the list.
   그의 이름을 명단에서 제거해.

2. They decided to **remove** him **from** the school.
   그들은 그를 학교에서 제거하기로(=퇴학) 결정했어.

exclude A from B   A를 제외하다 / B에서

exclude[iksklúːd]는 'vt.~을 제외하다'입니다.
exclude A from B는 exclude A(A를 제외하다)+from B(B에서 분리)로 'A를 B에서 분리시켜 제외하다'입니다. 제외(除外)란 붙어 있는 것을 분리시켜 밖에 두는 것이기 때문에 분리의 from입니다. 제외란 단어만 봐도 분리의 전치사가 와야 함을 알 수 있지요.
exclude는 ex(밖에=out)+clude(닫다=close)로 안에 있는 사람을 문밖에 두고 닫는 것은 그 사람을 제외하는 것입니다. include는 in(안에)+clude(닫다=close)로 밖에 있는 사람을 문 안에 두고 닫는 것은 그 사람을 포함하는 것입니다.

1. They **excluded** me **from** the team.
   그들은 팀에서 나를 제외했어.

2. Women **were excluded from** the poll at that time.
   그 당시에 여자들은 투표에서 제외되었다.

escape from A
A에서 벗어나다, 탈출하다

escape[iskéip]은 자동사로 'vi.벗어나다, 탈출하다'입니다.

escape from은 escape(탈출하다)+from(~에서 분리)로 '~에서 탈출하다'입니다. **탈출이란 어떤 장소에서 자기 몸을 분리시키는 것이기 때문에 분리의 from**이지요. 비행기에서 탈출하는 것은 비행기에 붙어 있는 자기 몸을 비행기에서 분리시키는 것입니다.

escape는 es(밖으로=ex=out)+cape(곶)입니다. '곶 밖으로' 나가서 육지를 탈출하는 것입니다. 지도에서 바닷가를 보면 들어간 곳은 만(gulf)이고 튀어나온 곳은 곶(cape)입니다. 남아공의 수도 케이프타운(**Cape**town)을 세계지도에서 찾아보면 cape가 튀어나온 '곶'임을 바로 알 수 있지요.

1. It is impossible to **escape from** the plane.
   비행기에서 탈출하는 것은 불가능해.

2. They worked hard. Finally they **escaped from** poverty.
   그들은 열심히 일했어. 마침내 그들은 가난에서 벗어났어.

protect A from B
A를 보호하다 / B에서

protect A from B는 protect A(A를 보호하다)+from B(B에서 분리)입니다.
보호는 위험한 무엇으로부터 사람을 분리시키는 것이기 때문에 분리의 from을 붙입니다. 원어민이 느끼는 보호는 위험한 장소나 대상으로부터 사람을 분리시키는 것입니다.

protect[prətékt]는 pro(앞=before)+tect(덮다=cover)입니다. 장군에게 화살이 날아오면 앞으로 가서 방패로 장군을 덮으면 장군을 보호하는 것이지요.

1. Regular exercise can **protect** you **from** heart attack.
   규칙적인 운동은 당신을 심장병으로부터 보호할 수 있어요.

2. We have to **protect** the environment **from** pollution.
   우리는 공해로부터 환경을 보호해야 해.

recover from A
A에서 회복하다

recover from은 recover(vi.회복하다)+from(~에서 분리)입니다.

recover[rikʌ́vəːr]는 자동사로 뒤에 명사를 연결할 때 전치사를 붙여야 하고, **병을 회복하는 것은 사람 몸에 있는 병을 분리시키는 것이기 때문에 분리의 from**입니다. 원어민이 느끼는 회복은 사람 몸에서 병을 분리시키는 것이지요.

re**c**over는 re(다시=again)+cover(덮다)입니다. 상처가 난 곳에 계속해서 **다시 약을 덮으면** 원래 상태로 상처가 **회복**되지요. 접두사 re의 뜻은 '다시, 뒤, 반대, 강조'입니다.

1. He is **recovering from** his illness.
   그는 병에서 회복하고 있는 중이야.

2. Korea has **recovered from** economic crisis.
   한국은 경제위기에서 회복한 상태야.

be separated from A   A에서 분리되어있다

separate[sépərèit]는 'vt.~을 분리시키다, 갈라놓다'입니다.
be separated from은 be separated(분리되어있다)+from(~에서 분리)입니다. **분리를 뜻하는 동사에 분리의 전치사 from**이 붙는 것은 당연하지요. 부부가 분리되어 있으면 별거하고 있는 것입니다.

1. He **is separated from** his wife.
   그는 아내와 분리되어 있어. (=별거하고 있어.)

2. They **were separated from** the outside world.
   그들은 바깥 세계와 격리(분리)되었어.

rescue A from B   A를 구하다 / B에서

rescue[réskju:]는 'vt.~을 구조하다'입니다.
rescue A from B는 rescue A(A를 구조하다)+from B(B에서 분리)입니다. **구조나 구출은 위험한 장소에서 사람을 분리시키는 것이기 때문에 분리의 from**입니다. 구조라는 단어 속에 분리의 뜻이 들어있지요.
rescue는 re(강조)+scue(안전한=secure)입니다. 위험에 처한 사람을 **매우 안전한** 장소로 이동시키는 것이 바로 **구조**하는 것이죠. 접두사 re는 '다시, 뒤, 반대, 강조'로 보카쇼크에서 자세히 설명합니다.

1. I'll **rescue** you **from** a hell on earth.
   난 널 생지옥에서 구하겠어.

2. 50 people **were rescued from** the sinking ship.
   50명이 가라앉고 있는 배에서 구조되었어.

resign from A   A에서 사임하다, 사직하다

resign[rizáin]은 'vi.사직하다, 사임하다'입니다.
resign from은 resign(사직하다)+from(~에서 분리)입니다. resign은 자동사로 뒤에 명사를 연결할 때 전치사를 붙여야 하고, **사직과 사임은 자신이 붙어 있던 자리에서 분리되는(=벗어나는) 것이기 때문에 분리를 뜻하는 from**을 붙입니다.
resign은 re(반대=against)+sign(서명하다)입니다. 회사에 계속 근무하고 싶지만 사장이 재계약에 **반대 서명**을 하면 **사직**해야 합니다.

1. I'm getting silent pressure to **resign from** the company.
   나는 회사를 그만두라는 무언의 압력을 받고 있어.

2. She **resigned from** the government.
   그녀는 중앙 정부에서 사임했어.

retire from A   A에서 은퇴하다

retire[ritáiər]는 자동사로 'vi.은퇴하다'입니다.
retire from은 retire(vi.은퇴하다)+from(~에서 분리)입니다. 은퇴란 회사나 기관에서 정년까지 근무하고 자기가 붙어 있던 자리에서 몸을 분리시키는 것이기 때문에 분리의 from을 붙입니다. 은퇴란 단어 속에는 분리의 뜻이 들어 있지요.

1. I **retired from** public office.
   그는 공직에서 은퇴했어.

2. In 2006, Gates decided to **retire from** Microsoft.
   2006년에, 게이츠는 마이크로소프트에서 은퇴하기로 결정했다.

part from A   A와 헤어지다(break up with)

part[pɑːrt]는 'vi.헤어지다 vt.~을 나누다 n.일부, 부분, 지역'입니다.
part from은 part(헤어지다)+from(~에서 분리)입니다. '~에서 분리되어 헤어지다'를 줄여서 표현하면 '~와 헤어지다'입니다. 물론 part with로 사용해도 됩니다. 원어민이 헤어지는 것은 두 사람이 붙어 있다가 따로따로 분리되는 것이기 때문에 분리의 from을 붙입니다.

1. You should **part from** him.
   넌 그와 헤어지는 것이 바람직해.

2. Why did you **part from** her?
   너 왜 그녀와 헤어졌니?

dismiss A from B   A를 떠나게 만들다 / B에서

dismiss[dismís]는 'vt.~를 떠나게 만들다'입니다.
dismiss A from B는 dismiss A(A를 떠나게 만들다)+from B(B에서 분리)로 'A를 B에서 떠나게 하다'입니다. 학교에서 분리시켜 떠나게 만들면 '퇴학시키다', 회사에서 분리시켜 떠나게 만들면 '해고시키다', 팀에서 분리시켜 떠나게 만들면 '방출시키다,' 국가에서 분리시켜 떠나게 만들면 '추방시키다'가 됩니다. '떠나게 만들다'는 단어 의미 자체가 어떤 장소에서 분리시키는 것입니다.
dismiss는 dis(분리=off)+miss(보내다=send)로 '분리하여 보내다'입니다. 어떤 장소에서 분리하여 보내는 것으로 사람을 떠나게 만드는 것이지요.

1. He **dismissed** the student **from** school.
   그는 그 학생을 학교에서 퇴학시켰어.

2. She **was dismissed from** the factory owing to laziness.
   그녀는 게으름 때문에 회사에서 해고당했어.

3. He **was dismissed from** the team.
   그는 그 팀에서 방출되었어.

know A from B
tell A from B
distinguish A from B
A와 B를 구별하다

know, tell, distinguish[distíŋgwiʃ]는 모두 'vt.~을 구별하다'입니다.

know A from B는 know A(A를 구별하다) + from B(B에서 분리)로 'A를 B에서 분리시켜 구별하다'입니다. **구별(區別)은 함께 붙어 있는 것을 따로따로 분리하여 나누는 것**이죠. 구별이란 단어 자체에 분리의 전치사(from)가 필요함을 알려주고 있습니다. 일본인과 한국인이 함께 있으면 일본인으로부터 한국인을 분리시키면 일본인과 한국인을 구별하는 것이지요. 우리말로 옮기면 '~와 구별하다'인데 **원어민의 구별은 따로따로 분리시키는 것이기 때문에 분리의 전치사 from을 붙입니다.**

distinguish는 dis(분리=off) + sting(v.찌르다) + uish입니다. 넓은 토지를 각각으로 **분리시켜** 깃발을 **찌르면** 어디까지가 누구의 소유인지 확실하게 **구별**되지요.

1. Reason **knows** man **from** the animals.
   이성은 사람과 동물을 구별해.

2. I can't **tell** a Korean **from** a Japanese.
   난 한국 사람과 일본 사람을 구별할 수 없어.

3. I can **distinguish** diamond **from** cubic.
   나는 다이아몬드와 큐빅을 구별할 수 있어.

differ from A
be different from
A와 다르다

differ[dífər]는 'vi.차이가 있다, 다르다', different는 'a.다른'입니다.

- differ from은 differ(다르다) + from(~에서 분리)으로 '~에서 분리되어 다르다'입니다. 우리말로 옮기면 '~와 다르다'인데 원어민이 '다르다'는 것은 같은 곳에 붙어 있지 않고 따로따로 분리되어 떨어져 있는 것이기 때문에 **분리의 전치사 from**을 붙입니다. OX 퀴즈를 풀면 O라고 생각하는 사람은 O에 가서 붙고, X라고 생각하는 사람은 X에 가서 붙지요. 나는 O에 붙고, 친구는 X에 붙었다면 서로 따로따로 분리되어 있어 의견이 다르다는 것을 알 수 있습니다. 영어는 눈에 보이는 모습 그대로 표현하는 언어입니다.

- be different from은 be different(다르다) + from(~에서 분리)으로 differ from과 같습니다. 'be + 형용사'는 자동사가 되지요. be different는 differ와 같습니다.

1. My opinion **differs from** yours.
   내 생각은 너의 것과 달라. (=내 생각은 너의 생각에서 분리되어 있어 달라.)

2. The ideal **is different from** the real.
   이상은 현실과 달라. (=이상은 현실에서 분리되어 있어 달라.)

02 from ~에서, ~로부터–시작

> **from now on** 지금부터 계속
> **from that time on** 그때부터 계속

from now on은 from now(지금부터 시작하여)+on(계속)으로 '지금부터 계속'입니다.
from that time on은 from that time(그때부터 시작하여)+on(계속)으로 '그때부터 계속'입니다.

1. **From now on** I will never make the same mistake.
   이제부터 계속 결코 같은 잘못을 저지르지 않겠어.

2. **From that time on**, he never smiled.
   그때부터 계속. 그는 결코 웃지 않았어.

> **result from A** A에서 시작(발생, 기인)하다
> **result in A** A에 끝나다, (결과를)야기하다

result[rizʌ́lt]는 'vi.시작하다, 끝나다 n.결과'입니다.

- result from은 result(vi.시작하다)+from(~로부터)으로 '~로부터 시작하다'입니다.
  '**시작하다**'라는 의미에는 당연히 시작을 나타내는 **전치사 from**을 붙여야 하겠죠. result는 하나의 단어에 '시작하다'와 '끝나다'라는 정반대의 뜻이 있습니다. 그것은 원어민이 갖고 있는 기독교 세계관 때문으로 판단됩니다. 인간의 삶이 끝나면 천국이나 지옥의 시작이라고 믿기 때문에 **끝은 곧 새로운 시작**이죠.

- result in은 result(끝나다)+in(안에서)으로 '~안에서 끝나다'입니다.
  일의 과정을 기승전결로 나누지요. 끝나는 것은 기승전결에서 '결'의 영역 안에서 끝나기 때문에 영역의 in을 붙이는 것입니다.

1. Tooth decay can **result from** poor care of your teeth.
   치아가 썩는 것은 너의 잘못된 관리에 기인할 수 있나.

2. Bad data can **result in** bad decisions.
   잘못된 자료들은 잘못된 결정을 야기할 수 있다.

> **hear from A** A로부터 소식을 듣다

hear from은 hear (news) from으로 '누구로부터 소식을 듣다'입니다.
사람으로부터 듣는 것은 소식이기 때문에 말을 하지 않아도 누구나 알고 있는 괄호(news)를 생략하는 것이지요. from은 소식의 출처, 소식의 출발이 누구인지 알려주는 것입니다.

1. Have you **heard from** Minho lately?
   너 최근에 민호로부터 소식 들은 일 있니?

2. I'm glad to **hear from** you.
   당신으로부터 소식을 들어서 기뻐요.

suffer from A   A로부터 고생하다

suffer[sʌ́fər]는 자동사로 'vi.고생하다'입니다.
 suffer from은 suffer(vi.고생하다)+from(~로부터)입니다. 고생(苦生)은 '힘든 생활'이죠. 지금의 **힘든 생활이 어디에서부터 시작되었는지** 말하는 것입니다. 1번 문장은 병에서 시작하여 고생하고 있고, 2번 문장은 회사는 파업에서 시작하여 고생하고 있습니다.
 suffer는 su(아래=sub=under)+fer(옮기다=carry)입니다. 적의 지배 아래로 몸을 옮기면 고생할 수밖에 없지요. 영국이 프랑스의 지배 아래 들어가서 몇백 년을 고생했고, 우리는 일본의 지배 아래에 들어가서 36년을 고생했습니다.

1. He is **suffering from** a serious illness.
   그는 중병으로부터 고생하고 있어.

2. The company is **suffering from** the strike.
   그 회사는 파업으로부터 고생하고 있어.

be tired from A
be weary from   A로부터 피곤하다

tired, weary[wíəri]는 'a.피곤한'입니다.
 be tired from은 be tired(피곤하다)+from(~로부터)입니다. 피곤한 것은 육체적으로 지치는 것이지요. 1번 문장에서 피곤함은 운동에서 시작되었고, 2번 문장에서 피곤함은 일에서 시작되었음을 알 수 있지요.

1. I **am tired from** work.
   난 일로부터 피곤해.

2. I **am weary from** exercise.
   난 운동으로부터 피곤해.

stem from A
derive from   A에서 유래하다(come from), 시작하다

stem[stem], derive[diráiv]는 'vi.시작하다, 유래하다'입니다.
'시작하다, 유래하다'는 단어에 시작을 나타내는 전치사 from을 붙이는 것은 당연합니다.

1. Many English words **stem from** Latin.
   많은 영어 단어는 라틴어에서 유래해.

2. This expression **derives from** an old Korean saying.
   이 표현은 한국의 옛 속담에서 유래해.

3. Plenty of accidents **come from** carelessness.
   많은 사고는 부주의에서 온다.

refrain from A
abstain from
A를 자제하다, 삼가다

refrain[rifréin], abstain[æbstéin]은 자동사로 'vi.억제하다, 자제하다'입니다.

refrain, abstain은 자동사로 뒤에 명사를 연결할 때 '~을'에 해당하는 전치사를 붙여야 하고 **억제하고, 자제하는 것은 시작하지 않는 것이기 때문에 시작을 나타내는 from**을 붙입니다. '~을 억제하다'는 '~을 시작하지 않다'와 같은 뜻이죠.

refrain은 re(뒤=back)+frain(갖고 있다=have)으로 무언가 시작하려는 충동을 **뒤에(가슴속에) 갖고 있는** 것으로 **억제**하는 것입니다. abstain은 ab(분리=off)+stain(갖고 있다=have)입니다. 무언가 시작하려는 충동을 분리시켜 가슴속에 가지고 있는 것은 억제하는 것이지요.

1. You have to **refrain from** junk food.
   너는 정크 푸드를 자제해야 해.

2. Please **abstain from** smoking in this building.
   이 건물에서 흡연을 자제해 주세요.

prevent A from B
stop A from B
keep A from B
prohibit A from B
A가 B(시작) 하는 것을 막다

prevent[privént], stop, keep, prohibit[prouhíbit]는 모두 'vt.~을 막다'입니다.

prevent A from B는 prevent A(A를 막다)+from B(B로부터)로 'A가 B 하는 것을 막'입니다. **막는 것은 출발을 막고, 시작을 막는 것이기 때문에 시작과 출발을 뜻하는 전치사 from**을 붙입니다. 아무 이유 없이 from을 붙인 것이 아니지요.

prevent는 pre(앞=before)+vent(가다=go)입니다. 길 떠나려는 사람 **앞으로 가서 막아** 보세요.
prohibit는 pro(앞=before)+hibit(가지다=have)입니다. 길 떠나려는 사람 **앞으로 가서 가지고 있는** 통나무나 마차로 길을 **막아** 보세요.

1. I couldn't **prevent** him **from** leaving.
   난 그가 떠나는 것을 막을 수 없었어.

2. Father **stopped** me **from** going out at night.
   아버지는 내가 밤에 외출하는 것을 막았어.

3. I could barely **keep** myself **from** laughing.
   난 가까스로 내가 웃는 것을 막을 수 있었어.

to

1. ~쪽으로
2. ~까지
3. 이동

to는 '~쪽으로, ~까지, 이동'으로 to의 핵심은 '이동'입니다.

to는 과거 영국인의 일상생활을 그대로 알려주지요. 과거 영국인의 기본 생활수단은 목축이었습니다. 아침에 일어나면 양을 몰고 동쪽으로, 남쪽으로, 북쪽으로, 서쪽으로 갈 방향을 정하죠. 방향을 정한 다음에 어디까지 갈 것인지 목적지를 정하고 그 목적지로 이동합니다. 양떼를 몰고 풀밭이 있는 곳으로 이동하는 것이기 때문에 어느 쪽으로, 어디까지 이동하느냐가 매우 중요하죠. 방향을 잘못 정하여 이동하면 풀이 부족해 가축이 굶주리기 때문입니다.

to의 핵심은 이동으로 to 하면 go가 떠올라야 합니다. 이동이란 가는 것을 말하죠. 1번 문장의 밑줄 He와 to Seoul을 보면 그가 서울로 간 것으로 사람의 이동입니다. 2번 문장의 밑줄 a book to me는 책이 나에게 간 것으로 물건의 이동입니다. 3번 문장의 밑줄 He와 to me는 그의 말이 나에게 간 것으로 말의 이동입니다. to가 나오면 to 앞에 있는 명사(A)와 to 뒤에 있는 명사(B)에 밑줄을 치세요. A to B는 앞에 있는 A가 B로 가는(=이동하는) 것입니다. 이동은 말의 이동, 물건의 이동, 사람의 이동으로 이동의 to를 우리말로 옮기면 조사 '~에, ~에게, ~로'입니다.

1. He went to Seoul.
   그는 서울에 갔어요. [사람의 이동]

2. He gave a book to me.
   그가 나에게 책을 줬어. [물건의 이동]

3. He talked to me.
   그는 나에게 말했어. [말의 이동]

01 to   ~쪽으로

1. My house is 2 miles / **to** the south.
   내 집은 2마일이야. / 남쪽으로

2. If you turn **to** the left, you will find my office.
   네가 왼쪽으로 돌면, 내 사무실을 발견할 거야.

3. This is the way / **to** the hospital.
   이것은 길이야. / 병원 쪽으로 가는

4. She pointed / **to** the door silently.
   그녀는 가리켰어. / 문 쪽으로 조용히

5. On my way **to** school, I met a strange person.
   학교 쪽으로 가는 도중에, 나 이상한 사람을 만났어.

6. The train **to** Seoul is coming up.
   서울 쪽으로 가는 기차가 들어오고 있어.

turn to   ① 의지하다   ② 시작하다(begin, start)

turn은 'vt.~을 돌리다, ~을 뒤집다 vi.돌다, 되다(become) n.순서, 회전'입니다.

① turn to는 turn(~을 돌리다)+to(~쪽으로)입니다.
turn to는 **turn** (one's mind) **to** (somebody)로 **누구 쪽으로 마음을 돌리다**를 줄여서 표현하면 누구에게 '**의지하다**'입니다. 의지하는 것은 마음을 다른 사람 쪽으로 돌리는 것임을 누구나 다 알기 때문에 괄호를 모두 생략하여 turn to가 된 것이죠.

② turn to는 turn(~을 돌리다)+to(~쪽으로)입니다.
turn to는 **turn** (one's feet) **to** (the workplace)가 원래 표현으로 '**작업장 쪽으로 발걸음을 돌리다**'를 줄여서 표현하면 '**일을 시작하다**'입니다. 노동자들이 작업장 밖에서 휴식을 취하다가 작업장 쪽으로 발걸음을 돌려 작업을 시작하는 데서 유래한 표현입니다. 일을 시작하는 것은 발걸음을 작업장 안으로 돌리는 것임을 누구나 다 알기 때문에 괄호를 모두 생략하여 turn to만 남은 것이죠.

1. She has nobody she can **turn to**.
   그녀는 의지할 수 있는 사람이 아무도 없다.

2. It's time to **turn to**.
   시작할 시간이야.

02 to ~까지

1. I ate **to** my heart's content yesterday.
   나는 어제 마음이 만족할 때까지 음식을 먹었어.

2. The game lasted **to** 11.
   경기는 11시까지 계속되었어.

3. Drink it **to** the last drop.
   마지막 한 방울까지 마셔.

4. We'll fight **to** the last man.
   우리는 최후의 1인까지 싸울 거야.

5. I'll stay here **to** the end of this month.
   난 이달 말까지 여기서 머무를 거야.

6. The temperature went up **to** 38.
   온도가 섭씨 38도까지 위로 올라갔어.

7. Up **to** now I have never seen him.
   지금까지 한 번도 그를 만난 적 없어.

8. Count up **to** 10.
   10까지 위로 세세요.

from A to B   A에서 B 쪽으로, A에서 B까지

from은 '~에서, ~로부터'로 시작을 알려주는 전치사이고, to는 '~쪽으로, ~까지'로 도착지, 목적지를 알려주는 전치사입니다. from A to B는 'A에서 B 쪽으로, A에서 B까지'입니다. 1번 문장의 from hand to mouth는 '손에서 입 쪽으로'로 음식을 비축해 두지 않고 손에 있는 음식을 바로 입으로 가져가는 것으로 하루 벌어 하루 먹고 사는 것이지요. 2번 문장의 mouth to mouth는 '입에서 입으로'로 어떤 이야기가 사람의 입에서 다른 사람의 입 쪽으로 이동하는 것으로 줄여서 표현하면 '구전(口傳)으로'입니다.

1. He lives **from** hand **to** mouth.
   그는 하루 벌어 하루 먹고 살아.

2. The rumor passed **from** mouth **to** mouth.
   그 소문은 입에서 입으로 전해졌어.

3. How far is it **from** Seoul **to** Busan?
   서울에서 부산까지 얼마나 멀죠?

4. We work **from** nine **to** five.
   우리는 9시부터 5시까지 일해.

5. What you are saying is correct **from** beginning **to** end.
   네가 하는 말은 처음부터 끝까지 옳아.

6. He surveyed me **from** head **to** foot.
   그는 머리부터 발끝까지 나를 조사했어.

to the minute 정확하게(exactly)

to the minute는 to(까지)+the minute(1분)입니다.
'1분까지 틀리지 않고'를 줄여서 표현하면 '정확하게'입니다. 10시 출발의 기차가 1분까지 틀리지 않고 10시에 출발했다면 10시에 '정확하게' 출발한 것이지요. 선생님이 1분까지 틀리지 않고 50분을 수업했다면 '정확하게' 50분을 수업한 것입니다.

1. The train arrived at 10 **to the minute**.
   기차는 10시에 정확하게 도착했어.

2. The lecture lasted for an hour **to the minute**.
   강의는 정확하게 1시간 동안 지속되었어.

date back to A A까지 거슬러 올라가다

date back to는 date(거슬러 올라가다)+back(뒤로)+to(까지)입니다.
'어디까지 뒤(=과거)로 거슬러 올라가다'로 무엇의 유래에 관하여 설명할 때 자주 사용하는 표현입니다. date는 'vi.거슬러 올라가다 n.날짜, 약속 vt.~와 데이트하다'입니다. date는 'vt.~와 데이트하다'로 단어 속에 이미 with가 포함되어 있다는 것 기억해 두세요. I dated her yesterday는 '나는 어제 그녀와 데이트했어'입니다.

1. This tradition **dates back** / **to** the end of 15th century.
   이 전통은 거슬러 올라가. / 15세기 말까지

2. This custom **dates back** / **to** the time of Silla.
   이 풍습은 거슬러 올라가. / 신라 시대까지

to some extent
to some degree 어느 정도

to some extent는 to(까지)+some extent(어느 정도)입니다.
'어느 정도까지'를 줄여서 '어느 정도'로 표현한 결과 to의 어감이 사라져 버렸습니다. 3번 문장은 교통사고가 났을 때 흔히 하는 말입니다. 사고에 '어느 정도' 책임이 있다면 '10%까지, 20%까지, 30%까지, 50%까지, 어느 정도까지'가 되지요. to의 어감이 그대로 살아 있습니다. extent[ikstént]는 'n.정도, 범위, 넓이', degree[digríː]는 'n.정도, 등급, 학위, (온도)도'입니다.

1. **To some extent** it is true.
   어느 정도(까지) 그것은 사실이야.

2. I achieved my purpose **to some degree**.
   나는 어느 정도(까지) 목적을 달성했어.

3. You are also responsible for the accident **to some extent**.
   당신 역시 어느 정도(까지) 그 사고에 책임이 있어요.

03 to 이동

to가 나오면 to 앞에 있는 명사(A)와 to 뒤에 있는 명사(B)에 밑줄을 치세요. **A to B는 앞에 있는 A가 B로 가는(=이동하는) 것**입니다. 말이 이동하고(go), 물건이 이동하고(go), 사람이 이동(go)하는 것이 to의 핵심입니다. 이동의 to를 우리말로 옮기면 '~에, ~에게, ~로'입니다.

He gave a book to me

He gave a book to me를 어떻게 기억하고 있나요? He gave a book이 먼저 눈에 들어오고 그다음에 to me가 뒤에 연결되는 형태로 기억한다면 to 학습이 매우 어려워지죠. to me는 '나에게'로 우리말 어감인 '~에게'로 강하게 느껴진다는 것입니다. to를 '~에게'란 우리말 어감으로 기억하면 할수록 to 학습이 어려워집니다.

He gave a book to me는 He gave+a book to me로 나누어 기억하세요. '그는 주었어+**책이 나에게 가도록**'입니다. a book to me는 '책(A)이 나(B)에게 이동(to)'입니다. A to B는 A가 B로 가는(=이동하는) 것임을 반드시 기억하세요.

이제 아래의 2~6번 문장을 보세요. a book to me는 '**책이 나에게 이동**'인데 어떻게 이동하는지 보세요. 줘서(give) 이동, 선물로 줘서(present) 이동, 제공해 줘서(provide) 이동, 빌려줘서(lend) 이동, 보내줘서(send) 이동, 건네줘서(hand) 이동입니다. present, provide가 모르는 단어일지라도 a book to me를 보면 어떻게 이동하는지는 모르지만, 책이 나에게 이동한다는 것을 알 수 있습니다. 즉 모르는 단어가 있어도 A to B 구조는 핵심의미를 바로 파악할 수 있지요. **A to B는 A가 B로 이동하는(=가는) 것**입니다. A to B가 먼저 눈에 들어와야 합니다. to를 원어민 감각으로 익히면 영어가 정말 쉬워집니다.

1. He (**gave**) a book **to** me.
   그는 나에게 책을 주었어.

2. He (**presented**) a book **to** me.
   그는 나에게 책을 선물로 주었어.

3. He (**provided**) a book **to** me.
   그는 나에게 책을 공급해 주었어.

4. He (**lent**) a book **to** me.
   그는 나에게 책을 빌려주었어.

5. He (**sent**) a book **to** me.
   그는 나에게 책을 보내주었어.

6. He (**handed**) a book **to** me.
   그는 나에게 책을 건네주었어.

speak to A   A에게 말하다
talk to
say to

speak, talk, say는 모두 자동사로 'vi.말을 하다, 이야기하다'입니다.

speak, talk, say는 자동사로 뒤에 명사를 연결할 때 전치사를 붙여야 하고, **말하는 것은 나의 말을 다른 사람에게 이동시키는 말의 이동이기 때문에 이동의 to**입니다. 물론 '~에게 말하다'로 우리말로도 자연스럽죠. 그러나 to를 우리말로 옮겨 '~에게'가 되는 것은 일부분에 지나지 않습니다. to를 우리말로 바꾸면 '~을, ~에, ~에게, ~로, ~로서, ~까지, ~와, ~의' 등으로 다양합니다.

tell은 타동사로서 'vt.~에게 말하다'입니다. tell은 '~에게(to)'가 이미 들어있는 단어이기 때문에 tell에 to를 또 붙이면 'to to'가 되고, 우리말로 '~에게에게'가 되어 듣기가 불편해집니다. '나에게에게 1,000원만 빌려줘'라고 친구에게 말해 보세요. 친구가 황당해할 것입니다.

1. Can I **speak to** Jim? This is Mike.
   짐이랑 말할 수 있을까요? 전 마이크에요.

2. I don't want to **talk to** Jim.
   난 짐에게 말하고 싶지 않아.

3. I don't know what to **say to** her.
   나는 그녀에게 무엇을 말해야 할지 몰라.

4. He **told** me the story.
   그는 나에게 그 이야기를 해줬어.

talk back to A   A에게 말대꾸하다
talk down to A   A에게 야단치다, 반말하다

- talk back to는 talk to 속에 back(다시)을 넣은 것으로 '**~에게 다시 되받아서 말하다**'를 줄여서 표현하면 '**~에게 말대꾸하다**'입니다. 상대방의 말을 듣고 다시 되받아쳐 말하는 것은 말대꾸하는 것이죠.

- talk down to는 talk to 속에 down(아래로)을 넣은 것으로 '~에게 야단치다, 반말하다'입니다. 평상시의 일상대화처럼 말하는 것이 아니라 사람을 아래에(down) 놓고 말하는 것이기 때문에 야단치고 반말하는 것이지요.

1. Don't **talk back to** me.
   나에게 말대꾸하지 마.

2. Mom often **talks down to** me because of my laziness.
   엄마는 게으름 때문에 종종 나를 야단쳐.

explain to A / describe to
A에게 설명하다

explain[ikspléin], describe[diskráib]은 자동사로 'vi.설명하다'입니다.
　explain과 describe은 자동사로 뒤에 명사를 연결할 때 전치사를 붙여야 하고, **설명하는 것은** 상대가 알기 쉽도록 자세히 말하는 **말의 이동이기 때문에 이동의 to**입니다.
　explain은 ex(밖으로=out)+plain(a.알기 쉬운, 명백한)입니다. 듣는 사람이 알기 쉽도록 말을 밖으로 내뱉는 것이 설명입니다. describe는 de(아래=down)+scribe(쓰다=write)의 결합으로 아래에(종이에) 쓰면서 자세히 설명하는 것이죠.

1. Can you **explain to** me what you heard?
   네가 들은 것을 나에게 설명해 줄 수 있니?

2. I'll **describe to** you what to do.
   무엇을 해야 할지 너에게 설명해 줄게.

reply to A / respond to
A에 대답하다(answer)

reply[riplái], respond[rispánd]는 자동사로 'vi.대답하다'입니다.
대답은 질문을 듣고 상대에게 말하는 것으로 **말의 이동이기 때문에 이동의 to**입니다.
　reply는 re(다시=again)+ply(접다=fold)로 편지를 받고 답장 편지를 **접어서 다시** 보내는 것으로 **대답**하고 응답하는 것이지요. reply를 흔히 '리플'이라고 하죠. respond는 re(다시=again)+sp(말하다=speak)+ond의 결합으로 대답하고 응답하는 것입니다.

1. I'm sorry I didn't **reply to** your mail promptly.
   너의 메일에 즉각 답하지 못해서 미안해.

2. He didn't **respond to** my questions.
   그는 나의 질문에 대답하지 않았어.

apologize to A
A에게 사과하다

apologize[əpάlədʒàiz]는 자동사로 'vi.사과하다'입니다.
　apologize는 자동사로 뒤에 명사를 연결할 때 전치사를 붙여야 하고, **사과는** 상대방에게 사과의 **말을 이동시키는 말의 이동이기 때문에 이동의 to**입니다. 또 사과는 상대편에게 가서 사과하는 것이기 때문에 이동의 to죠.

1. You have to **apologize to** me.
   넌 나에게 사과해야 해.

2. I won't **apologize to** him.
   난 그에게 사과하지 않겠어.

appeal to A A에게 호소하다
resort to

appeal[əpíːl], resort[rizɔ́ːrt]는 자동사로 'vi.호소하다'입니다.
　호소는 자신의 억울함을 누군가에게 가서 말하는 것으로, **호소는 말의 이동이고 직접 가서 호소하는 것이기 때문에 이동의 to**입니다. 프로야구를 보면 판정에 불만이 있을 때 감독이 심판에게 가서(=이동) 어필하지요.
　resort는 'n.리조트, 번화가'입니다. 호소하려면 나의 말을 들어 줄 사람이 많은 **번화가에 가서 호소**해야 합니다. 그래서 '번화가'에서 '호소하다'라는 의미가 파생됩니다.

1. I **appealed to** the referee, but it was useless.
   나는 심판에게 어필했는데, 그것은 소용이 없었어.

2. She **resorted to** public opinion.
   그녀는 여론에 호소했어.

say hello to A A에게 안부를 전하다
say goodbye to A A에게 작별 인사하다
bid farewell to A A에게 작별 인사하다
give one's regards to A A에게 안부를 전하다

- say hello to는 앞에서 배운 say to 속에 hello(안녕하세요!)가 들어간 것이죠. '누구에게 안녕하세요라고 말하다'를 줄여서 표현하면 '~에게 안부를 전하다'입니다.
- say goodbye to는 say to 속에 goodbye(안녕!)가 들어간 것이죠. '누구에게 안녕이라고 말하다'를 줄여서 표현하면 '~에게 작별 인사하다'입니다.
- bid farewell to는 say goodbye to와 같습니다. bid는 say와 같은 뜻이고, farewell은 goodbye와 같은 뜻이지요. 헤어질 때 farewell!, goodbye!라고 하면 '잘 가!'입니다.
- give regards to는 give(~을 주다)+regards(안부 인사)+to A로 'A에게 안부 인사를 주다'입니다. regards[rigáːrdz]는 'n.안부 인사'입니다. **인사를 전하는 것은 말의 이동이기 때문에 모두 이동의 to**입니다.

1. **Say hello to** your wife.
   너의 아내에게 안부 전해주라.

2. She went off without **saying goodbye to** me.
   그녀는 나에게 작별 인사 없이 떠났어.

3. He **bid farewell to** his parents and left Korea.
   그는 부모님께 작별 인사를 하고 한국을 떠났어.

4. Please **give my best regards to** your father.
   너의 아버지께 안부 인사 전해다오.

listen to A   A를 귀 기울여 듣다, 경청하다

listen은 'vi.귀를 기울이다'입니다. listen은 자동사로 뒤에 명사를 연결할 때 '~을'에 해당하는 전치사를 붙여야 하고, 듣는 것은 소리가 나는 곳으로 가서(=이동해서) 귀를 기울여 듣는 것이기 때문에 이동의 to입니다. listen to music은 음악 소리가 나는 곳으로 이동해서 귀를 기울이는 것입니다.

과거엔 공연장으로 직접 가서(=이동해서) 음악을 들었죠. 1906년에 라디오가 처음 방송되었고, 1910년에 뉴욕에서 오페라공연을 라디오로 처음 방송했다고 합니다. 그 이전엔 직접 공연장에 to 해서 음악을 들었겠지요. hear는 타동사로 'vt.~을 듣다'인데 자신의 의지와는 상관없이 들려서 듣는 것입니다. 지금 귀를 막아 보세요. 그럼 아무것도 들리지 않습니다. 이제 귀를 열어 보세요. 주변 사람들의 대화 소리, 자동차 소리가 들리나요? 나의 의지와는 상관없이 들려서 듣는 것 그것이 hear입니다.

1. What are you doing now? **Listen to** me.
   너 지금 뭐 하고 있는 거야? 내 말을 들어봐.

2. I like to sit on the bench / **listening to** music.
   나는 벤치에 앉는 것을 좋아해. / 음악을 들으면서

3. I **heard** the news from the radio.
   나는 라디오에서 그 뉴스를 들었어.

dance to the music   음악에 맞추어 춤추다
sing to the music   음악에 맞추어 노래하다

to the music은 '몸과 마음이 음악에 이동하여'를 줄여서 표현하면 '음악에 맞추어'입니다. 멀리 있으면 음악 소리가 잘 들리지 않기 때문에 음악에 맞추어 춤추고 노래하려면 음악이 잘 들리는 곳으로 이동해야 하지요. 또 음악을 느끼기 위해선 마음과 귀가 음악으로 이동해야 하기 때문에 이동의 to입니다.

1. We would **dance to the music**.
   우린 음악에 맞추어 춤을 추곤 했어.

2. It's your turn. **Sing to the music**.
   너의 차례야. 음악에 맞추어 노래해.

It's 10 minutes to nine

It's 10 minutes to nine은 '9시 10분 전이야'입니다. 10 minutes to nine는 분침이 10분 가면 9시가 된다는 것이죠. '분침이 10분 가면 9시야'를 줄여서 표현하면 '9시 10분 전이야'입니다. 사전에는 to가 '이전(before)'의 뜻이 있다고 나와 있지요. to는 앞으로 이동하는 것이기 때문에 '이전'이란 뜻은 없음에도 오류가 많은 일영(日英)사전을 우리가 그대로 번역해서 한영(韓英)사전을 만들었기 때문에 아직도 엉터리가 많습니다.

He is cruel to animals

He is cruel to animals는 '그는 동물에게 잔인해'입니다.
cruel to animals는 **잔인한 행위가 동물에게 갔다(=이동했다)**는 것입니다. 동물에게 돌을 던져 돌멩이가 이동했든, 나쁜 음식이 이동했든 무엇인가 갔다는 것이지요. 3번부터 6번까지는 누구에게 무엇이 갔는지(=이동했는지) 직접 밑줄을 그어 보세요. A to B 구조가 한눈에 들어올 것입니다.

1. He is cruel **to** animals.
   그는 동물에 잔인해.

2. You are too good **to** me.
   당신은 저에게 지나치게 잘 해주시는군요.

3. Be nice **to** her. She is down.
   그녀에게 잘 대해 줘. 그녀는 다운 상태야.

4. She is always friendly **to** me.
   그녀는 항상 나에게 친절해.

5. He is very generous **to** his children.
   그는 자식들에게 매우 관대해.

6. He is always polite **to** his teachers.
   그는 선생님들께 항상 예의 발라.

be exposed to A   A에 노출되다

expose[ikspóuz]는 'vt.~을 노출시키다, 진열하다'입니다.
be exposed to는 be exposed(노출되다)+to(이동)입니다. '~에 가서 노출되다'를 줄여서 표현하면 '~에 노출되다'입니다. 1번 문장에서 Children과 to many dangers를 보면 아이들이 위험한 장소로 가서(=이동하여) 위험에 노출되는 것입니다. 아이들이 위험한 장소에 가지 않고 집에 있으면 위험에 노출될 일이 없겠죠. 2번 문장의 밑줄을 보면 그들이 방사능이 있는 곳으로 가서(=이동하여) 방사능에 노출된 것이지요. **노출은 가서(=이동해서) 노출되는 것이기 때문에 이동의 to입니다.**

expose는 ex(밖에=out)+pose(놓다=put)로 안에 있는 물건을 **밖에 놓는 것**은 **진열**하는 것이고, 사람들의 시선에 **노출**시키는 것이지요. propose는 pro(앞=before)+pose(놓다=put)입니다. 계획서를 누군가 **앞에 놓는 것**은 **제안**하는 것이고, 반지와 꽃다발을 연인 **앞에 놓는 것**은 **청혼**하는 것이죠.

1. Children **are exposed to** many dangers.
   아이들은 많은 위험에 노출되어 있어.

2. They **were exposed to** radiation.
   그들은 방사능에 노출되었어.

3. If this plant **is exposed to** the sun, it will die soon.
   이 식물이 태양에 노출되면, 곧 죽을 겁니다.

`stick to A`
`cling to`
`adhere to`
`keep to`
  A를 고수하다, 고집하다

stick[stik], cling[kliŋ], adhere[ædhíər]는 자동사로 'vi.달라붙다'입니다.
  stick to는 stick(vi.달라붙다)+to(이동)로 '**가서 달라붙다**'를 줄여서 표현하면 '**~을 고수하다**'입니다. 수학여행을 일본에 가기로 결정했는데 일본에 지진이 발생해서 제주도로 변경했습니다. 그랬더니 학생들은 끝까지 일본을 고수합니다. 학생들의 마음이 일본에 달라붙어 있어서 일본을 고수하는 것이지요. **고수(固守)는 무엇에 마음이 가서(to) 그곳에 달라붙어 고집스럽게 지키는 것이기 때문에 이동의 to**입니다.
  keep은 'vt.~을 지키다, 막다, 유지하다'입니다. keep to는 keep (one's mind) to로 '**마음을 이동시켜 계속 유지하다**'를 줄여서 표현하면 역시 '**~을 고수하다**'입니다. 무엇에 마음이 to 하여 그것을 계속 keep 하면 고수하는 것이죠.

1. We'll **stick to** the original schedule.
   우리는 원래 계획을 고수할 거야.
2. She **clung to** the belief that he was innocent.
   그녀는 그가 무죄라는 믿음을 고수했어.
3. My father **adhered to** his principles for his life.
   아버지는 일생동안 자신의 원칙을 고수 하셨어.
4. If you make a promise, you should **keep to** it.
   네가 약속하면 그것을 고수해야 해.

`face to face` 얼굴을 맞대고
`back to back` 등을 맞대고
`cheek to cheek` 뺨을 맞대고

face to face는 face(얼굴)+to(이동)+face(얼굴)입니다. '**얼굴이 얼굴로 이동하여**'를 줄여서 표현하면 '**얼굴을 맞대고**'입니다. back to back은 등이 등으로 이동했으니 '등을 맞대고'이고, check to check은 뺨이 뺨으로 이동했으니 '뺨을 맞대고'입니다.

1. They sat **face to face** and looked at each other.
   그들은 얼굴을 맞대고 앉아 서로 쳐다봤어.
2. Stand **back to back** and we'll see who is taller.
   등을 맞대고 서보세요. 누가 더 큰지 볼게요.
3. Couples are dancing **check to check**.
   커플들이 뺨을 맞대고 춤추고 있어.

happen to A   A에게 일어나다

happen[hǽpən]은 자동사로 'vi.일어나다, 발생하다'입니다.

happen은 자동사로 뒤에 명사를 연결할 때 전치사를 붙여야 하고, **사람에게 사고가 발생하는 것은 없었던 무엇이 사람에게 가서(=이동) 일어나는 것이기 때문에 이동의 to**입니다. 물론 to에 해당하는 우리말 조사 '~에게'도 자연스럽게 연결됩니다.

1번 문장에서 A car accident와 to me를 보면 어떤 **자동차가 나에게 이동**해서 교통사고가 발생한 것이죠. 자동차가 나에게 이동해 오지 않으면 사고는 발생하지 않지요. 2번 문장을 보면 질병(=바이러스)이 너에게 이동하여 병이 발생하는 것입니다.

1. A car accident **happened to** me yesterday.
   어제 나에게 교통사고가 일어났어.

2. Be careful, the disease could **happen to** you.
   조심해. 그 병이 너에게도 일어날 수 있어.

occur to A   ① A에게 떠오르다   ② A에게 일어나다

occur[əkə́ːr]는 자동사로 'vi.떠오르다, 일어나다'입니다.

① occur(vi.떠오르다)는 자동사로 뒤에 명사를 연결할 때 전치사를 붙여야 하고, **생각이 떠오르는 것은 나에게 없었던 무엇이 나에게로 이동하는 것이기 때문에 이동의 to**입니다. 1번 문장에서 a good idea와 to me를 보면 나에게 없었던 좋은 생각이 나에게로 이동했다는 것을 알 수 있지요.

② occur(vi.일어나다)의 동의어는 happen(vi.일어나다)으로 occur to는 happen to와 같습니다.

1. Suddenly a good idea **occurred to** me.
   갑자기 좋은 생각이 나에게 떠올랐어.

2. A car accident **occurred to** me yesterday.
   어제 나에게 교통사고가 일어났어.

get to A   A에 가다, 도착하다(reach, arrive)

get(vi.오다, 가다)은 자동사로 뒤에 명사를 연결할 때 전치사를 붙여야 하고, **가는 것은 사람이 다른 장소로 이동하는 것이기 때문에 이동의 to**입니다. 또 get은 take와 같은 뜻으로 'vt.~을 데리고 가다'입니다. I got (**myself**) to London으로 '나는 자신을 런던으로 데리고 갔어'입니다. 괄호 myself가 생략되어 get to가 된 것이죠.

1. We **got to** London at night.
   우린 밤에 런던에 도착했어.

2. When I **got to** the station, the train had already left.
   내가 역에 도착했을 때, 그 기차는 이미 떠나 있었어.

take A to B   A를 B에 가지고 가다

take는 'vt.~을 잡다, ~을 가지고 가다'입니다.
take A to B는 'A를 B에 가지고(데리고) 가다'입니다. 1번 문장의 <u>us to the museum</u>은 우리가 박물관으로 이동하는 것입니다. 2번 문장의 <u>the money to the bank</u>는 돈이 은행으로 이동하는 것이지요. **A to B 구조**가 먼저 눈에 들어오나요?

1. She **took** <u>us</u> **to** <u>the museum</u>.
   그녀는 우리를 박물관에 데리고 갔어.

2. She **took** <u>the money</u> **to** <u>the bank</u>.
   그녀는 돈을 은행에 가지고 갔어.

invite A to B   A를 B에 초대하다

invite A to B는 'A를 B에 초대하다'입니다.
invite A to B는 invite와 **A to B**로 나누세요. 'A가 B에 가도록 초대하다'입니다. 1번 문장의 <u>me to her house</u>는 내가 그녀의 집에 가도록 초대하는 것입니다. 2번 문장의 <u>me to his birthday party</u>는 내가 그의 생일파티에 가도록 초대하는 것이지요. **초대는 사람이 초대장소로 이동하는 것이기 때문에 이동의 to**입니다. 'invite <u>사람 to 장소</u>'가 되어야 하겠죠.

1. She **invited** <u>me</u> **to** <u>her house</u>.
   그녀는 나를 자기 집에 초대했어.

2. He **invited** <u>me</u> **to** <u>his birthday party</u>.
   그는 나를 자기의 생일 파티에 초대했어.

introduce A to B   A를 B에게 소개하다

introduce A to B는 'A를 B에게 소개하다'입니다.
introduce와 **A to B**로 나누어 보세요. 'A를 B에 이동시켜 소개하다'입니다. 소개란 한 사람을 다른 사람에게 이동시켜 인사시키는 것이기 때문에 이동의 to입니다. 1번 문장의 <u>me to the nice guy</u>는 나를 남자에게 이동시켜 소개하는 것입니다. 나를 남자에게 이동시키지 않으면 소개가 되지 않겠지요. 2번 문장의 <u>김치 to my Chinese friend</u>는 김치를 친구에게 이동시켜 소개하는 것입니다. 김치를 친구에게 이동시키지 않으면 소개가 안 되겠지요.
introduce[intrədjúːs]는 intro(안으로=into)+duce(이끌다=lead)로 한 사람을 다른 사람이 있는 장소 **안으로 이끌고 가서 소개**하는 것임을 단어로 알 수 있습니다.

1. Please **introduce** <u>me</u> **to** <u>the nice guy</u>.
   나를 저 멋있는 남자에게 소개시켜 줄래.

2. I **introduced** <u>김치</u> **to** <u>my Chinese friend</u>.
   난 김치를 중국인 친구에게 소개했어.

treat A to B   A를 B로 대접하다, 한턱내다

treat A to B는 'A를 B로 대접하다'입니다.

treat와 A to B로 나누면 'A를 B로 이동시켜 대접하다'입니다. 1번 문장의 me to lunch는 나를 점심 장소로 이동시켜 대접하는 것이지요. 2번 문장의 you to 삼계탕은 너를 삼계탕집에 이동시켜 대접하는 것입니다. 'treat 사람 to 음식'이 되는 것입니다. **사람을 음식이 있는 곳으로 to 시켜서 한턱내고 대접하는 것입니다.**

treat[tri:t]은 'vt.~을 대접하다, 대우하다, 치료하다 n.대접, 큰 기쁨'입니다. 사람들을 불러서 음식 **대접**하는 것은 주인으로서 **큰 기쁨**이지요.

1. Don't forget to **treat** me **to** lunch.
   나에게 점심 한턱내는 것 잊지 마.

2. I'd like to **treat** you **to** 삼계탕.
   당신에게 삼계탕을 대접하고 싶네요.

3. It is **a treat** to see you.
   당신을 만난 것은 큰 기쁨이에요.

help oneself to   음식을 마음껏 드세요

help oneself to는 '음식을 마음껏 드세요'입니다.

문장 속에는 '먹다'라는 단어가 없지요. 원어민의 식사시간으로 가보겠습니다. 영화에서 본 모습을 떠올려 보세요. 식탁 한가운데 음식이 놓여 있고 사람들 앞에는 빈 접시만 놓여 있습니다. 원어민의 식사는 우리의 식사처럼 사람 앞에 주인이 차려주는 음식을 먹는 것이 아니라 식탁 한가운데 차려놓은 음식을 자기가 먹을 만큼 가져가서 먹는 것이지요. Help yourself to the food는 help(도우세요)+yourself to the food(몸을 음식에 이동시켜)입니다. **음식이 가운데 놓여 있으니, 몸을(=손을) 음식에 이동시켜 먹을 만큼 가져가서 먹으라는 것**이죠. 영국인의 식사 습관에서 나온 표현입니다.

1. **Help yourself to** the fruits.
   과일 마음껏 드세요.

2. **Help yourself to** these cookies.
   이 쿠키들 마음껏 드세요.

owe A to B   A를 B에 빚지다

owe[ou]는 'vt.~을 빚지고 있다'입니다.

owe A to B를 'A를 B에 빚지다'로 무작정 외우면 암기가 될까요? I owed 5 dollars to her는 '나는 **그녀에게 5달러가 가도록** 빚지고 있어'입니다. 5 dollars to her를 보면 나의 돈 5달러가 그녀에게 가야(=이동해야) 한다는 것을 알 수 있지요.

add A to B   A를 B에 더하다, 추가하다

add A to B는 'A를 B에 더하다'입니다.
add와 A to B로 나누어 주세요. **'A를 B에 이동시켜 더하다'**입니다. 1번 문장의 sugar to ramyon은 **설탕을 라면에 이동시켜 추가**하는 것입니다. add가 무슨 뜻인지 몰라도 설탕이 라면으로 이동한다는 것을 알 수 있지요. 2번 문장은 사이트 하나를 즐겨 찾기 목록으로 이동시켜 추가하는 것입니다.

1. **Add** sugar **to** ramyeon. It's very delicious.
   라면에 설탕을 추가해보세요. 매우 맛있어요.

2. **Add** this site **to** your favorites list.
   이 사이트를 즐겨찾기 목록에 추가해.

attach A to B   A를 B에 붙이다
bind A to B   A를 B에 묶다

attach[ətǽtʃ]는 'vt.~을 붙이다', bind[baind]는 'vt.~을 묶다'입니다.

- attach A to B는 'A를 B에 이동시켜 붙이다'입니다. 1번 문장의 밑줄을 보면 **사진을 신청서에 이동시켜 붙이는** 것이죠. attach의 뜻을 몰라도 사진을 신청서에 이동시켜서 어떻게 하라는 것으로 핵심을 파악할 수 있습니다.

- bind A to B는 'A를 B에 이동시켜 묶다'입니다. 2번 문장의 밑줄을 보면 **그를 나무에 이동시켜 묶는** 것이지요. A to B 구조를 알면 앞에 있는 동사의 뜻을 몰라도 핵심을 파악할 수 있고, 문장 전체가 한눈에 들어와 독해가 빨라집니다.

1. Please **attach** a photograph **to** your application form.
   사진을 신청서에 붙이세요.

2. **Bind** him **to** the tree!
   그를 나무에 묶어!

give birth to A   A를 낳다(have, bear)

give birth to a baby는 '아이를 낳다'입니다.
give(주다)+birth to a baby(생명이 아이에게 이동)로 '아이에게 생명을 이동시켜주다'를 줄여서 표현하면 '아이를 낳다'입니다. **원어민은 아기를 낳는 것은 부모가 아이에게 생명을 주는 것으로 생각하기 때문에 이동의 to입니다.** 동의어는 have, bear입니다. have a baby는 없었던 아이를 가지는 것으로 '아이를 낳다'입니다.

1. She **gave birth to** a baby on Sunday.
   그녀는 일요일에 아이를 낳았어.

2. She **had** a boy.
   그녀는 남자아이를 낳았어.

appoint A to B   A를 B에 임명하다

appoint A to B는 'A를 B에 임명하다'입니다.

appoint와 A to B로 나누면 **'A가 B에 가도록 임명하다'**입니다. 1번 문장의 me to the class president는 내가 반장 자리로 이동하도록 임명한 것이지요. 2번 문장의 me to the sales manager는 내가 영업부장 자리로 이동하도록 임명한 것입니다. 임명은 사람을 어떤 직책(=자리)으로 이동시키는 것이기 때문에 이동의 to입니다.

appoint[əpɔ́int]는 ap(이동=ad)+point(n.점, 자리)입니다. 사람을 어떤 **자리로 이동**시키는 것은 사람을 **임명**하는 것이지요.

1. He **appointed** me **to** the class president.
   그는 나를 반장에 임명했어.

2. The boss **appointed** me **to** the sales manager.
   사장님이 나를 영업부장에 임명했어.

attribute A to B   A를 B에게 돌리다
ascribe

attribute[ətríbjuːt], ascribe[əskráib]는 'vt.~쪽으로 돌리다'입니다.
책임이나 영광을 다른 사람에게 돌리는 것은 책임과 영광을 다른 사람에게 주는(give) 것이죠. '돌리다'는 '주다'와 비슷한 뜻으로 give A to B의 어순을 갖는 것은 당연하겠지요.

attribute는 at(이동=ad)+tribute(주다=give)로 단어 속에 give의 뜻을 갖고 있고, ascribe는 as(이동=ad)+scribe(쓰다=write)로 책임이나 영광을 돌리는 글을 보내는 것입니다.

1. I want to **attribute** this award **to** my parents.
   나는 이 상을 부모님에게 돌리고 싶습니다.

2. Don't **ascribe** your fault **to** others.
   너의 잘못을 다른 사람에게 돌리지 마.

belong to A   A에 속해 있다, A의 소유이다

belong은 'vi.소속되어 있다, 소유되어 있다'입니다.

belong은 자동사로 뒤에 명사를 연결할 때 전치사를 붙여야 하고, **소속과 소유는 이동에 의해 이루어지는 것이기 때문에 이동의 to**입니다. 1번 문장은 축구선수 박지성이 그 클럽에 가서 소속되어 있는 것이죠. 2번 문장의 The book과 to me를 보면 그 책이 나에게 이동해서 나에게 소유되어 있는 것입니다. 책이 나에게 이동하지 않으면 그 책은 나에게 없고 나의 소유가 아니지요.

1. Park **belonged to** Manchester United Football Club.
   박지성은 맨체스터 유나이티드 클럽에 소속되어 있었어.

2. The book **belongs to** me.
   그 책은 나의 것이야. (=나에게 소속되어 있어.)

dedicate A to B
devote A to B
A를 B에 바치다, 헌신하다, 전념하다

dedicate[dédikèit], devote[divóut]는 'vt.~을 바치다, 전념하다, 헌신하다'입니다. **전념과 헌신은 전부 다 주는 것으로 give이기 때문에** 당연히 give A to B로 사용해야 하겠지요. 1번 문장의 my book to my mother는 **나의 책을 어머니에게 이동**시켜 주는 것입니다. 2번 문장은 자신의 시간, 열정 등을 모두 영어 학습에 준다는 것입니다.

dedicate, devote의 de는 분리(off)를 나타내는 접두사입니다. 자신이 갖고 있는 것을 조금씩 분리시켜(=떼어내어) 모두 다 주는 것은 헌신하고 전념하는 것이죠.

1. I want to **dedicate** my book **to** my mother.
   나는 나의 책을 어머니에게 바치고 싶어요.

2. I would like to **devote** myself **to** studying English.
   난 영어 공부에 전념하고 싶어요.

apply oneself to A
give oneself to
A에 헌신하다, 전념하다(devote, dedicate)

apply[əplái]는 'vt.~을 헌신하다'입니다. **전념과 헌신은 모두 다 주는(give) 것이기 때문에** give A to B 어순입니다. 1번 문장은 그녀는 자신을 일에 이동시켜 헌신했고, 2번 문장은 자신을 노동운동에 이동시켜 헌신한 것이죠. A to B 구조가 세뇌될 정도로 익숙해졌나요?

1. She **applied** herself **to** her work.
   그녀는 자신의 일에 헌신했어.

2. He **gave** himself **to** a labor movement.
   그는 노동운동에 헌신했어.

succeed to A
A를 이어받다, 계승하다

succeed[səksíːd]는 'vi.이어받다, 성공하다'입니다.
succeed는 자동사로 뒤에 명사를 연결할 때 '~을'에 해당하는 전치사를 붙여야 하고, **왕위나 가업은 가서 이어받고, 가서 계승하는 것이기 때문에 이동의 to**입니다. 아버지가 나를 사장으로 임명하면 나는 아버지 자리로 to 하여 아버지 사업을 이어받지요.
succeed는 suc(아래=sub=under)+ceed(가다=go)로 **아래로 가서 이어받는 것**입니다. 또 **성공한 사람 아래로 가면** 역시 **성공**하겠지요.

1. I must **succeed to** family business.
   나는 아버지의 사업을 계승해야 해.

2. Charles **succeeded to** the throne.
   찰스가 왕위를 계승했어.

attend to A   A에 집중하다(concentrate on), 주의하다

attend[əténd]는 'vi.집중하다, 주의하다, 시중들다 vt.~에 참석하다'입니다.

attend는 자동사로 뒤에 명사를 연결할 때 전치사를 붙여야 하고, **집중과 주의는 눈과 마음을 한곳에 이동시키는 것이기 때문에 이동의 to**입니다. 선생님은 학생들에게 수업에 집중하라고 합니다. 즉 학생들의 눈과 마음을 엉뚱한 곳으로 이동시키지 말고 칠판과 책에 이동시키라는 것이지요.

attend는 at(이동=ad)+tend(뻗다, 뻗치다=stretch)입니다. 눈과 마음을 한 곳에 뻗치면 집중하고 주의하는 것이고, 몸을 회의실에 뻗쳐놓으면 참석하는 것이죠. attend는 'vt.~에 참석하다'로 단어 속에 이미 to(~에)가 들어가 있기 때문에 attend를 '참석하다'라는 뜻으로 사용할 경우에는 to를 절대 붙여서는 안 됩니다. attend on도 기억나나요? attend는 'vi.시중들다'라는 자동사로 시중드는 것은 사람 옆에 붙어서 하는 것이기 때문에 접촉의 on을 붙이지요. on에서 이미 배웠습니다.

1. **Attend to** your own business.
   너 자신의 일에 집중해.

2. **Attend to** what I'm saying.
   내가 말하고 있는 것에 집중하세요.

3. It is necessary that you **attend** the meeting today.
   너는 오늘 모임에 꼭 참석해야 해.

contribute to A   A에 기부하다, 기여하다

contribute[kəntríbju:t]는 'vi.기부하다, 기여하다'입니다.

contribute는 자동사로 뒤에 명사를 연결할 때 전치사를 붙여야 하고, **기부는 돈을 주는(=이동) 것이고, 기여는 노력을 주는(=이동) 것이기 때문에 이동의 to**입니다. give 동사는 당연히 give A to B 구조가 되는 것이지요. contribute to는 contribute (money) to에서 괄호(money)가 생략된 것입니다. 기부가 돈을 주는 행위란 것을 누구나 다 알기 때문에 괄호(money)를 생략하는 것이지요. 기여는 contribute (effort) to에서 노력(effort)이 생략되어 있는 것입니다.

contribute는 con(함께=with)+tribute(주다=give)로 여러 사람이 **함께 주는** 것으로 **기부하는** 것입니다. distribute[distríbju:t]는 dis(분리=off)+tribute(주다=give)로 갖고 있는 것을 분리시켜 주는 것으로 '나누어 주다'입니다.

1. I **contribute to** the environmental groups.
   나는 환경단체에 기부하고 있어.

2. He **contributed to** the peace of the Korean Peninsula.
   그는 한반도 평화에 기여했어.

3. What did you **contribute to** our company?
   당신은 우리 회사에 무엇을 기여했습니까?

refer to A   ① A를 참고하다 ② A를 언급하다

refer[rifə́ːr]는 'vi.참고하다, 언급하다'입니다.

① refer to는 refer(참고하다)+to(이동)입니다. refer는 자동사로 뒤에 명사를 연결할 때 '~을'에 해당하는 전치사를 붙여야 하고, **참고는 도움이 될 자료가 있는 곳으로 가서(=이동해서) 참고하는 것이기 때문에 이동의 to**입니다. 무엇을 참고하려는 사람이 가만히 앉아 있으면 될까요? 참고 서적이 있는 도서관에 이동해 가야 하고, 친구의 조언을 참고하려면 친구에게 가야 하겠지요.

② refer to는 refer(언급하다)+to(이동)입니다. refer는 자동사로 뒤에 명사를 연결할 때 '~을'에 해당하는 전치사를 붙여야 하고, **언급(言及)은 다른 사람에게 말을 전달하고 이동시키는 말의 이동이기 때문에 이동의 to**입니다.

1. When you decide your work, you should **refer to** his advice.
   네가 일을 결정할 때, 그의 충고를 참고하는 것이 좋아.

2. Don't **refer to** the matter again.
   다시는 그 일을 언급하지 마.

next to A / close to   A 옆에, 가까이에

next는 'a.가까운, 바로 옆의', close[klous]는 'a.가까운'입니다.

next to, close to는 '**가서 바로 옆의, 가서 가까운**'을 줄여서 표현하면 '**바로 옆에, 가까이**'입니다. 1번 문장에서 The cat과 to the tree를 보면 고양이가 나무로 가서(이동) 나무 옆에 있는 것이지요. 고양이가 나무로 가지 않으면 나무 옆에, 나무 가까이에 있을 수 없습니다. **바로 옆에, 가까이에 있다는 것은 옆으로 to 했다는 것입니다.**

1. The cat is **close to** the tree.
   고양이는 나무 옆에 있어.

2. I sat **next to** Jack.
   나는 잭 옆에 앉았어.

to the point   적절한, 적절하게

to the point는 '**핵심에 이동해 있는**'으로 줄여서 표현하면 '**적절한, 적절하게**'입니다.

질문에 대한 대답이 핵심에 이동해 있다는 것은 적절한 대답이고, 적절하게 대답한 것이죠. to the point를 형용사로 쓰면 'a.적절한'이고, 부사로 쓰면 'ad.적절하게'입니다. fast를 형용사로 쓰면 'a.빠른'이고 부사로 쓰면 'ad.빠르게'가 되는 것과 같지요.

1. Your answer is **to the point**.
   너의 대답은 적절해.

2. She answered **to the point**.
   그녀는 적절하게 대답했어.

thanks to A A 덕택에, 때문에(because of)

thanks to는 thanks(감사)+to(이동)입니다.
thanks to you는 '감사가 너에게 가는데'를 줄여서 표현하면 '너 덕택에, 너 때문에'입니다. '너의 도움 **덕택에** 시험 합격했어, 너의 도움 **때문에** 시험 합격했어'는 같은 뜻이지요. '덕택에'의 동의어는 '때문에' 입니다.

1. **Thanks to** you, I passed the exam.
   너 덕택에(=너의 도움 때문에), 나 시험에 합격했어.

2. I met a lot of nice people, **thanks to** you.
   너 덕택에(너의 도움 때문에) 난 많은 좋은 사람을 만났어.

owing to A / due to A 때문에(because of)

owing[óuiŋ], due[djuː]는 'a.원인이 있는'입니다.
owing to A는 '원인이 A에게 가는데'로 줄여서 표현하면 'A 때문에'입니다. 1번 문장의 Owing to bad weather를 직역하면 '원인이 나쁜 날씨에게 가는데'로, 줄여서 표현하면 '나쁜 날씨 때문에'입니다. **원인 이 무엇인지 궁금하면 to 뒤에 있는 단어로 이동**하라는 것이지요.

1. **Owing to** bad weather, the next schedule will be canceled.
   나쁜 날씨 때문에, 다음 일정은 취소될 거야.

2. He is retiring **due to** bad health.
   나쁜 건강 때문에 그는 은퇴할 계획이야.

be well known to A / be familiar to A에 잘 알려져 있다

well known, familiar[fəmíljər]는 'a.잘 알려져 있는'입니다.
사람들에게 가서 잘 알려지는 것이기 때문에 이동의 to입니다. 1번 문장에서 Rain과 to America를 보면 가수 비가 미국에 가서 미국에 잘 알려진 것이지요. 비가 공연을 위해 직접 미국으로 갔든, 아니면 비의 동영상이 미국으로 이동했기 때문에 잘 알려진 것입니다. Rain이 미국에 가지 않고 한국에 가만히 있으 면 미국에 잘 알려질 리 없습니다.

1. Rain **is well-known to** America.
   비는 미국에 잘 알려져 있어.

2. 김치 **is familiar to** all over the world.
   김치는 전 세계에 잘 알려져 있어.

yield to A / submit to
A에게 항복하다, 양보하다

yield[jiːld], submit[səbmít]는 'vi.항복하다'입니다.

yield, submit는 자동사로 뒤에 명사를 연결할 때 전치사를 붙여야 하고, **항복은 백기를 들고 적에게 가서(=이동) 항복하는 것이기 때문에 이동의 to**입니다. 1번 문장에서 The enemy와 to our soldiers를 보면 **적이 우리 군인들에게 가서(이동) 항복한 것**이지요. 2번 문장의 their seats to her는 지하철에서 좌석을 할머니에게 이동시켜 주는 것으로 양보하는 것입니다. 힘이 없어서 넘겨주면 항복하는 것이고, 힘이 있음에도 자발적으로 넘겨주는 것은 항복이 아니라 양보하는 것입니다.

submit는 자동사로는 'vi.항복하다'이고 타동사로는 'vt.~을 제출하다'입니다.

submit은 sub(아래=under) + mit(보내다=send)입니다. 적의 장수 아래에 백기를 든 신하를 보내는 것은 항복하는 것입니다. 대학생활을 하면 교수연구실에 리포트를 제출하러 갔는데 문은 잠겨 있고 아무도 없는 경우가 많습니다. 그때 문아래(sub) 틈 사이로 리포트를 밀어 보내어(mit) 제출하지요. submit는 과제물을 문 아래의 틈사이로 보내어 제출하는 행위에서 유래하여 'vt.~을 제출하다'입니다. 어원을 알고 역사를 알면 애써 암기할 필요가 없지요.

1. The enemy **yielded to** our soldiers.
   적이 우리 군사에게 항복했어.

2. Nobody **yielded** their seats **to** her.
   아무도 그녀에게 자리를 양보하지 않았어.

3. You have to **submit** the report by tomorrow.
   여러분들은 내일까지 과제를 제출해야 합니다.

give way to A
A에게 굴복(항복)하다, 양보하다

give way to는 give(~을 주다) + way(길) + to(이동)입니다.

'~에게 길을 주다'를 줄여서 표현하면 '~에 항복하다'입니다. give way to는 give way to the enemy에서 나온 표현입니다. **자신의 길을 적에게 내어 주는 것은 항복하는 것**이지요.

임진왜란 때 도요토미 히데요시가 조선을 침략하기 전에 명나라를 친다는 명분으로 길(way)을 내어 달라고 요구했지요. 조선의 길을 일본에게 줄 것을 요구한 것은 한마디로 항복하라는 것이었습니다. give way to는 자신의 길을 내어주는 것으로 항복, 굴복, 양보입니다. 힘이 있음에도 스스로 자신의 길을 내어 주는 것은 항복이 아니라 양보죠. 위에서 배운 yield to, submit to와 같은 뜻입니다.

1. Due to starvation, they **gave way to** the enemy.
   굶주림 때문에, 그들은 적에게 항복했어.

2. You must not **give way to** your feelings.
   너는 너의 감정에 굴복해서는 안 돼.

3. Cars must **give way to** pedestrians.
   자동차는 보행자에게 양보해야 해.

be sensitive to A   A에 민감하다, 예민하다

sensitive[sénsətiv]는 'a.예민한, 민감한'입니다.
be sensitive to는 be sensitive(민감하다)+to(이동)입니다. 저는 향수 냄새에 민감한 편인데 평상시에는 괜찮다가 향수 냄새가 있는 곳으로 가면 민감해지죠. **민감한 것은 평상시에는 괜찮다가 민감한 대상 옆으로 가면(=이동) 민감해지는 것이기 때문에 이동의 to**입니다.

1번 문장에서 I와 to perfume를 보면 내가 향수 냄새가 있는 곳으로 이동하면 향수에 민감한 것이지요. 3번 문장을 볼까요? 내가 복숭아 옆으로 이동하면 알레르기가 있다는 것입니다.

1. I **am sensitive to** perfume.
   난 향수에 민감해.

2. I **am sensitive to** cold.
   난 추위에 민감해요.

3. I have an allergy **to** peaches.
   난 복숭아에 알레르기가 있어.

adjust to A   A에 적응하다
adapt to
accommodate to

adjust[ədʒʌ́st], adapt[ədǽpt], accommodate[əkάmədèit]는 'vi.적응하다'입니다.
위의 단어들은 자동사로 뒤에 명사를 연결할 때 전치사를 붙여야 하고, **적응(適應)은 가서 알맞게 맞추는 것이기 때문에 이동의 to**입니다.

중국에서 중국 현지 음식에 적응하려면 중국음식점에 자주 가서 적응해야합니다. 월드컵 축구를 보면 축구장이 고산지대에 있는 경우 선수들은 고산지대 축구장에 적응하기 위하여 그 환경과 비슷한 곳으로 가서(=이동하여) 적응훈련을 하지요. 즉 **적응은 가서(=이동해서) 맞추는 것이기 때문에 이동의 to**입니다.

adjust, adapt, accommodate의 접두어 ad, ac는 to입니다. adjust는 ad(이동=to)+just(적당한)이고, adapt는 ad(이동=to)+apt(적당한)로 적당한 곳으로 이동하여 적응하는 것이지요. ad 뒤에 c가 오면 단어를 예쁘게 만들기 위해 ad를 ac로 바꾸어 줍니다. accommodate는 ac(이동=ad)+com(강조)+mode(방식=method)+ate로 가서 현지 일반인의 방식에 적응하는 것입니다.

1. It isn't easy to **adjust to** Chinese food.
   중국 음식에 적응하는 것은 쉽지 않아.

2. The players are training to **adapt to** the local situations.
   선수들은 현지 환경에 적응하기 위하여 훈련하고 있어.

3. We **accommodated to** the new environment quickly.
   우리는 빨리 새로운 환경에 적응했어.

be indifferent to A   A에 관심 없다, 무관심하다

indifferent[indífərənt]는 'a.관심 없는'입니다.
be indifferent to는 be indifferent(관심 없다)+to(이동)입니다. **관심이 있는지 없는지는 그 대상에 이동해 봐야 알 수 있기 때문에 이동의 to**입니다. 1번 문장처럼 어떤 친구가 '나 PC게임에 관심 없어'라고 말한다면 관심 없는 것이 사실인지 알기 위해서는 그 친구를 PC방으로 이동시켜보면 바로 알 수 있겠지요. PC방으로 이동했는데 게임에 관심을 보이지 않는다면 그 친구는 게임에 관심 없는 것입니다. 2번 문장처럼 말한다면 소녀시대 공연장으로 이동해 보면 소녀시대에 관심 있는지 없는지를 바로 알 수 있을 것입니다.

indifferent는 in(부정=not)+different(a.다른)로 '다르지 않은'입니다. 매일 나오는 반찬이 김치와 콩나물국으로 **다르지 않다면** 반찬이 무엇이 나오는지에 대해 **무관심**해지겠지요.

1. I **am indifferent to** PC games.
   나는 PC 게임에 관심 없어.

2. I **am indifferent to** Girls Generation.
   난 소녀시대에 관심 없어.

put an end to A   A에 마침표를 찍다, A를 끝내다

put an end to는 put(놓다)+an end(마침표, 종지부)+to(이동)입니다.
'**마침표를 이동시켜 놓다**'를 줄여서 표현하면 '~을 끝마치다(finish)'입니다. '마침표를 찍다, 종지부를 찍다'와 '끝마치다'는 모두 같은 뜻이지요.

1. They have to **put an end to** war.
   그들은 전쟁에 마침표를 찍어야 해.

2. Let's **put an end to** this problem.
   이 문제에 마침표를 찍읍시다.

welcome to my house   나의 집에 온 것을 환영합니다

이 표현은 우리 집에 **이미 이동한(=도착한)** 사람에게 하는 말이지요. **to는 이미 도착한 것으로 동작이 끝난 과거 개념**입니다. 전치사 to가 동작이 끝난 과거 개념이 있다는 것을 모르면 문법에서 배울 to 부정사에서 엉터리를 배우게 됩니다. 대부분의 교재는 to를 미래 개념으로 각인시키고 있는데 모두 엉터리 일본 영문법을 가르치는 것입니다. to는 시간과는 상관없이 '과거, 현재, 미래' 모두 사용되는 개념입니다. 자세한 문법 설명은 영문법쇼크 to부정사 편을 참고하세요.

1. **Welcome to** my house!
   내 집에 온 것을 환영해!

2. **Welcome to** Korea.
   한국에 오신 것을 환영합니다.

fall to one's knees 무릎 꿇다
drop to one's knees

fall, drop은 'vt.~을 떨어뜨리다'입니다.

fall to one's knees를 '무릎 꿇다'로 무작정 외우면 느낌이 전혀 오지 않지요. fall one's knees to (the ground)가 원래 표현입니다. '**무릎을 떨어뜨려 땅에 이동시키다**'를 줄여서 표현하면 '**무릎 꿇다**'가 되지요. 무릎 꿇는 것은 무릎이 땅으로 이동한다는 것을 누구나 다 알기 때문에 괄호(the ground)를 생략합니다. 그리고 뒤에 홀로 남아 있는 to를 앞으로 이동시키면 fall to one's knees가 되지요. 무릎은 두 개니까 당연히 복수를 사용해야겠군요.

1. If you don't want to die, **fall to your knees**.
   죽고 싶지 않으면, 무릎 꿇어.

2. They **dropped to their knees** and started to prey.
   그들은 무릎 꿇고 기도하기 시작했어.

be starved to death 굶어 죽다
be drowned to death 익사하다
be burnt to death 화형당하다
be frozen to death 동사하다

starve[stɑːrv]는 'vt.~을 굶기다', drown[draun]은 'vt.~을 물에 빠뜨리다', burn은 'vt.~을 불태우다', freeze[friːz]는 'vt.~을 얼게 하다'입니다.

- be starved to death는 be starved(굶주림 당하다)+to death(죽음으로 이동)입니다. '**굶주림 당해서 죽음(=저승)으로 이동하다**'를 줄여서 표현하면 '**굶어서 죽다**'입니다.
- be drowned to death는 be drowned(익사 당하다)+to death(죽음으로 이동)입니다. '익사 당해서 죽음으로 이동하다'를 줄여서 표현하면 '익사하다'입니다.
- be burnt to death는 불태워 져서 죽음으로 이동한 것으로 '화형당하다'입니다.
- be frozen to death는 얼려져서 죽음으로 이동한 것으로 '동사하다'입니다. to death는 저승으로 이동했음을 알려주는 것으로 to는 과거 개념입니다.

1. He **was starved to** death.
   그는 굶어 죽었어.

2. He **was drowned to** death.
   그는 익사했어.

3. He **was burnt to** death.
   그는 화형 되었어.

4. He **was frozen to** death.
   그는 동사했어.

second to none — 누구에게도 뒤지지 않는, 최고인

second to none은 second(두 번째)+to(이동)+none(아무도 없다)입니다.
'2인자가 이동하여 대적할 사람이 아무도 없는'을 줄여서 표현하면 '누구에게도 뒤지지 않는, 최고인'입니다. 곳곳에는 일인자라고 자처하는 사람들이 많아서 진정한 일인자가 누구인지 모르죠. second가 일인자라고 자처하는 모든 사람에게 가서(to) 결투를 신청하여 이긴 결과 더 이상 상대할 사람이 없는 (none) 상태가 되면 그는 누구에게도 뒤지지 않는, 최고가 되는 것이지요.

일본강점기의 시라소니는 중국 대륙에서 스스로 최고라고 자처하는 사람들을 찾아다니며 결투를 벌였습니다. 마지막에는 더 이상 결투를 받아주는 사람이 아무도 없었지요. 시라소니 이름만 들으면 모두 도망갔기 때문에 시라소니는 '누구에게도 뒤지지 않는, 최고의' 주먹 황제가 되었습니다. second to none이 왜 '최고인'인지 바로 느낌이 오지 않나요?

1. I am **second to none** in English.
   난 영어에서는 최고야.

2. This car is **second to none** in Korea.
   이 차는 한국에서 최고예요.

3. This wine is **second to none**.
   이 와인은 최고야.

add up to A / total up to / amount to — 합계하여 A가 되다

add, total[tóutl]은 'vt.더하다, 덧셈하다'입니다.
add up to는 add(더하다)+up(전체 다)+to A(A로 이동)입니다. '전체 다 더한 것이 A라는 숫자로 이동하다'를 줄여서 표현하면 '합계하여 A가 되다'입니다. up은 all과 같은 뜻임을 up에서 배웠지요. add up은 전체 다 더하는 것으로 합계하고, 합산하는 것입니다. 기억나지 않으면 up에서 add up을 찾아 확인하세요.

1번 문장은 여행경비를 합계(add up)하니 100달러라는 숫자에 이동(to)한 것이고, 2번 문장은 수출 금액을 합계(add up)하니 300억 달러라는 숫자에 이동(to)한 것이지요.

amount[əmáunt]는 단어 자체가 'vi.합계하다'로 단어 속에 up의 의미가 들어 있기 때문에 up을 붙일 필요가 없습니다.

1. Our traveling expenses **added up to** 100 dollars.
   여행 경비를 합계하니 100달러가 되었어.

2. Korean exports to the U.S. **amount to** thirty billion dollars a year.
   한국의 미국 수출액은 합계하니 연간 300억 달러에 이른다.

compare A to B   A와 B를 비교하다

compare A to B는 'A와 B를 비교하다'입니다.
A to B가 'A와 B'로 '~와'로 옮겨지지요. 비교는 2개를 가지고 하는 것입니다. A와 B가 옆에 나란히 있으면 바로 비교하면 되지요. 그런데 A 하나만 갖고 있고 비교 대상인 B가 다른 곳에 떨어져 있다면 A를 B로 이동시켜 나란히 놓고 비교해야 하지요. **compare A to B는 A를 B에 이동시켜 옆에 나란히 놓고 비교하는 것입니다.**

1. **Compare** the original **to** the copy.
   원본을 사본과 비교해 보세요.

2. Don't **compare** yourself **to** people around you.
   자신을 주위 사람들과 비교하지 마세요.

be similar to A   A와 비슷하다

be similar to는 be similar(비슷하다) + to(이동)로 '~와 비슷하다'입니다.
to가 '~에, 에게'가 많았는데 '~와'가 슬슬 나오기 시작하죠. **A와 B가 비슷하다는 것은 A를 B에 이동시켜 비교해 본 결과 비슷하다는 것이기 때문에 이동의 to입니다.**
1번 문장에서 Your shape와 to your brother를 보면 너의 사진을 너의 형 사진 옆에 이동시켜 비교해 보니 비슷하다는 것이지요. 2번 문장은 너의 의견을 나의 의견에 이동시켜 두 개를 비교해보니 비슷하다는 것입니다.

1. Your shape **is similar to** your brother.
   너의 외모는 너의 형과 비슷해.

2. Your opinion **is similar to** mine.
   너의 의견은 나의 것과 비슷해.

be equal to A   ① A와 똑같다   ② A를 감당할 수 있다

① be equal to는 '~와 똑같다'입니다.
   A와 B 두 개가 **비슷한지, 똑같은지는 하나를 다른 하나에 이동시켜 비교해 봐야 아는 것이기 에 이동의 to**입니다. 1번 문장의 밑줄을 보면 이 호텔 자료를 가져가서(=이동시켜) 일류호텔과 비교해 보니 똑같다는 것이지요.

② be equal to는 '~을 감당할 수 있다'입니다.
   이 뜻은 ①에서 파생된 것입니다. 어떤 임무가 주어졌는데 나의 능력을 그 임무에 이동시켜 비교해 본 결과 똑같아서 그 임무를 감당할 수 있다는 것입니다.

1. This hotel **is equal to** the best hotels in Korea.
   이 호텔은 한국의 일류 호텔과 똑같아.

2. I **am equal to** the task.
   나는 그 일을 감당할 수 있어.

correspond to A   A와 일치하다(be equal to)

correspond[kɔ̀:rəspánd]는 'vi.일치하다, 소식을 주고받다'입니다.
　두 개가 비슷하고(similar), 일치하는(equal, correspond) 것은 하나를 다른 하나에 이동시켜 비교해 본 결과 그렇다는 것이기 때문에 이동의 to입니다. 1번 문장에서 My views와 to yours를 보면 나의 견해를 너의 것에 이동시켜 서로 비교해보니 일치하는 것입니다. 2번 문장은 너의 말을 내가 들은 내용에 이동시켜 서로 비교해보니 일치하는 것입니다.
　correspond는 cor(함께=com=with)+respond(대답하다)입니다. 선생님이 한국의 수도는 어디냐고 물었는데 함께 서울이라고 **대답**하면 대답이 **일치**하는 것이지요.

1. My views exactly **correspond to** yours.
　　나의 견해는 정확하게 당신 것과 일치해요.

2. Your words **correspond to** what I have heard.
　　너의 말은 내가 들은 것과 일치해.

object to A   A를 반대하다
be opposed to

object[əbdʒékt]는 'vi.반대하다', opposed[əpóuzd]는 'a.반대하는'입니다.
　object는 자동사로 뒤에 명사를 연결할 때 '~을'에 해당하는 전치사를 붙여야 하고, **반대는 A를 B에 이동시켜 서로 비교해 본 결과 의견이 완전히 불일치하여 반대하는 것이기 때문에 이동의 to입니다.** 친구의 의견에 반대하는 이유는 나의 의견을 이동시켜 친구의 의견과 비교해 본 결과 불일치하여 반대하는 것이지요. 'be+형용사'는 자동사가 되기 때문에 be opposed는 object와 같습니다.
　object는 ob(반대=against)+ject(던지다=throw)로 반대표를 던져서 반대하는 것이지요. opposed는 op(반대=against)+pose(놓다=put)+ed로 자신의 입장을 반대편에 놓아 반대하는 것입니다.

1. I **object to** your plan because of money problem.
　　난 돈 문제 때문에 그 계획에 반대해.

2. We **are** strongly **opposed to** the contract.
　　우린 강력하게 그 계약을 반대해.

keep to the right   우측통행하세요

keep to the right는 '우측통행하세요'입니다.
　지하철 계단에서 자주 보지요. 원래 표현은 keep (yourself) to the right입니다. keep(유지하세요)+yourself to the right(당신 몸을 오른쪽으로 이동시켜)입니다. '**당신 몸을 오른쪽으로 이동시켜 계속 유지 하세요**'를 줄여서 표현하면 '**우측통행하세요**'입니다. 좌측통행을 하고 있는 사람이 이 문구를 보면 자신의 **몸을** 오른쪽으로 이동시켜야 하는 것은 누구나 다 아는 사실이기 때문에 괄호(yourself)를 생략하는 것입니다.

prefer A to B — B보다 A를 더 좋아하다

prefer[prifə́:r]는 'vt.~을 더 좋아하다'입니다.

prefer A to B는 'B보다 A를 더 좋아하다'입니다. 막연히 공식으로 암기하면 나중에는 큰 혼란이 생기지요. 어떤 공식은 A가 중요하고, 어떤 공식은 B가 중요하기 때문입니다.

prefer는 pre(앞으로=before)+fer(옮기다=carry)로 자기 앞으로 이동시켜 놓은 것을 더 좋아한다는 뜻을 갖고 있습니다. 사람은 본능적으로 좋아하는 것을 자기 앞으로 이동시켜 놓지요.

prefer A to B는 'A를 B에 이동시켜 비교해 본 결과 자기 앞으로 이동시켜 놓은 A가 더 좋다'입니다. pre에 동그라미 크게 쳐 보세요. A와 B 중에서 자기 앞으로(pre) 옮겨놓은(fer) A를 더 좋아하는 것입니다. 사전에는 to가 '~보다(than)'란 뜻이 있다고 나와 있지요. to를 '~보다'로 기억해도 좋습니다.

1. I **prefer** an orange **to** an apple.
   난 사과보다 오렌지를 더 좋아해.

2. I **prefer** soccer **to** baseball.
   난 야구보다 축구를 더 좋아해.

3. I **prefer** watching baseball **to** playing it.
   난 야구를 하는 것보다 구경하는 것을 더 좋아해.

be superior to A — A보다 우수하다
be inferior to A — A보다 못하다

superior[səpíəriər]는 'a.우수한', inferior[infíəriər]는 'a.못한, 열등한'입니다.

be superior to는 be superior(우수하다)+to(이동)입니다. **우수한지 열등한지는 하나를 다른 하나에 이동시켜 비교해 봐야 알기 때문에 이동의 to입니다.** to를 '~보다'로 기억해도 되지만 왜 to를 붙이는지 알면 더 좋겠지요. 1번 문장은 '나는 그보다 영어가 우수해'입니다. 내가 그보다 영어가 더 우수한지 열등한지는 어떻게 알 수 있을까요? 나의 영어 성적표를 그의 영어성적표에 이동시켜 서로 비교해 본 결과 내가 더 우수하다는 것입니다.

superior의 super는 superman에서 보듯이 '위에(over)'입니다. 단상 위에 있든지, 성적이 위에 있으면 '우수한' 사람이지요. inferior는 in(안으로=into)+fer(옮기다=carry)+ior로 사람들 무리 안으로 옮겨 놓으면 눈에 띄지 않아 '열등한'입니다.

1. I **am superior to** him in English.
   나는 그보다 영어에 우수해.

2. Our team **is inferior to** the opponent in defense.
   우리 팀은 수비면에서 상대 팀에 비해 못해.

3. This product **is inferior to** that in quality.
   이 제품은 품질에 있어서 저것보다 못해.

prior to A   A 이전에(before)

prior[práiər]는 'a.이전에'로 접두어 pri는 before입니다.
prior to departure는 '출발 이전에'인데 출발 시각을 10시로 정해 보세요. '시계의 시침이 10시로 이동하기 이전에'를 줄여서 표현하면 '10시 이전에'가 됩니다.

1. I'm calling on him **prior to** departure.
   난 출발 이전에 그를 방문할 예정이야.

2. **Prior to** becoming a teacher, he was a lawyer.
   선생이 되기 이전에, 그는 변호사였어.

ten to one   틀림없이(certainly, surely)

ten to one은 ten(10명의 손가락)+to(이동)+one(한사람)입니다.
'10명의 손가락이 한사람에게 이동'을 줄여서 표현하면 '**틀림없이**'입니다. 교실에서 물건이 없어졌습니다. 그런데 10명의 손가락이 한사람에게로 이동합니다. 그러면 그 사람은 틀림없이 도둑님이겠지요. 눈에 보이는 모습 그대로 표현한 것입니다.

1. **Ten to one** he will fail.
   틀림없이 그는 실패할 거야.

2. **Ten to one** he'll be late.
   틀림없이 그는 지각할 거야.

stand up to A   A와 맞서다
face up to

- stand up to는 stand(서 있다)+up(끝까지)+to(이동)입니다.
  '누구에게 가서(=이동) 끝까지 서 있다'를 줄여서 표현하면 '**누구와 맞서다**'입니다.
- face up to는 face(향하다)+up(끝까지)+to(이동)입니다.
  '누구에게 가서(=이동) 끝까지 얼굴을 향하다'를 줄여서 표현하면 '**누구와 맞서다**'입니다. 맞서는 것은 한 사람이 다른 사람에게 가서(=이동) 서로 얼굴을 마주 보고 끝까지 서 있는 것이기 때문에 이동의 to입니다. 영어는 눈에 보이는 모습 그대로 표현하는 언어지요.

1. I can't **stand up to** my boss.
   나는 사장과 맞설 수 없어요.

2. You have to **face up to** him.
   넌 그와 맞서야 해.

3. Don't avoid the problem. **Face up to** it.
   문제를 회피하지 마. 그것과 정면으로 맞서.

testify to A   A를 증명하다, 증언하다

testify[téstəfài]는 'vi.증명하다, 증언하다'입니다.

testify는 자동사로 뒤에 명사를 연결할 때 '~을'에 해당하는 전치사를 붙여야 하고, **증명과 증언은 그것을 인정해 주는 곳으로 가서(=이동해서) 하는 것이기 때문에 이동의 to**입니다. 많은 사람이 있는 광장으로 가든지, 아니면 재판관이 있는 법정으로 가서 증명하고 증언해야 인정을 받을 수 있겠지요.

1. Can you **testify to** that?
   너 그것을 증명할 수 있니?

2. He sufficiently **testified to** his capability for the work.
   그는 그 일을 위해 자신의 능력을 충분히 증명했다.

subscribe to A   A를 구독하다

subscribe[səbskráib]는 'vi.구독하다'입니다.

subscribe는 자동사로 뒤에 명사를 연결할 때 '~을'에 해당하는 전치사를 붙여야 하고, **과거에 신문을 구독하는 것은 가서 벽보를 보는 것이었기 때문에 이동의 to**입니다. 지금은 신문을 구독하면 신문이 집으로 오지요. 그러나 과거엔 당연히 지금과 같은 신문이 없었죠. 지금의 신문은 과거엔 광장이나 관청에 붙여 놓은 벽보입니다. 사람들은 신문(=벽보)을 보기 위해 게시대가 있는 곳으로 직접 가서 봤지요. 과거의 신문 구독은 직접 가서 벽보를 보는 것이었기 때문에 이동의 to를 붙이는 것입니다.

subscribe는 sub(아래=under)+scribe(쓰다=write)로 계약서 맨 아래에 이름을 써서 구독 계약하는 것입니다.

1. I **subscribe to** several economic magazines.
   나는 몇 개의 경제 잡지를 구독해.

2. Do you **subscribe to** any newspapers?
   당신은 어떤 신문을 구독하나요?

according to A   A에 의하면, A에 따르면

according[əkɔ́ːrdiŋ] to는 '~에 따르면, ~에 의하면'입니다.

'~에 의하면, ~에 따르면'은 정보의 근거와 출처는 to 뒤에 있는 단어로 이동해서 확인하라는 뜻입니다. 1번 문장을 보세요. 경기가 취소되었는데 그 소식의 출처가 궁금하면 신문으로 이동하라는 것이지요. 2번 문장을 보면 그는 살인 청부업자인데 그 소식의 출처가 궁금하면 뉴스로 이동하라는 것입니다.

1. **According to** the newspaper, the game is canceled.
   신문에 의하면, 경기는 취소되어 있어.

2. **According to** the news, he is a killer.
   뉴스에 의하면, 그는 살인 청부업자야.

be related to A — A와 관계(연관, 관련) 있다
be connected to

related[riléitid], connected[kənéktid]는 'a.관계있는'입니다.
be related to는 be related(관계있다)+to(이동)로 '~와 관계있다'입니다. **관계란 가서(=이동) 접촉하여 발생하는 것이기 때문에 이동의 to**입니다. 관계, 연관, 관련은 동의어입니다. 도난 사건과 관계가 있다면 도난 사건이 발생한 그 장소에 갔기 때문이죠. 사건 발생 장소에 가지 않고 집에 있었다면 도난 사건과 아무런 관계가 없겠지요. **원어민이 느끼는 관계, 관련은 이동을 통하여 발생하는 것이기 때문에 이동의 to**입니다. 1번 문장에서 He와 to the accident를 보면 그가 사건 현장에 갔기(=이동) 때문에 사건과 관계가 있다는 것입니다.

1. He **is related to** the accident.
   그는 그 사건과 관계가 있어요.

2. Happiness **is connected to** your job.
   행복은 너의 직업과 관계가 있어.

be engaged to A — A와 약혼해 있다
be married to — A와 결혼해 있다

engaged[engéidʒd]는 'a.약혼해 있는', married[mǽrid]는 'a.결혼해 있는'입니다.

- be engaged to는 be engaged(약혼해 있다)+to(이동)로 '~와 약혼해 있다'입니다.
- be married to는 be married(결혼해 있다)+to(이동)로 '~와 결혼해 있다'입니다.
  우리말로 옮겨 '~와'로 해석되어 with를 사용해선 안 됩니다. 어른들은 자식을 결혼시킬 때 **장가보낸다, 시집보낸다**고 말하죠. 원어민의 사고도 우리와 같습니다. 과거에 원어민의 결혼은 부모가 자식을 다른 집안에 보내어(=이동시켜) 이루어졌던 것입니다. **약혼과 결혼은 한 사람이 다른 한 사람에게 가서(=이동해서) 이루어지는 것이기 때문에 이동의 to**입니다. 1번 문장에서 I와 to Jim을 보면 내가 짐에게 가서(=이동해서) 약혼한 것입니다. 2번 문장은 내 딸이 변호사에게 to 해서 결혼해 있는 것이지요.
  date(vt.~와 데이트하다), marry(vt.~와 결혼하다), divorce(~와 이혼하다)는 동사 속에 이미 with가 들어가 있다는 것 기억해 두세요.

1. I **am engaged to** Jim.
   난 짐과 약혼해 있어.

2. My daughter **is married to** a lawyer.
   내 딸은 변호사와 결혼해 있어.

`talk to oneself` 혼잣말을 하다

`keep something to oneself` 무엇을 비밀로 유지하다

`think to oneself` 마음속으로 생각하다

- talk(say) to oneself는 다른 사람에게 말하는 것이 아니라 **말을 자기 자신에게만 이동시키는** 것이기 때문에 '**혼잣말을 하다**'입니다.

- keep something to oneself는 무엇을 다른 사람에게 말하지 않고 **자기 자신에게만 이동시켜 계속 유지**하는 것이기 때문에 무엇을 '**비밀로 유지하다**'입니다.

- think to oneself는 **자기 생각을** 다른 사람에게 말하지 않고 자기 **자신에게만 이동시키는** 것이기 때문에 '**마음속으로 생각하다**'입니다.

1. She **talked to herself**. "Maybe he is gay."
   그녀는 혼자 중얼거렸다. "그는 게이일지도 몰라."

2. You should **keep** your problem **to yourself**.
   넌 너의 문제를 비밀로 유지하는 것이 좋아.

3. I am **thinking to myself** about my resign.
   나는 사직에 관하여 마음속으로 생각하고 있어.

`A come to nothing` A가 수포가 되다, 헛일이 되다

come to nothing은 come(가다) + to(이동) + nothing(zero)입니다. '**0으로 이동하다**'를 줄여서 표현하면 '**수포가 되다, 헛일이 되다**'입니다. 투자한 노력, 시간, 돈이 아무것도 없는 nothing으로 가는 것은 모든 것이 수포가 되고, 헛일이 되는 것이죠. 수포(水泡)는 물거품으로 건드리면 툭 터지면서 바로 사라지고 아무것도 없지요.

1. All my efforts **came to nothing**.
   나의 모든 노력이 수포로 돌아갔어.

2. My business has **come to nothing** for want of money.
   자금 부족 때문에 나의 사업은 수포로 돌아갔어.

`A come to oneself` A가 의식을 찾다

He came to himself는 He(그의 정신) + came(왔다) + to(이동) + himself(그의 육체)입니다. '**그의 정신이 육체로 왔어**'를 줄여서 표현하면 '**그는 의식을 찾았어**'입니다. 영어에서 주격 대명사는 사람의 영혼과 육체를 의미하고, 재귀대명사(self)는 사람의 육체를 의미하지요. **몸에서 나갔던 의식이 육체로 to 한 것은 제정신이 들고 의식을 되찾은 것입니다.**

1. He **came to himself** soon.
   그는 곧 의식을 찾았어.

2. Did she **come to herself**?
   그녀는 의식을 찾았나요?

apply to A   ① A에 지원하다 ② A에 적합하다

apply[əplái]는 'vi.지원하다, 적합하다'입니다.
① apply to는 apply(지원하다)+to(이동)입니다. apply는 자동사로 뒤에 명사를 연결할 때 전치사를 붙여야 하고, **지원은 가서(=이동해서) 하는 것이기 때문에 이동의 to**입니다. 우편 및 인터넷을 통한 지원서 접수는 최근의 일이고 과거엔 직접 가서 지원서를 냈지요.
② apply to는 apply(적합하다)+to(이동)입니다.
입사지원서를 회사에서 요구하는 입사조건에 이동시켜 비교해보니 일치하여 적합하다는 것이기 때문에 이동의 to입니다.
apply는 ap(이동=ad)+ply(접다=fold)입니다. **지원 서류를 접어** 회사나 학교에 **가서 지원**하는 것이죠. 지원서를 받은 회사는 지원서를 회사가 요구하는 조건에 이동시켜 비교해 보고 적합하면 채용하는 것입니다.

1. He wants to **apply to** Seoul university.
   그는 서울대에 지원하길 원해.

2. Your ability really **applies to** our company.
   당신의 능력은 정말로 우리 회사에 적합합니다.

to one's disappointment   실망스럽게도
to one's surprise   놀랍게도

'to one's 추상명사'는 '~하게도'라는 공식은 일본 영문법에서 만든 공식입니다.
● to my disappointment의 원래 표현은 a disappointment to me입니다.
  a disappointment(실망)+to me(나에게 이동)로 '**실망이 나에게 이동했는데**'를 줄여서 표현하면 '**실망스럽게도**'입니다. 어떤 실망스러운 일이 나에게 이동해 왔다는 것이죠. 문장 중간에 있던 a disappointment to me를 to my disappointment로 어순을 바꾸어 문장 앞에 갖다 놓은 것이지요.
● to my surprise의 원래 표현은 a surprise to me입니다.
  '**놀라운 일이 나에게 이동했는데**'인데 줄여서 표현하면 '**놀랍게도**'입니다. 내가 모르는 놀라운 일이 나에게 이동해 왔다는 것이지요. 역시 문장 중간에 있던 a surprise to me를 to my surprise로 어순을 바꾸어 문장 앞에 갖다 놓은 것입니다.
  이렇게 시간이 흐르면서 언어가 어떻게 바뀌었는지를 알면 무작정 암기할 필요가 없습니다. 영어가 흘러온 역사를 알면 재미있고 무작정 암기할 필요가 없지요.

1. **To my disappointment**, she did not show up.
   실망스럽게도, 그녀는 나타나지 않았어.

2. **To her surprise**, he came back the next day.
   놀랍게도, 그는 그다음 날 돌아왔어.

boil down to A — A로 귀결(요약)되다

boil down to는 boil(vi.끓다)+down(아래로)+to(이동)입니다.
'**계속 끓어서 아래(바닥)로 가다**'를 줄여서 표현하면 '**~로 귀결되다**'입니다. 사과를 믹서기에 갈아 사과주스를 boil 하면 그 부피가 점점 down 되어 나중에는 사과잼이라는 결과로 to 하게 됩니다. 즉 사과주스가 사과잼으로 귀결(요약, 압축, 귀착)되는 것이죠.

1. It all **boils down to** money problem in the end.
   결국에는 모두 돈 문제로 귀결된다.

2. What they want **boils down to** just one thing. It is land.
   그들이 원하는 것은 결국 하나로 귀결된다. 그것은 땅이다.

see eye to eye — 의견이 일치하다, 마음(뜻)이 맞다

see eye to eye는 see(보다)+eye to eye(눈이 눈으로 이동)입니다.
'**눈이 눈으로 가는 것을 보다**'를 줄여서 표현하면 '**의견이 일치하다**'입니다. '나와 PC방 갈 사람?'이라고 말했는데 몇 사람이 눈을 마주치며 호응하면 몇 사람의 의견이 일치하고 서로 마음이 맞는다는 것이죠.

1. They do not **see eye to eye** with each other.
   그들은 서로 뜻이 맞지 않아.

2. They **see eye to eye** about the new bill.
   그들은 새 법률안에 대해 의견이 일치한다.

A be brought to light — A가 드러나다, 밝혀지다

bring A to light는 'A를 밝은 빛으로 이동시키다'로 줄여서 표현하면 'A를 폭로하다, 밝히다'입니다. 감추어져 있는 것을 사람들이 있는 밝은 곳으로 가져가면 폭로하고, 밝히는 것이죠. A be brought to light는 수동형으로 '드러나다, 밝혀지다'입니다.

1. I want to **bring** your secret **to light**.
   나는 너의 비밀을 폭로하고(밝히고) 싶어.

2. Various facts **were brought to light** telling his crimes.
   그의 죄상을 말해 주는 여러 사실이 드러났다(밝혀졌다).

have A to oneself A를 독차지하다, 독점하다

have A to oneself는 have A(A를 갖고 있다)+to(이동)+oneself(자신)입니다.
'A를 자신에게 이동시켜 혼자 갖고 있다'를 줄여서 표현하면 'A를 독차지하다'입니다.

1. He **has** the computer **to himself** all day.
   그는 하루 종일 컴퓨터를 독차지한다.

2. She **had** all the inheritance **to herself**.
   그녀는 모든 유산을 독차지했다.

When it comes to A A에 관하여

when it comes to는 '~에 관하여'로 회화에서 자주 사용하는 표현입니다.
When it comes to English, I am second to none은 '영어에 관해서는 내가 최고야'입니다. it은 말을 하고자 하는 주제입니다. When it comes to는 When(때)+it(주제)+comes(가다)+to(이동)입니다. '말하고자 하는 주제가 영어에 갈 때'를 줄여서 표현하면 '영어에 관하여'입니다. 3번 문장에서 I'm all thumbs는 '나는 매우 서투르다'입니다. all thumbs는 10개의 손가락이 엄지손가락이라는 것이죠. 사람 손가락이 모두 엄지손가락으로 되어 있으면 정교한 작업은 하지 못하고 서투를 수밖에 없지요.

1. **When it comes to** English, I am second to none.
   영어에 관해서는 내가 최고야.

2. **When it comes to** exercise, he is excellent.
   운동에 관해서 그는 탁월해.

3. I'm all thumbs **when it comes to** swimming.
   수영에 관해선 난 매우 서툴러.

memo

of

1. ~에서 분리
2. ~의, ~중
3. ~을 가지고
4. ~이라는
5. ~에 관하여
6. ~을

of는 off에서 f가 하나 탈락하여 생겨난 단어입니다. of는 off에서 파생되어 나온 단어이기 때문에 of가 '~에서 분리'의 뜻을 갖는 것은 당연하지요. 그래서 off를 배우고 난 뒤에 of를 배워야 합니다. off는 '~에서 분리'로 앞에서 이미 배웠습니다. 아래의 1~5번의 of 뜻은 모두 '~에서 분리'라는 off에서 발생한 것입니다. of의 모든 뜻은 a book of mine 구조에서 발생합니다. 무작정 암기하려고 덤비지 말고 A of B 구조를 직접 느껴보세요. 언어는 감각입니다.

1. of는 '~에서 분리'입니다.

of는 off에서 나온 단어이기 때문에 of는 당연히 '~에서 분리'입니다. a book of mine을 볼까요? 직접 행동으로 옮겨보면 of를 바로 느낄 수 있습니다. 지금 바로 책꽂이로 가세요. 전체 책 중에서 1권의 책을 책꽂이에서 분리(of)시켜 손에 잡아 보세요. 손에 잡은 그 책이 바로 a book of mine입니다. a book of mine은 a book(책 한 권)+of(~에서 분리)+mine(나의 책들)으로 '나의 책들에서 분리시킨 한 권'입니다. of는 '~에서 분리'입니다.

2. of는 '~중, ~의'입니다.

a book of mine은 a book(책 한 권)+of(~에서 분리)+mine(나의 책들)으로 '나의 책들에서 분리시킨 한 권'이지요. '나의 책들에서 분리시킨 한 권'을 줄여서 표현하면 '나의 책 한권' 또는 '나의 책 중 한 권'이 되어 '~에서 분리'와 '~의, ~중'은 같은 뜻입니다.

우리는 of를 '~의'로 무작정 옮기는 경우가 많습니다. 우리말 어감엔 '~의'가 자연스러워 of를 사용했는데 of가 아닌 경우가 많지요. a book of mine은 '일부 of 전체' 구조임을 반드시 기억하세요. of 앞에 있는 a book은 전체의 일부이고 of 뒤에 있는 mine은 전체입니다.

3. of는 '~을 가지고(=have)'입니다.

　a book of mine은 '나의 책 한권'이고 '내가 가지고 있는 책 한 권'입니다. '~의'와 '~을 가지고 있는'은 같은 뜻이지요. 이렇게 '~의'에서 '~을 가지고 있는'의 뜻이 발생하는 것입니다.

4. of는 '~이라는'입니다.

　a book of mine을 보세요. a book도 책이고, mine도 책입니다. 즉 of 앞에 있는 것도 책이고 of 뒤에 있는 것도 책이지요. of의 앞과 of의 뒤가 같다고 해서 동격(同格)이라고 일본학자가 이름을 붙였습니다. of를 우리말로 옮기면 '~이라는'입니다. a city of Seoul은 '서울이라는 도시'입니다. of 앞에 있는 a city와 of 뒤에 있는 Seoul은 똑같은 것으로 동격입니다.

5. of는 '~에 관하여'입니다.

　a book of mine을 보면 a book과 mine은 모두 나의 책이고, 내가 가지고 있는 책으로 나와 관계되어 있지요. '~에 관하여'는 '~에 관계하여'를 줄여서 표현한 것입니다. '~의, 가지고 있는'에서 '~에 관하여'라는 뜻이 발생합니다.

6. of는 '~을'입니다.

　자동사 뒤에 명사를 연결할 때 '~을'에 해당하는 전치사를 붙여야 하고 모든 전치사가 '~을'의 기능을 하지요. of는 우리말의 목적격 조사 '~을'입니다. I am afraid of dogs는 '나는 개를 무서워해'입니다. be afraid of는 be afraid(무서워하다)+of(을)로 '~을 무서워하다'입니다. of는 '~을'입니다. 다음에 추가 설명합니다.

　of는 '~에서 분리, ~의, ~을 가지고, ~이라는, ~에 관하여, ~을'입니다. 무작정 외워서는 기억되지도 않지요. 모두 a book of mine 구조에서 발생한 것으로 책꽂이에 가서 책 한 권을 직접 분리시켜 보면 of의 감각을 바로 느낄 수 있습니다.

01 of ~에서 분리, ~에서 시작

of는 from과 뜻이 같습니다. from이 '~에서 분리, ~에서 시작'임을 앞에서 배웠지요. 배우는 순서를 off, from, of로 해놓은 이유를 아시겠습니까? off를 모르고 from과 of를 배우면 그 뜻을 제대로 파악하기 힘이 들겠지요.

be made from A   A에서 만들어지다, 만들어져 있다
be made of

of와 from은 '~에서 시작'인데 from은 시작만 알려주고 **of는 시작에서 현재 상황까지** 알려줍니다. 1번 문장에서 유리는 모래에서 시작하여 생산하지만 지금 유리를 보면 모래를 그대로 갖고 있지 않지요. 2번 문장에서 치즈는 우유에서 시작하여 생산하지만, 치즈가 우유를 그대로 갖고 있지 않습니다. 이렇게 **시작만 알려주고 지금은 그렇지 않을 때** from을 사용합니다.

3번 문장에서 돌로 된 석조건물은 처음에 돌로 시작하여 만들어 지금도 그대로 같은 돌을 가지고 있지요. 4번 문장에서 나무의자는 처음에 나무로 시작하여 만들어 지금도 그대로 같은 나무를 가지고 있습니다. 이렇게 **시작부터 지금까지 똑 같은 재료를 가지고 있을 때 of**를 사용합니다. 그 이유는 **of는 '~을 가지고 있는'**으로 have란 뜻을 갖고 있기 때문이지요. of를 '~을 가지고 있는'으로 옮기면 from과 바로 구별할 수 있습니다.

from은 화학적 변화, of는 물리적 변화라고 공식을 만든 것은 일본 학자로, 아직도 그것을 공식으로 가르치고 있으니 답답할 뿐입니다.

1. Glass **is made from** sand.
   유리는 모래에서 만들어져.

2. Cheese **is made from** milk.
   치즈는 우유에서 만들어져.

3. The building **is made of** stone.
   그 건물은 돌로 만들어져 있어. (=돌을 가지고 만들어져 있어.)

4. The chair **is made of** cherry wood.
   그 의자는 체리 나무로 만들어져 있어. (=체리 나무를 가지고 만들어져 있어.)

5. The house **is built of** wood.
   그 집은 나무로 지어져 있어. (=나무를 가지고 지어져 있어.)

die from A   A로부터 죽다
die of

die from, die of는 '~로부터 죽다'입니다.
죽음의 원인이 어디에서 시작되었는지 말하는 것이지요. from과 of는 '~에서 시작'인데 **from은 시작만 알려주고 of는 현재 상황까지** 알려주는 차이가 있다고 위에서 설명했습니다.

- die of cancer는 '암으로 죽다'입니다. 죽음이 암에서 시작했고 죽을 때 사람 몸은 암 덩어리**를 가지고** 있기 때문에 of를 사용하는 것이지요.

- die from overwork는 '과로로 죽다'입니다. 죽음이 과로에서 시작했지만 죽을 때 사람 몸은 과로를 가지고 있지 않지요. 죽음의 원인이 과로에서 시작했다는 것만 알 수 있기 때문에 from을 붙이는 것입니다. **of와 from의 차이는 현재 무엇을 가지고 있느냐 가지고 있지 않으냐 그 차이**입니다. of가 '~을 가지고 있는(have)'의 뜻이 있다는 것만 알면 자연스럽게 구분할 수 있습니다. 간단하지 않나요?

직접적 원인은 die of, 간접적 원인은 die from이라고 만든 공식 역시 일본학자가 만든 것으로, 우리가 일본 영문법을 그대로 번역하여 만든 결과 대부분의 교재에서 아직도 그렇게 설명하고 있습니다. 폐기되어야 할 공식입니다.

die from과 die of는 과거에는 구분해서 사용되었는데 지금은 구분 없이 사용하는 추세입니다. 현대 영어는 수많은 사람이 사용하는 영어지요. 영국, 미국, 호주, 캐나다, 인도 등등 많은 사람이 영어를 사용하기 때문에 단순해져 가고 있습니다.

1. She **died from** overwork.
   그녀는 과로로 죽었어.

2. She **died from**[of] cancer.
   그녀는 암으로 죽었어.

because of A   A 때문에

because of는 because(원인으로)+of(~에서 시작)입니다.
because of you는 '**너에게서 시작한 원인으로**'로 줄여서 표현하면 '**너 때문에**'입니다.
막연히 통째로 암기했던 숙어들을 단어가 갖고 있는 뜻 그대로 결합하면 무작정 외워야 할 숙어가 아니지요. 동의어로는 thanks to, owing to, due to로 앞에서 이미 배웠습니다. 기억나지 않으면 색인에서 찾아 확인하세요.

1. He was fired **because of** laziness.
   그는 나태함 때문에 해고됐어.

2. The baseball game was canceled **because of** rain.
   비 때문에 야구 경기는 취소되었어.

be independent of A
A로부터 독립해 있다

be independent of는 be independent(독립해 있다)+of(~로부터 분리)로 '~로부터 독립해 있다'입니다. 독립(獨立)은 간섭이나 지배로부터 분리되어(=벗어나서) 홀로서는 것이기 때문에 분리의 of를 붙입니다. 독립이란 단어 자체가 분리의 전치사를 요구하고 있지요.

dependent[dipéndənt]는 'a.의존하는'으로 반대 접두사 in을 붙인 independent는 의존하지 않고 'a.독립한'입니다.

1. I **am independent of** my parents.
   나는 부모님으로부터 독립해 있어.

2. NGO **is independent of** Government.
   NGO는 정부로부터 독립되어 있어.

free of cost
무료로, 공짜로

free of cost는 free(의무 없는)+of(~에서 분리)+cost(지급, 비용)입니다.

'지급의무에서 벗어나(=분리되어) 의무가 없는'을 줄여서 표현하면 '**무료로, 공짜로**'입니다. 식사 후에는 계산서를 들고 계산대에 가서 식사비용을 지불하지요. 계산대에서 분리되어 지급의무가 없는 상태이기 때문에 무료이고 공짜입니다. cost의 동의어인 expense, charge로 바꾸어도 같은 뜻입니다.

1. He repaired my car **free of cost**.
   그는 무료로 내 차를 수리했어.

2. It is delivered **free of expense**.
   그것은 무료로 배달돼요.

regardless of A
irrespective of
A와 관계없이, 상관없이

regardless[rigá:rdlis] of는 regardless(a.관계없는)+of(~에서 분리)입니다.

'~에서 분리되어 관계없는'을 줄여서 표현하면 '**~와 관계없이**'입니다. 우리말로 옮기면 of가 '~와'이지만 원어민은 **접촉하지 않고, 따로따로 분리되어 있어서 관계없다고 느끼기 때문에** 분리의 전치사 of를 붙입니다. 범죄자와 접촉하면 범죄와 관계가 있지만 범죄자와 접촉하지 않고, 범죄자와 따로 분리되어(=떨어져) 있으면 범죄와 관계가 없지요.

regardless는 re(다시=again)+gard(보다=see)+less(부정=not)이고, irrespective[irispéktiv]는 ir(부정=in=not)+re(다시=again)+spect(보다=see)로 '다시 볼 필요 없는'입니다. 다시 볼 필요 없는 사람은 나와 관계없는 사람이지요.

1. **Regardless of** your opinion, I will set off tomorrow.
   너의 의견과는 상관없이, 나는 내일 출발할 거야.

2. You can do it **regardless of** age.
   넌 나이와 상관없이 그것을 할 수 있어.

02 of ~중, ~의

a book of mine은 a book(책 한 권)+of(~에서 분리)+mine(나의 책들)으로 '나의 책들에서 분리시킨 한 권'이지요. '나의 책들에서 분리시킨 한 권'을 줄여서 표현하면 '나의 책 한 권' 또는 '나의 책 중 한 권'이 되어 '~에서 분리'와 '~의, ~중'은 같은 뜻입니다.

of를 무작정 우리말의 '~의'로 외우지 말고 '일부 of 전체' 구조임을 기억하세요. 우리말로 옮기면 '~의'가 자연스럽지만 of가 아닌 경우가 많기 때문에 of를 '일부 of 전체' 구조로 기억하면 왜 of가 아닌지 바로 알 수 있습니다.

1. the top **of** the hill   언덕의 정상
2. a friend **of** mine   나의 친구
3. cancer **of** the lung   폐의 암
4. at the end **of** the train   열차의 끝부분에
5. at this time **of** the year   1년 중의 이때

1번은 전체 언덕에서 일부분인 정상을 말합니다. 2번은 나의 전체 친구 중에서 일부분인 1명의 친구입니다. 3번은 폐 전체 중에서 일부분을 차지하는 암입니다. 4번은 전체 열차 여러 칸 중에서 일부인 끝부분입니다. 5번은 전체 1년 중에서 일부인 지금 이때입니다. 모두 '일부 of 전체' 구조이지요.

1. a cup **of** coffee   한 잔의 커피
2. a piece **of** cake   한 조각의 케이크
3. a lot **of** money   많은 양의 돈
4. this kind **of** thing   이런 종류의 것
5. a pair **of** shoes   한 쌍의 신발

a cup of coffee는 '전체 커피 중에서 한 잔의 커피'로 '일부 of 전체' 구조 입니다. of는 대부분 뒤에서 앞으로 수식하지만, 수량을 나타내는 표현은 앞에서 뒤로 수식하여 '한 잔의 커피'로 옮기면 간단합니다. 위의 1~5번을 앞에서 뒤로 수식하여 읽어보세요. 쉽지 않나요?

a lot of / lots of 　많은

　a lot of books는 앞에서 뒤로 수식하여 '많은 책'입니다.
　a lot of, lots of가 왜 셀 수 있는 명사, 셀 수 없는 명사 모두에 사용하게 되었을까요? lot의 역사를 알면 외울 필요가 없습니다. lot 하면 로또가 생각나는군요. lot은 'n.제비'입니다. 학교 앞이나 공원에서 제비뽑기 많이 하지요. 제비뽑기에서 뽑는 종이나 나무막대가 '제비'로 영어로는 lot입니다.
　신대륙인 미국이 발견되고 수많은 이민자가 미국에 몰려들어 이민자들에겐 정착할 토지가 필요했습니다. 그래서 넓은 토지를 여러 구역으로 나누고, 모여든 이민자들에게 제비뽑기(lot)를 통하여 당첨된 땅을 나누어 주었지요. 그 당시 미국인들은 **제비뽑기를 통하여 나누어 주는 한 블록의 땅을 lot**이라고 불렀습니다. 땅은 원래 셀 수 없지만, 선을 그어 나누어 놓은 한 블록의 땅(lot)은 셀 수가 있습니다. 그래서 lot이 가산명사, 불가산 명사 모두 사용하게 된 것입니다. a lot of는 1725년에 처음 사용되었고, lots of는 1812년에 처음 사용되었습니다. 이렇게 영어가 흘러온 역사를 알면 암기할 필요 없이 바로 기억이 되지요.

1. There are **lots of** foreigners in Seoul.
   서울엔 많은 외국인이 있습니다.

2. The company needs a person with **a lot of** experience.
   그 회사는 경력이 많은 사람을 필요로 해.

first of all / best of all / most of all 　먼저, 우선, 무엇보다

　first of all은 first(첫 번째) + of(~중,~의) + all(모든 것)입니다.
'**모든 것 중에서 첫 번째**'를 줄여서 표현하면 '**제일 먼저, 무엇보다, 우선**'이 됩니다. best of all, most of all은 '모든 것 중에서 최고로'로 같은 표현입니다. 모든 것 중에서 최고로 생각하는 것을 우선적으로, 제일 먼저 하는 것은 당연하지요.

1. **First of all**, I want to thank my parents for raising me.
   우선, 저를 키워 주신 부모님께 감사하고 싶습니다.

2. **Most of all**, study in a quiet place.
   먼저, 조용한 곳에서 공부하세요.

03 of ~을 가지고 있는(have)

of는 '~을 가지고 있는'으로 have, with와 같은 뜻입니다.
　a book of mine은 '나의 책 한 권'으로 '내가 가지고 있는 책 한 권'입니다. '~의'에서 '~을 가지고 있는'의 뜻이 발생하지요. a man of experience는 a man(사람)+of(~을 갖고 있는)+experience(경험)로 '경험을 갖고 있는 사람'입니다. an experienced man과 뜻이 같지요. experienced는 experience(n.경험)+ed(have)로 '경험을 갖고 있는'입니다. 단어 끝에 붙어 있는 -ed는 '~을 갖고 있는'입니다. of, have, with, -ed는 모두 같은 뜻입니다.

1. He is a man **of** ability. (=an able man)
   그는 능력을 갖고 있는 사람이야.

2. I am a man **of** experience. (=an experienced man)
   나는 경험을 갖고 있는 사람이야.

3. He is a man **of** use. (=a useful man)
   그는 쓸모(이용가치)를 갖고 있는 사람이야.

4. He is a man **of** wisdom. (=a wise man)
   그는 지혜를 갖고 있는 사람이야.

5. You are a man **of** sense. (=a sensible man)
   너는 센스를 갖고 있는 사람이야.

6. He is a man **of** courage. (=a courageous man)
   그는 용기를 갖고 있는 사람이야.

- a matter **of** importance　　중요성을 갖고 있는 문제
- a man **of** character　　인격을 갖고 있는 사람
- a girl **of** 12 years　　12살의 나이를 가진 소녀
- a family **of** seven　　7명을 가진 가족
- a farm **of** 1000 acres　　1000 에이크를 가진 농지

of = have = with = -ed

consist of A   A로 구성되어 있다(comprise)
be made up of
be composed of

- **consist of**는 consist(vi.구성되어 있다)+of(~을 가지고)입니다. '~을 가지고 구성되어 있다'를 줄여서 표현하면 '~로 구성되어 있다'입니다. **구성(構成)은** 한명 한명의 구성원을 가지고(of) 전체를 만드는 것이기 때문에 소유의 of를 붙입니다. '축구팀은 11명**으로 구성되어 있어**'는 '축구팀은 11명의 선수**를** 가지고 있어'입니다. consist[kənsíst]는 con(함께=with)+sist(서 있다=stand)로 축구장에 함께 서 있으면 축구팀 구성원으로 구성되어 있는 것입니다.

- **be made up of**는 be made up(구성되어 있다)+of(~을 가지고)로 '~로 구성되어 있다'입니다. make up은 'vt.~을 구성하다'로 수동형으로 만든 be made up은 '구성되어 있다'입니다. make up이 왜 '~을 구성하다'인지 기억나지 않으면 색인에서 찾아 확인하세요.

- **be composed of**는 be composed(구성되어 있다)+of(~을 가지고)로 '~로 구성되어 있다'입니다. compose는 'vt.~을 구성하다'로 수동형으로 만든 be composed는 '구성되어 있다'입니다. compose[kəmpóuz]는 com(함께=with)+pose(놓다=put)입니다. 축구장에 함께 놓여 있으면 축구팀 구성원으로 구성되어 있는 것이지요.

- **comprise**는 'vt.~로 구성되어 있다'입니다. comprise는 타동사로 단어 속에 이미 of가 들어 있기 때문에 다시 of를 붙여서는 안 됩니다. comprise[kəmpráiz]는 com(함께=with)+prise(n.상)입니다. 상을 받기 위해 축구장에 함께 있으면 축구팀 구성원으로 구성되어 있는 것이지요. 단어를 분해해 보니 암기가 쉽지 않나요?

1. This group **consists of** ten members.
   이 그룹은 10명의 회원으로 구성되어 있어.

2. This textbook **is composed of** 20 units.
   이 교과서는 20단원으로 구성되어 있어.

3. The class **is made up of** 60 students.
   그 반은 60명으로 구성되어 있어.

of one's own accord   자발적으로

of one's own accord는 of(~을 가지고)+one's own(자기 자신)+accord(n.의지)입니다. '**자기 자신의 의지를 가지고**'를 줄여서 표현하면 '**자발적으로**'입니다. of가 '~을 가지고'란 뜻만 알면 외울 필요가 없지요.

1. He came back **of his own accord**.
   그는 자발적으로 돌아왔어.

2. If you have to do so, do it **of your own accord**.
   네가 그렇게 해야 한다면, 그것을 자발적으로 해.

be possessed of A
A를 소유하고 있다

possessed[pəzést]는 'vt.~을 소유하다'입니다.
be possessed of는 be possessed(소유하고 있다)+of(~을 가지고)로 '~을 소유하고 있다'입니다. 소유(所有)란 무엇을 가지고 있는 것이기 때문에 당연히 소유의 of를 붙입니다.
be possessed of는 수동형으로 되어 있어 정확한 어감은 '소유되어 있다'입니다. 그래서 상속받은 재산, 조상으로부터 물려받은 지혜, 민족성 등 **자신의 의지와는 상관없이 소유되어 있는 것에 사용**합니다. be possessed of와 have를 아무렇게나 맞바꾸어 사용해선 안 되겠지요.

1. He **is possessed of** a large fortune.
   그는 큰 재산을 소유하고 있어.
2. We **are possessed of** free will.
   우리는 자유 의지를 갖고 있어.
3. Koreans **are possessed of** a greater wisdom.
   한국인들은 보다 큰 지혜를 갖고 있어.

be sick of A
be tired of
be weary of
A에 신물이 난다, 진절머리 난다

sick, tired, weary[wíəri]는 'a.신물이 나는, 진절머리 나는, 몸서리나는'입니다.
be sick of는 be sick(신물이 난다)+of(~을 가지고)입니다. '무엇을 갖고 있어 신물이 난다'를 줄여서 표현하면 '무엇에 신물이 난다'입니다. **신물이 나는 것은 질릴 정도의 반복된 경험을 가지고 있거나, 지금도 그 일을 가지고 있기 때문입니다**. 몇 달 동안 만두만 먹은 경험을 가지고 있으면 만두를 쳐다보기만 해도 신물이 나겠지요. 10년 동안 구슬 꿰는 일을 했거나, 그런 직업을 지금도 가지고 있다면 구슬만 쳐다봐도 신물이 나고 진절머리 날 것입니다. 같은 표현으로 up에서 이미 배운 be fed up with가 있습니다.

1. I**'m sick of** the work.
   난 그 일에 신물이 나.
2. I**'m tired of** studying English.
   난 영어 공부에 신물이 나.
3. I**'m weary of** your lies.
   난 너의 거짓말에 신물이 나.
4. I**'m fed up with** books which are based on Japanese English.
   난 일본 영어에 바탕을 둔 책들에 신물이 나.

04 동격의 of ~이라는, ~라는

of는 '~이라는, ~라는'으로 앞에 있는 명사를 보충 설명합니다.
　a book of mine을 보세요. of 앞에 있는 a book과 of 뒤에 있는 mine은 모두 같은 책이지요. of를 기준으로 앞에 있는 것과 뒤에 있는 것이 같다고 해서 동격(同格)이란 이름을 붙였습니다.
　1번 문장의 the purpose of passing the exam은 '시험 합격이라는 목적'입니다. '목적=시험 합격'으로 목적과 시험 합격은 같은 내용으로 동격이지요. 2~6번 문장에 of를 기준으로 앞과 뒤에 밑줄을 그어 놓았습니다. '~이라는, ~라는'으로 앞의 명사를 설명해 보세요.

1. I worked hard for the purpose **of** passing the exam.
　　나는 시험 합격이라는 목적을 위하여 열심히 공부했어.

2. There is no hope **of** his passing the exam.
　　그가 시험에 합격할 것이라는 희망이 없어.

3. There is a doubt **of** his being killer.
　　그가 살인자라는 의심이 있어.

4. There is a report **of** his being killer.
　　그가 살인자라는 보고가 있어.

5. There is a rumor **of** his being killer.
　　그가 살인자라는 소문이 있어.

6. There is a proof **of** his being killer.
　　그가 살인자라는 증거가 있어.

05 of ~ 관하여

a book of mine을 보면 a book과 mine은 모두 나의 책이고, 내가 가지고 있는 책으로 나와 관계되어 있지요. '~에 관하여'는 '~에 관계하여'를 줄여서 표현한 것입니다. of는 '일부 of 전체' 구조로 of는 일부를 나타냅니다. 그래서 of는 구체적이고 자세한 내용에 관하여가 아니라 '일부분에 관하여'입니다.

hear of A   A에 관하여 일부분 듣다

hear of는 hear(듣다) + of(~에 관하여)로 '~에 관하여 듣다'입니다.

of도 '~에 관하여'이고 about도 '~에 관하여'입니다. 독해에선 구분할 필요가 없지만 회화와 작문이 필수인 현시점에선 hear of와 hear about의 어감 차이를 분명히 알아야 합니다.

of는 전체 중에서 일부분을 나타냅니다. 전체 내용 중에서 일부분인 10% 정도만 들었다면 듣기는 들었지만 자세한 내용은 모르겠지요. **hear of는 무엇에 관해서 일부분을 들은 것으로 구체적인 내용에 대해서는 자세히 모른다는 느낌**을 갖습니다. 1번 문장을 보면 그 장소에 대해서 듣기는 들었지만 자세한 내용은 모른다는 것이지요. 2번 문장은 너의 아버지가 죽었다는 소식은 들었지만 언제 어떻게 돌아가셨는지 구체적이고 자세한 내용은 모른다는 느낌을 줍니다. **hear about은 무엇에 관하여 구체적으로 자세히 듣는 것**입니다. about은 '구체적이고 자세한 내용에 관하여'입니다.

1. I have **heard of** the place.
   나는 그곳에 관하여 들어 본 적 있어.

2. I'm sorry to **hear of** your father's death.
   너의 아버지의 죽음에 관해 들어서 유감이야.

speak of A   A에 관해 일부분 말하다

speak of는 무엇에 관해 말하지만 구체적인 내용을 말하는 것이 아니라 **일부분에 관해서 가볍게 언급**하는 것입니다. speak about은 무엇에 관하여 **구체적으로, 자세하게** 이야기하는 것이지요. of와 about을 우리말로 옮기면 모두 '~에 관하여'이지만 어감은 전혀 다르다는 것 기억해야 합니다.

1. There is nothing to **speak of** that issue.
   그 문제에 관해선 말할 것이 없어.

2. I'll **speak of** the problem.
   그 문제에 관하여 말할게.

speak well of A   A를 칭찬하다(praise)
speak ill of A   A를 험담하다, 헐뜯다(blame)

- speak well of는 speak(말하다)+well(좋게)+of(~에 관하여)입니다.
  '~에 관해 좋게 말하다'를 줄여서 표현하면 '~를 칭찬하다'입니다.

- speak ill of는 speak(말하다)+ill(나쁘게)+of(~에 관하여)입니다.
  '~에 관해 나쁘게 말하다'를 줄여서 표현하면 '~를 비난하다, 험담하다, 욕하다'입니다.

1. She always **speaks well of** others.
   그녀는 항상 남을 좋게 얘기해요.

2. Don't **speak ill of** others behind their backs.
   등 뒤에서 다른 사람들을 험담하지 마.

know of A   A에 관하여 일부분 알다

know of는 '~에 관하여 일부분 알고 있다'입니다.
I know of him은 '나는 그에 관하여 일부분을 알고 있어'입니다. 즉 그에 대해서 **알기는 아는데 자세히 알지 못하고 일부 정보만 알고 있는 것**이지요. 그에 관하여 이름 석 자만 알면 알기는 알지만 자세히는 모르는 것이죠. know of는 사전에 '~에 대해 들어서 알고 있다, 간접적으로 알고 있다'로 되어 있는데 엉터리입니다. 들어서, 간접적으로도 자세히 알 수 있지요. 아래의 1~2번 문장을 보세요. 듣기는 들었지만 일부분만 들어서 잘 모르기 때문에 뒤에 but이란 단어가 오는 것입니다. 구체적으로 잘 알고 있을 땐 know만 쓰든지, 아니면 know about을 사용하세요.

1. I **know of** him, but I don't know him.
   나는 그에 관해서 일부분 알아. 그렇지만 그를 알지는 못해.

2. I **know of** her, but I have never met her.
   나는 그녀에 관해서 일부분 알아. 그렇지만 한 번도 그녀를 만난 적 없어.

think of A   A에 관하여 생각하다

think of, think about은 '~에 관하여 생각하다'입니다.
of를 사용하면 가볍게 물어보는 것입니다. 1번 문장은 카메라에 대해서 좋은지 나쁜지 가볍게 물어보는 것이고, 2번 문장은 영화가 재미있었는지 없었는지 가볍게 물어보는 것이죠. 1~2번 문장에서 **about을 쓰면 구체적이고 자세한 내용에 대해서 궁금하다는 것입니다.**

1. What do you **think of** this digital camera?
   이 디지털카메라에 관해서 어떻게 생각하세요?

2. What did you **think of** the film?
   그 영화에 관해서 어떻게 생각해?

06 of ~을

of는 우리말로 옮겨 목적격 조사 '~을'입니다. look at me!는 '나를 봐!'입니다. look은 자동사로 'vi.보다'이기 때문에 '~을'에 해당하는 전치사를 붙여야 하고, 보는 것은 겨냥하는 것이기 때문에 겨냥의 at을 붙이지요. at은 '~을'이고 겨냥의 뜻을 갖고 있지요.

listen to me!는 '내 말을 들어!'입니다. listen은 자동사로 'vi.귀를 기울이다, 듣다'이기 때문에 '~을'에 해당하는 전치사를 붙여야 하고, 듣는 것은 이동해 가서 듣는 것이기 때문에 이동의 to를 붙입니다. to는 '~을'이고 이동의 뜻을 갖고 있지요. of 역시 '~을'입니다. 간단하지요.

그렇지만 of가 왜 '~을'이 되었는지 of의 역사를 알면 영어 학습이 더 쉽고 재미있어집니다. of 하면 우린 제일 먼저 '~의'를 떠올리지요. 우리말의 '~의'는 영어로는 of, 일본어로는 の(노), 중국어로는 的(de-더), 프랑스어로는 de(더)가 있습니다. 영국은 1066년 프랑스의 식민지가 되어 몇백 년 동안 프랑스의 식민통치를 받게 됩니다. 우리는 36년간의 일제치하였는데 영국은 몇백 년 동안 프랑스의 지배를 받았지요. 식민통치 기간 동안 영어단어의 85%가 사라지고 대부분 프랑스어 단어가 영어를 대체하게 됩니다.

우리가 외우고 있는 단어 대부분은 프랑스어에서 유입된 프랑스어 단어들입니다. 프랑스어의 de(~의)가 영국으로 넘어왔을 때 영국인은 프랑스어의 de를 off에서 f를 하나 탈락시킨 of로 바꾸어서 사용했습니다. 그것이 of가 탄생하게 된 배경입니다. 지금 프랑스어 사전에서 de를 찾아서 영어의 of와 비교해 보면 뜻이 거의 비슷한 이유가 여기에 있는 것이지요.

영국인은 프랑스어 de를 of로 바꾸어 of를 매우 많이 사용했고 지금까지도 그렇습니다. 영어 단어 중에서 가장 많이 사용하는 첫 번째 단어는 the이고 두 번째로 많이 사용하는 단어가 바로 of입니다. 과거에 프랑스인은 프랑스어 de(~의)를 자동사 뒤에 붙여 '~을'로 많이 사용했고, 그것이 영국에 그대로 넘어와서 de가 of로 바뀌어 of가 '~을'로 사용된 것입니다. 이해가 바로 되지 않나요?

우린 일제치하 36년입니다. 일본인들의 조선어 말살정책은 조직적이었지요. 만약에 우리가 100년 이상 일본의 지배를 받았다면 우리말의 '~의'가 일본어의 の(~의)로 바뀌고, 우리 단어의 대부분은 사라지고 일본어 단어를 사용했을지도 모릅니다. 멕시코나 남미 국가들이 정복국가의 언어인 스페인어나 포르투갈(브라질)어로 바뀐 것처럼 한국어는 사라지고 일본어가 우리말을 점령했을지도 모르지요. 우리말을 사랑해야 합니다.

dispose of A A를 처리하다, 없애다

　dispose[dispóuz]는 'vi.처분하다, 처리하다'입니다.
　dispose of는 dispose(vi.처분하다)+of(~을)로 '~을 처분하다'입니다. dispose는 자동사로 뒤에 명사를 연결할 때 '~을'에 해당하는 전치사를 붙여야 하고, **of는 목적어를 연결하는 데 필요한 '~을'입니다**. 프랑스인들은 14C부터 disposer de로 사용하기 시작했고 disposer de가 영국에 넘어왔을 때 영국인은 de를 of로 바꾸어 dispose of로 사용했습니다. **현재의 프랑스어를 보면 disposer de로 그대로 사용**하고 있지요.
　dispose는 dis(분리=off)+pose(놓다=put)로 현재 놓여 있는 장소에서 분리시켜 다른 곳에 놓는 것은 그것을 처리하고, 없애는 것입니다.

1. After your picnic, please **dispose of** the trash.
   소풍이 끝난 후에 쓰레기를 처리해 주세요.
2. He **disposed of** stolen thing quickly.
   그는 훔친 물건을 재빨리 처분했어.

approve of A A를 찬성하다

　approve[əprúːv]는 자동사로 'vi.찬성하다'입니다.
　approve of는 approve(찬성하다)+of(~을)로 '~을 찬성하다'입니다. **of는 목적어를 연결하는 데 필요한 '~을'**입니다. approve는 ap(이동=ad)+prove(증거=proof)입니다. 명확한 증거를 가지고 가서(=이동) 들이대면 반대하던 사람도 찬성하겠지요.

1. I **approve of** your plan.
   나는 너의 계획을 찬성해.
2. Her parents did not **approve of** her marriage.
   그녀의 부모는 그녀의 결혼을 찬성하지 않았어.

be afraid of A A를 두려워하다

　be afraid of는 be afraid(두려워하다)+of(~을)로 '~을 두려워하다'입니다.
　영어에는 'be+형용사+of' 구조로 된 표현들이 많습니다. of는 목적어를 연결하는 데 필요한 '~을'입니다. **프랑스어 단어 de가 영어에 유입된 이후에 영국인들은 de를 of로 바꾸어서 of를 광범위하게 사용했기 때문에 of가 들어가는 표현이 많은 것**이지요. 많은 학습서에서 be afraid of를 '~에 관하여 무서워하다'로 of를 '~에 관하여'라고 설명하고 있는데 이것은 영어의 역사를 무시한 채 우리 입맛에 맞게 갖다 붙인 것입니다.

1. They **are afraid of** number 13.
   그들은 숫자 13을 두려워해.
2. She **is afraid of** being alone.
   그녀는 혼자 있는 것을 두려워해.

be proud of A — A를 자랑스럽게 생각하다

be proud of는 be proud(자랑스럽게 생각하다)+of(~을)로 '~을 자랑스럽게 생각하다'입니다. '~을 자랑스럽게 생각하다'와 '~을 자랑하다'는 전혀 다른 뜻이죠. 자랑스럽게 생각하는 것은 자부심을 갖고 있는 것이고, 자랑하는 것은 자신이 갖고 있는 무엇을 다른 사람에게 떠벌려서 보여주는 것입니다. '~을 자랑하다'는 이미 배운 show off, pride oneself on입니다.

1. You should **be proud of** yourself.
   넌 너 자신을 자랑스럽게 생각해야 해. (=넌 자부심을 가져야 해.)

2. He **is proud of** his son being a doctor.
   그는 자기 아들이 의사인 것을 자랑스럽게 생각해.

be sure of A / be certain of / be convinced of — A를 확신하다

sure, certain, convinced[kənvínst]는 모두 'a.확신하는'입니다.
be sure of는 be sure(확신하다)+of(~을)로 '~을 확신하다'입니다. 앞에서 여러 번 설명했습니다. 단어 끝에 붙는 -ed는 have입니다. convinced는 '확신을 갖고 있는'으로 '확신하는'입니다.

1. I'**m sure of** his innocence.
   나는 그의 결백을 확신해.

2. I'**m certain of** his coming tomorrow.
   나는 그가 내일 올 것을 확신해.

3. I can't **be convinced of** his words.
   나는 그의 말을 확신할 수 없어.

be envious of A / be jealous of — A를 부러워하다, 질투하다

envious[énviəs], jealous[dʒéləs]는 'a.부러워하는, 질투하는'입니다.
be envious of는 be envious(부러워하다)+of(~을)로 '~을 부러워하다'입니다. 부러움이 지나치면 질투하는 것이죠. 부러움인지 질투인지는 대화 상황에서 알 수 있겠지요.

1. He **is envious of** your success.
   그는 너의 성공을 부러워해.

2. She **is jealous of** my body line.
   그녀는 나의 바디 라인을 부러워해.

전치사 of

be ashamed of A   A를 부끄럽게 생각하다

ashamed[əʃéimd]는 'a.부끄럽게 여기는'입니다.
be ashamed of는 be ashamed(부끄러워하다)+of(~을)로 '~을 부끄럽게 생각하다'입니다.

1. You ought to **be ashamed of** yourself.
   넌 너 자신을 부끄럽게 생각해야 해. (=부끄러운 줄 알아라.)

2. He **is ashamed of** being poor.
   그는 가난한 것을 부끄럽게 생각해.

be fond of A   A를 좋아하다(like)

be fond of는 be fond(좋아하다)+of(~을)로 '~을 좋아하다'입니다.
like는 'vt.~을 좋아하다'로 이미 '~을'이 단어 속에 들어가 있고, be fond는 'vi.좋아하다'로 '~을'이 없는 자동사이기 때문에 '~을'에 해당하는 전치사 of를 붙여야 합니다.

1. I'**m fond of** music.
   난 음악을 좋아해.

2. I'**m fond of** playing baseball.
   난 야구하는 것을 좋아해.

be desirous of A   A를 매우 원하다

desirous[dizáiərəs]는 'a.열망하는, 매우 바라는'입니다.
be desirous of는 be desirous(열망하다)+of(~을)로 '~을 열망하다'입니다. 우린 일상회화에서 열망(熱望)이란 단어를 별로 사용하지 않기 때문에 '열망하다'를 '매우 원하다'로 기억하면 어감이 바로 와 닿을 것입니다.

1. Everyone **is desirous of** their son's success.
   모든 사람은 자기 자식의 성공을 매우 원해.

2. He **is desirous of** going to China.
   그는 중국 가기를 매우 원해.

beware of A   A를 조심하다

beware[biwéər]는 자동사로 'vi.조심하다'입니다.
beware of는 beware(조심하다)+of(~을)로 '~을 조심하다'입니다. Beware of는 주로 명령문으로 사용합니다.

1. **Beware of** what you say.
   말을 조심해서 하세요.

2. **Beware of** the dog.
   그 개를 조심하세요.

be aware of A A를 알고 있다(know)
be conscious of

aware[əwéər], conscious[kánʃəs]는 'a.알고 있는'입니다.
be aware of는 be aware(알고 있다)+of(~을)로 '~을 알고 있다'입니다. be aware of는 한 단어로 know입니다.

1. He **is conscious of** his own faults.
   그는 자기 자신의 결점을 알고 있어.

2. The patient **is aware of** his illness.
   그 환자는 자신의 병을 알고 있어.

be ignorant of A A를 모르다

ignorant[íɡnərənt]는 'a.모르는'입니다.
be ignorant of는 be ignorant(모르다)+of(~을)로 '~을 모르다'입니다. be ignorant of는 don't know와 같습니다.

1. I **am ignorant of** the reason for their quarrel.
   나는 그들이 싸우는 이유를 몰라.

2. You **are ignorant of** the poverty.
   넌 가난을 몰라.

be capable of A A를 할 능력이 있다

capable[kéipəbəl]은 'a.할 능력이 있는'입니다.
be capable of는 be capable(할 능력이 있다)+of(~을)로 '~을 할 능력이 있다'입니다. be capable of는 can do입니다.

1. She **is capable of** the work.
   그녀는 그 일을 할 능력이 있어.

2. I **am capable of** living alone.
   난 홀로 생활을 할 능력이 있어.

be suspicious of A A를 의심스러워하다

suspicious[səspíʃəs]는 'a.의심스러운'입니다.
be suspicious of는 be suspicious(의심하다)+of(~을)로 '~을 의심스러워하다'입니다.

1. I **am suspicious of** him.
   나는 그를 의심스러워 해.

2. We **are suspicious of** the government's intentions.
   우리는 정부의 의도를 의심스러워 해.

let go of A   A를 가게 하다, A를 풀어주다

let은 'vt.~을 놔두다, 허락하다, 내보내다, 임대하다'입니다.
let go of는 let go(가게 놔두다)+of(~을)로 '~을 가게 놔두다, 풀어주다'입니다. 원래 문장은 Let me go입니다. 이 어순에서 go를 앞으로 이동시키면 let go me가 되지요. let go me는 말이 안 됩니다. 왜냐하면 go는 자동사이기 때문에 go to school처럼 명사를 연결하기 위해서는 go 뒤에 전치사가 필요하지요. 그래서 '~을'에 해당하는 of를 넣어 let go of가 된 것입니다. 읽을수록 쉽지 않나요?

1. It's time to **let go of** the past.
   이제 과거를 버려야 할 때야.

2. **Let go of** your greed and empty your mind.
   너의 탐욕을 떠나보내고 마음을 비워.

get rid of A   A를 제거하다(remove), 없애다

get rid of는 get rid(제거하다)+of(~을)로 '~을 제거하다'입니다.
한 단어로 remove입니다. get rid of가 되는 과정은 위에서 배운 let go of와 같습니다.

1. It is not easy to **get rid of** a bad habit.
   나쁜 습관을 버리기는 쉽지 않아.

2. I am going to **get rid of** my old car.
   나는 낡은 차를 처분할 계획이야.

3. Would you **get rid of** the cockroach?
   바퀴벌레를 없애주시겠어요?

make a fool of A   A를 바보 만들다, 놀리다(fool)
make fun of

- make a fool of는 make a fool(바보 만들다)+of(~을)로 '~을 바보 만들다'입니다.
- make fun of는 make fun(웃음거리 만들다)+of(~을)로 '~을 웃음거리 만들다'입니다. 한 단어로 fool이죠. Don't fool me는 '나를 놀리지 마'이고, Don't make a fool of me는 '나를 바보 만들지 마'입니다. 사용한 단어 개수만 다를 뿐 같은 뜻이지요.

1. He's **making a fool of** you. Don't you know that?
   그는 너를 바보로 만들고 있어. 그것을 모르니?

2. They **made a fool of** the new student.
   그들은 새로 온 학생을 바보 취급했어.

3. It's fun to **make fun of** others.
   다른 사람을 웃음거리 만드는 것은 재미있어.

make use of A   A를 이용(활용)하다(use)
make the most of
take advantage of

- make use of는 make(~을 하다)+use(이용)+of(을)로 '~을 이용하다'입니다.
  make는 make a mistake처럼 '~을 하다(do)'입니다.
- make the most of는 make(~을 하다)+the most use(최대의 이용)+of(을)로 '~을 최대로 이용하다'입니다. the most use에서 use가 생략되어 the most가 된 것이지요.
- take advantage of는 take(~을 잡다)+advantage(이익)+of(~에서 분리)로 '~에서 분리하여 이익을 잡다'를 줄여서 표현하면 '~을 이용하다'입니다. **친구로부터 자신에게 이익이 되는 것을 분리해서 가져가면 그것은 친구를 이용하는 것입니다.**

축구경기를 보면 advantage rule을 적용하는 것을 종종 보지요. advantage[ədvǽntidʒ]는 ad(이동=to)+van(가다=go)+tage로 다른 사람보다 앞에 이동해 있으니 유리하고 우세한 것입니다.

1. You should **make use of** your special abilities.
   여러분은 자신만의 특기를 잘 이용(활용)하는 것이 좋아요.

2. We have to **make the most of** opportunities.
   우리는 기회를 최대한 이용(활용)해야 해.

3. Don't **take advantage of** me any more. I could kill you.
   더 이상 나를 이용하지 마. 널 죽여 버릴 수도 있어.

take account of A   A를 고려하다(consider)

take account of는 take(~을 하다)+account(고려)+of(을)로 '~을 고려하다'입니다.
take는 take a walk처럼 '~을 하다'입니다. account[əkáunt]는 핵심 다의어로 'n.계산, 예금계좌, 보고(서), 이유, 고려 vi.이유를 설명하다, 책임지다'입니다.

1. **Take account of** my situation.
   나의 상황을 고려해 주세요.

2. You have to **take account of** your condition.
   넌 너의 건강상태를 고려해야해.

3. You should **take account of** your age.
   넌 너의 나이를 고려해야 해.

tell 과 inform

아래의 두 문장을 보세요. tell은 'vt.~에게 말해주다'이고 inform은 'vt.~에게 알려주다'입니다. 두 단어는 똑같은 뜻인데 tell은 tell A B 어순으로 말하고, inform은 inform A of B로 of를 넣어서 말합니다. inform은 of를 넣어 사용하는데 그 이유가 무엇일까요?

1. She **told** me the fact.
   그녀는 나에게 사실을 말해 주었어.

2. She **informed** me **of** the fact.
   그녀는 나에게 사실을 알려주었어.

tell은 'vt.~에게 ~을 말하다'로 tell 속에는 이미 '~을'이 들어가 있습니다.
 영국은 1066부터 프랑스 식민지가 되면서 영어 단어의 85%가 소멸되고 프랑스어 단어를 사용했다고 위에서 설명했습니다. tell은 소멸되지 않고 살아남은 영어단어지요. tell A B 어순은 영국인이 사용하던 순수 영어단어 어순입니다. 영국인들의 머릿속에 tell이란 단어는 tell A B 순서로 놓으면 B에 '~을'이 들어가 있는 것으로 느끼는 것입니다. tell처럼 사용하는 단어는 give, send, make 등 약 30개로 4형식 동사라고도 하고 수여 동사라고도 합니다.

inform은 'vt.~에게 말하다'로 단어 속에 '~을'이 들어 있지 않습니다.
 inform은 영어에는 처음부터 없던 단어로 14C에 프랑스어에서 처음 유입된 프랑스어 단어입니다. 영어에 없는 프랑스어 단어가 들어 왔으니 프랑스인이 사용하는 프랑스어 어순 그대로 들어오는 것은 당연하겠지요. 프랑스인들이 informer A de B로 사용하는 것을 그대로 받아들여 영국인은 de만 of로 바꾸어 inform A of B로 사용한 것입니다. **of는 목적어를 연결하기 위한 '~을'**입니다. inform 어순으로 of를 넣어 사용하는 단어가 약 15개 정도 됩니다. 이제부터 그 단어들을 설명하겠습니다.

inform A of B   A에게 알려주다 / B를

inform[infɔ́ːrm]은 'vt.~에게 알려주다'입니다.

inform A of B는 'inform A(A에게 알려주다)+of(을)+B'로 'A에게 B를 알려주다'입니다.

inform은 '~에게 알려주다'로 반드시 '~에게'를 넣어 기억해야 합니다. '~에게'를 넣어 기억하면 뒤에 사람이 와야 한다는 것을 바로 알 수 있지요. 1번 문장은 She informed me(그녀는 나에게 알려주었어)+of(을)+the fact(사실)입니다. of는 목적어를 연결하는 '~을'입니다. inform의 동의어 notify[nóutəfài]로 바꾸어도 같은 뜻입니다.

inform은 14C 초 유입된 프랑스어 단어로 프랑스인들이 informer A de B로 사용하는 것을 그대로 받아들여 영국인은 de만 of로 바꾸어 inform A of B로 사용한 것입니다. **현재 프랑스어를 보면 informer A de B 어순 그대로 사용**하고 있습니다.

1. She **informed** me / **of** the fact.
   그녀는 나에게 알려 주었어. / 사실을

2. The doctor should **inform** the patient / **of** the truth.
   의사는 환자에게 알려주어야 해요. / 진실을

remind A of B   A에게 생각나게 하다 / B를

remind[rimáind]는 'vt.~에게 생각나게 하다'입니다.

remind A of B는 'remind A(A에게 생각나게 하다)+of(을)+B'로 'A에게 B를 생각나게 하다'입니다.

remind는 '~에게'를 넣어 기억하세요. 1번 문장은 She reminds me(그녀는 나에게 생각나게 해)+of(을)+my old girl friend(나의 오랜 여자친구)입니다. of는 목적어를 연결하는 '~을'입니다.

remind는 re(다시=again)+mind(기억, 마음)로 **기억**이 **다시** 떠올라 **생각나게** 하는 것이지요. remind는 1640년에 처음 생겨난 단어인데 그 당시 프랑스인은 remettre A de B 순서로 말했기 때문에 신조어 영어 단어를 같은 뜻을 가진 프랑스어 어순을 따라 사용했습니다. **현재의 프랑스어를 보면 역시 remettre A de B 어순 그대로 사용**하고 있습니다.

영국이 프랑스로부터 독립한 이후에도 영어에 더 많은 프랑스어 단어가 유입되고, 프랑스어 문법이 영어에 사용된 것은 그 당시 영어는 이탈리아어, 스페인어보다도 못한 삼류 국가의 쓰레기 언어 취급을 받았기 때문입니다. 그 당시 지식인들이 프랑스어를 추종한 것은 지금 우리나라 지식인들이 영어를 추종하는 것과 같지요.

1. She **reminds** me / **of** my old girl friend.
   그녀는 나에게 생각나게 해. / 나의 옛 여자 친구를

2. Your voice **reminds** me / **of** your brother.
   너의 목소리는 나에게 생각나게 해. / 너의 형을

convince A of B   A에게 이해시키다 / B를

convince[kənvíns]는 'vt.~에게 이해시키다'입니다.

convince A of B는 'convince A(A에게 이해시키다)+of(을)+B'로 'A에게 B를 이해시키다'입니다.

convince는 '~에게'를 넣어서 기억해야 합니다. 1번 문장은 You should convince her(넌 그녀에게 이해시켜야 해)+of(을)+the fact(사실)입니다. of는 목적어를 연결하는 '~을'입니다. convince는 앞에서 be convinced of에서 이미 학습한 단어입니다.

convince는 con(강조=completely)+vince(victor=승리)로 논쟁에서 완전히 승리하여 상대를 이해시켰다는 것입니다.

1. You should **convince** her / **of** the fact.
   넌 그녀에게 이해시키는 것이 좋아. / 그 사실을

2. I cannot **convince** him / **of** his mistake.
   나는 그에게 이해시킬 수 없어. / 그의 실수를

3. How can I **convince** him / **of** his error.
   어떻게 내가 그에게 이해시킬 수 있을까요? / 그의 잘못을

rob A of B
deprive A of B
strip A of B
A로부터 빼앗다 / B를

rob[rɑb], deprive[dipráiv], strip[strip]은 'vt.~로부터 빼앗다'입니다.

rob A of B는 'rob A(A로부터 빼앗다)+of(을)+B'로 'A로부터 B를 빼앗다'입니다. 위의 단어들은 모두 '~로부터'를 넣어서 기억해야합니다. 1번 문장에서 Somebody robbed me라고 말해 보세요. '누군가 나로부터 빼앗았어'라고 말하면 그 말을 듣는 사람은 '무엇을?'하고 되묻게 됩니다. 그러면 '지갑을(of my wallet)'이라고 대답해야 하겠지요. of는 목적어를 연결하는 데 필요한 '~을'입니다.

rob은 12C에, deprive는 14C에 프랑스어에서 유입된 프랑스어 단어입니다. strip은 순수 영어 단어인데 프랑스어 어순을 따라 사용했군요. of는 목적어를 연결하는 '~을'의 기능이지만 of의 원래 뜻인 분리의 뜻도 그대로 갖고 있습니다. **지갑을 빼앗는 것은 나로부터 지갑을 분리(of)시키는 것이지요.**

1. Somebody **robbed** me / **of** my wallet.
   누군가 나로부터 강탈했어. / 나의 지갑을

2. The committee **deprived** me / **of** the champion title.
   위원회는 나로부터 빼앗았어. / 챔피언 타이틀을

3. I **was stripped of** all the money in my pocket.
   난 주머니 안에 있는 모든 돈을 강탈당했어.

cure A of B
heal A of B
A로부터 치료하다 / B를

cure[kjuər], heal[hi:l]은 'vt.~로부터 치료하다'로 '~로부터'를 넣어서 기억해야합니다.

cure A of B는 'cure A(A로부터 치료하다)+of(을)+B'로 'A로부터 B를 치료하다'입니다. I will cure you라고 말해 보세요. '나는 당신으로부터 치료하겠어요'라고 말하면 듣는 사람은 '무엇을?'이라고 되묻게 됩니다. 그러면 '병을(of your disease)'이라고 대답해야 할 것입니다. of는 목적어를 연결하는 '~을'의 기능이지만 of의 원래 뜻인 분리(of)의 뜻을 그대로 갖고 있지요. **병을 치료하는 것은 사람으로부터 병을 분리(of)하는 것입니다.**

cure는 14C 프랑스어에서 유입된 프랑스어 단어이고, heal은 순수 영어 단어입니다. cure와 heal은 같은 뜻이기 때문에 영어 단어가 프랑스어 어순을 따라간 것입니다.

1. This medicine will **cure** you / **of** your disease.
   이 약은 당신으로부터 치료할 것입니다. / 당신의 병을(=병을 분리하여)

2. The doctor **healed** people / **of** illness.
   의사는 사람들로부터 치료했어. / 병을(=병을 분리하여)

clear A of B
ease A of B
relieve A of B
rid A of B
A로부터 제거하다 / B를

clear, ease[i:z], relieve[rilí:v], rid[rid]는 모두 'vt.~로부터 제거하다'입니다.

clear A of B는 'clear A(A로부터 제거하다)+of(을)+B'로 'A로부터 B를 제거하다'입니다. 위의 동사들은 '~로부터'를 넣어서 기억해야 합니다. 1번 문장에서 We cleared the street라고 말해 보세요. '우리는 거리로부터 제거했어'라고 말하면 듣는 사람은 '무엇을?'이라고 되묻게 됩니다. 그러면 '쓰레기를(of trash)'이라고 대답해야 하겠지요. of는 목적어를 연결하는 '~을'의 기능이지만 of의 원래 뜻인 분리(of)의 뜻을 그대로 갖고 있습니다. **제거하는 것은 붙어 있는 것을 분리(of)시키는 것입니다.**

clear, ease, relieve는 13C 이후 프랑스에서 유입된 프랑스어 단어이고, rid는 순수 영어 단어입니다. 영어 단어인 rid가 프랑스어 어순을 따라 사용한 것이군요.

1. We **cleared** the street / **of** trash.
   우리는 거리로부터 치웠어. / 쓰레기를(=쓰레기를 분리하여)

2. I will **ease** you / **of** your pain.
   당신으로부터 덜어드릴게요. / 당신의 고통을(=고통을 분리하여)

3. I can **relieve** you / **of** your trouble.
   난 당신으로부터 없앨 수 있어요. / 당신의 어려움을(=어려움을 분리하여)

1. 안으로
2. 안에
3. 후에, 만에

1. in은 '안으로'입니다.
 무엇이 밖에(out) 있는데 그것이 어떤 벽을 통과하여 안으로 들어가는 것이 in입니다. He came in은 '그가 안으로 들어왔어'입니다. 말해주지 않아도 알고 있는 것은 그는 밖에 있었다는 것이지요. in이 사용되었다는 것은 무엇이 out 상태에 있다는 것을 기억해야 합니다. 방문을 열고 안으로 들어가는 것도 in이고, 상자를 열고 위에서 안으로 들어가는 것도 in으로 in은 밖에서 안으로 이동하는 것입니다.

2. in은 '안에'입니다.
 '안에'는 '울타리 안에, 범위 안에, 영역 안에'입니다. '안에' 있다는 것은 사방이 벽(울타리)으로 둘러싸여 있는데 그 안에 있다는 것이죠. '안에'의 동의어는 속에, 내(內)에, 이내에'입니다. in 하면 범위와 영역이 떠올라야 합니다. in the room처럼 앞뒤 좌우로 벽이 있어 눈으로 확인할 수 있는 범위와 영역이 있고, in love처럼 눈으로는 확인할 수 없지만 생각으로 범위와 영역을 알 수 있는 추상적인 범위와 영역이 있지요.

3. in은 '후에, 만에'입니다.
 in a week는 '일주일 후에, 일주일 만에'입니다. in이 '후에' 인지 '만에' 인지는 문맥에 따라서 파악해야 합니다.

01 in 안으로

in은 '안으로'입니다. 무엇이 바깥에(out) 있는데 그것이 어떤 벽을 통과하여 안으로 들어가는 것이 in입니다. in이 사용되었다는 것은 무엇이 밖에 있는 상황이라는 것 꼭 기억하세요.

get in A   ① A 안으로 가다   ② A 안으로 오다

get은 말하는 상황에 따라 'vi.오다, 가다'로 come과 같은 뜻입니다.

① get in은 get(가다=go) + in(안으로)으로 '안으로 들어가다'입니다.

get in은 바깥에 있는 상태에서 안으로 들어가는 것이지요. 1번 문장은 방 바깥에 있는 사람이 방 안으로 들어가는 것입니다. 2번 문장은 박물관 바깥에 있는 사람이 박물관 안으로 들어가는 것이지요. 극장이나 박물관에 들어가는 것이기 때문에 '안으로 들어가다'를 줄여서 표현하면 '입장하다'가 됩니다. 입장(入場)은 '들어갈 입, 장소 장'으로 장소에 들어가는 것입니다. 3번 문장은 자동차 바깥에 있는 사람이 자동차 안으로 들어가는 것입니다. 자동차 밖에서 자동차 안으로 들어가는 것이기 때문에 '안으로 들어가다'를 줄여서 표현하면 '~을 타다'가 되지요. 4번 문장은 대화 밖에 있는 상태에서 다른 사람들의 대화 안으로 들어가는 것입니다. 다른 사람들의 대화 안으로 들어가는 것이기 때문에 '안으로 들어가다'를 줄여서 표현하면 대화에 '끼어들다'가 됩니다.

get in은 '안으로 들어가다'일 뿐입니다. 극장이나 박물관 안으로 들어가면 '입장하다', 자동차 안으로 들어가면 '차를 타다', 타인의 대화 안으로 들어가면 대화에 '끼어들다'입니다. get in을 무작정 숙어로 만들어 '타다, 입장하다, 끼어들다'로 외워야 할까요?

② get in은 get(오다=come) + in(안으로)으로 '안으로 들어오다'입니다.

기차역 밖에 있는 기차가 기차역 안으로 들어오는 것은 기차가 도착하는 것이죠. 기차역에서 '기차가 언제 들어오나요?'라고 말하면 '기차가 언제 도착하나요?'와 같은 말이 됩니다. '안으로 들어오다'를 줄여서 표현하면 '도착하다'가 되지요.

1. The room was full of people, so I couldn't **get in**.
   방이 사람으로 가득 찼어. 그래서 난 들어갈 수 없었어.

2. How much does it cost to **get in**?
   안으로 들어가는데 얼마예요? (=입장하는데 얼마예요?)

3. Let's **get in** my car and go.
   내 차를 타고 갑시다.

4. I don't want to **get in** your talks.
   난 너희들 대화에 끼어들고 싶지 않아.

5. What time does the train **get in**?
   기차가 언제 들어오죠?

break in A   ① A에 침입하다   ② A에 끼어들다

break in은 break(~을 깨다)+in(안으로)으로 '무엇을 깨고 안으로 들어가다'입니다.

① break in은 break (the wall) in에서 괄호가 생략되었습니다. '**벽을 깨고 안으로 들어가다**'를 줄여서 표현하면 '**~에 침입하다**'가 되지요. 침입하기 위해선 벽을 깨고 들어간다는 것을 누구나 알고 있기 때문에 괄호(the wall)를 생략하는 것입니다.

② break in은 '~에 끼어들다'입니다. 2번 문장은 break (their conversation) in their conversation이 원래 표현입니다. '**대화를 깨고 대화 안으로 들어가다**'를 줄여서 표현하면 '**대화에 끼어들다**'가 되지요.

1. Somebody **broke in** my house yesterday.
   어제 누군가 내 집에 침입했어.

2. Don't **break in** other people's conversation.
   다른 사람들의 대화에 끼어들지 마.

interfere in A   A를 간섭하다, 방해하다(hinder)

interfere[ɪntərfíər]는 'vi간섭하다, 말참견하다'입니다.

interfere in은 interfere(간섭하다)+in(안으로)입니다. interfere는 자동사로 뒤에 명사를 연결할 때 '~을'에 해당하는 전치사를 붙여야 하고, **방해하고 간섭하는 것은 누군가 하고 있는 일에 끼어드는(=안으로 들어가는)** 것이기 때문에 in입니다.

interfere는 inter(사이=between)+fere(옮기다=carry)로 사람들 사이에 들어가(자신의 몸을 옮겨) 간섭하고 방해하는 것이죠.

1. Don't **interfere in** my business.
   나의 일을 간섭하지 마.

2. You always **interfere in** my private life.
   넌 항상 나의 사생활을 간섭해.

get in the way   방해하다, 방해되다

get in the way는 get(가다, 오다)+in(안으로)+the way(길)입니다. '**길 안으로 들어가다**'를 줄여서 표현하면 '**방해하다, 방해되다**'입니다. 누군가 말을 타고 길을 달리는데 길 안으로 불쑥 들어가 보세요. 가는 길을 방해하는 것이지요. 말을 타는 것이 일상생활인 과거 영국인과 미국인의 일상생활에서 나온 표현입니다. '~을 방해하다'는 타동사로 사용할 경우 of(~을)를 붙여 get in the way of로 사용합니다.

1. Tell him not to **get in the way**.
   방해하지 말라고 그에게 말해.

2. I don't want money to **get in the way of** our friendship.
   나는 돈이 우리의 우정을 방해하는 것을 원치 않아.

take A in
① A를 받아들이다(receive)
② A를 이해하다(understand)
③ A를 포함하다(include, contain)

take in은 take(~을 잡다)+in(안으로)으로 '무엇을 잡아서 안으로 이동시키다'입니다. 밖에 있는 무엇을 먼저 take 하세요. 그다음에 안으로 in 시키세요.

1번 문장은 take the washings in (the room)으로 집 밖에 있는 빨래를 take 한 다음 집 안으로 in 시키는 것입니다. 2번 문장은 take my advice in (his mind)으로 나의 충고를 take 한 다음 그의 마음속으로 in 시키는 것으로 take in은 충고를 '받아들이다'입니다. 3번 문장은 take your word in (my mind)로, 말의 핵심 내용을 take 한 다음 마음속으로 in 시키는 것으로 take in은 '~을 이해하다(understand)'입니다. 4번 문장은 4개의 주를 take 한 다음 영국연방 안으로 이동시키는 것으로 영국이 4개의 주를 포함하는 것입니다. 무엇을 잡은 다음 자신의 영역 안으로 이동시키는 것으로 take in은 '~을 포함하다'입니다.

take in은 '무엇을 잡아서 안으로 이동시키다'일 뿐입니다. 무엇을 take 해서 안으로 in 시키는지 상황에 맞게 이해하면 무작정 암기해야 할 숙어가 아니지요.

1. **Take in** the washings quickly because it is raining.
   비가 오고 있으니까 빨래를 빨리 가지고 들어오너라.

2. He didn't **take in** my advice.
   그는 내 충고를 받아들이지 않았어.

3. I can't **take in** your word.
   나는 너의 말을 이해할 수 없어.

4. The United Kingdom **takes in** England, Wales, Scotland, Northern Ireland.
   영국 연방은 잉글랜드, 웨일스, 스코틀랜드, 북아일랜드를 포함해.

take A in A를 속이다(deceive, cheat)
be taken in 속다(=속임을 당하다)

take in은 take(~을 데리고 가다)+in(안으로)입니다.

'누구를 거짓 세계로 데리고 가다'를 줄여서 표현하면 '누구를 속이다'가 됩니다. She took me in은 '그녀는 나를 속였어'인데 과거에 영국인이 사용하던 원래 표현은 She took me in (the untruth)입니다. '그녀는 나를 거짓 세계 안으로 데리고 갔어'를 줄여서 표현하면 '그녀는 나를 속였어'가 되지요. 이렇게 생략된 단어(the untruth)를 채워보면 어감도 살고 바로 이해가 됩니다. take in을 수동형으로 바꾼 be taken in은 '속임을 당하다, 속다'가 됩니다.

1. She **took** me **in**.
   그녀는 나를 속였어.

2. I **was taken in** by her.
   나는 그녀에 의해서 속았어.

check in 체크인하다

check in은 check(~을 확인하다)+in(안으로)입니다.
'(신분증)을 확인하고 안으로 들어가다'입니다. check in은 **check** (one's passport) **in** (the boarding gate)에서 괄호가 생략된 표현으로 공항에서 여권을 확인하고 탑승구 안으로 들어가는 것입니다. 호텔 역시 마찬가지입니다. 호텔은 비용을 나올 때 계산하기 때문에 신분증을 확인하고(=숙박부에 기록) 안으로 들어갑니다. 체크인, 체크아웃은 우리말처럼 익숙한 표현이지만 정확한 뜻을 알면 좋겠지요.

1. Passengers are supposed to **check in** two hours before the flight.
   승객들은 탑승 2시간 전에 체크인하기로 되어 있어.

2. **Check in** at the front desk.
   접수처에서 체크인하세요.

pull A in
① A를 세우다, 멈추다(stop, pull up, draw up)
② 도착하다(arrive)

pull in은 pull(~을 당기다)+in(안으로)으로 '무엇을 안으로 당기다'입니다.

① pull in은 pull (the reins) in에서 괄호(말고삐)가 생략된 표현입니다.
'**말고삐를 안으로 당기다**'를 줄여서 표현하면 '**말을 세우다**'가 됩니다. 달리는 말의 말고삐를 안으로 (=몸쪽으로) 당겨서 말을 세우는 것입니다. up에서 pull up, draw up이 달리는 말의 말고삐를 위로 당겨 말을 세우는 것임을 배웠지요. pull in을 타동사로 사용하면 'vt.~을 세우다'이고, 자동사로 사용하면 'vi.멈추다'입니다.

② pull in은 'vi.도착하다(arrive)'입니다.
목적지에 도착해서 말고삐를 안으로 당기면 도착하는 것이지요. 모두 말을 타는 영국인과 미국인의 일상생활에서 나온 표현입니다. 이렇게 영어가 흘러온 역사를 알면 굳이 애써서 암기할 필요가 없지요.

1. Push out your chest and **pull in** your chin.
   가슴을 밖으로 밀고 턱을 안으로 당기세요.

2. **Pull in** at the subway.
   지하철역에서 세워줘.

3. Our train **pulled in** on time.
   우리 기차는 정시에 도착했어.

02 in   안에, 내에, 속에, 이내에

in은 '안에'입니다. '안에'는 경계(=범위)가 분명한 영역을 말합니다. 시작과 끝의 범위가 명확한 영역에 in을 사용합니다.

1. Can you speak **in** English?
   당신은 영어로 말할 수 있나요?

2. Do you have this **in** white?
   흰색으로 이것을 갖고 있나요?

3. He is planting a tree **in** the yard.
   그는 마당에 나무를 심고 있어.

4. My mother is **in** the garden.
   엄마는 정원에 있어.

5. **In** my opinion, the film is excellent.
   내 생각에는, 그 영화는 탁월해.

1번 문장에서 in English는 '영어로'입니다. 언어는 범위가 명확한 영역이기 때문에 in입니다. 영어, 중국어, 프랑스어 등 모든 언어는 영역이 명확합니다. 수능시험에서도 언어영역, 외국어 영역이라고 표현합니다. 그래도 이해가 되지 않으면 영어사전, 중국어사전, 프랑스어사전을 보세요. 영어 단어는 영어사전 안에 있고 중국어 단어는 중국어사전 안에 있지요.

2번 문장에서 in white는 '흰색으로'입니다. 매장에서 옷을 사려는데 디자인은 마음에 들지만 색깔이 마음에 들지 않는 경우가 종종 있지요. 그러면 '파란색으로(in blue), 흰색으로(in white), 검은색으로(in black)' 같은 옷이 있는지를 물어보게 됩니다. 이렇게 색깔은 in을 사용합니다. 무지개를 본 적 있나요? 무지개를 보면 빨, 주, 노, 초, 파, 남, 보로 시각적으로 구분되는 분명한 색깔의 범위가 있지요. 직접 색종이를 꺼내어 빨, 주, 노, 초, 파, 남, 보 순서로 나란히 놓아 보세요. 각 색깔별로 구분되는 분명한 색깔 범위를 확인할 수 있습니다. 색깔은 다른 색깔과 구분되는 명확한 시각적인 범위와 영역을 갖고 있기 때문에 in입니다. 영어는 눈에 보이는 모습 그대로 표현하는 언어라고 항상 강조하고 있습니다.

3~4번 문장에서 in the yard는 '마당에', in the garden은 '정원에'입니다. 영미인(英美人)이 사는 집은 앞뒤로 울타리가 쳐져 있어 옆집, 뒷집과 구별되는 분명한 영역을 갖고 있기 때문에 in입니다. 그 울타리 안으로 허락 없이 들어가면 주거 침입이 되고 재수 없으면 총을 맞게 되지요.

5번 문장에서 in my opinion, in my view, in my think는 '내 생각에는'입니다. 영화가 탁월하다는 생각은 다른 사람의 생각이 아니고 어디까지나 나의 생각이란 것입니다. 생각의 범위가 나로 한정된다는 것이지요. 견해를 밝힐 때 자주 사용하는 표현입니다.

6. They are working **in** the sun.
   그들은 햇빛 속에서 일하고 있어.

7. Don't walk **in** the rain.
   빗속에서 걷지 마.

8. I'm **in** a hurry.
   나는 바쁜 상황 속에 있어.

9. He's **in** a difficult situation.
   그는 어려운 상황 속에 있어.

6~7번 문장을 보세요. in the sun(햇빛 속에서), in the dark(어둠 속에서), in the shade(그늘 속에서), in the snow(눈 속에서), in the rain(빗속에서)은 모두 눈에 보이는 모습 그대로 표현한 것이죠. 하늘에 구름이 있으면 지상은 태양이 비추는 밝은 영역과 구름이 덮고 있는 그늘진 영역으로 분명하게 나누어집니다. 나무 아래는 그늘진 그림자 영역이고, 눈과 비가 오는 곳도 마찬가지지요. 눈과 비를 뿌리는 영역과 그렇지 않은 영역으로 나누어집니다.

8번 문장에서 in a hurry는 '바쁜 상황 속에'입니다. 아침 9시에 회사에 출근하면 업무가 시작되죠. 10시쯤 되면 처리해야 할 업무가 많아 10시부터 12시까지는 바쁜 상황 속에 있게 됩니다. 그리고 12시부터 1시까지는 점심시간으로 한가한 상황이 되지요. 이렇게 상황은 바쁜 상황, 한가한 상황으로 분명한 영역이 있음을 시간으로 확인할 수 있습니다.

in (시간)에

in은 '안에'로 시작과 끝의 범위가 명확한 시간에 사용합니다. in May는 '5월에'로 5월 1일부터 5월 31일까지 분명한 시간 범위를 갖고 있어 in이지요. in 2012는 '2012년에'로 2012년 1월 1일부터 12월 31일까지로 분명한 시간 범위를 갖고 있어 in입니다. in the afternoon은 '오후에'로 12시 이후부터 해질 때까지로 분명한 시간 범위가 있어 in이죠. in spring은 '봄에'로 봄, 여름, 가을, 겨울의 계절은 분명한 시간 범위가 있어 in입니다. in the 19th century는 '19세기에'로 1900년 1월 1일부터 1999년 12월 31일까지이지요. in the past는 '과거에'로 현재부터 천지창조까지, in the future는 '미래에'로 지금부터 자신이 죽거나 지구가 멸망할 때까지입니다. 이렇게 in은 언제부터 언제까지 그 범위가 명확한 시간에 사용합니다.

- **in** May, **in** 1999   5월에, 1999년에
- **in** the morning, **in** the afternoon, **in** the evening   아침에, 오후에, 저녁에
- **in** spring, **in** summer, **in** fall, **in** winter   봄에, 여름에, 가을에, 겨울에
- **in** the 19th century   19세기에
- **in** the past, **in** the future   과거에, 미래에
- **in** the Middle Ages   중세에
- **in** my teens, **in** my twenties   10대에, 20대에

in (장소)에

in은 '안에'로 in the room, in the building, in a car처럼 **시작과 끝의 범위가 명확한 장소에 사용**합니다. 방, 건물, 자동차 안은 사방이 벽으로 둘러싸여 경계가 명확한 장소임을 바로 알 수 있죠. 국가, 도시, 도, 구, 군, 읍, 동, 마을 등의 행정구역은 지도를 보면 범위와 경계가 명확한 장소입니다. 어디부터 어디까지가 한국영토인지, 어디부터 어디까지가 서울시인지 지도를 펼쳐 보면 그 영역을 분명히 알 수 있기 때문에 in이지요.

1. I live **in** Korea/ **in** Seoul/ **in** 종로구/ **in** 명동.
   나는 한국에/ 서울에 /종로구에/ 명동에 살아.

2. We stayed **in** a small village.
   우린 작은 마을에서 머물렀어.

hand A in
pass A in
give A in
put A in
turn A in

A를 제출하다(submit)

hand in은 hand(~을 건네주다)+in(안에)입니다.
'(손)안에 무엇을 건네주다'를 줄여서 표현하면 '~을 제출하다'입니다. Hand in your report는 '리포트 제출하세요'인데 원래 표현은 Hand your report in (my hand)로 '리포트를 나의 손안에 건네주세요' 입니다. 리포트 제출은 선생님 손안에 넘겨주는 것임을 누구나 다 알고 있기 때문에 괄호(my hand)는 생략합니다. 그리고 뒤에 남아 있는 in은 뒤에 남겨 두거나, 앞으로 이동하여 사용하지요. 이제 hand 대신에 pass, give, put, turn으로 단어를 바꾸어 보세요. pass는 hand와 같은 뜻입니다. give in은 '선생님 손안에 주세요', put in은 '선생님 손안에 놓으세요', turn in은 '선생님 손안에 되돌려 넣으세요' 로 모두 같은 동작입니다. **선생님의 손안에(in) 숙제를 hand 하고, pass 하고, give 하고, put 하고, turn 하는 행동은 숙제를 제출하는 것입니다.** 암기할 필요가 있나요?

동의어 submit는 sub(아래=under)+mit(보내다=send)입니다. 교수연구실에 리포트를 제출하러 갔는데 문이 잠겨 있는 경우가 많지요. 그때는 문 아래(sub) 틈 사이로 리포트를 밀어 넣어 보냅니다(mit). submit는 문 아래 틈 안으로 리포트를 밀어 넣는 대학생활에서 유래하여 '~을 제출하다'라는 뜻이 발생했습니다.

1. I **handed in** my resignation already.
   난 이미 사표를 제출했어.

2. Did you **hand** your report **in** on time?
   너 제시간에 리포트를 제출했니?

give A in

① 제출하다(submit)
② 포기하다(give up), 항복하다

① give in은 give(~을 주다)+in(안에)으로 '안에 무엇을 주다'입니다. 선생님의 손안에 숙제를 주면 숙제를 '**제출하다**'입니다. 선생님 손안에(in) 숙제를 hand 하고, pass 하고, give 하고, put 하고, turn 하는 것은 숙제를 제출하는 것이지요.

② give in은 '~을 포기하다, 항복하다'입니다.
give in은 give (everything) in (enemy's hand)에서 괄호가 모두 생략된 표현입니다. '**모든 것을 적의 손안에 주다**'를 줄여서 표현하면 '**항복하다, 포기하다**'라는 뜻이 됩니다. 적의 손안에 나의 모든 것을 주는 것은 항복하는 것이고, 자신의 것을 포기하는 것입니다. 영국인의 조상은 5C에 독일 지역에서 건너온 게르만족(앵글로색슨족)으로 그들은 전쟁을 재미있는 놀이로 생각하는 야만인이었지요. give in과 give up은 동의어로 전쟁에서 유래한 표현입니다.

1. You must **give in** your assignment by tomorrow.
   여러분은 내일까지 숙제를 제출해야 합니다.

2. I'll go on fighting to the end. I'll never **give in**.
   나는 끝까지 계속 싸울 거야. 나는 절대 포기하지 않을 거야.

3. I would rather die than **give in**.
   항복하는 것보다 차라리 죽는 편이 나아.

turn A in

① A를 제출하다 ② A를 반납하다(return)
③ 잠자리에 들다(go to bed)

turn in은 turn(~을 돌리다)+in(안에)으로 '무엇을 되돌려 안에 넣다'입니다.

① turn in은 **turn** (the homework) **in** (the hand)로 선생님이 내준 과제물을 선생님 손안에 되돌려 넣는 것으로 숙제를 '제출하다'입니다.

② turn in은 **turn** (the video) **in** (the hand)로 빌린 비디오나 빌린 책을 되돌려서 반납함 안에 또는 반납을 받는 사람 손안에 넣는 것으로 빌린 물건을 '반납하다'입니다.

③ turn in은 **turn** (yourself) **in** (the room)로 자신의 몸을 돌려 방안에 넣는 것으로 '잠자리에 들다'입니다.
turn in은 '무엇을 되돌려서 안에 넣다'일 뿐이지요. 숙제를 되돌려 선생님 손안에 넣으면 숙제를 '제출하다', 빌린 물건을 주인 손안에 되돌려 넣으면 물건을 '반납하다', 몸을 되돌려서 방안에 넣으면 '잠자리에 들다'입니다. 무작정 외울 필요가 있을까요?

1. Did you **turn** your report **in** on time?
   너 제시간에 리포트 제출했니?

2. I didn't **turn** the book **in** yet.
   나 아직 그 책 반납 안 했어.

3. Boys! It's time to **turn in**.
   애들아! 잠자리에 들 시간이야.

put A in
A를 안에 넣다
① 제출하다 ② 저축하다 ③ 말참견하다

put in은 put(~을 놓다)+in(안에)으로 '무엇을 안에 놓다'입니다.
put in은 '무엇을 안에 놓다'일 뿐입니다. 선생님의 손안에 숙제를 놓으면 '제출하다'이고, 은행 안에 돈을 놓으면 '저축하다'이고, 다른 사람의 대화 안에 말을 허락 없이 놓으면 '말참견하다'가 되지요. 대화의 상황에 따라 '제출, 저축, 참견'이란 의미가 될 뿐입니다.

1. Don't **put** sugar **in** my coffee.
   내 커피 안에 설탕 넣지 마세요.

2. You must **put** your money **in** a bank against rainy days.
   너는 만일에 대비해서 돈을 은행에 넣어 두어야 해.

3. **Put** your homework **in** by tomorrow.
   내일까지 숙제 제출해라.

4. Please don't **put in** a word.
   말참견하지 마세요.

in advance
미리, 사전에

advance[ædvǽns]는 'n.전진, 진보'입니다.
in advance는 in(시간에)+advance(전진)입니다. '앞서 있는 시간에'를 줄여서 표현하면 '사전에, 미리'가 됩니다. 사전(事前)은 일이 시작되는 시점부터 이전으로 분명한 시간의 범위를 갖고 있기 때문에 in입니다. 사전 예약 기간은 언제부터 언제까지로 시간의 범위가 분명하게 정해져 있지요.

1. It's cheaper if you get the tickets **in advance**.
   표를 미리 구입하면 더 싸요.

2. I reserved the seat **in advance**.
   나는 미리 좌석을 예약해 두었어.

We have a lot in common
우리는 공통점이 많아

We have a lot(우리는 많은 것을 갖고 있어)+in common(공통된 영역에)입니다.
공통된 영역이란 수학의 벤다이어그램 교집합을 보면 됩니다. A∩B는 공통된 영역으로 빗금을 쳐보면 그 영역이 한눈에 들어오지요. **공통점이 있다는 것은 공통된 영역인 교집합이 있다는 것이고 공통점이 없다는 것은 공통된 영역인 교집합이 없다는 것입니다.**

1. We have nothing **in common**.
   우린 공통점이 하나도 없어.

2. They have a lot of things **in common**.
   그들은 많은 공통점이 있어.

drop in   잠시 들리다

 drop in은 drop(~을 떨어뜨리다)+in(안에)입니다.
 drop in은 drop (one's feet) in에서 괄호(one's feet)가 생략된 표현입니다. '안에 (발걸음)을 떨어뜨리다'를 줄여서 표현하면 '**잠시 들리다**'입니다. **지나가는 길에 어떤 장소 안에 발걸음을 떨어뜨리는 것은 잠시 들리는 것**이지요.

 1번 문장은 집에 오는 길에 세탁소 안에 발걸음을 떨어뜨리는 것으로 세탁소에 잠시 들리는 것입니다. 2번 문장은 내일 어디를 갈 계획인데 그 중간에 너의 집이 있어 지나가는 길에 너의 집 안에 발걸음을 떨어뜨려 잠시 들리겠다는 것입니다.

1. Please **drop in** the cleaner's on your way home.
   집에 오는 길에 세탁소에 좀 들러라.

2. I'll **drop in** your home tomorrow.
   내일 너의 집에 잠시 들릴게.

drop in on A / look in on   (사람을)잠시 방문하다

- drop in on은 drop in(잠시 들리다)+on(접촉)입니다.
  '잠시 들러 사람을 접촉하다'를 줄여서 표현하면 '**(사람을)잠시 방문하다**'입니다. 지나가는 길에 어떤 장소에 잠시 들러 사람과 접촉하는 것은 사람을 잠시 방문하는 것입니다.

- look in on은 look in(안으로 들여다보다)+on(접촉)입니다.
  '안으로 들여다보다가 사람을 접촉하다'를 줄여서 표현하면 '**(사람을)잠시 방문하다**'입니다.
  지나는 길에 사람이 있나 없나 안으로 들여다보다가 사람이 있으면 안으로 들어가서 사람과 접촉하는 것은 사람을 잠시 방문하는 것이지요. 영어는 눈에 보이는 모습 그대로 설명하는 언어라고 골백번 강조하고 있습니다.

1. Shall we **drop in on** Jack?
   우리 지나는 길에 잭을 잠시 방문할까?

2. Please **look in on** me when you come this way.
   당신이 이 길로 올 때 나를 잠시 방문해 주세요.

once in a while   가끔(sometimes, from time to time)

 once in a while은 once(한번)+in(안에)+a while(짧은 시간)로 '**짧은 시간에 한 번**'입니다. 짧은 시간 안에 한 번 한다는 것은 자주 하는 것이 아니라 '**가끔**' 하는 것이지요.

1. We eat out **once in a while**.
   우린 가끔 외식해.

2. Give me a call **once in a while**.
   가끔 전화해 줘.

fill A in   A를 안에 채우다

　fill in은 fill(~을 채우다)+in(안에)으로 '안에 무엇을 채우다'입니다.
　Fill in your name은 '이름을 채우세요'입니다. 우리식 사고로는 in이 필요 없어 보이는데 왜 in을 넣어야 할까요? 원래 문장은 Fill your name in (the form)이지요. '양식 안에 이름을 채우세요'입니다. 사람에게 기재해야 할 양식을 주면서 '양식 안에 이름을 채워주세요'라고 말하지는 않지요. 눈앞에 양식이 놓여 있는데 굳이 양식(the form)을 반복해서 말할 필요가 없기 때문에 생략하는 것입니다. 그리고 뒤에 홀로 남은 in을 앞으로 이동시켜 fill in your name이 된 것입니다.
　2번 문장의 fill in the blanks는 fill (the answer) in the blanks입니다. 양식의 빈칸 안에 이름, 나이, 국적, 주소 등 질문에 맞는 대답(the answer)을 채우라는 것이지요. 빈칸을 보면 무엇을 채우라는 것인지 누구나 다 알기 때문에 괄호(the answer)를 생략하는 것입니다.

1. Please **fill in** your name here.
   여기에 이름을 채워주세요.

2. Please **fill in** the blanks.
   공란을 채워주세요.

keep A in mind / bear A in mind   A를 명심하다

- keep in mind는 keep(~을 유지하다)+in mind(마음속에)입니다.
  '**무엇을 마음속에 유지하다**'를 줄여서 표현하면 '**무엇을 명심하다**'입니다. 명심(銘心)은 '새길 명, 마음 심'으로 마음속에 새겨두는(=유지하는) 것입니다.

- bear in mind는 bear(~을 갖고 있다)+in mind(마음속에)입니다.
  '**무엇을 마음속에 갖고 있다**'를 줄여서 표현하면 '**무엇을 명심하다**'입니다. 누군가 하는 말을 마음속에 유지하고, 마음속에 갖고 있는 것은 명심하는 것이지요.
  　keep는 'vt.~을 막다, 지키다, 유지하다'입니다. keep는 **지키고 막아서 유지하는** 것이지요.
  　bear는 'n.곰 vt.갖고 있다(have), 참다(endure), 옮기다(carry), 낳다'입니다. bear는 **곰**이 새끼를 **가지고** 몇 개월을 **참아서** 안전한 곳으로 몸을 **옮겨서** 새끼를 **낳는** 과정입니다. 단어 간에 파생된 연결고리를 찾아서 암기하면 쉽게, 오래 기억할 수 있습니다.

1. **Keep in mind** what I am telling you.
   내가 너에게 말하고 있는 것을 명심해.

2. **Bear** my words **in your mind**.
   내 말 명심해.

in the middle of A   A의 중간에, 가운데

in the middle of는 in(안에)+the middle(가운데)+of(의)로 '~의 가운데, 중간에'입니다. 중간(中間)은 공간이나 시간의 가운데 지점입니다. **시작과 끝의 명확한 범위가 있어 중간임을 알기 때문에 in입니다.** 1번 문장에서 운동장의 중간을 아는 것은 운동장의 시작지점과 끝 지점을 알기 때문에 중간이 어디인지 아는 것이지요.

1. He is driving **in the middle of** the ground.
   그는 운동장 가운데에서 운전하고 있어.

2. Why are you eating ice cream **in the middle of** winter?
   넌 왜 한겨울에 아이스크림을 먹고 있니?

in front of A   A의 앞에
in back of   뒤에

'~의 앞에, ~의 뒤에'는 in을 붙입니다. 원어민이 생활하는 집 앞마당과 뒷마당에는 그 집의 영역과 범위를 알려주는 울타리가 있어서 in the garden, in the backyard입니다. 앞에서 배웠습니다. **원어민이 생활하는 집 앞과 집 뒤에는 집이 가진 고유 영역이 있다고 믿기 때문에 앞과 뒤에는 in을 붙입니다.**

1. Where are you? I'm standing **in front of** the bank.
   너 어디 있니? 나 은행 앞에 서 있어.

2. Two men are sitting **in back of** the car.
   두 사람이 차 뒷좌석에 앉아 있어.

in the face of A   ① A의 면전에서, 직면하여
                       ② A에도 불구하고

① in the face of는 '~의 얼굴 앞에서'로 줄여서 표현하면 '**면전(面前)에서, 직면(直面)하여**'입니다.
  '앞'은 in front of에서 보듯이 in을 붙입니다.
② in the face of는 '~에도 불구하고'입니다.
  누군가의 얼굴 앞에서, 얼굴을 마주 보고 있는 상태에서 어떤 행동을 취하지 못하는 것이 정상이지요. 그런데 **사람이 앞에 있음에도 불구하고 행동을 취한다는 의미에서 '~에도 불구하고'라는 뜻이 발생합니다.**

1. He was brave **in the face of** danger.
   그는 위험 앞에서(=직면하여) 용감했어.

2. She succeeded **in the face of** many hardships.
   그녀는 많은 고난에도 불구하고 성공했어.

in spite of A   A에도 불구하고(despite)

in spite of는 in(속에)+spite(해코지)+of(의)입니다.
'~의 해코지 속에도'를 줄여서 표현하면 '~에도 불구하고'입니다. spite[spait]는 'n.심술, 해코지, 사악함'입니다. 1번 문장을 그대로 옮기면 '폭우의 심술 속에서, 버스는 정시에 도착했어'입니다. 버스를 운행하는데 폭우가 심술을 부리고 해코지를 했음에도 불구하고 정시에 도착한 것이지요. 동의어 despite[dispáit]는 de(아래=down)+spite(해코지)입니다. '해코지 하(下)에서도'를 줄여서 표현하면 '~에도 불구하고'입니다.

1. **In spite of** heavy rain, the bus arrived on time.
   폭우에도 불구하고, 버스는 정시에 도착했어.

2. **In spite of** hard efforts, I failed.
   부단한 노력에도 불구하고, 나는 실패했어.

in spite of oneself   자기 자신도 모르게, 무의식중에

in spite of oneself는 in(속에)+spite(사악함)+of(~의)+oneself(자신)입니다.
'자신의 사악함 속에서'를 줄여서 표현하면 '자기 자신도 모르게, 무의식중에'입니다. 사람의 마음속에는 사악한 본능이 있고, 그 사악한 본능이 심술을 부려 무의식중에, 자신도 모르게 행동했다는 것이죠. 기독교적 사고에서 나온 표현입니다.

1. I'm sorry, I laughed **in spite of myself**.
   미안해. 무의식중에 웃어버렸어.

2. I told her about you **in spite of myself**.
   그녀에게 너에 대해서 무의식중에 말했어.

take pride in A   A에 자부심을 갖다

take pride in은 take(~을 잡다)+pride(자부심)+in(안에)입니다.
'어떤 분야에, 어떤 영역에 자부심을 갖고 있다'입니다. take의 동의어 have를 넣어 보세요. have pride in 역시 같은 뜻입니다. 많은 교재에서 take pride in을 '~을 자랑하다'로 설명해 놓았는데 잘못된 것입니다. 자부심, 자긍심을 갖고 있는 것과 자랑하는 것은 전혀 다릅니다. 자부심은 스스로 당당하게 느끼는 자신감이고, 자랑하는 것은 자신이 갖고 있는 것을 떠벌리고 꺼내어 남에게 보여 주는 것이지요.

1. He **takes pride in** his skill.
   그는 자기 기술에 자부심을 갖고 있어.

2. If you want to succeed, at first **take pride in** your job.
   네가 성공하고자 한다면, 먼저 너의 일에 자부심을 가져.

3. **Have pride in** what you are doing.
   네가 하고 있는 일에 자부심을 가져.

take part in A
participate in
A에 참석(참여)하다

- take part in은 take(~을 잡다)+part(부분)+in(안에)입니다. **'안에 자리를 잡다'**를 줄여서 표현하면 **'~에 참석하다, 참여하다'**입니다. 회의실에 준비되어 있는 전체 자리에서 나의 부분(=나의 자리)을 잡는 것은 회의에 참석하는 것이지요.

- participate in은 participate(vi.참석하다)+in(안에)입니다. participate[pɑːrtísəpèit]는 part(부분)+cip(잡다=take)+ate로 take part와 같은 결합입니다. **참석(參席)**은 '자리 석(席)'에서 보듯이 어떤 공간 **안에(in)** 자기 **자리(part)**를 **잡는(take)** 것입니다.

1. He **took part in** the half marathon yesterday.
   그는 어제 하프 마라톤에 참가했어.

2. I didn't **participate in** the meeting due to heavy snow.
   난 폭설 때문에 모임에 참석하지 못했어.

be abundant in A
abound in
be rich in
A가 풍부하다, 많이 있다

abundant[əbʌ́ndənt]는 'a.풍부한, 많은', abound[əbáund]는 'vi.풍부하다'입니다.
be abundant, be rich, abound는 '풍부하다'는 자동사로 전치사 in을 붙여 '~이 풍부하다'입니다. 원어민은 풍부하다고 할 때 in을 붙입니다. 이유는 abundant라는 단어의 역사에 있습니다. abundant는 14C에 영어에 흡수된 프랑스어 단어로 abundant의 원래 뜻은 '넘쳐흐르는(overflowing)'이었습니다. 저장 창고 안(in)을 가득 채우고 창고가 넘쳐흐르기 때문에 '풍부한'이란 뜻이 생겨났지요. 석유가 많다는 것은 저장 탱크 안을 가득 채우고 석유가 밖으로 넘쳐흐르기 때문에 석유가 풍부한 것입니다. 원어민의 눈에 보이는 모습 그대로 표현한 것이죠. **원어민은 안(in)을 가득 채우고 넘쳐흘러서 풍부하다고 느끼기 때문에 '풍부하다'는 단어에 in을 붙입니다.**

1. Kuwait **is rich in** oil.
   쿠웨이트는 석유가 풍부해.

2. Korea **isn't abundant in** natural resources.
   한국은 천연자원이 풍부하지 않아.

3. This river **abounds in** fish.
   이 강은 물고기가 풍부해.

be interested in A A에 흥미가 있다, 관심이 있다

be interested in은 be interested(흥미 있다)+in(안에)으로 '~에 흥미 있다'입니다.
'언어 영역에, 수학 영역에, 과학 영역에'처럼 흥미 있고 관심 있는 범위와 영역은 명확하게 구분되기 때문에 범위의 in입니다. interest[íntərist]는 'n.흥미, 관심, 이익, 이자'입니다. 사람은 자기에게 **이익**이 되거나, 더 높은 **이자**를 주면 **흥미**와 **관심**을 끌게 되지요.

1. **Are** you **interested in** sports?
   너 운동에 흥미가 있니?

2. I **am interested in** tennis.
   난 테니스에 흥미가 있어.

be absorbed in A A에 (정신이) 빠져있다

be absorbed in은 be absorbed(빠져 있다)+in(안에)으로 '~에 빠져있다(열중하다)'입니다.
빠지는 것은 안에 빠지는 것이기 때문에 빠진다는 단어 자체가 in이 필요함을 알려 주고 있지요. 축구에, 게임에 빠져보세요. 축구에 빠져 있다면 주로 축구장 안에 있는 것이고, 게임에 빠져 있다면 주로 PC방 안에, 사이버 세계 안에 있다는 것입니다.

absor[æbsɔ́ːrb]는 'vt.~을 빨아들이다, 흡수하다'로 ab(분리=off)+sorb(삼키다=swallow)입니다. 우유에 빨대를 꽂아서 한 모금 분리하여 삼켜 보세요. 그것은 우유를 빨아들이고 흡수하는 것입니다.

1. My son **is absorbed in** online game.
   나의 아들은 온라인 게임에 빠져 있어.

2. Once, he used to **be absorbed in** foreign pop music.
   한때, 그는 외국 팝송에 빠져있었어.

be involved in A ① A에 관련되어 있다 ② A에 빠져있다

involve[inválv]는 'vt.~을 관련시키다, ~을 빠지게 하다'입니다.

① be involved in은 be involved(관련되어 있다)+in(안에)으로 '~에 관련되어 있다'입니다. 범죄와 관련되어 있다는 것은 범행 **장소 안에** 있었거나, 범행을 저지른 **무리 안에** 함께 있었다는 것이지요. **관련되어 있는 것은 안에 들어가 있는 것이기 때문에 in**입니다.

② be involved in은 be involved(빠져있다)+in(안에)으로 '~에 빠져 있다(열중하다, 몰두하다)'입니다. 바로 위에서 배운 be absorbed in과 같은 표현입니다.
   involve는 in(안에)+volve(말다=roll)로 사람을 조직 안에 말아 넣으면 조직과 관련시키는 것이고, 사람의 정신을 게임 안에 말아 넣으면 게임에 빠지게 만드는 것이죠.

1. He **is involved in** the crime.
   그는 그 범죄와 관련되어 있어.

2. He **was absorbed in** reading the novel.
   그는 소설책을 읽는 것에 빠져있었다.

be engaged in A   (분야)에 종사하고 있다

engaged[engéidʒd]는 'a.종사하고 있는, 약혼중인'입니다.
be engaged in은 be engaged(종사하고 있다)+in(안에)으로 '어떤 분야 안에 종사하고 있다'입니다. 교사, 군인, 경찰 등 직업은 일하는 업무 범위가 정해져 있지요. 교사는 교육을, 군인은 국방을, 경찰은 치안을 담당하지요. 개개인이 종사하는 직업은 각각의 업무 범위와 영역으로 구분되어 있기 때문에 in을 붙입니다.
engaged는 en(만들다=make)+gage(서약)+d로 단어 속에 서약이 들어가 있습니다. 약혼할 때는 혼인서약을 하고, 회사에 입사할 때는 회사의 사규를 준수하겠다는 서약을 하지요. 그래서 서약한 후에 'a.종사하고 있는, 약혼 중인'이란 뜻이 발생하는 것입니다.

1. I **am engaged in** selling computers.
   나는 컴퓨터 판매에 종사하고 있어.

2. He **is engaged in** foreign trade.
   그는 해외 무역에 종사하고 있어.

specialize in A   A를 전공하다
major in

specialize[spéʃəlàiz], major[méidʒəːr]는 'vi.전공하다'입니다.
specialize in은 specialize(전공하다)+in(안에)입니다. specialize, major는 자동사로 뒤에 명사를 연결할 때 '~을'에 해당하는 전치사를 붙여야 하고, 대학의 전공은 분명한 범위와 영역이 있기 때문에 in을 붙입니다. 경영학, 전자공학, 심리학, 물리학 등의 전공은 모두 범위가 명확한 영역이지요.

1. I **specialize in** economics.
   난 경제학을 전공해.

2. She **majored in** philosophy at Seoul University.
   그녀는 서울대학에서 철학을 전공했어.

in principle   원칙적으로

in principle은 in(안에)+principle(원칙)입니다.
'원칙 안에서'를 달리 표현하면 '원칙적으로'입니다. principle[prínsəpəl]는 'n.원리, 원칙'으로 단어 속에 prince가 들어가 있지요. prince는 'n.황태자, 일인자'로 과거에는 황제가 결정하면 그것이 곧 원칙이고 법칙이었습니다.

1. **In principle**, I agree with you.
   원칙적으로, 나는 너와 같은 생각이야.

2. I object to his plan **in principle**.
   나는 원칙적으로 그의 계획을 반대해.

believe in A   A의 존재를 믿다

believe[bilíːv]는 'vt.~을 믿다', 'vi.존재를 믿다'입니다.
believe in은 believe(vi.존재를 믿다)+in(범위)입니다. in이 사용된 이유는 그리스 로마 신화에 있습니다. 그리스 로마신화를 보면 수많은 신이 있고 신들이 관장하는 범위와 영역이 따로 있지요. 바다를 관장하는 포세이돈, 사랑을 관장하는 여신 비너스, 전쟁을 관장하는 여신 아테나, 술을 관장하는 신 박카스 등, **신들은 각자의 고유영역을 관장했기 때문에 in을 붙이는 것입니다.**

1. Do you **believe in** the devil?
   너는 악마의 존재를 믿니?

in particular   특히(especially, particularly), 특별히
in general   일반적으로(generally), 보통

particular[pərtíkjələr]는 'a.특별한', general[dʒénərəl]은 'a.일반적인, 보편적인'입니다.

- in particular는 '특별히'입니다. '특별히'는 전체에서 '**10%의 범위 안에 있는**'입니다. 그래서 범위의 in을 붙이는 것이지요.
- in general은 '일반적으로, 보통'입니다. '일반적으로'는 전체에서 '**평범한 50%의 범위 안에 있는**'입니다. 원어민이 사용하는 in에는 명확한 범위를 갖고 있습니다.

1. Children **in general** are fond of candy.
   아이들은 일반적으로 사탕을 좋아해.
2. Are you looking for anything **in particular**?
   특별히 찾는 것이 있으십니까?

in secret   몰래(secretly), 은밀히
in public   공개적으로(publicly)

- in secret은 '은밀히, 몰래'입니다. in secret (place)에서 place가 생략된 것으로 '**비밀스런 장소 안에서**'를 줄여서 표현하면 '**은밀히, 몰래**'가 됩니다.
- in public은 '공개적으로'입니다. in public (place)에서 place가 생략된 것으로 '**공개된 장소 안에서**'를 줄여서 표현하면 '**공개적으로**'가 됩니다. 이렇게 생략된 단어를 찾아 넣으면 이해가 빠르고 암기가 쉽지요.

1. The meeting was held **in public**.
   그 회의는 공개적으로 열렸어.
2. I have something to tell you **in secret**.
   은밀히 너에게 할 이야기가 있어.

in place of A / instead of
A 대신에

- in place of는 in(안에)+place(자리)+of(의)입니다.
  '누구의 자리 안에서'를 줄여서 표현하면 **'누구 대신에'**입니다. 누군가 나의 자리 안에서 나의 일을 하는 것은 나를 대신해서 하는 것입니다.
- instead of는 instead(대신)+of(의)로 '~의 대신에'로 in place of와 같은 뜻입니다.
  instead[instéd]는 in(안에)+st(서 있다=stand)+ead로 누군가 나의 자리 안에 서 있으면 나를 대신하는 것이지요.

1. He is working **in place of** me.
   그가 나 대신에 일하고 있어.
2. Pick up the phone **instead of** me.
   나 대신에 전화 좀 받아.

in any event / in any case
어떠한 경우에도, 반드시(certainly, surely)

in any case는 in(안에)+any(어떠한)+event(경우)입니다.
'어떠한 경우 안에 있어도'를 줄여서 표현하면 **'어떠한 경우에도'**입니다. event와 case는 'n.경우'입니다. 이제 '어떠한 경우에도'와 같은 의미의 우리말 동의어를 말해보세요. '여하튼, 하여간, 아무튼, 좌우간에, 어떠하든지, 어쨌든, 반드시, 꼭'입니다. 숙어를 외울 때는 단어 간의 조합으로 정확한 의미를 파악한 후 같은 의미의 동의어를 기억해야 합니다.

1. **In any event**, I will be there tomorrow.
   어떠한 경우에도, 나는 내일 거기 갈 거야.
2. **In any case**, I won't give up.
   어떠한 경우에도, 난 포기하지 않을 거야.

in length / in height
길이에 있어서 / 높이에 있어서

length[leŋkθ]는 'n.길이', height[hait]는 'n.높이'입니다.
길이, 높이, 깊이는 자로 재면 범위가 바로 나오기 때문에 in이지요. 길이가 1m라는 것은 범위가 0에서 100cm까지입니다.

1. It is two meters **in length**.
   그것은 길이에 있어서 2미터야.
2. I am 180 centimeters **in height**.
   나는 키에 있어서 180센티야.

착용의 in   ~을 입고, ~을 신고, ~을 착용하고

옷을 입는 것은 팔과 다리를 옷 안에(in) 넣는 동작이고, 신발을 신는 것은 신발 안에(in) 발을 넣는 동작이지요. **착용하는 것은 몸 일부를 옷과 신발 안에(in) 집어넣는 동작이기 때문에 in**입니다. in은 '~을 입고, ~을 신고, ~을 착용하고'입니다. in a coat는 '코트를 입고', in red shoes는 '붉은 신발을 신고', in glasses는 '안경을 착용하고'입니다.

1. She is **in** a coat.
   그녀는 코트를 입고 있어.

2. She is **in** red shoes.
   그녀는 붉은 신발을 신고 있어.

3. He is **in** glasses.
   그는 안경을 착용하고 있어.

4. I am **in** pink tie.
   나는 핑크 타이를 착용하고 있어.

be dressed in A   A를 입고 있다

be dressed in은 be dressed(입고 있다)+in(안에)으로 '~을 입고 있다'입니다.
be dressed는 자동사로 뒤에 명사를 연결할 때 '~을'에 해당하는 전치사를 붙여야 하고, **옷을 입는 것은 팔과 다리를 옷 안에(in) 끼워 넣는 동작이기 때문에 in**을 붙입니다. 위에서 in은 '~을 입고, ~을 신고, ~을 착용하고'임을 이미 배웠지요. dress[dres]는 'vt.옷을 입히다 vi.옷을 입다 n.옷, 정장'입니다.

1. She **was dressed in** beautiful party dress.
   그녀는 아름다운 파티복을 입고 있었어.

2. He **was dressed in** his school uniform.
   그는 교복을 입고 있었어.

be in one's shoes   누구의 입장에 있다

be in one's shoes는 '누구의 신발을 신고 있다'입니다.
in은 바로 앞에서 배운 '~을 신고'입니다. **'친구의 신발을 신고 있다'는 '친구의 입장에 있다'**입니다. '입장'과 같은 의미의 동의어로 바꾸어 보세요. '나의 입장, 나의 상황, 나의 위치, 나의 처지'는 in my shoes, in my situation, in my position, in my place로 모두 같은 표현입니다. 1번 문장은 꼭 외워 두세요. 자주 사용하는 표현입니다.

1. What would you do if you **were in my shoes**?
   네가 나의 입장에 있다면 어떻게 하겠니?

2. It's hard to **be in other's shoes**.
   다른 사람의 입장이 되는 것은 어려워.

목소리에 붙는 in

목소리에는 모두 in을 붙입니다. in a lovely voice(사랑스러운 목소리로), in a sad voice(슬픈 목소리로), in a husky voice(쉰 목소리로) 등등 모든 목소리에는 in을 붙입니다. '도, 레, 미, 파, 솔, 라, 시, 도'는 각자의 소리 영역을 갖고 있지요. 피아노 건반을 보면 건반 하나하나가 분명한 영역으로 구분되어 있습니다. 남자 목소리는 테너, 바리톤, 베이스로 소리를 분류하고, 여자 목소리는 소프라노, 메조소프라노, 알토입니다. **목소리는 고음, 중음, 저음으로 명확한 범위와 영역이 있기 때문에** in을 붙입니다.

1. She is singing **in a loud voice**.
   그녀는 큰소리로 노래 하고 있어.

2. He answered **in a low voice**.
   그는 낮은 목소리로 대답했어.

3. He spoke to me **in a husky voice**.
   그는 쉰 목소리로 나에게 말했어.

4. The two girls always talk to each other **in a whisper**.
   두 소녀는 항상 속삭이는 소리로 서로 말해.

말하는 방법의 in

- **in** a word   한마디로
- **in** short   짧게 말해서
- **in** summary   요약해서
- **in** brief   간단하게
- **in** detail   자세하게

'한마디로'를 다른 말로 바꾸어 보면 '1줄 이내로, 5단어 이내로'입니다. 5분 동안 말한 내용을 1줄 이내로, 5단어 이내로 요약해 보세요. **요약하여 말하는 것은 범위를 축소하여 말하는 것이기 때문에** in입니다. '한마디로, 짧게 말해서, 요약해서, 간단하게'는 모두 동의어지요. 이제 요약하지 말고 '자세하게' 설명해 볼까요? 5분 동안 말한 내용을 시간을 늘려서 10분 이내로, 30분 이내로 자세하게 설명하면 시간의 범위가 늘어나는 것입니다. 이렇게 **말하는 방법은 단어와 시간의 범위가 줄거나 늘어나는 것이기 때문에** in입니다.

1. Would you like to help me? **In a word**, No.
   나를 도와주겠니? 한 마디로 '노'야.

2. **In short**, I need your help.
   한마디로, 난 너의 도움이 필요해.

3. **In summary**, fifteen people were injured in the accident.
   요약해서, 사고로 15명이 다쳤어.

4. Tell me about them **in detail**.
   그것들에 대해서 자세히 설명해 주세요.

in fact 사실
in reality
in truth

fact, reality[riːǽləti], truth[truːθ]는 'n.사실, 진실'입니다.
사실의 반대는 untruth로 'n.허위, 거짓'이지요. 사실과 거짓은 분명한 영역을 갖고 있습니다. in fact는 OX 퀴즈에서 X의 영역이 아니라 O의 영역에 있다는 것이지요.

1. **In fact**, I was afraid.
   사실, 난 무서웠어.

2. **In reality**, I have never been to America.
   사실, 난 한 번도 미국에 다녀온 적 없어.

in this way 이런 방법으로, 이런 식으로
in this manner

way, manner[mǽnəːr]는 'n.방식, 방법'입니다.
방식과 방법은 분명한 영역과 범위를 갖고 있기 때문에 in입니다. '한국인 방식으로'는 in a Korean way 입니다. 한국식이란 한국인의 방식으로 한국인이란 범위를 갖고 있지요. 일본식, 프랑스식, 영국식 등 방식은 명확한 범위가 정해져 있기 때문에 in입니다. '나만의 방식으로'는 in my own way입니다. my 대신에 모든 사람을 넣으면 각각의 사람에 해당하는 그 사람만의 영역, 그 사람만의 방식이 되겠지요.

1. I want to finish the work **in my own way**.
   난 나 자신만의 방식으로 그것을 끝마치고 싶어.

2. **In this way**, Rain was known to the United States.
   이런 식으로, 가수 비는 미국에 알려졌어.

in addition 추가하여, 또, 게다가(besides)

in addition[ədíʃən]은 in(안에) + addition(추가)입니다.
'**앞의 내용 안에 추가하여**'를 줄여서 표현하면 **추가하여, 게다가, 또**'입니다. 어떤 주제에 관하여 계속 이야기를 하다가 하고 싶은 말을 빠뜨린 것이 있으면 추가하여 말을 하지요. in addition은 지금부터 하는 말은 새로운 주제로 말을 바꾸는 것이 아니라 바로 '앞의 내용 안에 추가하여' 말을 한다는 것입니다.

1. **In addition**, Drinking is harmful to your health.
   또, 음주는 너의 건강에 해로워.

2. **In addition**, when you laugh, your brain works better.
   또, 네가 웃을 때, 너의 뇌는 더 잘 작동해.

in need 어려운 상황 속에
in need of ~의 필요 속에

- in need는 in(안에)+need(궁핍)로 '궁핍한 상황 속에, 어려운 상황 속에'입니다.
- in need of는 in(안에)+need(필요)+of(의)로 '~의 필요 속에'입니다. need는 'n.**부족**, 궁핍, **필요**'입니다. 사람은 자신에게 **부족**한 것을 필요로 하기 때문에 '부족'에서 '필요'란 뜻이 파생됩니다. need가 '필요'란 뜻만 있는 것이 아니라 '부족, 궁핍, 결핍'의 뜻이 있다는 것을 알아야 합니다.

1. Friends **in need** are friends indeed.
   어려운 상황 속의 친구가 진정한 친구야.
2. I am **in need** of your help.
   난 너의 도움이 필요한 상황 속에 있어.

in the first place 먼저(to begin with), 우선, 첫째로

in the first place는 in(안에)+the first place(첫 번째 자리)입니다. '**첫 번째 자리 안에**' 앉아 있다는 것은 다른 사람보다 '**먼저, 우선**' 한다는 것입니다. 앉아 있는 사람에게 선물을 나누어준다면 첫 번째 자리에 앉아 있는 사람에게 '우선, 먼저, 첫째로' 선물을 나누어 줄 것입니다. 같은 조건에서 첫 번째 자리 안에 있는 것이 우선하는 것은 당연하지요.

1. She invited me **in the first place**.
   그녀는 나를 먼저 초대했어.
2. **In the first place**, let's meet her.
   먼저, 그녀를 만나보자.
3. **In the first place**, I want to go to Myeong-dong.
   먼저, 나 명동에 가고 싶어.

hand in hand 손잡고
arm in arm 팔짱 끼고

hand in hand는 hand(손)+in(안에)+hand(손)입니다. '**손안에 손**'을 줄여서 표현하면 '**손잡고**'입니다. arm in arm은 팔 안에 다른 사람의 팔이 있으므로 '팔짱 끼고'가 되지요. 전치사를 두고 앞뒤로 같은 단어가 대구(對句)를 이룰 땐 관사를 생략합니다.

1. We walked **hand in hand** along the road.
   우린 길을 따라 손잡고 걸었어.
2. They are dancing **arm in arm**.
   그들은 팔짱 끼고 춤추고 있어.

in the end 결국(after all, finally), 마침내
in the long run

　in the end는 in(안에)＋the end(마지막)입니다.
　'**마지막 범위 안에**'를 줄여서 표현하면 '**마지막에, 결국, 마침내**'입니다. 일의 시작에서 끝날 때까지의 과정을 우리는 '기, 승, 전, 결'로 범위를 나누기도 하고 '초반, 중반, 종반'으로 범위를 나누기도 합니다. in the end는 기승전결에서 '결'에 해당하는 범위를 나타내기 때문에 in입니다. in the long run도 마찬가지입니다. 달리기에서 결에 해당하는 범위지요.

1. **In the end**, I gave up the plan.
   결국, 난 그 계획을 포기했어.

2. **In the long run**, the Samsung Lions won the Korean Series.
   결국, 삼성 라이온즈가 한국 시리즈에서 우승했어.

in the black 흑자인(=이익 상태인)
in the red 적자인(=손실 상태인)

　in the black은 '**검은 글씨로**'로 줄여서 표현하면 '**흑자(黑字)인**' 입니다.
　in the red는 '**붉은 글씨로**'로 줄여서 표현하면 '**적자(赤字)인**' 입니다. 흑자(黑字)는 검은 글자이고, 적자(赤字)는 붉은 글자입니다. 흑자는 이익, 적자는 손실을 말하지요. 가계부나 회계장부에 기록할 때 이익이 나면 검은 잉크로 기록하고 손실이 나면 붉은 잉크로 기록하는 습관에서 유래한 표현입니다. 지금도 그렇게 표기하고 있습니다. 색깔에 왜 in을 붙이는지는 앞에서 배웠습니다.

1. Our company was **in the black** last year.
   우리 회사는 지난해 흑자였어.

2. My accounts are **in the red** at the end of every month.
   나의 계좌는 매월 말에 적자야.

make both ends meet 수입과 지출을 맞추다, 근근이 살아가다

　make both ends meet는 make(~을 만들다)＋both ends(양 끝)＋meet(만나다)로 '**양 끝을 만나게 만들다**'입니다. '양 끝'은 수입과 지출이지요. 이 표현 역시 회계장부에서 나온 표현입니다. 이달의 수입이 300만 원인데 지출이 300만 원이면 양 끝(수입과 지출)이 만나는 것으로 흑자도 아니고 적자도 아닌 상태입니다. 즉 빚지고 살지는 않지만 저축이 없는 상태이기 때문에 근근이, 빠듯하게 살아가는 것이죠.

1. I can't **make both ends meet**.
   난 수입과 지출을 맞출 수가 없어. (=적자를 탈피할 수가 없어.)

2. She **makes both ends meet** by working two jobs.
   그녀는 두 가지 일을 함으로써 근근이 살아가.

in charge of A   A를 책임지고 있는

in charge of는 in(범위) + charge(책임) + of(을)로 '~을 책임지고 있는'입니다.
아래의 문장을 보세요. 내가 책임지고 있는 책임 범위입니다. 내가 1반 반장이면 그 책임의 영역과 범위는 바로 1반이지요. 1반 반장이 2반을 책임지지 않습니다. 회사에 들어가면 업무가 주어지죠. 생산부에 배치되어 공장에서 근무하는 사람이 회계를 책임지지 않지요. 자기의 책임 범위가 아니기 때문입니다. 이렇게 **책임은 명확한 범위와 영역을 갖고 있기 때문에 in**입니다. 영어에는 'in + 명사 + 전치사'로 된 표현이 매우 많습니다. in은 범위를 나타냅니다. 무작정 암기하지 말고 범위를 느끼면서 암기하세요. charge[tʃɑːrdʒ]는 매우 중요한 다의어로 보카쇼크에 자세히 설명해 놓았습니다.

1. I'm **in charge of**   판매, 생산, 인사, 재무, 회계, 보상, 보안..
   in charge of   외교, 국방, 행정, 도로, 환경, 통일...
   in charge of   1반, 2반, 3반, 4반....

in comparison with A   A와 비교하여
in contrast with A   A와 대조하여

comparison[kəmpǽrisən]은 'n.비교, 대조', contrast[kάntræst]는 'n.대조'입니다.

- in comparison with은 in(범위) + comparison(비교) + with(~와)입니다.
  '**~와 비교하는 범위에서**'를 줄여서 표현하면 '**~와 비교하여**'입니다. with 뒤에 1반을 넣어 보세요. 여러 반 중에서 비교의 범위를 1반으로 한정한다는 것이지요. 또 중국, 일본, 미국, 독일처럼 국가를 넣어 봐도 비교의 범위를 바로 알 수 있습니다.

- in contrast with는 in(범위) + contrast(대조) + with(~와)입니다.
  '**~와 대조하는 범위에서**'를 줄여서 표현하면 '**~와 대조하여**'입니다. 비교와 대조는 동의어죠. 위의 방식으로 범위의 in을 확인해 보세요.

1. Korea is a small country **in comparison with** China.
   한국은 중국과 비교하여 작은 나라야.

2. Korean soccer is **in contrast with** European soccer.
   한국 축구는 유럽축구와 대조적이야.

03 in 후에, 만에

in은 '만에, 후에'입니다. in an hour는 '1시간 후에, 1시간 만에'입니다. in이 '1시간 후에'인지 '1시간만에'인지는 아래 문장의 4~5번처럼 문맥을 보면 알 수 있습니다. in이 '~후에'로 사용되는 것은 기준이 '현재로부터 얼마 후에'입니다. in과 after 모두 '~후에'인데 in은 '지금부터 얼마 후에'일 때만 사용합니다.

1. The train will be leaving **in 30 minutes**.
   기차는 (지금부터) 30분 후에 떠날 예정입니다.

2. I'll be back **in a minute**.
   (지금부터) 몇 분 뒤에 돌아올게.

3. We are getting married **in a month**.
   우리는 (지금부터) 한 달 뒤에 결혼할 예정이에요.

4. I learned to drive **in 30 days**.
   나는 30일 만에 운전을 배웠어. ('30일 후에'라고 하면 이상하죠.)

5. I finished my assignments **in an hour**.
   나는 1시간 만에 숙제를 끝냈어. ('한 시간 후에'라고 하면 이상하죠.)

`in a while` 잠시 후에
`in a second`
`in a moment`
`in a minute`

while[hwail], second[sékənd], moment[móumənt], minute[mínit]는 모두 'n.짧은 시간'으로 '잠시'입니다.

in a while은 in(후에)+a while(잠시)로 '잠시 후에'입니다. in이 '~후에'로 사용될 때는 **현재를 기준으로** 사용한다는 것 기억해 두세요.

1. I'll call you **in a while**.
   잠시 후에 전화할게.

2. I'll be there **in a second**.
   잠시 후에 거기 갈게.

3. The photograph comes out **in a moment**.
   사진은 잠시 후에 나와요.

4. I'll be back **in a minute**.
   잠시 후에 돌아올게.

into

1. 안으로
2. 변화

1. into는 '안으로'입니다.
 in은 '안으로, 안에'란 두 가지 뜻으로 사용되는데 into는 '안으로'라는 뜻으로만 사용됩니다. 무엇이 밖에(out) 있는데 그것이 안으로 이동하는 것이죠. 반드시 기억해야 하는 것은 into는 in과 달리 전치사(=조사)로만 사용한다는 것, 즉 into 뒤에는 반드시 명사가 와야 한다는 것입니다.

2. into는 상황의 '변화'로 우리말로 옮기면 '~으로 하다, ~으로 되다'입니다.
 새로운 영역 안으로 들어가면 상황이 변하는 것은 당연하기 때문에 '안으로'에서 '변화'라는 뜻이 파생됩니다. 과거 영국인의 생활로 들어가 보면 더 쉽게 이해할 수 있습니다. 1000년 전 영국과 유럽대륙은 바이킹의 출몰로 몇백 년간 벌벌 떨어야 했습니다. 바이킹족(덴마크, 노르웨이, 스칸디나비아)은 살인, 약탈, 방화가 기본으로 극도로 잔인했습니다. 그로 인해 장원제도가 생겨났고 농부들은 스스로 농노(농토에 묶인 노예)가 되어 영주의 보호 안으로(into) 들어가 안전한 삶을 택했습니다. 밖에 있으면 생명이 위험하지만, 기사를 거느린 영주의 품 안으로 들어가면 안전한 상황으로 변화하게 되지요. 왜 '안으로'라는 뜻에서 '변화'란 뜻이 파생되는지 이해하셨나요?

01 into ~안으로

into는 전치사로만 사용되기 때문에 into 뒤에는 반드시 명사가 와야 한다는 것 기억해야 합니다.

crash into A
bump into
A와 충돌하다

crash[kræʃ], bump[bʌmp]는 'vi.충돌하다'입니다.
crash into는 crash(vi.충돌하다)+into(안으로)입니다. crash, bump는 자동사로 뒤에 명사를 연결할 때 전치사를 붙여야 하고, **원어민의 충돌은 하나의 물체가 다른 물체 안으로 치고 들어가서 충돌하는 것이기 때문에** into를 붙입니다. 차가 건물에 충돌하는 모습을 보세요. 차가 건물 벽을 치고 into 해서 충돌하지요. 영어는 눈에 보이는 모습 그대로 표현하는 언어입니다.

1. A dump truck **crashed into** my car.
   덤프트럭이 나의 차와 충돌했어.

2. An airplane **crashed into** the sea.
   비행기가 바다로 추락했어.

run into A
bump into
① A와 충돌하다 ② A와 우연히 만나다

run into는 run(vi.달리다)+into(안으로)입니다.
'달려서 안으로 들어가다'를 줄여서 표현하면 **~와 충돌하다**입니다. 달리고 있는데 갑자기 장애물이 나타나면 장애물을 치고 안으로 달려 들어가게 되지요. **원어민의 충돌은 장애물 앞에서 멈추지 못하고 장애물 안으로 치고 들어가는 모습이기 때문에** into를 붙입니다.

run into, bump into는 **~와 충돌하다**에서 **~와 우연히 만나다**라는 뜻으로 확장됩니다. 자동차가 다른 자동차와 충돌하는 것은 계획적으로 일어나는 것이 아니라 우연히 발생하는 것이지요. 충돌은 우연히 일어나는 것이기 때문에 충돌이란 단어에서 우연이란 뜻이 파생되는 것입니다. 길거리에서 사람과 사람의 우연한 충돌은 우연히 만나는 것입니다.

'우연히 만나다'라는 뜻을 가진 숙어로 run across, come across도 있습니다. run across는 run(달리다)+across(가로질러)로 길을 가로질러 달리다가 사람과 충돌하는 모습에서 우연히 만나는 것이고, come across는 come(가다)+across(가로질러)로 길을 가로질러 가다가 사람과 충돌하는 모습에서 우연히 만나는 것입니다.

1. Yesterday I **bumped into** a street tree.
   어제 나 가로수와 충돌했어.

2. I **ran into** my old friend in China.
   나는 중국에서 우연히 오랜 친구를 만났어.

3. On my way home I **came across** Minsu.
   집에 오는 길에 민수를 우연히 만났어.

inquire into A   A를 조사하다(look into)

inquire into는 inquire(vi.질문하다)+into(안으로)입니다.
'**안으로 질문하다**'를 줄여서 표현하면 '**~을 조사하다**'입니다. 거리에서 폭력사건이 발생하면 경찰은 목격자들을 대상으로 질문합니다. 20가지의 질문이 있으면 1번부터 20번까지 안으로, 안으로 계속 질문해 들어가는 것은 폭력사건을 조사하는 것이지요.

1. We're **inquiring into** the cause of the fire.
   우리는 화재의 원인을 조사 중이에요.

2. **Inquire into** the problem closely.
   그 문제를 자세하게 조사해.

look into A
① A 안으로 보다
② A를 조사하다(inquire into)

look into는 look(vi.보다, 눈을 돌리다)+into(안으로)로 '안으로 보다'입니다.
① look into the window는 창문 밖에 있는 사람이 창문 안으로 보는 것입니다.
② look into는 '안으로 자세히 들여다보다'에서 '~을 조사하다'라는 뜻이 발생합니다. 화재 발생 시 불에 탄 물건들을 안으로, 안으로 자세히 들여다보는 것은 화재 원인을 조사하는 것이지요.
동의어는 inspect[inspékt], investigate[invéstəgèit]입니다. inspect는 in(안으로)+spect(보다=see)로 look into와 같은 어원 결합이죠. investigate는 단어 속에 invest(투자하다)가 들어 있습니다. 투자하기 전에는 철저한 사전조사를 해야 합니다. 철저한 조사 없이 투자하면 손실이 따라 오지요.

1. I'm sure you **look into** the mirror several times a day.
   확신하는데 여러분은 하루에 몇 번씩 거울을 들여다볼 거예요.

2. The police will **look into** the past record of the thief.
   경찰은 그 도둑의 전과(과거 기록)를 조사할 것이다.

take A into consideration   A를 고려하다(consider)

take into consideration은 take A(A를 잡다)+into consideration(고려 안으로)입니다.
제외되어 있던 A를 잡아 고려할 사항 안에 넣으면 A를 검토하고, 숙고하고, 고려하는 것이죠.
consideration[kənsìdəréiʃən] 대신에 account(n.고려, 이유, 계산)를 넣어도 같은 뜻입니다. 목적어 A가 길면 A를 consideration 뒤로 이동시켜 사용합니다.

1. Please **take into consideration** what would be best to your child.
   당신의 아이에게 무엇이 최선인지 고려해보세요.

2. **Take into account** your own strengths and weaknesses.
   자신의 장점과 약점을 고려하세요.

enter into A — A를 시작하다(start, begin), 착수하다

enter into는 enter(vi.들어가다)+into A(A 안으로)입니다.
'**새로운 영역 안으로 들어가다**'를 줄여서 표현하면 '**시작하다, 착수하다**'입니다. enter into는 일, 논의, 사업, 교섭 따위를 시작할 때 사용합니다. enter(vt.~에 들어가다)를 타동사로 사용하면 enter the building(건물에 들어가다), enter the army(군대에 들어가다)처럼 'enter+명사'로 사용합니다.

1. I want to **enter into** business with you.
   당신과 사업 거래를 시작하고 싶습니다.

2. We lose a relationship, but **enter into** a better one.
   우리는 관계를 잃지만, 더 나은 관계를 시작합니다.

A come into effect — A가 효력을 나타내다, 시행(발효)되다

A come into effect는 A come(가다)+into(안으로)+effect(효과, 효력)입니다.
'**A(법)가 효력 안으로 들어가다**'를 줄여서 표현하면 '**A(법)가 효력을 나타내다, 시행(발효)되다**'입니다. 2016년 9월 1일부터 서울 지하철 출구 10M 이내에서 흡연하면 10만 원의 벌금이 부과되는데 이 법은 시행되기 6개월 전부터 발표하여 2016년 9월 1일이 되면 효력이 발생하는 것이죠.

1. The new restrictions **come into effect** from this week.
   이 새로운 제한법은 이번 주부터 시행된다.

2. The law will **come into effect** in December of 2018.
   이 법은 2018년 12월에 시행될 것이다.

02 into 변화

into는 상황의 '**변화**'로 우리말로 옮기면 '**~으로 하다, ~으로 되다**'입니다. 새로운 영역 안으로 들어가면 상황이 변하는 것은 당연하기 때문에 '안으로'에서 '변화'라는 뜻이 파생됩니다.

A break into pieces   A가 산산조각이 나다

break는 'vt.~을 깨다 vi.깨지다'입니다.
break into pieces는 break(vi.깨지다)+into(변화)+pieces(조각들)의 결합으로 '**A가 깨져 조각들로 변하다**'는 '**A가 산산조각이 나다**'입니다. break대신에 burst(vi.터지다, 폭발하다)를 사용해도 같은 뜻입니다.

1. She dropped the plate and it **broke into pieces**.
   그녀가 접시를 떨어뜨렸고 그것은 산산조각이 났다.

2. I dropped a glass and it **burst into fragments**.
   나는 유리를 떨어뜨렸고 그것은 산산조각이 났다.

burst into A   A를 터뜨리다

burst는 'vi.터지다, 폭발하다 vt.터뜨리다, 폭발시키다'입니다.
burst into tears는 burst(vi.터지다)+into(변화)+tears(눈물)의 결합으로 '**두 눈의 눈물샘이 터져 눈물로 변하다**'는 '**눈물을 터뜨리다**'입니다. 웃음, 눈물, 박수, 함성 등이 터질 때 사용합니다.

1. She **burst into** tears when she heard her old friend's death.
   그녀는 오랜 친구의 죽음을 전해 듣고 울음을 터뜨렸다.

2. The audience **burst into** applause as he ended his speech.
   그의 연설이 끝나자 객석에서 박수가 터졌다.

divide A into B   A를 나누어 B가 되게 하다

divide A into B를 divide+A into B로 나누면 divide(vt.나누다)+A into B(A가 B로 **변화**)입니다. 즉 A가 B로 변화(into)되도록 divide 하는 것이죠. 1번 문장은 과자 1개를 3조각으로 변하도록 나누라는 것입니다.

1. Let's **divide** this cake **into** three and each takes one piece.
   이 과자를 셋으로 쪼개어 하나씩 나눠 먹자.

2. **Divide** the dough **into** 8 equal parts and shape into balls.
   반죽을 8등분 하여 동그랗게 빚어주세요.

translate A into B — A를 B로 옮기다, 번역하다

translate A into B를 translate+A into B로 나누면 translate(vt.옮기다, 번역하다)+A into B(A가 B로 **변화**)입니다. A 언어가 B 언어로 변화(into)되도록 translate 하는 것이죠. translate의 첫 번째 뜻은 '옮기다(carry)'입니다. 어떤 언어를 다른 언어로 옮기는 것은 번역하는 것이기 때문에 '옮기다'에서 '번역하다'라는 뜻이 파생됩니다.

1. Do you know anyone who can **translate** French **into** English?
   너는 불어를 영어로 옮길(번역할) 수 있는 사람 알고 있어?

2. It's time to **translate** words **into** action.
   말을 행동으로 옮겨야 할 때야.

make A into B — A를 B로 만들다(변하게 하다)

make A into B를 make+A into B로 나누면 make(vt.만들다)+A into B(A가 B로 **변화**)입니다. 즉 A가 B로 변화(into)되도록 make 하는 것입니다.

1. I'm learning how to **make** flour **into** bread.
   나는 밀가루로 빵 만드는 법을 배우고 있다.

2. Bees gather nectar and **make** it **into** honey.
   벌들은 꽃의 꿀을 모아 벌꿀을 만든다.

turn A into B — A를 B로 만들다(변하게 하다)

turn A into B를 turn+A into B로 나누면 turn(vt.돌리다)+A into B(A가 B로 **변화**)입니다. A가 B로 변화(into)되도록 turn 하는 것이죠. turn은 'vt.~돌리다 vi.되다, 변하다'입니다. 2번 문장은 turn(vi.되다, 변하다)+into(변화)의 결합입니다. 영어 단어는 하나의 단어로 자동사, 타동사로 다양하게 사용하기 때문에 그 감각을 익혀야 합니다.

1. Music helps **turn**[make] a negative **into** a positive.
   음악은 부정적인 것을 긍정적인 것으로 만드는 데 도움을 준다.

2. Transformers are robots that can **turn into** cars.
   트랜스포머는 자동차로 변할 수 있는 로봇들이다.

change A into B   A를 B로 바꾸다

change A into B를 change+A into B로 나누어 보면 change(vt.바꾸다)+A into B(A가 B로 **변화**)입니다. A가 B로 변화(into)되도록 change 하는 것입니다. change는 'vt.~을 바꾸다 vi.바뀌다'입니다. 3번 문장은 change(vi.바뀌다)+into(변화)의 결합으로 change into는 '~로 바뀌다'입니다. 입은 옷을 바뀌게 하는 것은 옷을 갈아입는 것이기 때문에 '~로 바뀌다'는 뜻에서 '(옷)을 갈아입다'라는 의미가 파생됩니다.

1. You can **change** water **into** vapor by heating.
   당신은 열을 가함으로써 물을 증기로 변화시킬 수 있다.

2. I'd like to **change** Korean money **into** dollars.
   한국 돈을 달러로 환전하고 싶습니다.

3. Caterpillars **change into** butterflies.
   애벌레는 나비로 변한다.

4. She could **change into** a different outfit in two minutes.
   그녀는 2분 만에 다른 옷으로 갈아입을 수 있었다.

come in 과 come into

in과 into 모두 '안으로'라는 의미입니다. 그러나 쓰임은 전혀 다릅니다. in은 Come in!(안으로 들어와!), Come in my room!(방안으로 들어와!)처럼 모두 사용할 수 있지만 into는 Come into my room!처럼 사용하고 Come into!로 사용할 수 없습니다. **in은 부사로도 사용할 수 있고, 전치사로도 사용할 수 있지만, into는 전치사이기 때문에 into 뒤에는 반드시 명사가 와야 합니다.** 영어의 전치사는 우리말에 있어서 명사 뒤에 붙는 '~에, ~로, ~의, ~와…'등과 같은 조사와 같습니다. into를 단독으로 사용하지 못하는 것은 우리말 조사 '~에, ~로, ~의, ~와…'등을 명사와 결합하지 않고 단독으로 사용하지 못하는 것과 같지요. 전치사와 부사의 차이를 이해하셨나요? 영어 공부를 영어답게 제대로 하려면 품사에 대한 명확한 이해가 필요합니다.

memo

out

1. 밖으로
2. 밖에
3. 끝까지

1. out은 '밖으로'입니다.
 out은 무엇이 울타리 안에 있는데 그것이 **밖으로** 이동하는 것입니다. He went out은 '그는 밖으로 나갔어'인데, 말해주지 않아도 알고 있는 것은 그는 안에 있었다는 것이지요. **out이 사용되었다는 것은 무엇이 in 상태에 있다는 것**을 기억해야 합니다.

2. out은 '밖에'입니다.
 울타리 **안에** 있는 것이 아니라 울타리 '**밖에**' 있는 것입니다. He is out은 그는 집 **안에** 있지 않고 집 **밖에** 있는 것이죠.

3. out은 '끝까지'입니다.
 과거 영국인은 out을 '끝(end)'으로 느꼈습니다. 그 이유는 그들이 믿는 세계관 천동설 때문이죠. 17C까지 영국을 포함한 유럽인들은 천동설을 굳게 믿고 있었습니다. up에서 이미 배운 적 있지요. 과거에 원어민들이 믿었던 지구는 원형이 아니라 평면대륙이었습니다.

 지금 책상 앞에 앉아 있나요? 그 사각형 책상이 과거 영국인이 믿었던 지구 평면대륙입니다. 책상의 좌측 끝에 책을 놓아 보세요. 그 책이 유럽대륙이고 책 옆에 동전을 하나 놓아 보세요. 그것이 영국입니다. 이제 동전을 배라고 생각하고 계속 밖으로 밀어 보세요. 배(동전)가 평면대륙(책상) 아래로 떨어지죠. 영국은 대륙의 끝에 위치한 섬나라로, 밖으로(out) 계속 나가면 지구의 끝인 거대한 폭포가 나와 추락해 죽는다고 믿었습니다.

 밖으로 out 하면 지구의 끝(end)인 거대한 폭포가 나와 지옥으로 떨어진다고 믿었기 때문에 아무도 먼바다를 항해하지 않았지요. 신대륙인 아메리카의 발견이 늦어진 이유는 아무도 먼바다 밖으로 나가지 않았기 때문입니다.

01 out 밖으로

out은 '**밖으로**'입니다. 무엇이 울타리 안에(in) 있는데 그것이 밖으로 나가는 것이죠. out이 사용되었다는 것은 무엇이 울타리 안에(in) 있다는 것입니다.

go out   ① 나가다 ② (전기가) 나가다

go out은 go(가다) + out(밖으로)입니다.
'**밖으로 가다**'를 줄여서 표현하면 '**나가다**'입니다. 우리말의 '**나가다, 나오다**'의 '**나**'는 **출(出)**을 뜻하고 **out**을 뜻합니다. 1번 문장은 집, 사무실, 교실 등 건물 안에(in) 있던 사람이 밖으로 나간 것이고, 2번 문장은 전등 안에(in) 있던 불빛이 전등 밖으로 나간 것입니다. 눈에 보이는 모습 그대로 표현한 것이죠.

1. He **went out** without saying a word.
   그는 한마디 말도 없이 나갔어.

2. The lights **went out** suddenly last night.
   어젯밤에 갑자기 (전등의) 불빛이 나갔어.

go out with A   ① A와 함께 나가다
                    ② A와 사귀다, 데이트하다(date)

① go out with는 go out(밖으로 나가다) + with(~와)로 '누구와 밖으로 나가다'입니다.
혼자 나가는 것이 아니라 누구와 함께 밖으로 나가는 것이지요. 외울 필요가 없습니다.

② go out with는 '누구와 밖으로 나가다'에서 '누구와 사귀다, 데이트하다'라는 뜻으로 확장됩니다. 원어민의 일상생활로 들어가 볼까요? 미국이나 영국 사람들은 개방적이죠. 영화를 보면 흔히 남자가 여자 친구 집을 방문하고, 여자 친구는 남자 친구를 부모님께 소개하지요. 그리고 함께 나가도 좋으냐고 부모님께 허락을 구한 뒤 함께 밖으로 나가서 데이트합니다. go out with는 '**부모님의 허락을 받고 친구와 집 밖으로 나가다**'에서 '**사귀다, 데이트하다**'라는 의미가 되는 것입니다. 원어민의 일상생활에서 나오는 표현입니다. 이유도 모른 채 무작정 go out with를 '~와 사귀다, 데이트하다'로 암기하면 고통스럽게 암기해야 할 숙어가 되어 버리죠.

1. She doesn't want to **go out with** us tonight.
   그녀는 오늘 밤 우리와 함께 나가길 원하지 않아.

2. I **went out with** her yesterday.
   나 어제 그녀와 데이트했어.

3. Can you **go out with** me tonight?
   오늘밤 나와 데이트할 수 있어?

come out   나오다

come out은 come(오다) + out(밖으로)입니다.
'밖으로 오다'를 줄여서 표현하면 '나오다'가 됩니다. come out은 안에 있는 무엇이 밖으로 나오는 것입니다. 위에서 설명했지요. '나오다'의 '나'는 '출(出)'로 out입니다.

1. Look at this. The stain didn't **come out**.
   이것 보세요. 얼룩이 나오지 않았어요.

2. My leg doesn't **come out**. Help me!
   나의 발이 밖으로 나오지 않아요. 도와주세요!

get out   ① 밖으로 나가다   ② 밖으로 나오다

get은 말하는 상황에 따라 'vi.오다, 가다'로 come과 같은 뜻입니다.
get out은 get(오다, 가다) + out(밖으로)으로 '밖으로 나오다, 밖으로 나가다'입니다.
집 안에서 친구에게 Get out! 라고 말하면 '밖으로 나가!'이고, 나는 집 밖에 있고 친구는 집 안에 있는 상황에서 Get out! 라고 말하면 '밖으로 나와!'가 되지요.
1번 문장은 get out(밖으로 나가다) + of my room(내 방에서)입니다. 2번 문장은 get out(밖으로 나오다) + of the hospital(병원에서)입니다. 병원에서 밖으로 나오면 '퇴원하다'로 바꿀 수 있겠지요. 3번 문장은 get out(밖으로 나가다) + of his car(차에서)입니다. '**차에서 밖으로 나가다**'를 줄여서 표현하면 차에서 '**내리다**'가 됩니다.

1. **Get out** of my room. Don't bother me.
   내 방에서 나가. 날 성가시게 하지 마.

2. I **got out** of the hospital yesterday.
   나 어제 병원에서 나왔어.

3. I **got out** of the car and went to the theater on foot.
   나는 차에서 나와서(=내려서) 걸어서 극장에 갔어.

wash A out   ① A를 씻어 밖으로 내다   ② A를 세탁하다

wash out은 wash(~를 씻다) + out(밖으로)으로 '무엇을 씻어서 밖으로 내다'입니다.
1번 문장은 꽃병 안에 있는 오물을 wash 한 다음 오물을 꽃병 밖으로 out 시키는 것입니다. wash out은 '(옷)을 세탁하다'인데 물 안에서 옷을 wash 한 다음 옷을 물 밖으로 out 시키는 것이 세탁이지요. 옷을 wash만 하고 out 시키지 않으면 씻은 옷이 물속에 그대로 있기 때문에 세탁이 아닙니다. '내다'의 '내'는 '출(出)'로 out입니다.

1. I have bought flowers. **Wash out** the vase.
   꽃 사 왔어. 꽃병의 오물을 씻어내.

2. Some people **wash out** their clothes at night.
   일부 사람들은 옷을 밤에 세탁해.

clean A out — A를 청소해 밖으로 내다

clean out은 clean(~을 청소하다)+out(밖으로)으로 '무엇을 청소해 밖으로 내다'입니다.
안에 들어있는 지저분한 것을 clean 한 다음, 오물을 밖으로 out 시키는 것입니다. 방 안, 사무실 안, 창고 안, 빈 병 안, 귀 안에 있는 지저분한 것을 청소해서 밖으로 꺼내는 것이죠.

우리는 청소에 구분이 없는데 원어민은 clean up, clean off, clean out이 있습니다. clean up은 눈에 보이는 것 전체 다 청소하는 것이지요. '이것도 해라, 저것도 해라'라고 일일이 말하기 귀찮으니까 전체 다 청소하라는 것입니다. clean off는 달라붙어 있는 것을 분리시켜 청소하는 것입니다. off를 사용한다는 것은 무엇이 붙어 있는 상태지요. 테이블이나 창문 등 표면에 오물이 on 되어(=붙어) 있는 것을 off 하여(=분리하여) 청소하는 것입니다.

1. **Clean out** your room. It looks like a pig pen.
   방 청소해라. 방이 돼지우리처럼 보여.

2. I like to **clean out** my ears.
   나는 귀 청소하는 것을 좋아해.

cut A out — A를 오려내다

cut out은 cut(~를 자르다)+**out(밖으로)**으로 '무엇을 잘라 밖으로 내다'입니다.
신문이나 잡지 안에 있는 기사나 사진 등을 cut 한 다음에 밖으로 out 시키는 것입니다. cut만 하고 out 시키지 않으면 자른 것이 안에 그대로 있겠죠. 사람의 마음속에 있는 나쁜 습관도 오려내는 것입니다. '잘라내다, 오려내다, 도려내다'는 동의어입니다.

1. I **cut out** an article in the newspaper.
   나는 신문에서 기사 하나를 오려냈어.

2. He has to completely **cut out** the smokes.
   그는 담배를 완전히 끊어야 해(흡연 습관을 오려내야 해).

be cut out for A — A에 적격이다

be cut out for는 be cut out(오려져 나와 있다)+for(위하여)입니다.
'무엇을 위하여 (사진이) 오려져 나와 있다'를 줄여서 표현하면 '무엇에 적격이다, 적임이다, 딱 이다, 안성맞춤이다, 소질이 있다'입니다. 반장 후보로 여러 명의 사진이 종이 한 장에 들어가 있는데 그중에 한 사람의 사진이 오려져 나와 있다면 그 사람은 반장으로 적격이고, 적임자고, 딱 이고, 안성맞춤이지요.

1. You **are cut out for** the classroom president.
   너는 반장으로 적격이야.

2. I'm not really **cut out for** this kind of work.
   난 정말 이런 일엔 적격이 아니야.

break out   ① 탈출하다(escape)   ② 발생하다(전쟁, 화재)

break out은 break(~을 깨다)+out(밖으로)으로 '무엇을 깨고 밖으로 가다'입니다.

① break out은 '탈출하다'입니다.
 break (the wall) out에서 the wall이 생략된 표현이죠. **'벽을 깨고 밖으로 나가다'**를 줄여서 표현하면 **'탈출하다, 탈옥하다'**입니다. 감옥 안에 있는 죄수가 벽을 break 한 다음 감옥 밖으로 out 하면 탈출하고 탈옥하는 것이지요.

② break out은 '발생하다'입니다.
 나라와 나라 사이에 있는 벽(국경선)을 break 하고 군대나 탱크가 밖으로 out 하면 전쟁이 발생하는 것입니다. 건물 안에 있는 불과 연기가 창문과 벽을 break 하고 건물 밖으로 out 하면 화재가 발생하는 것입니다. 화재가 발생한 것은 불과 연기가 창문을 break 하여 밖으로 out 했기 때문에 알 수 있는 것이죠.

1. He **broke out** of jail a few days ago.
 그는 며칠 전에 감옥에서 탈출했어.

2. The Second World War **broke out** in 1939.
 2차 세계 대전은 1939년에 발생했어.

3. The fire **broke out** at the parking lot.
 그 화재는 주차장에서 발생했어.

turn A out   ① A를 생산하다(produce)   ② A를 끄다(put out)   ③ ~로 판명되다, 확인되다

turn은 'vt.~을 돌리다 vi.돌다, 되다(become)'입니다.

① turn out은 turn(~을 돌리다)+out(밖으로)으로 '무엇을 돌려 밖으로 내다'입니다.
 공장 안에서 **기계를 turn 한 다음 제품을 밖으로 out** 시키는 것으로 '~을 생산하다'입니다.

② turn out은 turn(~을 돌리다)+out(밖으로)으로 '(스위치)를 밖으로 돌리다'입니다.
 전등에 붙어 있는 **스위치를 out 방향으로 turn** 하는 동작으로 '**불을 끄다**'입니다. 요즈음 전등은 대부분 벽에 붙어 있는 on, off 스위치로 불을 켜고 끄지만 과거에 흔히 사용하던 백열전구는 전등에 붙어 있는 손잡이를 out 방향으로 turn 해서 불을 끄게 되어있지요.

③ turn out to be는 turn(vi.돌다)+out(밖으로)+to be(되었다)입니다.
 3번 문장은 소문이 사람의 **입과 입을 돌고 돌아(turn)**서, **밖으로(out)** 나온 결론이 **거짓이 되었다(to be false)**는 것으로 소문이 거짓으로 판명되고, 거짓으로 확인되었다는 것입니다. turn out to be는 '**~임이 확인되다, 판명되다**'입니다.

1. Our company **turns out** 1,000,000 cars a month.
 우리 회사는 한 달에 100만대의 자동차를 생산해.

2. Don't forget to **turn out** the lights when you go out.
 나갈 때 전등 끄는 거 잊지 마.

3. The rumor **turned out to be** false.
 그 소문은 거짓인 것으로 판명되었어.

send A out
A를 밖으로 보내다
① 발송하다 ② 발산하다

send out은 send(~을 보내다) + out(밖으로)으로 '무엇을 밖으로 보내다'입니다. **'우편물을 밖으로 보내다'를 줄여서 표현하면 '우편물을 발송하다'가 되고, '빛과 냄새를 밖으로 보내다'를 줄여서 표현하면 '빛과 냄새를 발산하다'가 되지요.** 돌 안에는 빛을 내는 발광 물질이 있어서 돌 안에서 돌 밖으로 빛을 내보내는 것, 그것이 발산입니다. send out을 처음부터 무작정 '발송하다, 발산하다'로 외워서는 안 됩니다. 1번 문장을 '개를 발송하다, 개를 발산하다'로 옮기는 황당한 경우가 적지 않습니다.

1. **Send** the dog **out** of my room.
   그 개를 내 방에서 밖으로 보내.

2. We already **sent out** the wedding invitations.
   우리는 이미 결혼 초대장을 밖으로 보냈어. (=초대장을 발송했어.)

3. This stone **sends out** light.
   이 돌은 빛을 밖으로 보내. (=빛을 발산해.)

reach A out
hold A out
stick A out
A를 밖으로 내밀다

reach, hold, stick[stik]은 'vt.~을 내밀다'입니다.
reach out은 reach(~를 내밀다) + out(밖으로)으로 **'무엇을 밖으로 내밀다'**입니다. 차 안에서 차 밖으로 머리를 내밀거나, 입안에 있는 혀를 입 밖으로 내미는 동작이지요. reach, hold, stick이 'vt.~을 내밀다'는 뜻이 있음을 기억하면 됩니다.

1. He **reached out** his hand to catch son's hand.
   그는 아들의 손을 잡기 위하여 손을 밖으로 내밀었어.

2. Don't **hold** your tongue **out**.
   혀를 밖으로 내밀지 마.

3. Don't **stick** your head **out** / of the window.
   창밖으로 머리 내밀지 마.

breathe out
밖으로 숨을 내쉬다

breathe[briːð]는 'vi.숨 쉬다, 호흡하다'입니다.
breathe out은 breathe(숨 쉬다) + out(밖으로)으로 **'밖으로 숨을 내쉬다'**입니다. 반대로 breathe in은 밖에 있는 공기를 '안으로 들이쉬다'입니다.

1. Breathe in deeply and **breathe out** slowly.
   깊게 숨을 들이쉬고 천천히 내쉬어 봐.

hand A out
pass A out
give A out
A를 나누어 주다

hand, pass는 'vt.~을 건네주다', give는 'vt.~을 주다'입니다.
hand out은 hand(~을 건네주다)+out(밖으로)입니다. '**무엇을 밖으로 건네주다**'를 줄여서 표현하면 '**무엇을 나누어 주다**'입니다. 안에서 밖으로 나가는 길이 동서남북으로 여러 방향인 것처럼, 안에서 밖으로 건네주는 길도 여러 방향이죠. hand out은 **손안에 있는 것을 밖으로(=앞뒤 좌우 여러 방향으로) 건네주는 것이기 때문에 나누어 주는 것**이지요.

1. I often **pass out** leaflets on the street.
   나는 종종 거리에서 전단지를 나눠 줘.

2. Could you **give out** sheets instead of me?
   나 대신에 유인물 나누어 줄 수 있겠니?

root A out
A를 근절하다(do away with), 척결하다

root out은 root(~를 뿌리 뽑다)+out(밖으로)입니다.
'**무엇을 뿌리 뽑아 밖으로 내다**'를 줄여서 표현하면 '**무엇을 근절하다, 척결하다**'입니다. 부정부패, 폭력의 뿌리를 root 한 다음에 그 뿌리를 밖으로 out 시키면 그것을 근절하고, 척결하는 것입니다. 뿌리를 root 하기만 하고 그 뿌리를 out 시키지 않으면 뿌리가 다시 살아납니다. 뿌리를 out 시켜야만 뿌리가 말라죽어 근절하고 척결하는 것이지요. 동의어로는 eradicate[irǽdəkèit], exterminate[ikstə́ːrmənèit], wipe out, do away with가 있습니다.

1. We should **root out** corrupt politicians.
   우리는 부패한 정치인들을 척결해야 합니다.

2. It is not easy to **root out** school violence.
   학교 폭력을 근절하기는 쉽지 않아.

ask A out
A에게 데이트 신청하다

ask out은 ask(~에게 요청하다)+out(밖으로)입니다.
'**누구에게 밖으로 (나갈 것을) 요청하다**'를 줄여서 표현하면 '**누구에게 데이트 신청하다**'입니다. 집 안에 있는 사람에게 집 밖으로 나갈 것을 요청하는 것은 데이트를 신청하는 것이지요. ask는 'vt.~에게 질문하다, 요구하다'입니다. 1번 문장에서 out을 생략해 버리면 그녀에게 질문했다는 것인지, 요청했다는 것인지 알 수 없는 모호한 표현이 됩니다.

1. I **asked** her **out**, but she politely declined.
   나는 그녀에게 데이트를 신청했는데, 그녀는 정중하게 거절했어.

2. He's too shy to **ask** her **out**.
   그는 너무 소심해서 그녀에게 데이트 신청을 못 해.

take A out — A를 잡아서 밖으로 내다

take out은 take(~를 잡다)+out(밖으로)으로 '**무엇을 잡아서 밖으로 내다**'입니다.
먼저 안에 있는 무엇을 take 하세요. 그다음에 밖으로 out 시키세요. 그것이 take out입니다.
1번 문장은 주머니 안에 있는 돈을 잡은 다음 주머니 밖으로, 2번 문장은 현금 인출기 안에 있는 돈을 잡은 다음 인출기 밖으로, 3번 문장은 집 안에 있는 가족들 손을 잡은 다음 집 밖으로, 4번 문장은 집 안에 있는 쓰레기를 잡은 다음 집 밖으로, 5번 문장은 입안에 있는 치아를 잡은 다음 입 밖으로, 6번 문장은 옷 안에 묻어 있는 잉크를 잡은 다음 옷 밖으로, 7번 문장은 지갑 안에 있는 카드를 잡은 다음 지갑 밖으로, 8번 문장은 음식점 안에 있는 음식을 잡은 다음 음식점 밖으로 out 시키는 것입니다.
take out은 안에 있는 무엇을 take 한 다음에 밖으로 out 시키는 모든 동작이지요.

1. Right now, **take** everything **out** / of your pockets.
   당장. 주머니에서 모든 것을 꺼내.

2. I have to go to the bank / to **take out** money.
   나 돈 꺼내기 위하여 은행가야 해.

3. I'm going to **take** my family **out** / to eat out this evening.
   나는 오늘 저녁에 외식하기 위해 가족을 데리고 나갈 예정이야.

4. Would you **take** the trash **out**?
   쓰레기 밖으로 가져가 줄래요?

5. I have to **take out** my tooth.
   나 이빨 뽑아야 해.

6. I want to **take out** this ink stain from my jeans.
   바지에서 이 잉크 자국 빼내고 싶어요.

7. Can I **take out** a card please?
   카드를 꺼내도 될까요?

8. I'm waiting for **take out**.
   나는 (주문한 것을) 가지고 나가려고 기다리고 있어.

take it out on A — A에게 화풀이하다

take it out on은 '누구에게 화풀이하다'입니다.
it은 가슴속에 있는 그것으로 '분노, 짜증, 신경질'입니다. take it out on me는 take it out(분노를 꺼내다)+on me(나에게 접촉)입니다. '**분노를 꺼내어 나에게 붙이다**'를 줄여서 표현하면 '**나에게 화풀이하다**'입니다. 가슴속에 있는 분노나 짜증을 take out 해서 나에게 붙이는(on) 것은 나에게 화풀이하는 것이지요. 이렇게 해부해 보면 느낌이 그대로 살아 있고 굳이 애써 암기할 필요가 없지요. 정말 쉽고 재미있지 않나요?

1. It's my fault, **take it out on** me.
   그건 나의 잘못이야. 나에게 화풀이해.

2. Why are you **taking it out on** me.
   너 왜 나에게 화풀이하고 있어?

pick A out   A를 선택하다, 고르다(choose)

pick out은 pick(~를 잡다)+out(밖으로)입니다.
'**무엇을 잡아 밖으로 내다**'를 줄여서 표현하면 '**무엇을 선택하다, 고르다**'입니다. 여러 개 중에서 하나를 pick 한 다음에 그것을 밖으로 out 시키는 것은 원하는 것을 고르는 것입니다. 이것도 잡아보고 저것도 잡아보고, 그냥 pick만 하고 out 시키지 않으면 무엇을 선택했는지 알 수 없습니다. 원하는 것을 pick 한 다음에 out 해야만 그것을 고르고 선택한 것이지요.

pick[pik]은 'vt.잡다(take), 따다, 뜯다, 쪼다, 훔치다 vi.찌르다, 쑤시다'입니다. pick on은 '~을 괴롭히다'임을 on에서 배웠지요. 계속 찌르는 것은 괴롭히는 것입니다.

1. Just **pick out** what you want.
   그냥 네가 원하는 것을 골라 봐.
2. It's not easy to **pick out** a ripe watermelon.
   잘 익은 수박을 고르기는 쉽지 않아.
3. Did you **pick** the jean **out** yourself?
   네가 직접 그 바지를 골랐어?

watch out
look out   조심하다(be careful)

watch는 'vi.주시하다, 관찰하다 vt.~을 지켜보다'입니다.

- watch out은 watch(주시하다)+out(밖으로)으로 '밖으로 주시하다'입니다.
  주시(注視)란 목표물에 집중하여 보는 것이죠. 밖에 위험한 무엇이 있는 상황에서 '**밖으로 주시해!**' 라고 하는 말은 '**조심해!**'입니다. 밖에 있는 무엇이 너에게 위험할 수 있으니 밖으로 주시하여 조심하라는 것이지요.

- look out은 look(보다)+out(밖으로)으로 '밖으로 보다'입니다.
  밖에 위험한 무엇이 있는 상황에서 '**밖으로 봐!**'라고 하는 말은 역시 '**조심해!**'입니다. 그럼 '자전거 조심해!'는 어떻게 표현할까요? Watch(look) out for the bike! 입니다. for the bike는 '자전거를 향하여' 입니다. '자전거를 향하여 주시해!'를 줄여서 표현하면 '자전거 조심해!'가 되지요. 앞에 있는 자전거가 너에게 위험할 수 있으니 자전거를 향하여(for) 보고, 주시하라는 것입니다.

1. **Watch out**! A bike is in front of you.
   조심해! 자전거가 너 앞에 있어.
2. Are you blind or what? **Look out** on the street.
   당신 시각장애인이세요 아니면 뭐예요? 길거리에서 조심하세요.
3. **Watch out for** the dog!
   개 조심해!
4. **Look out for** cars when you are driving.
   운전하고 있는 동안에 차 조심하세요.

let A out — A를 밖으로 내보내다

let은 'vt.~를 내보내다, 허락하다, 놔두다, 임대하다'입니다.

let out은 let(~를 내보내다)+out(밖으로)으로 '**무엇을 밖으로 내보내다**'입니다. 1번 문장은 집 안에 있는 사람을 집 밖으로 내보내는 것이고, 2번 문장은 가슴속에 있는 감정을 밖으로 내보내는 것이고, 4번 문장은 집 안에 있는 공기를 집 밖으로 내보내는 것입니다.

1. My mother won't **let** me **out** at night.
   엄마는 밤에 나를 내보내려고 하지 않아.

2. Don't **let out** your feelings to others.
   너의 감정을 다른 사람들에게 내보내지 마.

3. Don't **let out** my secret.
   나의 비밀을 밖으로 내보내지 마. (=폭로하지 마.)

4. **Let out** bad air.
   나쁜 공기를 밖으로 내보내.

see A out — A를 밖으로 배웅하다

see는 'vt.~을 목격하다, 만나다(meet), 이해하다(understand), 배웅하다'입니다.

see out은 see(~를 배웅하다)+out(밖으로)으로 '**누구를 밖으로 배웅하다**'입니다. see out은 집 안에 있는 사람을 집 밖으로, 현관까지 배웅하는 것입니다. see는 많은 뜻이 있기 때문에 out을 붙이지 않으면 만나는 것인지 배웅하는 것인지 알 수 없는 모호한 표현이 되어버리지요.

1. I'll **see** you **out**.
   당신을 (현관까지) 배웅하겠습니다.

2. My secretary will **see** you **out**.
   나의 비서가 (현관까지) 배웅할 겁니다.

speak A out — ① 큰 소리로 말하다 ② 공개적으로 말하다

speak out은 speak(~를 말하다)+out(밖으로)입니다.

speak은 평상시의 보통 목소리로 말하는 것입니다. speak out은 평상시의 **보통 목소리에서 소리를 크게 out 시켜 말하는 것**으로 '**큰 소리로 말하다**'입니다. 또 밖에서 큰 소리로 말하면 모든 사람이 들을 수 있기 때문에 '**큰 소리로 말하다**'에서 '**공개적으로 말하다**'라는 뜻이 발생하지요.

1. I can't hear you. Could you please **speak** it **out**?
   당신 말을 들을 수 없어요. 큰 소리로 말해 줄 수 있나요?

2. He was arrested because he **spoke out** against the nation.
   그는 국가에 반대하여 공개적으로 말했기 때문에 체포되었어.

drop out 중퇴하다, 탈퇴하다

drop out은 drop(~을 떨어뜨리다)+out(밖으로)입니다.
'(발걸음)을 밖으로 떨어뜨리다'를 줄여서 표현하면 '중퇴하다, 탈퇴하다'입니다. drop out은 drop (one's feet) out에서 괄호가 생략된 표현이죠. 학교 안에서 학교 밖으로 발걸음을 떨어뜨리는 것은 학교를 중퇴하는 것이고, 팬클럽이나 동아리 안에서 발걸음을 밖으로 떨어뜨리면 탈퇴하는 것이지요. 중퇴(中退), 탈퇴(脫退)는 한자어로 된 우리말입니다. 원어민은 발을 밖으로 drop 한다고 표현합니다.

1. He **dropped out** / of high school owing to his illness.
   그는 병 때문에 고등학교에서 중퇴했어.

2. Her fan cafe got smaller as many members **dropped out**.
   많은 회원이 탈퇴했기 때문에 그녀의 팬 카페는 더 작아졌어.

beat A out A를 이기다, 물리치다

beat out은 beat(~를 때리다)+out(밖으로)입니다.
'누구를 때려서 밖으로 보내다'를 줄여서 표현하면 '누구를 이기다, 물리치다'입니다. 권투나 태권도 등의 운동경기를 보세요. 사각의 링 안에서 상대를 beat 한 다음 링 밖으로 out 시키면 상대를 물리치고 승리하게 되지요. 경기장 안에서 상대를 beat 한 다음 out 시켜야만 승리한 것입니다. 옆에 있는 친구 머리를 한 대 때려보세요. 그것이 beat입니다. 승리와는 아무런 상관이 없지요. beat out은 스포츠에서 나온 표현으로 스포츠신문에 자주 등장합니다.

1. Kim Yuna **beat out** her rival, Asada Mao.
   김연아는 그녀의 라이벌 아사다 마오를 이겼어.

2. I can't **beat** him **out**.
   난 그를 이길 수 없어.

burst out A A를 터뜨리다

burst[bə:rst] out은 burst(~을 터뜨리다)+out(밖으로)입니다.
burst out은 '(웃음, 눈물)을 터뜨리다'입니다. 우리식 사고로는 out을 붙일 필요 없지만, 원어민은 out을 붙여 사용합니다. 터뜨린 웃음소리가 입안에서 입 밖으로 out 되지 않고, 터뜨린 눈물이 눈 안에서 눈 밖으로 out 되지 않으면 웃음을 터뜨렸는지, 눈물을 터뜨렸는지 알 수 없지요. out 시킨 웃음소리를 듣고서, out 시킨 눈물을 보고서 터뜨린 것을 알 수 있기 때문에 out을 붙이는 것입니다.

1. All the audience **burst out** laughing to hear his speech.
   모든 청중은 그의 이야기를 듣고 웃음을 터뜨렸어.

2. She **burst out** crying. But I couldn't do anything.
   그녀는 눈물을 터뜨렸어. 그러나 난 아무것도 할 수 없었어.

carry A out　　① A를 밖으로 옮기다　② A를 실행하다(do, act)

① carry out은 carry(~을 옮기다)+out(밖으로)으로 '무엇을 밖으로 옮기다'입니다.
음식점 안에 있는 음식을 음식점 밖으로 옮기는 것으로 우린 take out에 익숙하죠. 미국에선 주로 take out과 carry out을 사용하고, 영국이나 호주 등에선 take away를 주로 사용한답니다. take away는 away에서 다시 설명합니다.

② carry out은 carry(~을 옮기다)+out(밖으로)입니다.
'(할 일)을 밖으로 옮기다'를 줄여서 표현하면 '(할 일)을 실행하다'입니다. 실행(實行)이란 마음속에, 일정표 속에 계획해 놓은 일을 밖으로 옮겨 행동으로 실천하는 것이지요. '실행하다, 실시하다, 이행하다, 수행하다'는 모두 동의어입니다.

carry는 'vt.~을 빼앗다, 가지다(have), 유지하다(keep), 옮기다'인데 암기는 간단합니다. 무엇을 빼앗아서, 계속 가지고, 유지하고 있다가, 다른 곳으로 옮기는 과정입니다.

1. Can I have two hamburgers to **carry out**?
   들고 나갈 햄버거 두 개 가질 수 있나요?

2. Two hamburgers to **carry out**, please.
   햄버거 두 개 포장 부탁해요.

3. You didn't **carry out** your promise.
   너는 약속을 이행하지 않았어.

4. It is premature to **carry out** the plan.
   그 계획을 실행하는 것은 시기상조야.

figure A out　　① A를 계산해 내다　② A를 알아내다, 이해하다(understand, make out)

figure[fígjər]는 'vt.~을 계산하다 n.숫자, 인물(그림, 조각), 모양'입니다.
figure out은 figure(~을 계산하다)+out(밖으로)으로 '무엇을 계산해 내다'입니다.
27+23+34+16 = 100이지요. 27+23+34+16까지는 figure 하는 계산 과정이고 = 100은 정답을 밖으로 out 시킨 결과입니다. figure만 하고 답을 밖으로 out 시키지 않으면 답을 알 수 없겠지요. figure 해서 정답을 out 시키라는 것입니다.

이제 숫자가 아닌 상황을 계산해 보세요. 돈 없음+직장 없음+집에 있음+시간 많음 = 백수입니다. 여러 가지 **상황을 figure 해서 핵심을 out 시키는 것은 '~을 알아내다, ~을 이해하다'**입니다.

1. Can you **figure out** the answer to question 2?
   너 2번 문제 정답을 계산해 낼 수 있니?

2. I can't **figure out** how to do it.
   나는 그것을 어떻게 하는지 이해할 수 없어.

3. He quitted his job. I can't **figure** him **out** at all.
   그는 직장을 그만뒀어. 나는 도저히 그를 이해할 수 없어.

work A out

① 운동하다
② A를 계산하다(figure out)
③ A를 이해하다(figure out, make out)

① work out은 work(작업하다)+out(밖에서)입니다. '**밖에서 작업하다**'에서 '**운동하다**'라는 뜻으로 확장되었습니다. 노동자들이 밖에서 작업(육체노동)하는 것은 한편으론 몸을 단련시키는 것입니다. 몸을 단련시키는 것은 운동이지요.
② work out은 work(~을 작업하다)+out(밖으로)입니다. '**(숫자)를 작업해서 밖으로 내다**'를 줄여서 표현하면 '**계산하다**'입니다. 위에서 학습한 figure out 설명과 같습니다.
③ work out은 work(~을 작업하다)+out(밖으로)입니다. 숫자가 아닌 **추상적인 내용을 작업해서 핵심을 밖으로 out 시키는 것**으로 '~을 이해하다'입니다.

1. I am **working out** in the gym.
   나는 체육관에서 운동 중이야.
2. We need to work out the total cost of the trip.
   우리는 여행 총 경비를 계산할 필요가 있어.
3. Why do you behave like that? I can't **work** you **out** at all.
   너 왜 그렇게 행동하지? 난 널 결코 이해할 수 없어.

check A out

① 체크아웃하다
② (책)을 대출하다(borrow)
③ A를 확인해 내다

① check out은 check (ID card) out으로 '신분증을 확인하고 호텔 밖으로 나가다'입니다. 호텔은 나올 때 신분증을 계산대에 제시하여 비용 등을 지불하고 나오게 됩니다. 체크아웃, 체크인은 영어이지만 우리말처럼 일반화된 표현이죠.
② check out은 '**(책)을 대출하다**'입니다. 도서관에서 책을 빌릴 때 **신분증을 check 한 다음에 책을 out** 시키지요. 도서 대출중이란 단어에서 보듯이 책을 빌리는 것을 책을 대출한다고 하죠.
③ check out은 check(~을 확인하다)+out(밖으로)으로 '무엇을 확인해 내다'입니다. check 한 다음에 결과를 out 시키는 것입니다. 단순히 check만 하고 결과를 out 시키지 않으면 결과를 알 수 없겠지요. 이상이 있는지 없는지, 원인이 무엇인지를 check 해서 결과를 out 시키라는 것입니다.

1. You have to **check out** tomorrow morning by 12 o'clock.
   내일 아침 12시까지 체크아웃하셔야 합니다.
2. I stopped by the Central Library to **check out** some books.
   책 몇 권 빌리기 위해 중앙도서관에 잠시 들렸어.
3. You have to **check out** the engine before you leave.
   출발하기 전에 엔진을 확인해야 해.

cry one's eyes out   눈이 퉁퉁 붓도록 울다

cry one's eyes out은 cry(울다)+one's eyes(두 눈)+out(밖으로)입니다.
'**두 눈알이 밖으로 굴러나갈 정도로 울다**'를 줄여서 표현하면 '**눈이 퉁퉁 붓도록 울다**'입니다. 눈물방울이 계속 흘러내리고 그것도 모자라 눈알이 밖으로 굴러 나갈 정도로 울면 눈이 퉁퉁 붓도록 우는 것입니다. 너무 슬퍼서 많이 울었다는 것을 강조하는 표현이죠.

1. I was so sad that day, I **cried my eyes out**.
   나는 그날 너무 슬퍼서 눈이 퉁퉁 붓도록 울었어.

2. She **cried her eyes out** when she broke up with her boyfriend.
   그녀는 남자친구와 헤어진 후 눈이 퉁퉁 붓도록 울었어.

cancel each other out   서로 상쇄시키다

cancel each other out은 cancel(지우다)+each other(서로서로)+out(밖으로)입니다.
'**서로 하나씩 지워 밖으로 꺼내다**'를 줄여서 표현하면 '**서로 상쇄시키다**'입니다. 상쇄는 양편이 서로 셈을 비겨 주고받을 것이 없는 원래 상태가 되는 것입니다. 두 사람이 장부를 꺼내 주고받을 것 중에서 서로 같은 것을 하나씩 지워서(cancel) 밖으로 out 시키면 상쇄시키는(0을 만드는) 것이죠. cancel(vt.지우다, 취소하다)은 일정표에 있는 일정을 지워버리면 그 일정을 취소하는 것이기 때문에 '지우다'에서 '취소하다'라는 뜻이 파생됩니다.

1. The advantages and disadvantages would appear to **cancel each other out**.
   장점과 단점이 서로 상쇄시키는 것처럼 보일 것이다.

2. Our expenditure and profits **cancel each other out**.
   우리의 지출과 이익은 서로를 상쇄시킨다.

let the cat out of the bag   (무심코)비밀을 누설하다

let the cat out of the bag는 let the cat out(고양이를 밖으로 나가게 내버려 두다)+of the bag(가방으로부터)입니다. '**고양이를 가방 밖으로 나가게 내버려 두다**'를 줄여서 표현하면 '**무심코 비밀을 누설하다**'입니다. 즉, 자신도 모르게 고양이(비밀)를 가방(입) 밖으로 나가게 했다는 것은 무심코 비밀을 누설했다는 것이죠.

1. He **let the cat out of the bag**.
   그는 무심코 비밀을 누설해 버렸다.

2. If your friends tell you their secrets, never **let the cat out of the bag**.
   친구가 여러분에게 비밀을 말해준다면, 절대 비밀을 누설해서는 안 됩니다.

get out of hand 통제에서 벗어나다, 감당할 수 없다

get out of hand는 get(가다)+out(밖으로)+of(분리=off)+hand(손)입니다.
'**손에서 벗어나 밖으로 가다**'를 줄여서 표현하면 '**통제에서 벗어나다**'입니다. 무엇이 자신의 손으로부터 분리되어 밖으로 나가면 자신의 통제에서 벗어나는 것이고, 감당할 수 없는 것이죠.

1. Children these days are **getting out of hand**.
   요즘 애들은 정말 감당할 수 없어. (통제 불능이야.)

2. His drinking **got out of hand**.
   그의 음주는 통제 불능이었어.

eat one's heart out 슬픔에 잠기다, (구어)약 오르다

BC 8세기경 그리스 시인 호메로스의 '오디세이아'에 나오는 말로 '**심장을 밖으로 꺼내어 먹을 만큼 슬프다**'라는 표현에서 유래했습니다. 구어에서는 '약 오르다, 부러워하다'라는 의미로 사용합니다. 자기 심장을 꺼내 씹고 싶을 만큼 부럽고 약이 오른다는 것이죠.

1. He has **eaten his heart out** since he lost his wife.
   그는 아내를 잃은 후로 슬픔에 잠겨 있어요.

2. I'm really **eating my heart out** now because of him.
   나는 지금 정말 그 사람 때문에 약 올라 있어.

02 out 밖에, 바깥에

out은 '**밖에, 바깥에**'입니다. 울타리 안에, 영역 안에 있는 것이 아니라 **울타리 밖에, 영역 밖에 있는 것**입니다.

A stand out
① A가 밖에 서 있다
② A가 두드러지다, 눈에 띄다

stand는 'vi.서다, 서 있다 vt.~을 참다, 세워놓다'입니다.
stand out은 stand(서 있다)+out(밖에)으로 '밖에 서 있다'입니다. '**밖에 혼자 서 있다**'는 '**눈에 띄다, 두드러지다**'입니다. 친구들은 모두 안에 앉아 있는데 나 혼자 밖에 서 있으면 눈에 띄고, 두드러지는 것은 당연하지요. stand out은 혼자 밖에 서 있는 모습에서 '눈에 띄다, 두드러지다'입니다.

1. He is **standing out** waiting for you.
   그는 너를 기다리면서 밖에 서 있어.

2. Your dress **stood out** at the party last night.
   너의 드레스는 어젯밤 파티에서 눈에 띄었어.

3. There were lots of products in a show, but only one **stood out**.
   전시회에 많은 제품이 있었는데, 단 하나만 눈에 띄었어.

stick out
① 밖으로 내밀다
② 눈에 띄다, 두드러지다(stand out)

stick은 'vt.~을 내밀다, 찌르다 vi.달라붙다 n.막대기'입니다.

① stick out은 stick(vt.~을 내밀다)+out(밖으로)으로 '무엇을 밖으로 내밀다'입니다.
차 안에서 차 밖으로 손과 머리를 내밀거나, 입안에 있는 혀를 입 밖으로 내미는 등 안에 있는 무엇을 바깥으로 내미는 동작입니다. 앞에서 배운 hold out, reach out과 같습니다.

② stick out은 stick(vi.달라붙다)+out(밖에)입니다.
'**밖에 달라붙다**'라는 뜻에서 '**눈에 띄다, 두드러지다**'가 됩니다. 바깥에 단상에 혼자 달라붙어 있으면 눈에 띄고, 두드러지는 것은 당연하지요. 밖에 혼자 서 있어서 눈에 띄고, 두드러지는 stand out과 같습니다.

1. Don't **stick out** your tongue. That's a bad habit.
   혀를 밖으로 내밀지 마. 그것은 나쁜 버릇이야.

2. Your dress **stuck out** at the party last night.
   너의 드레스는 어젯밤 파티에서 눈에 띄었어.

3. Because of my height, I **stick out** in a crowd.
   나의 키 때문에, 난 사람들 속에서 눈에 띄어.

eat out
dine out
밖에서 식사하다(=외식하다)

eat out은 eat(식사하다)+out(밖에서)입니다.
'밖에서 식사하다'를 줄여서 표현하면 '외식하다'입니다. 집 안에서 식사하는 것이 아니라 집 밖에서 식사하는 것은 외식(外食)하는 것이지요.

1. How often do you **eat out**?
   당신은 얼마나 자주 외식 하나요?

2. We **dine out** once a month.
   우린 한 달에 한 번 외식해요.

keep A out
A를 밖에 유지하다(=A를 안으로 들이지 않다)

keep out은 keep(~을 유지하다)+out(밖에)으로 '무엇을 밖에 유지하다'입니다.
무엇을 안으로 들여보내지 않고 밖에 유지하는 것입니다. 1번 문장의 Keep out은 공원, 방문, 대문에서 흔히 보는 문구죠. 공원에서 본 keep out은 **keep** (yourself) **out** (of the grass)입니다. keep yourself(당신 몸을 유지하세요)+out(밖에)+of the grass(잔디에서 분리)입니다. '잔디밭에서 당신 몸을 분리하여 밖에 유지하세요'를 줄여서 표현하면 잔디밭에 '출입금지'가 됩니다. 대문 앞에 걸어 놓았다면 '방문사절'이 되겠군요.

1. **Keep out**.
   출입 금지. 방문 사절.

2. He **kept** (himself) **out** last night.
   그는 어젯밤에 집 밖에 계속 있었어.

3. If he comes, **keep** him **out** for 30 minutes.
   그가 오면, 30분 동안 그를 밖에서 유지하세요.

set A out
A를 시작하다, 출발하다(start, begin)

set out은 set(~을 놓다)+out(밖에)입니다.
set out은 set (one's feet) out에서 괄호(one's feet)가 생략되었습니다. '(발걸음)을 집 밖에 놓다'를 줄여서 표현하면 '출발하다, 시작하다'입니다. 어떤 목적을 가지고 발걸음을 집 밖에 놓으면 여행이나 출장 등을 위해 출발하는 것이고, 새로운 무엇을 시작하는 것이지요. 생략된 것을 채워 넣으니까 간단하게 이해되지 않나요?

1. He **set out** a minute ago.
   그는 조금 전에 출발했어.

2. When are you **setting out** your business.
   언제 너의 사업을 시작할 예정이니?

put A out

① A를 내놓다
② A를 끄다(extinguish, turn out)

put out은 put(~을 놓다)+out(밖에)으로 '무엇을 밖에 놓다'입니다. **'~을 밖에 놓다'를 줄여서 표현하면 '~을 내놓다'입니다. '내다'는 출(出)이고 out입니다. put out은 안에 있는 무엇을 밖에 놓는 모든 동작**입니다.

1번 문장은 put the garbage out (of the house)에서 괄호가 생략된 후 out이 앞으로 이동한 것입니다. 부사 out은 목적어 뒤에 있어도 되고 목적어 앞으로 이동시켜도 됩니다. 집 안에 있는 쓰레기를 집 밖에 put 하는 것이죠. 2번 문장은 put a new car out (of the factory)로 공장 안에 있는 신차를 공장 밖에 put 하는 것으로 신차를 '출시하다'로 바꿀 수 있지요. 신차가 아니라 새 책이면 '출간하다', 새 음반이면 '발매하다', 새 논문이면 '발표하다'가 됩니다. 안에 있는 무엇을 바깥에 put 하느냐에 따라 출시, 출판, 발매, 발표가 될 뿐이죠. put out을 무작정 '출시하다, 출간하다, 발매하다, 발표하다'로 외워선 안 됩니다. **put out은 안에 있는 무엇을 밖에 놓는 것**일 뿐이지요.

3번 문장은 1만 대의 차를 공장 안에서 공장 밖으로 put 하는 것으로 차를 '생산하다'가 됩니다. 공장 안에서 기계를 turn 해서 제품을 밖으로 out 시키는 turn out도 '~을 생산하다'임을 앞에서 배웠죠. 4번 문장은 입 안에 있는 혀를 입 밖으로 put 하는 것이고, 5번 문장은 찬장이나 수저통 안에 있는 접시나 수저를 밖에 put 하는 것입니다.

6번 문장의 **put out**은 '**불을 끄다**'입니다. 불을 끌 때는 불타고 있는 장작을 밖에 꺼내어 흙이나 모래에 찔러 넣어 불을 끄지요. put out은 아궁이 **안에서 불타고 있는 장작을 밖에 put 하여 불을 끄는 생활습관에서 나온 표현**입니다. 이제 동의어 extinguish를 보세요. extinguish[ikstíŋgwiʃ]는 ex(밖에=out)+sting(찌르다)+uish입니다. 타고 있는 장작을 밖에(흙이나 물) 찔러서 불을 끄는 것임을 알 수 있지요. 산업혁명 이후에는 전구가 나왔습니다. 전등에는 불을 켜고 끄는 손잡이가 있지요. 그 손잡이를 out 방향으로 put 하면 불이 꺼지죠. out 방향으로 turn 해도 전등이 꺼집니다. put out, turn out은 모두 불을 끄는 사람의 동작에서 나온 표현입니다.

1. Don't forget to **put out** the garbage.
   쓰레기 밖에 내놓는 거 잊지 마.

2. We just **put out** a new car.
   우리는 방금 신차를 내놓았습니다.

3. Our factory **puts out** 10,000 new cars a week.
   우리 회사는 일주일에 1만 대의 차를 내놓습니다(생산합니다).

4. She **put** her tongue **out** laughing at me.
   그녀는 나를 비웃으면서 혀를 내놓았어.

5. Please **put out** the plates, knives and forks for dinner.
   저녁을 위해 접시, 나이프, 포크를 좀 내놓으세요.

6. Did you **put** the lights **out** upstairs?
   너 위층에 불 다 껐니?

7. The firemen promptly **put out** the fire.
   소방관들은 신속하게 불을 껐어.

rule A out   A를 제외하다, 제거하다(exclude)

rule은 'vt.~을 결정하다, 통치하다 n.자, 규정, 통치'입니다.
rule out은 rule(~을 결정하다)+out(밖에)입니다. '**무엇을 밖에 두기로 결정하다**'를 줄여서 표현하면 '**무엇을 제외하다**'입니다. 안에 포함되어 있는 것을 밖에 두기로 결정하는 것은 그것을 제외하는 것이지요. 제외(除外)는 안에 있는 것을 제거하여 밖에 두는 것입니다.

1. He **ruled** me **out** / of the list.
   그는 명단에서 나를 제외했어.

2. He **was ruled out** / of the match with a knee injury.
   그는 무릎 부상을 갖고 있어 시합에서 제외되었어.

leave A out   A를 제외하다, 제거하다(exclude)

leave out은 leave(~을 남겨두다)+out(밖에)입니다.
'**무엇을 밖에 남겨두다**'를 줄여서 표현하면 '**무엇을 제외하다, 제거하다**'입니다. 안에 있는 무엇을 밖에 남겨두는 것은 제외하는 것이지요. 1번 문장은 음식 안에 있는 깻잎을 밖에 남겨두라는 것으로 깻잎을 음식에서 제외시켜, 제거시켜 달라는 것입니다.
leave는 'vt.~을 남겨두다, 맡기다, 떠나다 n.휴가'입니다. **휴가**는 중요한 귀중품 따위를 **남겨두고, 맡기고, 떠나야** 합니다. leave 속에는 휴가를 떠나는 과정이 그대로 담겨 있습니다.

1. **Leave out** sesame leaves.
   깻잎은 제거해 주세요.

2. **Leave** me **out** / of this argument, please.
   이 논쟁에서 나를 제외해 주세요.

out of control   통제 불능인
out of hand

- out of control은 out(밖에)+of(~에서 벗어나)+control(통제)입니다.
  '**통제범위에서 벗어나 밖에**'를 줄여서 표현하면 '**통제 불능인**'입니다. 통제범위 안에 있는 것이 아니라 통제범위에서 벗어나 밖에 있는 것이기 때문에 '통제 불능인'입니다. **of**는 '**~에서 분리**'로 동의어는 '**~에서 벗어나**' 임을 of에서 이미 배웠습니다.

- out of hand 역시 '**손에서 벗어나 밖에**'로 '**통제 불능인**'입니다. 손 쓸 수 있는 범위 안에 있는 것이 아니라 손 쓸 수 있는 범위를 벗어나 밖에 있는 것이기 때문에 '통제 불능인'이지요.

1. His son is **out of control**.
   그 사람 아들은 통제 불능이야.

2. An **out-of-control** truck hit a bus.
   통제 불능의 트럭이 버스를 들이받았어.

out of sight 시야 밖에, 먼 곳에

out of sight는 out(밖에)+of(~에서 벗어나)+sight(시야)입니다.
'시야에서 벗어나서 밖에'를 줄여서 표현하면 **'시야 밖에, 먼 곳에'**입니다. Out of sight, out of mind란 표현이 있지요. 사람의 시야에서 벗어나 밖에 있으면, 사람의 마음에서 벗어나 밖에 있게 된다는 말입니다. 즉 사람이 보이지 않는 먼 곳에 있으면 사람의 마음마저 멀어진다는 말이지요. '시야 안에'는 in sight 입니다.

1. Always keep valuables **out of sight**.
   귀중품을 항상 (타인의) 시야밖에 두세요.

2. There's not a person **in sight**.
   시야 안에 한 사람도 없어.

out of order 고장 난

order는 'n.명령, 주문, 순서, 정돈(질서) vt.~을 명령하다, 주문하다, 정돈하다'입니다.
out of order는 out(밖에)+of(~에서 벗어나)+order(순서)입니다. **'조립 순서에서 벗어나 밖에'**를 줄여서 표현하면 **'고장 난'**입니다. 기계가 정상적으로 조립된 조립 순서에서 벗어나 있는 상태로 '고장 난'입니다.

1. My computer was **out of order**, so I couldn't mail you.
   내 컴퓨터가 고장 나서 너에게 메일을 보낼 수 없었어.

2. The phone's **out of order** again.
   전화가 또 고장이에요.

out of date / out of style / out of fashion 구식인, 시대에 뒤처진(old-fashioned)

date는 'n.날짜, 데이트, 현재, 오늘 vt.~와 데이트하다 vi.거슬러 올라가다'입니다.
out of date는 out(밖에)+of(~에서 벗어나)+date(현재, 오늘)입니다. **'현재에서 벗어나 밖에'**를 줄여서 표현하면 **'구식인'**입니다. 시내에 가보면 현재의 패션 흐름이 보이죠. 하의실종 패션이 유행인데 나 혼자 긴 나팔바지를 입고 있으면 현재의 패션 흐름에서 벗어나 있어 구식이지요. out of style, out of fashion 도 '구식인'입니다. 현재의 스타일, 현재의 패션에서 벗어나 있으면 모두 시대에 뒤처진 구식입니다. '유행 중인'은 in fashion입니다.

1. Your hair style is **out of date**.
   너 머리 스타일은 구식이야.

2. The bag is **out of style**[fashion].
   그 가방은 구식이야.

out of condition   건강이 안 좋은

out of condition은 out(밖에)+of(~에서 벗어나)+condition(건강상태)입니다.
'좋은 건강한 상태에서 벗어나 밖에'를 줄여서 표현하면 '건강이 좋지 않은'입니다.
condition[kəndíʃən]은 'n.조건, 컨디션(건강상태)'입니다.

1. I am **out of condition** now.
   난 지금 건강상태가 안 좋아.

2. He is overweight and **out of condition**.
   그는 과체중이고 건강 상태가 안 좋아.

out of use   사용하지 못 하는

out of use는 out(밖에)+of(~에서 벗어나)+use(정상적인 이용)입니다.
정상적인 이용 상태에서 벗어나 있어 '**사용하지 못 하는**'입니다. '사용 중인'은 in use입니다.

1. My notebook is **out of use**.
   내 노트북은 사용하지 못 하는 상태야.

2. The bridge is **out of use**.
   그 다리는 사용하지 못 하는 상태야.

out of stock   품절인

stock[stak]은 'n.재고, 비축, (나무)줄기, 주식(증권) vt.비축하다'입니다.
out of stock은 out(밖에)+of(~에서 벗어나)+stock(비축상태)입니다. 제품이 비축되어 있는 상태에서 벗어나 재고가 전혀 없는 '**품절인**' 상태를 말합니다.

1. I'm sorry, that book is **out of stock**.
   죄송하지만 그 책은 품절입니다.

2. Jeans of this color are now **out of stock**.
   이 색상의 바지는 지금 품절입니다.

out of breath   숨을 헐떡이는

breath[breθ]는 'n.숨, 호흡, 입 냄새'입니다.
out of breath는 out(밖에)+of(~에서 벗어나)+breath(정상 호흡)입니다. 정상적인 호흡에서 벗어나 있는 상태로 숨을 '**헐떡이는**'입니다.

1. You're **out of breath**. Have you been running?
   너 숨을 헐떡이고 있네. 너 좀 전에 달리기했었니?

2. She was **out of breath** after climbing the stairs.
   그녀는 계단을 오른 후에 숨을 헐떡였어.

out of place   ① 실직한(unemployed)   ② 부적절한

place는 'n.장소, 직장(work), 신분, 좌석 vt.~을 두다(put)'입니다.

① out of place는 out(밖에)+of(~에서 벗어나)+place(직장)입니다. **'직장에서 벗어나 밖에'**를 줄여서 표현하면 **'실직한'**입니다. 직장에서 벗어나 직장 밖에 있는 것은 실직한 것이지요.

② out of place는 out(밖에)+of(~에서 벗어나)+place(신분)입니다. **'신분에서 벗어나 밖에'**를 줄여서 표현하면 **'부적절한, 부적당한'**입니다. 국회의원이 국회의원 신분을 벗어나, 교사가 교사의 신분을 벗어나 행동하면 부적절한 행동이죠.

1. Many of workers are **out of place**.
   많은 노동자가 실업상태야.

2. His words were **out of place**.
   그의 말들은 부적절했어.

out of question   확실한(certain, sure)
out of the question   불가능한(impossible)

question은 'n.의심, 질문, 의제 v.질문하다, 심문하다'입니다.

● out of question은 out(밖에)+of(~에서 벗어나)+question(의심)입니다.
'의심에서 벗어나 밖에'를 줄여서 표현하면 **'의심의 여지가 없는, 확실한'**입니다. 의심에서 벗어나 있는 것은 이미 검정을 받아 확실한 것이지요. question의 뜻은 '의심(doubt)'입니다.

● out of the question은 out(밖에)+of(~에서 벗어나)+the question(의제)입니다.
'토론 의제에서 벗어나 밖에'를 줄여서 표현하면 **'불가능한'**입니다. 토론 의제가 반장 선거인데 누군가 수학여행에 대하여 토론하자고 하면 그것은 토론 의제에 벗어나 밖에 있기 때문에 불가능한 것이지요. the question은 이미 '결정된 의제'입니다. 정관사 the는 이미 결정된 그것을 나타냅니다.

위의 두 표현은 question(의심)과 the question(의제)이라는 뜻을 알면 쉽게 기억할 수 있습니다. 대부분의 숙어는 단어 의미를 정확하게 조립하면 무작정 암기할 필요가 없지요.

1. His honesty is **out of question**.
   그의 정직함은 의심 밖에 있어.

2. His proposal is **out of the question**.
   그의 제안은 불가능해.

03 out 끝까지

out은 '끝까지'입니다. out은 in의 반대로 안에 있는 무엇이 '끝까지' 밖으로 나가는 것입니다.

fight out 끝까지 싸우다

fight out은 fight(싸우다)+out(끝까지)으로 '끝까지 싸우다'입니다.
사람 몸 안에 있는 모든 힘이 밖으로 나가 소진될 때까지, 끝까지 싸우는 것이지요.

1. We will **fight out** for freedom.
   우리는 자유를 위하여 끝까지 싸울 거야.

2. If you do fight, **fight** it **out**.
   네가 정말로 싸운다면, 끝까지 싸워.

be sold out 끝까지 팔리다(=매진되다)

be sold out은 be sold(판매되다)+out(끝까지)입니다.
'끝까지 판매되다'를 줄여서 표현하면 '매진되다'입니다. 진열대 안에, 창고 안에 준비해 놓은 상품이 끝까지 팔리는 것은 매진되는 것이지요. 홈쇼핑 방송에서 다 팔려 매진된 상품에 sold out이라고 적어 놓은 것을 보았을 것입니다.

1. The book **was sold out**, so I couldn't buy it.
   그 책은 매진되어 살 수 없었어.

2. All the seats **were sold out** in just three minutes.
   모든 좌석이 단지 3분 만에 매진되었어.

hear A out A를 끝까지 듣다

hear out은 hear(~을 듣다)+out(끝까지)으로 '말을 끝까지 듣다'입니다.
성격이 급한 사람들이 많지요. 말이 끝나기도 전에 자기 말을 하기 위하여 말을 자르는 경우가 많습니다. 이때 Hear me out! 라고 하세요.

1. **Hear** me **out** before making up your mind.
   결심하기 전에 내 말 끝까지 들어.

2. **Hear** me **out**! Don't cut in my words.
   내 말 끝까지 들어! 내 말에 끼어들지 마.

pass out 정신을 잃다, 기절하다(faint, black out)

pass out은 pass(지나가다)+out(끝까지)입니다.
'**정신이 끝까지 지나가다**'를 줄여서 표현하면 '**정신을 잃다, 기절하다**'입니다. 머리 안에 있던 정신이 끝까지 밖으로 지나가는 것은 의식을 잃고 기절하는 것이지요. 영어에서 주격 대명사(she, he, I, you)는 사람의 정신과 육체를 모두 나타내고, 재귀대명사(-self)는 사람의 육체를 나타냅니다. 기억해 두세요. She(그녀의 정신)+passed(나갔어)+out(끝까지)으로 결합하면 쉽게 이해가 되지요.

1. She **passed out** after the accident.
   그녀는 사고 직후에 기절했어.

2. He was hit on the head and **passed out**.
   그는 머리에 맞아서 기절했어.

black out ① 기절하다(pass out)
black A out ② A를 끝까지 검게 만들다

black은 'vi.깜깜해지다 vt.~을 깜깜하게 만들다 a.검은, 어두운 n.검은색'입니다.

① black out은 black(vi.깜깜해지다)+out(끝까지)입니다.
'**(정신이)끝까지 깜깜해지다**'를 줄여서 표현하면 '**정신을 잃다, 기절하다**'입니다. 갑자기 뒤통수를 맞으면 어떻게 될까요? 머리가 끝까지 깜깜해 지면서 의식을 잃고 기절하게 되지요.

② black out은 black(vt.~을 깜깜하게 만들다)+out(끝까지)입니다.
'**무엇을 끝까지 깜깜하게 만들다**'입니다. 한 구역을 끝까지 깜깜하게 만드는 것은 정전(停電)입니다. 여름이 되면 초과 전기 수요 때문에 대한민국 전체가 블랙아웃(정전) 될지도 모른다는 기사가 쏟아져 나오고 방송에선 연일 전기 사용을 자제해 달라고 호소하지요.

1. He **blacked out** to hear the news.
   그는 그 소식을 듣고서 기절했어.

2. A power failure **blacked out** the city last night.
   지난밤에 정전이 도시를 깜깜하게 만들었어.

burn A out A를 끝까지 불태우다(=전소시키다)(burn up)

burn out은 burn(~을 불태우다)+out(끝까지)입니다.
'**무엇을 끝까지 불태우다**'를 줄여서 표현하면 '**무엇을 전소시키다**'입니다. 전소(全燒)는 전부 다, 끝까지 다 타는 것이지요.

1. Many houses were completely **burnt out**.
   많은 집이 완전히 전소되었어.

2. Stop working so hard. You'll **burn** yourself **out**.
   너무 열심히 일하는 것을 그만해. 너 자신을 전소시켜 버릴 거야.

be tired out / be worn out
몹시 피곤하다, 매우 지쳐 있다

- be tired out은 be tired(피곤해져 있다)+out(끝까지)입니다. **'끝까지 피곤해져 있다'**를 줄여서 표현하면 **'몹시 피곤하다, 녹초가 되어 있다'**입니다. 사람이 갖고 있는 활동 에너지가 끝까지 소진되면 녹초가 되고 파김치가 되지요.

- be worn out은 be worn(소모되어 있다)+out(끝까지)입니다. **'끝까지 소모되어 있다'**를 줄여서 표현하면 **'몹시 피곤하다, 녹초가 되어 있다'**입니다.
  wear는 'vt.~을 입은 채로 있다, ~을 소모시키다'입니다. 옷을 벗지 않고 입은 채로 계속 있으면 옷을 소모시켜 낡게 만들겠지요.

1. I'm **tired out**. Let's have a coffee break.
   난 완전히 지쳐 있어. 커피 타임 갖자.

2. You **are worn out**. You should go home early.
   넌 너무 지쳐 있어. 일찍 집에 가는 것이 좋겠어.

3. My gloves **are worn out**.
   내 장갑이 끝까지 소모되어(닳아) 있어.

run out of A
A가 바닥나다(use up)

run은 'vi.달리다, 되다(become) vt.~을 운영하다'입니다.
run out of는 run(달리다)+out(끝까지)+of(~에서)입니다. **'무엇에서 끝까지 달리다'**를 줄여서 표현하면 **'무엇이 바닥나다'**입니다. 자동차에 기름을 주유하고 끝까지 달리면 기름을 모두 사용하여 바닥이 나고, 용돈을 받아서 놀이공원에서 끝까지 달리면 용돈을 모두 사용하여 바닥이 나지요.

1. I have **run out of** pocket money.
   나는 용돈이 바닥나 있어.

2. We have **run short of** fuel.
   우린 연료가 바닥나 있어.

fill A out
A를 끝까지 채우다, 기입하다(fill up)

fill out은 fill(~을 채우다)+out(끝까지)으로 **'무엇을 끝까지 채우다'**입니다.
각종 신청서를 보면 이름부터 마지막 서명까지 빈칸이 많지요. 그 빈칸을 처음부터 끝까지 채우라는 것입니다.

1. Could you **fill out** these forms?
   이 양식들 끝까지 채워 주시겠어요?

2. Please **fill out** the blank.
   공란을 끝까지 채워주세요.

lock A out A를 폐쇄하다

look out은 lock(~을 닫다)+out(끝까지)입니다.
'(직장 문)을 끝까지 닫다'를 줄여서 표현하면 **'직장을 폐쇄하다'**입니다. 노동자가 파업하면 회사에선 최후의 수단으로 직장폐쇄(lockout)로 대응합니다. 즉 노동자들이 회사로 진입할 수 있는 모든 문을 끝까지 닫아서 노동자들이 회사에 들어가지 못하게 막아버리지요. 공장 안에 있는 모든 문을 남김없이 끝까지 닫아서 노동자들을 들어가지 못하게 하는 것이기 때문에 '(직장)을 폐쇄하다'라는 뜻입니다.

1. They **locked out** the factory owing to a strike.
   그들은 파업 때문에 공장을 폐쇄했어.

2. He **locked out** the office.
   그는 사무실을 폐쇄했어.

blow out ① 펑크 나다
blow A out ② A를 불어 끄다

blow는 'vi.바람이 불다 vt.~을 불다'입니다.

① blow out은 blow(vi.바람이 불다)+out(밖으로)으로 '밖으로 바람이 불다'입니다.
A tire blew out은 '타이어가 펑크 났어'입니다. 타이어에 구멍이 생기면 타이어 안에 있던 공기가 바람이 불듯이 밖으로 빠져나가지요. 그것이 펑크 나는 것입니다. 펑크 나는 모습을 눈에 보이는 그대로 설명하는 것입니다.

② blow out은 blow(vt.~를 불다)+out(밖으로)으로 '무엇을 불어 밖으로 보내다'입니다.
켜져 있는 양초를 blow 해서 불꽃을 밖으로 out 시키면 불어서 끄는 것이죠.

1. A front tire **blew out**. I have to change it.
   앞 타이어가 펑크 났어. 그것을 교체해야 해.

2. It's time to **blow out** candles.
   이제 촛불을 끌 시간이야.

die out 멸종되다

die out은 die(죽다)+out(끝까지)입니다.
'끝까지 죽다'를 줄여서 표현하면 **'멸종되다'**입니다. 한 종족이 한 명도 남지 않고 끝까지 다 죽으면 멸종되고 소멸되는 것이지요.

1. Many animals will soon **die out**.
   많은 동물이 곧 멸종될 거예요.

2. If tigers can't find a place to live, he may **die out**.
   호랑이가 살 곳을 찾을 수 없으면, 멸종될지도 몰라요.

dry A out
① A를 건조시키다(건조되다)
② 술을 끊다

dry out은 dry(vt.~을 말리다 vi.마르다)+out(끝까지)입니다. '끝까지 말리다'를 줄여서 표현하면 '건조시키다', '끝까지 마르다'를 줄여서 표현하면 '건조되다'입니다. 빨래가 머금고 있는 수분을 끝까지 말리는 것은 빨래를 건조시키는 것이지요. 또 dry out은 술독에 술을 채우지 않고 술독을 끝까지 건조시켜 둔다는 의미에서 '술을 끊다'입니다.

1. I have to **dry out** the laundry.
   난 세탁물을 건조시켜야 해.

2. Water the plant regularly, never letting the soil **dry out**.
   나무에 물을 정기적으로 주고 절대 흙이 건조되지 않게 해.

3. Why don't you **dry out**?
   너 술 끊는 게 어때.

make A out
① A를 이해하다(figure out, understand)
② A를 작성하다

① make out은 make(~을 만들다)+out(밖으로)입니다.
'(핵심)을 만들어 밖으로 내다'를 줄여서 표현하면 '~을 이해하다'입니다. 돈 없음+직장 없음+집에 있음+시간 많음 = 백수지요. 이야기를 듣고서 '백수'라는 핵심을 make 해서 out 시켰다는 것은 그 이야기를 이해했다는 것입니다. 친구가 한 말 속에서 말의 핵심을 make 해서 밖으로 out 시키는 것은 친구의 말을 이해하는 것이지요. 친구가 한 말 속에서 말의 핵심을 figure(계산하다) 해서 밖으로 out 시키는 것도 이해하는 것입니다. make out은 바로 앞에서 배운 figure out과 같은 뜻입니다.

② make out은 make(~을 만들다)+out(끝까지)입니다.
'(내용)을 끝까지 만들다'를 줄여서 표현하면 '~을 작성하다'입니다. make out a list는 '리스트를 작성하다'입니다. out을 뺀 make a list는 내용물이 채워지지 않은 표나 양식을 만드는 것이지요. **out은 만들어진 양식 안에 내용을 끝까지(out) 채우는 것입니다.** 동의어는 fill out, write out입니다. fill out은 '~을 끝까지 채우다', write out은 '~을 끝까지 쓰다'로 '~을 작성하다'입니다.

1. I don't **make out** why my computer is down.
   내 컴퓨터가 왜 정지됐는지 알 수가 없네요.

2. I can't **make out** in the least what you mean.
   너의 말이 무엇을 의미하는지 도저히 이해할 수 없어.

3. **Make out** a shopping list.
   쇼핑 목록을 작성해.

4. The doctor **made out** a prescription for me.
   의사가 나를 위해 처방전을 작성해 주었어.

spell A out
① A의 철자를 하나하나 읽다(쓰다)
② A를 명확하게 설명하다

spell[spel]은 'vt.~의 철자를 말하다(쓰다)'입니다.

① spell out은 spell(~의 철자를 말하다)+out(끝까지)으로 '**~의 철자를 끝까지 말하다(쓰다)**'입니다. 영어와 중국어는 같은 영역의 언어로 공통점이 많지요. 발음이 비슷하고, 어순도 비슷합니다. 또 하나의 공통점은 사전을 보지 않고는 영어 단어와 중국어 단어를 읽을 수 없다는 것입니다. 영어 단어와 중국어 단어 옆에는 단어를 읽는 발음기호가 적혀있어 그것을 보고 읽어야 합니다. 그것을 보면 소리 글자인 우리 한글이 얼마나 위대한 언어인지 새삼 느끼게 되지요. 영어는 이름을 불러줘도 정확하게 받아 적을 수가 없습니다. 스펠링이 어떻게 되는지 소리만 듣고는 알 수 없기 때문이죠. 그래서 아래 1~2번 문장처럼 스펠링이 어떻게 되는지 자주 묻게 됩니다.

② spell out은 '**단어의 철자를 하나하나 끝까지 말하다(쓰다)**'에서 '**명확하게 설명하다**'라는 뜻으로 확장됩니다. 철자 하나하나 끝까지 말하듯이 하나하나 끝까지 설명하는 것은 확실하게, 명확하게 설명하는 것이지요.

1. Would you please **spell out** your name on this sheet?
   이 종이에 당신 이름 철자를 끝까지 적어 주시겠어요?

2. Could you **spell** your name **out**?
   당신 이름 철자를 끝까지 말씀해 주시겠어요?

3. You don't need to **spell** it **out**.
   네가 그것을 자세하게 설명할 필요는 없어.

4. **Spell** it **out** to me later.
   나중에 그것을 나에게 자세히 설명해 줘.

have it out
결판내다, 매듭짓다

have it out은 have(가지다)+it(그것=주어진 상황)+out(끝까지)의 결합입니다. '**어떤 상황의 끝을 가지다**'는 '**결판내다, 매듭짓다**'입니다.

1. You must **have it out** with him.
   너는 그와 결판을 내야 해.

2. Let's **have it out** with this problem.
   이 문제를 매듭짓자(결판내자).

for

1. 목적
2. 이유
3. 동안
4. give동사

1. for는 목적입니다.

　for는 forward의 for로 forward의 뜻은 '앞으로, 미래'입니다. '앞으로, 미래'란 뜻에서 '목적'이란 뜻이 발생합니다. 축구의 공격수를 포워드(forward)라고 하고 FW로 표시합니다. 포워드는 앞으로 달려서 골을 넣는 것이 목적이죠. '돈을 저축하는 목적이 뭐야?'라고 친구에게 물으니 '차를 사기 위해서'라고 대답합니다. '차를 살 목적으로'와 '차를 사기 위해서'는 같은 뜻이지요. 우리는 for 하면 '~위하여'로 떠올리는 데 원래는 '~할 목적으로'를 줄여서 표현한 것입니다. 목적(目的)은 한자어로 된 우리말이고 '~위하여'는 순수 우리말이죠. 논쟁이나 다툼에서 누구를 위한다는 것은 그 사람을 찬성한다는 것이죠. 그래서 for는 '~위하여'에서 '찬성하여'라는 뜻이 발생합니다. 종합하면 for는 '~할 목적으로'를 줄여서 '~하기 위하여'이고, '~위하여'에서 '찬성하여'라는 뜻이 발생합니다. 목적과 목적(지)는 동의어죠. '~을 목적지로'를 줄여서 표현하면 '~을 향하여'가 됩니다.

2. for는 이유입니다.

　목적과 이유는 동의어죠. '돈을 저축하는 목적이 뭐야?'와 '돈을 저축하는 이유가 뭐야?'는 같은 질문입니다. 그럼 대답을 확인해 볼까요? '차를 사기 위하여'라고 대답할 수도 있고, '차를 사야 하기 때문에'라고 대답할 수도 있죠. for가 이유의 뜻을 갖는 것은 목적에서 발생한 것입니다. '이유로', '때문에', '원인으로', '~해서'는 같은 뜻을 가진 동의어입니다. 상황에 맞게 비슷한 동의어로 바꾸어 쓰는 재치가 필요하죠.

3. for는 '~동안'입니다.

　for는 '~위하여, ~때문에, ~동안'인 것을 중학생이면 다 알고 있지요. 왜 for가 '~동안'이고 '~동안'에서 어떤 중요한 뜻이 발생하는지 아래에서 다시 설명하겠습니다. It is difficult for me to learn Chinese에서 for me처럼 의미상 주어에 왜 for를 사용하는지를 알게 될 것입니다.

4. for는 give 동사에 사용합니다.

　He gave me a book처럼 'give+A(사람)+B(사물)' 어순으로 사용하는 기초단어 30개가 있습니다. 4형식 동사라고 하고, 수여 동사라고도 하죠. 그런데 어순을 바꾸어 표현하는 순간 영어 학습자는 짜증 나기 시작하지요. He gave me a book은 He gave a book to me처럼 to를 쓰고, He made me a doll은 He made a doll for me처럼 for를 사용합니다. give는 to를 쓰고, make는 for를 사용하죠. 30개 중에서 절반은 to를, 절반은 for를 씁니다. 그리고 5개 정도는 for와 to 둘 다 사용합니다. 모두 기초단어라 회화에서 빈번하게 사용되지요. 무작정 외우라고 하는데 외워서 며칠 기억할 수 있을까요? 단 20분 읽어서 자연스럽게 기억하는 것, 그것이 영숙어 쇼크의 강력한 힘입니다.

01 for 목적(지)

for는 '~할 목적으로'를 줄여서 '~하기 위하여'이고, '~위하여'에서 '찬성하여'라는 뜻이 발생하지요.
'~을 목적지로'를 줄여서 표현하면 '~을 향하여'입니다.

1. I need some money **for** books.
   나는 책을 사기 위하여 돈이 좀 필요해.

2. Smoking is not good **for** your health.
   흡연은 너의 건강을 위하여 좋지 않아.

3. We are going to a restaurant **for** dinner.
   우리는 저녁 식사를 위하여 식당에 갈 예정이야.

4. Are you **for** or against my proposal?
   너는 나의 제안에 찬성하니 아니면 반대하니?

5. The train **for** Seoul is coming.
   서울로 향하는 기차가 오고 있습니다.

be late for A   (목적지)에 늦다

be late for는 be late(늦다)+for(목적지)로 '~에 늦다'입니다.
직장에 늦고, 학교에 늦어 지각하는 경우가 많지요. 직장과 학교는 도착하려는 목적지입니다. **be late for**는 뒤에 도착하는 목적지가 와서 '(목적지)에 늦다'입니다.

1. I **was late for** work, so I was blamed.
   나는 직장에 늦어서 욕먹었어.

2. Hurry up, or you will **be late for** school.
   서둘러라, 안 그러면 학교에 늦을 거야.

be bound for A   A 행이다

be bound for는 be bound(묶여 있다)+for(목적지)입니다.
'(목적지)로 묶여 있다'를 줄여서 표현하면 '~행(行)이다'입니다. 1번 문장은 '이 버스는 서울을 목적지로 노선이 묶여 있어'인데 줄여서 표현하면 '이 버스는 서울행이야'입니다. be bound for를 처음부터 '~행이다'라고 외우면 어감이 전혀 오지 않지요. bind[baind]는 'vt.~을 묶다'로 bound[baund]는 bind의 과거분사입니다.

1. The bus **is bound for** Seoul.
   그 버스는 서울행이에요.

2. This train **is bound for** Beijing.
   이 기차는 베이징행이야.

leave for A
depart for
A를 향하여 떠나다

leave, depart[dipá:rt]는 'vi.떠나다, 출발하다 vt.~을 떠나다'입니다.

leave for는 leave(떠나다)+for(목적지)로 '~를 목적지로 떠나다, ~을 향하여 떠나다'입니다. I left Seoul과 I left for Seoul의 차이는 뭘까요? I left Seoul은 '나는 서울을 떠났어'로 서울에 있는 사람이 서울을 떠난 것이죠. leave는 타동사로 'vt~을 떠나다'입니다. I left for Seoul은 '나는 서울을 향하여 떠났어'로 서울 바깥에 있는 사람이 서울을 향하여 출발한 것이지요. leave는 자동사로 'vi.떠나다'입니다. for의 유무에 따라서 뜻이 완전히 달라집니다.

1. I **left for** Seoul at night.
   나는 밤에 서울을 향해 떠났어.

2. They **departed** Korea **for** China.
   그들은 중국을 향하여 한국을 떠났어.

head for A
make for
A를 향하여 가다

head는 'vi.나아가다', make는 'vi.가다, 되다(become) vt.~을 만들다'입니다.

- head for는 head(가다)+for(목적지)로 '~를 목적지로(=향하여) 가다'입니다.
- make for는 make(가다)+for(목적지)로 '~를 목적지로(=향하여) 가다'입니다. make for는 make (way) for에서 괄호(way)가 생략된 표현입니다. '~를 향하여 길을 만들다'를 줄여서 표현하면 '~를 향하여 가다'가 되지요. make에 '가다'는 뜻이 발생한 것은 make way에서 나온 것입니다. 서양 영화에서 울창한 숲속을 통과할 때 긴 칼로 나무를 쳐내면서 길을 만들어 앞으로 가는 모습을 자주 보았지요. 그것이 make way입니다.

1. The plane was **heading for** France.
   그 비행기는 프랑스를 향하여 가는 중이었어.

2. It's time to **make for** home.
   집을 향하여 갈 시간이네요.

for fun
재미로, 장난으로

for fun은 '**재미를 목적으로**'인데 줄여서 표현하면 '**재미로**'입니다. '재미를 목적으로'를 다른 말로 바꾸어 볼까요? '즐거움을 가질 목적으로, 즐겁기 위해서'가 되지요.

1. I said it just **for fun**.
   난 그냥 농담으로 해 본 말이에요.

2. I did it just **for fun**.
   난 그저 장난으로 그랬어요.

look for A / search for
A를 찾다

look은 'vi.보다, 눈을 돌리다', search[səːrtʃ]는 'vi.찾다'입니다.

- look for는 look(눈을 돌리다)+for(~을 위하여)입니다. '~을 찾기 위하여 눈을 돌리다'를 줄여서 표현하면 '~을 찾다'가 되지요.
- search for는 search(찾다)+for(목적)로 '~을 찾다'입니다. look과 search는 자동사로 뒤에 명사를 연결할 때 '~을'에 해당하는 전치사를 뒤에 붙여야 하고, **찾아야 하는 목적과 찾아야 하는 이유가 있어 찾는 것이기 때문에 목적과 이유의 전치사 for**를 붙입니다.

1. I'm **looking for** her. Have you seen her?
   난 그녀를 찾고 있어. 그녀를 본 적 있어?

2. I am still **searching for** my lost key.
   난 여전히 잃어버린 열쇠를 찾고 있어.

be ready for A / be prepared for
A를 위해 준비되어 있다

ready, prepared는 'a.준비되어 있는'입니다.

be ready for는 be ready(준비되어 있다)+for(~을 위하여)로 '**~을 위해 준비되어 있다**'입니다. 준비(準備)는 어떤 목적을 달성하기 위하여 사전에 취하는 행동입니다. 시험 준비, 면접 준비는 합격을 위하여 준비하는 것이지요. 준비라는 단어가 어떤 목적을 달성하기 위한 행위임을 알려주고 있습니다.

1. I'm well **ready for** the exam tomorrow.
   난 내일 시험을 위해 잘 준비되어 있어.

2. I **am** perfectly **prepared for** the interview.
   나는 면접을 위해 완벽하게 준비가 되어 있어.

work for A
A를 위해 일하다, A에 근무하다

work for는 work(vi.일하다)+(~을 위하여)로 '~을 위하여 일하다'입니다.
work for 뒤에 회사가 오면 '**(회사)를 위하여 일하다**'로 줄여서 표현하면 '**~에 근무하다**'가 됩니다. work for를 무작정 '~에 근무하다'로 외우지 마세요. work for 뒤에 회사가 나올 때만 '~에 근무하다'가 됩니다.

1. I really don't want to **work for** him any more.
   이젠 정말 더 이상 그 사람을 위해 일하고 싶지 않아요.

2. My father **works for** a bank.
   아버지는 은행에 근무해.

stand for A   ① A를 상징(의미)하다   ② A를 대표하다(represent)

stand for는 stand(서 있다)+for(~을 위하여)입니다.
'~을 위하여 계속 서 있다'를 줄여서 표현하면 '~을 상징하다, 대표하다'입니다. 1886년부터 뉴욕에서 횃불을 들고 계속 서 있는 자유의 여신상을 보세요. 뉴욕을 상징하고, 뉴욕을 대표하고 있습니다. 올림픽 등에서 팀원 맨 앞에 국기를 들고 계속 서 있는 사람은 그 나라를 대표하지요. 무엇을 위해 계속 서 있는 모습에서 '상징하다, 대표하다'라는 뜻이 파생됩니다. '상징하다'의 동의어는 '의미하다'입니다.

1. What does the IOC **stand for**?
   IOC는 무엇을 의미(상징)하죠?

2. He **stands for** our team.
   그는 우리 팀을 대표해.

stand up for A   A를 지지하다(support), 편들다

stand up for는 stand up(일어서다)+for(~을 위하여)입니다.
'누구를 위하여 일어서다'를 줄여서 표현하면 '누구를 지지하다, 편들다'입니다. 수학여행을 어디로 갈 것인지 토론하고 있습니다. 중국, 제주도, 일본이 나왔는데 친구는 중국에 갈 것을 제안했고, 내가 친구를 위하여 일어서면 나는 친구를 지지하고 편드는 것이지요. up을 생략한 stand for도 같은 뜻입니다. stand up은 벌떡 일어서는 동작이고, stand는 일어나 서 있는 것이지요. 누구를 위해 벌떡 일어서거나, 일어나 서 있는 것은 지지하고 편드는 행위입니다.

1. Why didn't you **stand up for** me?
   너 왜 나를 편들지 않았니?

2. I completely **stand up for** your opinion.
   난 전적으로 네 의견을 지지해.

send A for B   A를 보내다 / B를 데려올 목적으로

send A for B는 send A(A를 보내다)+for B(B를 데려올 목적으로)입니다.
1번 문장은 I sent him(나는 그를 보냈어)+**for a doctor**(의사를 데려올 목적으로)로 '나는 의사를 데려올 목적으로 그를 보냈어'입니다. for를 무작정 '~위하여'로 기억하면 '나는 의사를 위하여 그를 보냈어'로 해석되어 의사를 도와주기 위해 그를 보낸 것으로 착각하게 됩니다.

1. I **sent** him / **for** a doctor.
   나는 그를 보냈어. / 의사를 데려올 목적으로

2. We **sent** the boy / **for** the police.
   우리는 소년을 보냈어. / 경찰을 데려올 목적으로

compete for A   A를 위하여 겨루다, 경쟁하다

compete[kəmpíːt]는 자동사로 'vi.경쟁하다'입니다.
compete for는 compete(경쟁하다)+for(~을 위하여)로 '**~을 위하여 경쟁하다**'입니다. 경쟁은 승리를 목적으로, 무엇을 차지하기 위하여 다투는 것이기 때문에 목적의 for와 자연스럽게 어울리죠.

1. We have to **compete for** a job.
   우리는 일자리를 차지하기 위해 경쟁해야 해.

2. Plants in a forest **compete for** sunlight.
   숲의 식물들은 햇빛을 차지하기 위해 경쟁해.

root for A   A를 응원하다

root는 'vi.응원하다 vt.~을 뿌리 뽑다 n.뿌리, 기초'입니다.
root for는 root(응원하다)+for(~을 위하여)입니다. root은 자동사로 뒤에 명사를 연결할 때 '~을'에 해당하는 전치사를 붙여야 하고, **응원은 팀의 승리를 목적으로 박수치고, 춤추고, 노래하는 행위이기 때문에 목적의 for를 붙입니다.** root for는 미국에서 사용하는 표현이죠. root이 sex라는 뜻도 있기 때문에 root for가 '응원하다'라는 뜻으로 사용하지 않는 나라도 있다는 것 기억해 두세요.

1. Which team do you **root for**?
   넌 어느 팀을 응원하니?

2. I must go there to **root for** my team.
   난 나의 팀 응원하러 거기 가야 해.

run for A   A에 출마하다

run은 'vi.달리다, 되다(become) vt.~을 운영하다'입니다.
run for는 '~을 위하여 달리다'입니다. He ran for his life는 '그는 목숨을 위해서(=살기 위해서) 달렸어'로 run for는 '~을 위해 달리다'입니다. 대통령직을 차지하기 위하여 선거판에서 달리면 '(대통령)에 출마하다'는 뜻이 됩니다. run for가 처음부터 '~에 출마하다'라는 뜻을 갖고 있는 것이 아니라 대통령 자리, 반장 자리처럼 어떤 자리를 차지하기 위하여 선거에서 달리는 것이기 때문에 run for가 '~에 출마하다'란 뜻이 되는 것이지요.

1. I'm going to **run for** a group leader.
   나는 반장에 출마할 예정이야.

2. He **ran for** President, but he failed by 200,000 votes.
   그는 대통령에 출마했으나, 20만 표 차이로 실패했어.

sit for an exam   시험 치다

sit for an exam은 '**시험 치를 목적으로 자리에 앉다**'로 줄여서 표현하면 '**시험 치다**'입니다. 같은 표현으로 take an exam이 있습니다.

1. I **sat for** an auto-license examination last week.
   나는 지난주에 운전면허 시험 쳤어.
2. I **sat for** the College Scholastic Ability Test yesterday.
   나는 어제 수능 시험 쳤어.

wait for A   A를 기다리다(await)

wait for는 wait(vi.기다리다)+for(목적)로 '~을 기다리다'입니다.
wait는 자동사로 뒤에 명사를 연결할 때 '~을'에 해당하는 전치사를 붙여야 하고, **사람을 만나기 위해서, 만나야 하기 때문에 기다리는 것이기에 목적과 이유의 전치사 for**를 붙입니다. wait for는 한 단어로 await 'vt~을 기다리다'입니다.

1. I **waited for** him for about 30 minutes, but he didn't show up.
   약 30분 동안 그를 기다렸는데 그는 나타나지 않았어.
2. I'm **awaiting** my test results.
   나는 시험 결과를 기다리고 있어.

for the sake of A   A를 위하여(for)
for the purpose of

sake[seik], purpose[pə́ːrpəs]는 'n.목적'입니다.
for the sake of는 for(~을 위하여)+the sake(목적)+of(~이라는)입니다. '**~이라는 목적을 위하여**'를 줄여서 표현하면 '**~을 위하여**'입니다. '우린 승리라는 목적을 위하여 여기 왔어'와 '우린 승리를 위하여 여기 왔어'는 같은 표현이지요. for the sake of에서 (the sake of)를 몽땅 생략하고 for만 사용해도 됩니다.
purpose는 pur(앞=pro=before)+pose(놓다=put)로 어떤 일의 맨 앞에 놓는 것은 그 일의 목적입니다.

1. I want to live in the country **for the sake of** my health.
   난 건강을 위하여 시골에 살기를 원해.
2. I worked hard **for the purpose of** passing the exam.
   나는 시험 합격을 위하여 열심히 공부했어.

apply for A   A를 신청하다
put in for

apply[əplái]는 'vi.신청하다(=신청서를 제출하다)'입니다.

- apply for는 apply(신청하다)+for(목적)입니다.
  apply는 자동사로 뒤에 명사를 연결할 때 '~을'에 해당하는 전치사를 붙여야 하고, **신청은 무엇을 가질 목적으로 신청서를 접수하는 행동이기 때문에 목적의 전치사 for**를 붙입니다. 해외여행을 목적으로 비자를 신청하고, 운전을 목적으로 운전면허를 신청하고, 취업을 목적으로 구직신청을 합니다. 신청은 무엇을 가질 목적(for)이란 것을 바로 알 수 있지요. apply는 ap(이동=ad)+ply(접다=fold)로 '접어서 가다'입니다. 서류를 접어서 가는 것은 무엇을 신청하는 행위입니다.

- put in for는 put(~을 놓다)+in(안에)+for(위하여)입니다.
  '**~을 위하여 (신청서를) 안에 놓다**'를 줄여서 표현하면 역시 '**~을 신청하다**'입니다.
  put in for the job은 '일자리를 신청하다'입니다. **put** (an application form) **in** (the company) **for** the job에서 괄호가 생략된 것이죠. '일자리를 얻기 위하여 회사 안에 구직신청서를 놓다'를 줄여서 표현하면 '일자리를 신청하다'입니다. 일자리를 신청하기 위하여 구직신청서(an application form)를 회사(the company)에 넣는다는 것은 누구나 다 알고 있기 때문에 괄호 부분을 모두 생략하여 put in for만 남는 것이지요. 생략된 단어를 채워 넣으니까 느낌도 오고 쉽게 기억되지 않나요?

1. He didn't **apply for** the job.
   그는 그 일을 신청하지 않았어.

2. I have to **apply for** a driver's license.
   나는 자동차 운전면허를 신청해야 해.

3. I would like to **put in for** a China visa.
   나는 중국 비자를 신청하고 싶어요.

for example   예를 들어
for instance

example[igzǽmpəl], instance[ínstəns]는 'n.예(실례), 보기, 견본'입니다.

for example은 for(목적)+example(보기)입니다. '**보여주기를 목적으로**'를 줄여서 표현하면 '**예를 들어**'입니다. 간단하게 설명하면 이해를 못 하거나, 이해가 어려울 수 있기 때문에 보여주는 실례를 나열하면서 설명하는 것이 예를 드는 것이지요.

example은 ex(밖에=out)+sample(샘플)입니다. 누구나 쉽게 볼 수 있도록 밖에 놓아둔 샘플은 견본이죠. instance는 in(안에)+stance(세우다=stand)로 누구나 볼 수 있도록 안에 세워놓은 것 역시 견본입니다.

go for A   A 하러 가다

go for는 go(가다)+for(목적)입니다.
'~할 목적으로 가다'를 줄여서 표현하면 '~하러 가다'입니다. '수영하러 가자'는 Let's go for a swim입니다. go for 뒤에는 a swim처럼 항상 a를 붙여서 사용한다는 것 기억해 두세요. 한 차례 가는 것이기 때문에 a swim입니다.

1. Let's **go for** a swim.
   수영하러 가자.

2. Let's **go for** a walk / a drive / a run.
   산책 / 드라이버 / 달리기 가자.

substitute A for B   B를 A로 대체하다

substitute[sʌ́bstitjùːt]는 'vt.~을 대신 쓰다'입니다.
substitute A for B는 'B를 A로 대체하다, 대신하다, 치환하다'로 사전에 나와 있습니다. 무슨 말인지 아시겠어요? 많은 영어공식을 무작정 외우면 A가 중요한지 B가 중요한지 혼동하게 됩니다. 무작정 공식으로 외우지 마세요.
substitute A for B는 '마음이 B로 향하지만 A를 대신 쓰다'입니다. substitute는 sub(아래=under)+sti(세우다=stand)+tute로 바로 아래, 바로 뒤에 세워 놓은 것을 대신 사용한다는 것입니다. 사람은 좋아하는 것, 자주 사용하는 것은 자신에게 가까운 곳에, 바로 뒤에 두지요.
substitute A for B는 '마음이 B로 향하지만 바로 뒤에 있는 A를 대신 쓰다'입니다. 바로 뒤에(=아래에) 있는 A는 사용하고 멀리 있는 B는 버리는 것입니다. sub에 크게 동그라미를 치면 혼동 없이 바로 기억할 수 있겠죠.
substitute A for B와 같은 표현으로 replace B with A가 있지요. A와 B가 뒤바뀌어 무작정 공식으로 외우면 혼란스럽죠. replace는 with에서 자세히 설명합니다.

1. We have to **substitute** tea **for** coffee.
   우린 커피를 차로 대체해야 해. (=커피는 치워버리고 차를 마셔야 해.)

2. You can **substitute** margarine **for** butter.
   버터를 마가린으로 대체해도 좋아. (=버터는 치워버리고 마가린을 사용해도 좋아.)

02 for 이유

for는 '이유'입니다. 동의어는 '**이유로**, **때문에**, **원인으로**, **~해서**' 등입니다.

1. I can't sleep **for** the cold.
   난 감기 때문에 잠을 잘 수 없어.

2. We couldn't see the lake **for** the fog.
   우린 안개 때문에 호수를 볼 수 없었어.

3. He is crying **for** pain in his stomach.
   그는 배 속의 고통 때문에 울고 있어요.

4. **For** this reason I couldn't take part in the meeting.
   이러한 이유 때문에 나는 그 회의에 참석할 수 없었어.

blame A for B   A를 비난하다 / B 때문에

blame[bleim]은 'vt.~을 비난하다 vi.비난받다'입니다.
blame A for B는 'B 때문에 A를 비난하다'입니다. 1번 문장에서 He blamed me까지만 말해 보세요. '그는 나를 비난했어'라고 말하면 듣는 사람은 '왜?'라고 다시 묻게 됩니다. 그러면 이유를 밝혀야 하기 때문에 자연스럽게 for the accident(사고 때문에)라고 대답하게 되겠지요. 비난은 **과실이나 잘못이 있기 때문에 비난하는 것**으로 비난이란 단어에서 이유의 전치사 for가 필요함을 알 수 있습니다.

1. He **blamed** me / **for** the accident.
   그는 나를 비난했어. / 그 사고 때문에

2. Don't **blame** me / **for** being late.
   날 비난하지 마. / 늦은 것 때문에

scold A for B   A를 야단치다 / B 때문에

scold[skould]는 'vt.~를 꾸짖다, 야단치다'입니다.
scold A for B는 'B 때문에 A를 야단치다'입니다. 1번 문장에서 My mother scolded me까지만 말하면 듣는 사람은 '왜?'라고 되묻게 되지요. 그러면 이유를 나타내는 전치사 for를 붙여서 이유를 알려주게 됩니다. 부모나 선생님이 아이를 야단치는 것은 **아이가 나쁜 행동을 했기 때문**이지요. 야단이란 단어에서 이유의 전치사 for가 필요함을 알 수 있습니다.

1. My mother **scolded** me / **for** being impolite.
   어머니는 나를 야단쳤어. / 버릇없는 것 때문에

2. I was **scolded** / **for** telling a lie.
   나는 야단맞았어. / 거짓말한 것 때문에

punish A for B   A를 벌주다 / B 때문에

punish A for B는 'B 때문에 A를 벌주다'입니다.
 1번 문장에서 The teacher punished me까지만 말해 보세요. '선생님은 나를 벌줬어'라고 말하면 듣는 사람은 '왜?'라고 다시 묻게 되겠지요. 그러면 이유를 알려줘야 하기 때문에 자연스럽게 for fighting friends(친구와 싸운 것 때문에)가 연결됩니다. 지각하거나, 싸움하거나, 도둑질하거나 **뭔가 처벌받을 행동을 했기 때문에 벌을 주는 것**이지요. 처벌이란 단어에서 이유의 전치사 for가 필요함을 알 수 있습니다.

1. The teacher **punished** me / **for** fighting friends.
   선생님은 나를 벌줬어. / 친구와 싸운 것 때문에

2. Don't **punish** your child / **for** wetting the bed.
   아이를 벌주지 마세요. / 침대를 적셨기 때문에

thank A for B   A에게 감사하다 / B 때문에

thank A for B를 'A에게 B에 대해 감사하다'는 공식으로 암기하지 마세요.
 '~에 대해' 이런 단어를 넣으면 about을 떠올리게 됩니다. 1번 문장에서 Thank you까지만 말해 보세요. 고맙다는 소리 들을 이유가 전혀 없는데 누군가 고맙다고 하면 '왜?'라고 되묻게 되지요. 그러면 for your help를 붙여서 '당신 도움 때문에, 당신의 도움을 받아서'로 답하게 됩니다. 아무런 이유 없이 감사 표시를 하지 않지요. **뭔가 도움이나 혜택을 받았기 때문에 감사 표시를 하는 것**입니다. 감사라는 단어에서 이유의 전치사 for가 필요함을 알 수 있습니다. 말할 때 Thank you / for your help로 끊어서 말하세요.

1. **Thank** you / **for** your help.
   고맙습니다. / 당신 도움 때문에

2. **Thank** you / **for** being so kind to me.
   나에게 매우 친절하게 대해줘서 고마워요.

forgive A for B   A를 용서하다 / B 때문에

forgive[fərgív] A for B는 'A가 B한 것을 용서하다'로 암기하지 마세요.
 1번 문장에서 Please forgive me라고 말해 보세요. '나를 용서하세요'라고 말하면 듣는 사람은 '왜 용서하라는 거죠?'라고 되묻게 됩니다. 그럼 for being late(늦은 것 때문에)로 대답하게 되겠지요. 아무런 이유 없이 누군가에게 용서를 구하지 않습니다. **잘못했기 때문에 용서를 구하는 것**이지요. 용서라는 단어에서 이유의 전치사 for가 필요함을 알 수 있습니다.

1. Please **forgive** me / **for** being late.
   나를 용서하세요. / 늦은 것 때문에(피해를 줬으니)

2. Please **forgive** me / **for** breaking my promise.
   나를 용서하세요. / 약속을 어긴 것 때문에(피해를 줬으니)

be famous for A   A 때문에 유명하다
be noted for
be well-known for
be renowned for

famous[féiməs], noted[nóutid], renowned[rináund], well known은 'a.유명한'입니다.

be famous for는 be famous(유명하다)+for(때문에)입니다. 유명(有名)이란 이름이 널리 알려지는 것이지요. 청도는 소싸움 때문에 유명하고, 정선은 카지노 때문에 유명합니다. 아무 이유 없이 유명한 것이 아니라 소싸움, 카지노처럼 알려질 이름이 있기 때문에 유명한 것이지요. **많은 사람에게 알려진 이름이 있기 때문에 유명한 것이기에 '유명하다'는 표현에는 이유의 전치사 for를 붙입니다.**

noted는 note(기록)+ed(갖고 있는)로 '기록을 갖고 있는'은 '유명한'입니다. 역사나 기네스북 따위에 기록을 갖고 있으면 유명하지요. renowned는 re(다시=again)+nown(이름=name)+ed(have)로 사람 입에서 '다시 언급되는 이름을 갖고 있는=유명한'입니다. 사람 입에서 계속 오르내리는 이름은 유명한 것입니다. 단어 끝에 붙는 -ed는 '갖고 있는(have)'입니다. 걸 그룹 Brown ey**ed** girls는 '갈색 눈**을** 갖고 **있는** 소녀들'이죠. well-known은 '잘 알려져 있는'으로 '유명한'입니다.

1. Cheongdo **is famous for** Bullfighting Festival.
   청도는 소싸움 축제 때문에 유명해.

2. Everybody wants to **be noted for** something.
   모든 사람은 어떤 무엇 때문에 유명해지는 것을 원합니다.

3. He **is well-known for** his sharp criticism.
   그는 날카로운 비평 때문에 유명해.

4. The festival **is renowned for** its music.
   그 축제는 음악 때문에 유명해.

be notorious for A   A 때문에 악명 높다

notorious[noutɔ́:riəs]는 'a.악명 높은'입니다.

be notorious for는 be notorious(악명 높다)+for(때문에)입니다.

원래 notorious는 famous의 동의어로 '유명한'이었습니다. 그런데 17C부터 의미가 완전히 바뀌어 '나쁜 것으로 유명한, 악명 높은'이 되었습니다. '유명한'이란 의미의 단어가 많아서 그중에 하나를 '나쁜 것으로 유명한'으로 의미를 바꾸어 사용했는지, 아니면 그럴 만한 알려지지 않은 어떤 사건이 있었을지는 알 수 없네요.

1. He **is notorious for** his cruelty.
   그는 잔인함 때문에 악명 높아.

2. The company **is notorious for** bad working conditions.
   그 회사는 나쁜 근무 조건 때문에 악명 높아.

for want of A / for lack of / for short of
A 부족 때문에

want, lack[læk], short[ʃɔːrt]는 'n.부족, 결핍, 궁핍'입니다.
for want of는 for(때문에)+want(부족)+of(~의)로 '~의 부족 때문에'입니다. want가 'vt.~을 원하다'는 뜻으로만 알고 있으면 무슨 뜻인지 알 수 없겠지요. want가 '부족'의 뜻이 있는 것은 모든 사람은 자신에게 **부족**한 것을 **원하기** 때문입니다.

1. We are going to close down the store **for want of** funds.
   우리는 자금 부족 때문에 가게를 폐업할 예정이야.

2. **For lack of** exercise I got fat.
   운동 부족 때문에 나 살쪘어.

3. **For short of** water they are having hard time.
   물 부족 때문에 그들은 어려운 시간을 보내고 있어.

allow for A
A를 고려하다(consider, take account of)

allow[əláu]는 'vi.고려하다, 참작하다'입니다.
allow for는 allow(고려하다)+for(이유)입니다. allow는 자동사로 뒤에 명사를 연결할 때 '~을'에 해당하는 전치사를 붙여야 하고, **고려라는 단어에는 고려해야 하는 어떤 이유를 담고 있기 때문에 이유의 전치사 for**를 붙입니다. 1번 문장에서 실직자인 나의 상황을 고려해 달라는 것은 나는 실직자이기 때문에 그 점을 고려해 달라는 것이고, 2번 문장에서 교통상황을 고려해서 일찍 출발한 것은 차가 막힐 수 있기 때문에 그 점을 고려하여 일찍 출발한 것이지요.

1. Please **allow for** my situation. I'm broke.
   나의 상황을 고려해 주세요. 난 빈털터리예요.

2. We started an hour early to **allow for** traffic.
   우리는 교통 상황을 고려해서 1시간 일찍 출발했어.

account for A
A 이유를 설명하다

account[əkáunt]는 'vi.이유를 설명하다'입니다.
account for는 account(이유를 설명하다)+for(이유)입니다. account는 자동사로 단어 속에 '이유'가 들어 있기 때문에 이유의 전치사 for를 붙이는 것은 당연하지요.

1. Can you **account for** your being late?
   네가 늦은 이유를 설명할 수 있겠니?

2. It is impossible to **account for** tastes.
   맛의 이유를 설명하는 것은 불가능해.

compensate for A
A를 보상하다, 보충하다(make up for)

compensate[kámpənsèit]는 'vi.보상하다, 보충하다'입니다.
　compensate는 자동사로 뒤에 명사를 연결할 때 '~을'에 해당하는 전치사를 붙여야 하고, **보상과 보충이란 단어에는 이유를 담고 있기 때문에 이유의 전치사 for를 붙입니다.** 교통사고를 일으키면 타인에게 손해를 입혔기 때문에 보상해야 하고, 학교에 결석하면 **진도가 뒤처지기 때문에 그만큼 보충**해야 하지요. 보상과 보충에는 이유의 전치사 for가 필요합니다.
　compensate는 com(함께=with)+pen(돈=penny)+sate로 **함께 돈을 흥정**하는 것은 **보상**하는 것이죠. 자동차 사고가 일어나면 보험회사 직원이 나와 함께 돈(pen)을 흥정하여 보상합니다.

1. I will **compensate for** the damage.
   내가 그 피해를 보상해 드리겠습니다.

2. I have to do something to **compensate for** my English.
   나는 영어를 보충하기 위하여 무엇을 해야 해.

be liable for A
be responsible for
A에 책임이 있다, 책임지다

liable[láiəbl], responsible[rispánsəbəl]은 'a.책임 있는, 책임지는'입니다.
　be liable for는 be liable(책임 있다, 책임지다)+for(이유)로 '~에 책임 있다, 책임지다'입니다. **책임이란 단어에는 책임져야 할 이유를 내포하고 있기 때문에 이유의 전치사 for**를 붙입니다. 공터에서 공놀이하다가 옆집 창문을 깨는 경우가 많지요. 그러면 주인이 나와서 유리창을 깼기 때문에 책임지라고 합니다. 운전하다가 앞차를 들이받으면 앞차의 운전자가 나와서 당신이 내 차를 들이받았기 때문에 책임지라고 하지요. 이렇게 **책임져야 할 이유가 있기 때문에 책임지**는 것입니다.
　responsible은 response(대답)+ible(할 수 있는=able)로 '대답할 수 있는'입니다. 선생님이 학생들에게 누가 심부름을 가겠느냐고 묻습니다. 그때 '저요!'라도 '대답할 수 있는' 사람은 그 심부름에 대해서 '책임지는' 사람이지요. 대답할 수 있다는 것은 책임지겠다는 것입니다.

1. The government **is liable for** the loss of soldiers.
   정부는 군인들의 사망에 책임이 있습니다.

2. **Be responsible for** your action.
   당신의 행동에 책임지세요.

03 for 범위, ~동안

for는 '~동안'입니다. 앞에서 for가 forward에서 미래를 나타내고 목적의 의미를 갖는다고 설명했지요. for의 또 하나의 어원은 before(이전)로 과거 개념입니다. 어원 for는 before(과거)와 forward(미래)를 모두 갖고 있지요. for는 과거 어느 시점부터 미래 어느 시점까지의 '범위'를 알려주고, 범위 개념에서 for가 '~동안'이란 뜻이 발생합니다.

for가 단지 '~동안'의 뜻만 있으면 그냥 외워버리면 그만이지요. 그런데 for는 '범위'를 나타내는데 자주 사용하기 때문에 어원을 파헤쳐 설명하는 것입니다. for가 '범위'를 나타낸다고 무작정 외우면 아무런 느낌이 없지만, for의 어원에는 과거와 미래가 모두 들어 있어 '범위' 개념이 있다는 것을 알면 쉽게 기억할 수 있습니다.

1. I watched television **for** 3 hours last night.
   나는 지난밤에 3시간 동안 TV 봤어.

2. He is out of work **for** five months.
   그는 5개월 동안 실직상태야.

3. It rained **for** 3 days without stopping.
   3일 동안 멈춤 없이 비가 왔어.

4. I'm looking **for** my key for thirty minutes.
   난 30분 동안 열쇠를 찾고 있어.

for a long time 오랫동안
for ages
for an age

- for a long time은 for(동안)+a long time(오랜 시간)으로 '오랫동안'입니다. 요즘은 긍정문에서 for를 생략해 버리고 a long time만 사용하는 추세입니다.

- for ages, for an age 역시 '오랫동안'입니다. an age를 자신의 나이로 바꾸어 보세요. 30세라면 for an age는 '30년 동안'으로 '오랫동안'임을 바로 알 수 있습니다. for ages는 30년이 몇 개 되니까 당연히 '오랫동안'입니다.

1. They have been friends **for a long time**.
   그들은 오랫동안 친구로 지내요.

2. If you live alone **for an age**, you can cook anything.
   네가 혼자 오래 살면 어떤 요리든 다 할 수 있어.

for a moment 잠시, 잠깐
for a while

moment[móumənt], while은 'n.잠시, 잠깐'입니다.
for a moment는 for(동안)+a moment(잠시)입니다. '**잠시 동안, 잠깐 동안**'을 줄여서 표현하면 '**잠시, 잠깐**'입니다. a moment를 1분, 5분, 10분으로 바꾸어 보면 쉽게 이해가 되겠죠. '1분 동안 기다려'는 '잠깐 기다려'와 같지요.

1. Well, let's wait **for a while**.
   음. 잠시 기다려 봅시다.

2. Excuse me **for a moment**.
   잠시 실례할게요.

for good 영원히(permanently)

for good은 '영원히'입니다. good은 'n.선(善)'이죠.
for good은 '**선(善)이 있는 동안**'으로 줄여서 표현하면 '**영원히**'입니다. 선과 악은 영원히 존재하지요. good에서 o를 하나로 줄이면 God로 'n.신, 하나님'이 됩니다. '신이 존재하는 동안'으로 보면 역시 '영원히'란 느낌을 받습니다. 기독교 세계관을 갖고 있는 원어민의 사고에서 나온 표현으로 판단됩니다.

1. He decided to stay in the army **for good**.
   그는 영원히 군대에 머물기로 결심했어. (=군에 말뚝 박기로 결심했어.)

2. Are you leaving Korea **for good**?
   영원히 한국을 떠날 계획이야?

for the time being 당분간

for the time being은 for(동안)+the time(시간)+being(지금의)입니다.
'**지금의 이 시간 동안**'을 줄여서 표현하면 '**당분간**'이 됩니다. 당분간은 지금부터 앞으로 주어진 얼마 동안의 시간을 말합니다. '당분간'이란 시간은 짧은 시간일 수도 있고, 긴 시간일 수도 있습니다. 개개인에게 주어진 상황에 따른 시간이지요.

1. I am going to live here **for the time being**.
   나는 당분간 이곳에서 살 예정이야.

2. I'm not drinking **for the time being**.
   난 당분간 술을 마시지 않을 계획이야.

for my part 나로서는

for my part는 for(범위)+my part(나의 부분)입니다.
'**나의 부분을 범위로 하여**'로 줄여서 표현하면 '**나로서는**'이 됩니다. 다른 사람 입장은 내가 알 바 아니고, **나의 입장은 그렇다고 생각과 판단의 범위를 나 한 사람으로 한정하는 것**입니다. 그래도 이해가 부족한가요? 그럼 for my part의 my를 your, her, his, their로 바꾸어 보세요. '너로서는, 그녀로서는, 그로서는, 그들로서는'으로 사람의 범위가 명확해 지지요.

1. **For my part**, I know nothing about it.
   나로서는, 그것에 대해 아무것도 몰라.

2. **For his part**, he doesn't care who wins.
   그로서는, 누가 이기든 상관없어.

It is difficult for me to learn English

중학생이면 다 아는 중요한 구문이죠. 1번 문장은 '영어 배우는 것은 (모든 사람한테) 어렵다'입니다. 모든 사람이기 때문에 괄호를 생략해 버리지요. 2번 문장은 '영어 배우는 것은 **나한테** 어렵다'입니다. for me는 '**나한테**'입니다. 영어 배우는 것이 다른 사람은 어떤지 모르겠고 **나한테** 어렵다는 것으로 **그 범위를 나로 한정하는 것**입니다. 이제 for me 자리에 for her(그녀한테), for him(그한테), for Koreans(한국인한테) 등 많은 사람을 넣어 보세요. 사람의 범위가 느껴지나요. 왜 for를 쓰는지도 모르고 to 부정사의 의미상 주어는 'for+목적격'을 쓴다고 일본 영문법 그대로 외우고 있으니 씁쓸할 뿐입니다. 영문법쇼크에서 자세하게 다루고 여기선 for의 범위 개념을 기억하세요.

1. It is difficult **(for everyone)** to learn English.
   영어 배우는 것은 (모든 사람한테) 어려워.

2. It is difficult **for me** to learn English.
   영어 배우는 것은 나한테 어려워.

for the most part 대부분, 대체로(on the whole)

for the most part는 for(범위)+the most part(대부분)입니다.
'**대부분을 범위로 하여**'를 줄여서 표현하면 '**대부분, 대체로**'입니다. 일부분이 아니라 대부분(=전체)을 범위로 살펴보니 '대부분, 대체로' 어떻다는 것이지요.

1. The story is true **for the most part**.
   그 이야기는 대부분 사실이야.

2. Hospital food is not salty **for the most part**.
   병원 음식은 대부분 짜지 않아.

account for A   A 비율을 차지하다

account[əkáunt]는 'vi.설명하다'입니다.

account for는 account(설명하다)+for(범위)로 '**범위를 설명하다**'입니다. '15% 범위를 설명하다'를 줄여서 표현하면 '15% 비율을 차지하다'가 됩니다. 2번 문장의 남녀비율을 원형 그래프로 만들어 보세요. 남자 40%, 여자 60%로 그 범위가 한눈에 들어올 것입니다. 각종 시험에 그래프를 보고 풀이하는 문제가 많기 때문에 account for가 자주 등장합니다.

1. International marriages **account for** 15% in Korea.
   한국에서 국제결혼은 15%를 차지해요.

2. Girls **account for** 60% in our school.
   우리 학교에서 여자들은 60%를 차지해요.

범위의 for

1번 문장에서 for children은 '어린이를 범위로'입니다. 유아, 어린이, 청소년, 성인, 노인에서 어린이를 범위로 한다는 것이죠. for children을 '어린이를 위하여'로 옮겨도 비슷한 뜻입니다. 2번 문장의 for adults는 '어른을 범위로'입니다. 유아, 어린이, 청소년, 성인 중에서 성인을 범위로 한다는 것이죠. 물론 '성인을 위하여'라고 해도 뜻은 통합니다. 3번 문장에서 for 220V는 '220V를 범위로'입니다. '220V를 위하여'라고 옮기면 어색하죠. 4번 문장에서 for a child는 '**어린이치고는**'인데 '**어린이를 범위로 하여**'를 줄여서 표현한 것입니다. 유아, 어린이, 청소년, 성인, 노인 중에서 어린이를 범위로 한정하여 비교한 것이죠. 5번 문장에서 for May는 '5월을 범위로 하여'로 줄여서 표현하면 '5월치고는'입니다. 1년 12개월 중에서 5월을 범위로 한정하여 보는 것이지요.

1. This book is **for** children.
   이 책은 어린이용이야.

2. This movie is **for** adults.
   이 영화는 성인용이야.

3. This washing machine is only **for** 220V.
   이 세탁기는 220V 전용이야.

4. He is very tall **for** a child.
   그는 어린이치고는 매우 커.

5. It's very hat **for** May.
   5월치고는 매우 더워.

provide A to B   A를 B에게 공급하다
provide A for B

provide[prəváid]는 'vt.(필요품을)주다, 공급하다'입니다.

provide는 pro(앞=before)+vide(보다=see)로 앞을 내다보고 필요한 것을 공급하는 것입니다. 어근 vide는 video(비디오)를 떠올리면 보는 것임을 알 수 있지요. 우리는 전치사 to에서 A to B 구조를 배웠습니다. 기억하고 있나요? A to B는 A가 B로 이동하는(=가는) 것이죠. provide는 주는 것이기 때문에 give의 동의어입니다. 그래서 provide가 give A to B 어순으로 사용하여 provide A to B로 사용하는 것은 당연하겠지요. 그런데 왜 provide A for B처럼 for도 사용할까요? 결론은 for 또한 to와 같은 이동의 뜻을 갖고 있기 때문입니다. 우리는 A to B 구조와 A for B 구조의 차이를 완벽하게 알아야 합니다.

A to B는 말하는 순간에 이미 갖고 있고, 준비되어 있는 A를 B에게 주는 것이고, A for B는 말하는 순간에 A를 갖고 있지 않아, A를 준비한 다음에 B에게 주는 것입니다. for는 before의 for라고 앞에서 설명했습니다. before는 'be(있다)+fore(이전)'로 for는 무엇을 주기 이전에 준비해야 할 일이 있다는 것입니다. for의 어원 속에는 이전(before)이란 뜻이 들어 있어서 무엇을 주기 이전에 준비해서 줘야 한다는 뜻이 담겨져 있습니다. A to B는 바로 주는 것이고, A for B는 주기 이전에 준비한 다음에 주는 것입니다.

1. This book **provides** lots of information **to** you.
   이 책은 여러분에게 많은 정보를 제공합니다.

2. We **provided** food **for** the homeless.
   우린 노숙자들에게 음식을 제공했어.

A to B와 A for B의 원어민 감각

- to는 말하는 시점에 이미 갖고 있는, 준비되어 있는 것을 주는 것.
  바로 주는 하나의 동작으로 사무적인 느낌을 준다.

- for는 말하는 시점에 갖고 있지 않아 준비한 다음에 주는 것.
  '준비한다+그다음에 준다'로 두 개의 동작. for는 '~위하여'란 뜻을 갖고 있어 누구를 위하여 준비해서 주는 인간적인 느낌을 준다.

04 give 동사들

give	bring	hand	pass	send	show
lend	tell	teach	offer	make	buy
get	find	choose	build	order	book
cook	cut	leave	sing	read	

위의 동사들을 **4형식 동사** 또는 **수여 동사**라고 합니다. '주어＋동사＋사람＋물건' 순서로 단어를 배열하고 해석은 '사람**에게** 물건을 **주다**'입니다.

1. He **gave** me a book.   그는 나에게 책을 주었어.
2. He **sent** me a book.   그는 나에게 책을 보냈어.
3. He **made** me cookies.   그는 나에게 과자를 만들어 주었어.
4. He **bought** me a book.   그는 나에게 책을 사 주었어.

이제 아래 문장들을 보세요. 사람(A)과 사물(B)의 순서를 바꾸면 5~6번처럼 '**물건 to 사람**' 어순으로 to를 사용하는 동사도 있고, 7~8번처럼 '**물건 for 사람**' 어순으로 for를 사용하는 동사도 있습니다. 그리고 to와 for 모두 사용하는 동사도 있습니다.

5. He **gave** a book **to** me.   그는 나에게 책을 주었어.
6. He **sent** a book **to** me.   그는 나에게 책을 보냈어.
7. He **made** cookies **for** me.   그는 나에게 과자를 만들어 주었어.
8. He **bought** a book **for** me.   그는 나에게 책을 사 주었어.

위의 단어들은 회화에서 빈번하게 사용하는 기초 단어입니다. to를 사용하는 동사, for를 사용하는 동사를 구분하여 무작정 암기하는 것은 암기 지옥에 빠지는 것입니다. 영어회화를 하면서 to를 사용할 것인지, for를 사용할 것인지 머뭇거린다면 어떻게 대화할까요?

to와 for는 모두 물건의 이동입니다. to를 사용할 것인지 for를 사용할 것인지는 원어민이 갖고 있는 **본능적인 언어 감각**에 있습니다. 앞 페이지 provide에서 왜 자세하게 설명했는지 이제 이해가 되나요? **to**는 말하는 시점에 이미 갖고 있고, 준비되어 있는 것을 주는 것이고, **for**는 말하는 시점에 갖고 있지 않아 준비한 다음에 주는 것입니다.

1. A to B로 to를 사용하는 동사

| give | hand | pass | send | show |
| lend | tell | teach | | |

- give는 'vt.~을 주다'입니다.
  친구가 책이 필요하다고 하면 책을 주고(give), 건네주고(hand, pass), 보내주고(send), 보여주고(show), 빌려주고(lend), 선물로 주세요(present). I (gave) a book to him에서 give 대신에 hand, pass, send, show, lend, present를 넣어보세요. 나에게 없는 책을 준비해서 주는 것이 아니라 이미 갖고 있는, 준비되어 있는 책을 친구에게 주는 것이기 때문에 to입니다. to는 갖고 있는 것을 바로 전달하는 하나의 동작입니다.

- tell은 'vt.~을 말해주다'입니다.
  정보를 말해주는 데 없는 정보를 준비해서 준다면 그것은 거짓말하는 것이지요. 이미 머릿속에, 마음속에 갖고 있는 것을 말하는 것이기 때문에 to입니다. I told the fact to him.

- teach는 'vt.~을 가르쳐주다'입니다.
  이미 갖고 있는 지식을 전달하는 것이지요. 영어를 가르치는 사람은 이미 영어지식을 갖고 있습니다. 자신에게 없는 영어지식을 준비해서 학생에게 가르쳐 준다면 선생이 아니죠. I taught English to my son.

A to B는 말하는 시점에 이미 갖고 있고, 준비되어 있는 A를 B에게 주는 것입니다. A to B는 준비 과정 없이 바로 주는 하나의 동작입니다. 이해하셨나요?

2. A for B로 for를 사용하는 동사

| make | buy | get | find | choose |
| build | order | book | cook | cut |

- **make**는 'vt.~을 만들어 주다'입니다.
  아이가 과자를 만들어달라고 하면 나는 과자를 갖고 있지 않기 때문에 과자를 만든 다음에 줘야 합니다. make는 '만든다+그다음에 준다'로 두 개의 동작입니다. I made <u>cookies</u> **for** <u>my child</u>.

- **buy(=get)**는 'vt.~을 사 주다'입니다.
  아이가 책을 사 달라고 하면 나는 아이가 원하는 책을 갖고 있지 않기 때문에 서점에 가서 책을 구입한 다음 책을 줘야 합니다. buy는 '구입한다+그다음에 준다'로 두 개의 동작입니다. I bought <u>a book</u> **for** <u>him</u>.

- **get**은 'vt.~을 가서 갖다 주다'입니다.
  친구가 왔는데 배가 고프다고 하면 나는 음식을 갖고 있지 않기 때문에 먼저 음식을 가지러 부엌에 간 다음 음식을 챙겨서 줘야 합니다. get은 '가지러 간다+그다음에 준다'로 두 개의 동작입니다. I got <u>some food</u> **for** <u>him</u>.

- **find**는 'vt.~을 찾아 주다'입니다.
  친구가 책을 잃어버렸다고 하면 나는 친구가 잃어버린 책을 갖고 있지 않기 때문에 책을 찾은 다음에 줘야 합니다. find는 '찾는다+그다음에 준다'로 두 개의 동작입니다. I found <u>the book</u> **for** <u>him</u>.

- **choose**는 'vt.~을 골라주다'입니다.
  친구가 서점에서 읽을 만한 책을 골라달라고 하면 어떤 책을 골라줄지 준비되어 있지 않기 때문에 읽을 만한 책을 고른 다음에 줘야 합니다. choose는 '고른다+그다음에 준다'로 두 개의 동작입니다. I chose <u>a book</u> **for** <u>him</u>.

- **build**는 'vt.~을 지어 주다'입니다.
  구청에 체육관을 지어 달라고 해 보세요. 구청에서 갖고 있지 않은 건물을 바로 줄 수 없기 때문에 건물을 지은 다음에 줘야 합니다. build는 '짓는다+그다음에 준다'로 두 개의 동작입니다. They built <u>a gym</u> **for** <u>us</u>.

- **cook**은 'vt.~을 요리해 주다'입니다.
  아이가 스파게티가 먹고 싶다고 하면 나는 스파게티를 갖고 있지 않기 때문에 스파게티를 요리한 다음에 줘야 합니다. cook은 '요리한다+그다음에 준다'로 두 개의 동작입니다. She cooked <u>spaghetti</u> **for** <u>me</u>.

- order는 'vt.~을 주문해 주다'입니다.
  아이가 영문법쇼크가 필요하다고 하면 나는 그 책을 갖고 있지 않기 때문에 인터넷서점에서 주문한 다음에 줘야 합니다. order는 '주문한다+그다음에 준다'로 두 개의 동작입니다. I ordered <u>the book</u> **for** <u>her</u>.

- book은 'vt.~을 예약해 주다'입니다.
  내가 몇 월 며칠에 중국 출장을 간다고 하면 아내는 비행기 표를 예약한 다음에 나에게 줍니다. 없는 표를 바로 줄 수 없지요. book은 '예약한다+그다음에 준다'로 두 개의 동작입니다. She booked <u>a plane ticket</u> **for** <u>me</u>.

- cut은 'vt.~을 잘라주다'입니다.
  케이크가 먹고 싶다고 하면 하나를 통째로 줄 수 없기 때문에 케이크를 칼로 자른 다음에 한 조각을 접시에 얹어주지요. cut은 '자른다+그다음에 준다'로 두 개의 동작입니다. She cut <u>a piece of birthday cake</u> **for** <u>me</u>.

간단하지 않나요? 말하는 순간에 가지고 있지 않고, 준비되어 있지 않아서 준비한 다음에 주는 것이 for입니다. for는 '준비한다+그다음에 준다'로 두 가지 동작입니다.

3. A to B, A for B 모두 사용하는 동사

bring   leave   sing   read   give

- bring은 'vt.~을 가져오다'입니다.
  bring은 보통 to를 사용합니다. 누군가 다리를 다쳐서 붕대를 갖고 오라고 합니다. 붕대가 있으면 바로 가져가면 되고, 붕대가 없으면 준비해서 가져가야 합니다. bring a bandage to me로 to를 사용하면 있는 붕대를 갖고 온 느낌이고, bring a bandage for me처럼 for를 사용하면 '준비한다+그다음에 가지고 온다'로 준비해서 가져오는 느낌입니다. for는 '위하여'란 뜻이 있기 때문에 누구를 위하여 준비한다는 인간적인 느낌을 갖게 되지요. bring에 for를 선택하고, to를 선택하는 것은 말하는 사람 마음이죠.

- leave는 'vt.~을 남겨주다'입니다.
  호텔 방을 나설 때 1달러를 주거나 놓아두는 것은 기본 예의지요. leave tips for the worker로 for를 사용하면 '준비한다+남겨준다'가 되어 직원을 위하여 조금 더 많은 팁을 남겨 두거나, 팁을 눈에 잘 보이는 곳에 놓아두는 등 무엇인가 준비해서 남겨둔 인간적인 느낌을 갖습니다. leave tips to the worker로 to를 사용하면 팁을 주는 것은 당연하기 때문에 직원에게 팁을 줬다는 사무적인 느낌을 갖지요. leave에 for를 선택하고, to를 선택하는 것은 말하는 사람 마음입니다.

- sing은 'vt.~(노래)를 불러주다'입니다.
  sing a song for her baby처럼 for를 사용하면 '준비 한다+노래 불러준다'가 되어 아이를 위해 노래를 준비해서 불러주는 느낌으로 듣는 사람은 노래하는 사람의 마음이 느껴질 것입니다. sing a song to her baby처럼 to를 사용하면 특별한 사전 준비 없이 그냥 불러주는 느낌입니다. 옆에 있는 친구에게 노래 한 곡 불러보라고 하세요. 즉석에서 불러주면 to의 느낌 아닐까요? sing에 for를 선택하고, to를 선택하는 것은 말하는 사람 마음이지요.

- read는 'vt.~을 읽어주다'입니다.
  read a book for her baby처럼 for를 사용하면 '준비한다+읽어준다'로 아이를 위해 아이가 즐겁도록 감정을 넣어서 읽어주는 것으로 동화구연과 같은 느낌입니다. read a book to her baby처럼 to를 사용하면 그냥 보통 책 읽듯이 읽어주는 느낌입니다. 국어 시간에 선생님이 본문을 읽으라고 할 때 일어나서 책을 읽어주지요. 그 느낌이 to입니다. read에 for를 선택하고, to를 선택하는 것은 말하는 사람 마음이지요.

- give는 'vt.~을 주다'입니다.
  give를 to라고 외웠는데 give some food for me로 for를 사용하는 원어민도 있습니다. 틀린 표현일까요? 음식은 준비되어 있는 음식을 바로 줄 수도 있고 준비한 다음에 줄 수도 있습니다. give에 for를 사용했다는 것은 '준비한다+그다음에 준다'로 누군가를 위해서 준비해서 줬다는 느낌을 갖습니다.

언어는 자꾸 변하지요. to만 사용하던 단어가 for를 사용하면 준비해서 주는지 아닌지를 살펴보세요. 그것이 원어민이 느끼는 언어 감각입니다. 이제 암기 고통에서 해방되었나요?

A to B와 A for B

to : 말하는 시점에 이미 갖고 있는, 준비되어 있는 것을 주는 것.
　　　바로 주는 하나의 동작으로 사무적인 느낌을 준다.

for : 말하는 시점에 갖고 있지 않아 준비한 다음에 주는 것.
　　　'준비한다+그다음에 준다'로 두 개의 동작. 누구를 위해 준비해서 주는 인간적인 느낌을 준다.

at

1. 겨냥
2. 순간에
3. 시간에
4. 장소에
5. 하나

1. at은 '겨냥'입니다. at은 겨냥에서 모든 뜻이 발생합니다.
　at은 하나의 표적을 콕 찍어서 가까이에서 '겨냥'하는 것입니다. at은 표적을 겨냥하여 활을 쏘고, 창과 도끼를 던지는 과거 영국인의 일상생활에서 나오는 개념이죠. at은 near(가까이)에서 파생된 단어입니다.

2. at은 '순간에'입니다.
　자신에게 겨냥된 화살과 창을 보는 순간에, 날아오는 소리를 듣는 순간에, 화살을 맞는 순간에 '앗(at)' 하면서 놀라게 되죠. at은 우연의 일치로 읽으면 '앗'하는 놀람의 느낌을 갖고 있지요.

3. at은 시간에 사용합니다.
　at seven에서 보듯이 시간은 at을 사용하죠. 시곗바늘은 화살과 같아서 ←↑↓↘ 처럼 시간을 알려주는 한 점을 '겨냥'하고 있지요. 그리고 시계와 같은 모양의 속도(계), 온도(계), 체중(계)도 at을 사용합니다.

4. at은 장소에 사용합니다.
　대학교나 공원 입구에서 장소를 알려주는 각종 화살표 ←↑↓↘를 자주 보게 되지요. 어디에서 만날지 손가락으로 장소를 겨냥해 보세요.

5. at은 '겨냥'으로 '하나(one)'입니다.
　활이나 창으로 표적을 겨냥해 보세요. 하나의 화살은 하나의 표적을 겨냥하기 때문에 at은 '겨냥'에서 '하나'라는 뜻이 발생합니다.

01 at 겨냥

at의 핵심은 '겨냥'입니다. 여러 개의 표적 중에서 하나를 콕 찍어 '겨냥'하는 것이죠. at의 모든 뜻은 '겨냥'에서 파생된다는 것 잊지 마세요.

look at A   A를 바라보다
glance at   힐끔 쳐다보다
gaze at   빤히 쳐다보다
stare at   빤히 쳐다보다

look은 'vi.보다, 눈을 돌리다', glance는 'vi.힐끔 보다', gaze, stare는 'vi.빤히 보다'입니다. 힐끔 보는 것은 곁눈질로 보는 것이고, 빤히 보는 것은 시선을 고정시킨 채 뚫어지게 쳐다보는 것으로 응시하는 것입니다.

look, glance[glæns], gaze[geiz], stare[stɛəːr]는 모두 자동사로 뒤에 명사를 연결할 때 '~을'에 해당하는 전치사를 붙여야 하고, **보는 것은 시선을 어떤 목표물에 겨냥하는 것이기 때문에 겨냥의 at**을 붙입니다. 우리가 무엇을 보는 것은 하나의 표적을 겨냥하여 눈을 돌리는 것이지요.

1. She **looked at** my photo and laughed.
   그녀는 나의 사진을 보고 웃었어.

2. He **glanced at** his watch.
   그는 시계를 힐끔 쳐다보았어.

3. She happily **gazed at** him while he was speaking.
   그가 말하고 있는 동안에 그녀는 행복하게 그를 쳐다보았어.

4. Why are you **staring at**?
   너 왜 날 빤히 쳐다보고 있니?

laugh at A   A를 비웃다
smile at A   A에 미소 짓다

laugh는 자동사로 'vi.큰소리로 웃다', smile은 'vi.미소 짓다'입니다.
laugh at은 laugh(큰소리로 웃다)+at(겨냥)입니다. '~를 겨냥하여 큰 소리로 웃다'를 줄여서 표현하면 '~을 비웃다'입니다. 누군가 나를 겨냥해서 쳐다보며 큰 소리로 웃으면 그것은 나를 비웃는 것이지요.

1. Why are you **laughing at** me?
   너 왜 나를 비웃는 거야?

2. She is **smiling at** me.
   그녀가 나를 향해 미소 짓고 있어.

shout at A A에게 소리 지르다
yell at
cry at
bark at A A에게 짖다

shout, yell[jel], cry는 모두 자동사로 'vi.소리를 지르다'입니다.
shout at은 shout(소리 지르다)+at(겨냥)으로 '~에 겨냥하여 소리 지르다'입니다. **소리를 지르는 것은 누군가를 겨냥해서 지르는 것이기 때문에 겨냥의 at입니다.** bark는 개가 표적을 겨냥하여 소리를 지르는 것으로 'vi.짖다'입니다. 개는 낯선 사람이 다가오면 그 사람을 겨냥해서 왈왈 짖게 되지요.

1. Don't **shout at** me.
   나에게 소리 지르지 마.
2. Did he **yell at** you again?
   그가 다시 너에게 소리 질렀니?
3. Your dog always **barks at** me.
   너의 개는 항상 나를 겨냥해 짖어대.

be angry at A A에 화나 있다, 화를 내다

be angry at은 be angry(화가 나다)+at(겨냥)입니다.
누군가에게 화를 내는 것은 사람을 겨냥해서 쳐다보고(look at) 고함지르는(cry at) 행동이기 때문에 겨냥의 at을 붙입니다. 친구에게 화를 낼 때의 모습을 보세요. 친구를 겨냥해서 노려보고, 소리를 지르지요.

1. He's really **angry at** you.
   그는 정말로 너에게 화나 있어.
2. How can you **be angry at** such an innocent joke?
   넌 그렇게 악의 없는 농담에 어떻게 화를 낼 수 있니?

aim A at ~에 A를 겨냥하다

aim at은 aim(~을 겨냥하다)+at(겨냥)입니다.
aim이 '겨냥하다'라는 뜻이기 때문에 겨냥의 at을 붙이는 것은 당연하죠. 수동형인 be aimed at은 '~에 겨냥되어 있다'입니다. '~에 겨냥되어 있다'를 다른 말로 바꾸면 '~을 목표로 하고 있다'입니다.

1. Don't **aim** the gun **at** me.
   총을 나에게 겨냥하지 마.
2. Should advertising **aimed at** children be banned?
   아이들을 목표로 한(아이들에게 겨냥되어 있는) 광고는 금지되어야 하는가?

shout at A
A에게 소리 지르다

shout to A
A에게 소리 질러 알려주다

- shout at은 shout(소리 지르다)+at(겨냥)으로 '겨냥하여 소리 지르다'입니다.
  shout at은 분노의 표출이지요. 화가 나면 사람을 겨냥해서 소리를 지르죠. 야! 너 미쳤어.

- shout to는 shout(소리 지르다)+to(이동, 전달)로 '소리 질러 알려주다'입니다.
  shout to는 멀리 있는 사람에게 소리를 질러서 말을 전달하는 것이죠. shout at과 shout to는 분명하게 구분해야 합니다. 1번 문장은 고함지르며 싸우는 상황이고, 2번 문장은 멀리서 우산 가져가라고 소리 질러 알려주는 것입니다.

1. That's not my fault. Don't **shout at** me.
   그건 나의 잘못이 아니야. 나에게 소리치지 마.

2. She **shouted to** me. "Take an umbrella with you"
   그녀는 큰소리로 나에게 알렸어. "우산 가지고 가거라"

throw A at B
B에 겨냥하여 A를 던지다

throw A to B
B에게 전달하려고 A를 던지다

- throw at은 throw(~을 던지다)+at(겨냥)으로 맞힐 목적으로, 해를 입힐 목적으로 '겨냥하여 던지다'입니다. 일종의 테러로 시위현장에서 흔히 보는 모습이죠.

- throw to는 throw(~을 던지다)+to(이동, 전달)로 멀리 있는 사람에게 '전달하기 위해서 던지다'입니다. at(겨냥)과 to(전달)의 개념을 이해하면 간단합니다. 2번 문장은 공을 던져서 나에게 공을 전달하라는 것이지 공을 던져 나를 맞히라는 것이 아니지요.

1. Many people **threw** eggs **at** the police.
   많은 사람이 경찰에 겨냥해서 계란을 던졌어.

2. Please **throw** the ball **to** me.
   그 공 나에게 던져 줄래요.

at random
닥치는 대로, 무작위로

random[rǽndəm]은 'a.닥치는 대로'입니다.
at random은 at(겨냥)+random(닥치는 대로)입니다. '닥치는 대로 겨냥하여'를 줄여서 표현하면 '**무작위(無作爲)로**'입니다. 음악 사이트에 들어가면 랜덤듣기가 있지요. 닥치는 대로, 무작위로 겨냥하여 곡을 들려주는 방식이죠. 로또의 당첨번호를 뽑는 것도 닥치는 대로, 무작위로 겨냥하여 선택하는 것입니다.

1. The winning numbers are chosen **at random**.
   당첨 번호는 무작위로 선택돼.

2. Names were chosen **at random** from a list.
   이름들은 명단에서 무작위로 선택되었어.

at least   최소(=적어도)

at least는 **at(겨냥)** + least(가장 적은)입니다. '가장 적은 숫자를 겨냥하여'를 줄여서 표현하면 '**최소, 적어도**'입니다. 철수에게 돈을 좀 빌리려고 합니다. 철수가 돈을 얼마나 갖고 있을지 먼저 추측해 봐야겠지요. 5,000, 6,000, 7,000, 8,000, 9,000, 10,000원 중에서 가장 적은 5,000을 겨냥했다면 철수는 '최소, 적어도' 5,000원을 갖고 있는 것입니다.

at least의 동의어 not less than은 not(아니다)+less(더 적은)+than(보다)입니다. '**~보다 더 적지 않은**'을 줄여서 표현하면 '**최소, 적어도**'가 됩니다. '5,000원보다 더 적지 않은'은 '최소 5,000원, 적어도 5,000원'과 같은 뜻이죠. a<u>t</u> <u>l</u>east와 no<u>t</u> <u>l</u>ess than에서 밑줄 친 철자를 보세요. <u>t</u>와 <u>l</u>로 공통점이 있어 기억하기 쉬울 것입니다.

1. You have to sell **at least** five cars a month.
   너는 한 달에 최소 5대의 차를 팔아야 해.
2. Can you **at least** tell me your phone number?
   최소한 전화번호라도 저에게 알려주실 수 있나요?

at most   최대(=많아야)

at most는 **at(겨냥)** + most(가장 많은)입니다. '가장 많은 숫자를 겨냥하여'를 줄여서 표현하면 '**최대, 많아야**'입니다. 위에서 나열한 금액 중에서 가장 많은 금액 10,000원을 겨냥해 보세요. 철수는 '최대, 많아야' 10,000원을 갖고 있는 것입니다.

at most의 동의어 not more than은 not(아니다)+more(더 많은)+than(보다)입니다. '**~보다 더 많지 않은**'을 줄여서 표현하면 '**최대, 많아야**'가 됩니다. '10,000원보다 많지 않은'은 '최대 10,000원, 많아야 10,000원'이죠. a<u>t</u> <u>m</u>ost와 no<u>t</u> <u>m</u>ore than의 밑줄 친 철자를 보면 <u>t</u>와 <u>m</u>으로 공통점이 있어 쉽게 기억할 수 있습니다.

1. **At most** he might have 10,000 won in his pocket.
   그 남자는 주머니에 많아야 10,000원 정도 가지고 있을 거야.
2. There were **at most** 5 people at the meeting.
   회의장에 많아야(최대) 5명이 있었어.

02 at 순간에

be shocked at A   A에 충격받다

be shocked at은 be shocked(충격받다)+at(순간에)으로 '~에 충격받다'입니다. 충격적인 장면을 보는 순간에, 충격적인 소식을 듣는 순간에 우리는 충격을 받습니다. 충격받을 때 at(앗) 하는 느낌을 갖지요. at을 '앗'으로 기억하면 충격의 어감을 느낄 수 있습니다.

1. I **was shocked at** her sudden death.
   나는 그녀의 갑작스러운 죽음에 충격받았어.

2. We **were shocked at** the size of his debts.
   우리는 그의 부채 규모에 충격받았어.

be disappointed at A   A에 실망하다

be disappointed at은 be disappointed(실망하다)+at(순간에)으로 '~에 실망하다'입니다. 성적표를 열어 보는 순간에, 시험에 불합격했다는 소식을 듣는 순간에 '앗'하는 느낌과 함께 실망하게 되지요. disappoint[disəpóint]는 dis(반대=against)+appoint(임명)로 임명될 것으로 알았는데 임명을 반대하면 실망하게 됩니다.

1. I **was disappointed at** his shameless behavior.
   나는 그의 부끄러움을 모르는(파렴치한) 행동에 실망했어.

2. He **was disappointed at** the result of the exam.
   그는 시험 결과에 실망했어.

at a loss   어쩔 줄 모르는, 당황스러운
at one's wit's end

- at a loss는 at(순간에)+a loss(분실)입니다.
  '**정신이 분실되는(=나가려는) 순간에**'를 줄여서 표현하면 '**어쩔 줄 모르는**'입니다. 정신이 나가려는 순간에는 무슨 말을 해야 할지, 어떤 행동을 해야 할지 어쩔 줄 모르게 되지요.
- at one's wit's end는 at(순간에)+one's wit's end(지혜의 끝)입니다.
  어떤 상황에서 사람이 발휘할 수 있는 '**지혜의 끝 순간에**' 있으면 사람은 '**어쩔 줄 모르는**' 상태가 됩니다. 어쩔 줄 모르는, 당황스러운 순간에 사람은 앗(at) 하는 느낌을 갖게 되지요.

1. I was **at a loss** what to say.
   난 무슨 말을 해야 할지 어쩔 줄 몰랐어.

2. I'm **at my wit's end** with this problem.
   나는 이 문제에 어찌할 바를 모르겠어.

be surprised at A   A에 깜짝 놀라다
be astonished at   **be amazed at**   **be alarmed at**
be frightened at   **be startled at**   **be terrified at**

surprise, astonish, amaze, alarm, frighten, terrify, startle은 모두 'vt.~을 깜짝 놀라게 만들다'입니다. be surprised at은 be surprised(깜짝 놀라다)+at(순간에)으로 '~에 깜짝 놀라다'입니다. at 대신에 by를 사용해도 됩니다. be surprised by는 '~에 의해 놀라다'입니다. 이제 단어를 쉽게 해부해볼까요?

- surprise[sərpráiz]는 sur(위에=over)+prise(상금, 덮치다)입니다. 가만히 있는 사람을 **위에서 덮치는 순간**에 깜짝 놀라게 되지요.
- astonish[əstániʃ]는 as(이동=ad)+ton(벼락)+ish입니다. 어디로 이동하고 있는데 갑자기 때리는 **벼락을 보고 듣는 순간**에 깜짝 놀라게 되지요.
- amaze[əméiz]는 a(이동=ad)+maze(미로)입니다. 어디로 이동했는데 그곳이 빠져나올 수 없는 **미로라는 것을 아는 순간**에 깜짝 놀라게 됩니다.
- alarm[əláːrm]은 al(모두=all)+arm(무기)입니다. 성을 수비하는 수비병이 **적군 모두가 무기로 무장한 채 오고 있는 것을 보는 순간**에 깜짝 놀라게 됩니다.
- terrify[térəfài]는 terror(테러)가 들어있는 단어로 **테러를 당하거나, 테러장면을 보는 순간**에 깜짝 놀라게 되지요.
- frighten[fráitn]은 fright(도깨비, 괴물)입니다. 이상하게 생긴 **도깨비나 괴물을 보는 순간**에 깜짝 놀라게 됩니다.
- startle[stáːrtl]은 적의 기습으로 몸을 숨기기 위해 **어느 쪽으로 스타트(start)해야 할지 몰라** 깜짝 놀라게 됩니다. 원어민의 놀람은 스스로 놀라는 것이 아니라, 무엇이 사람을 깜짝 놀라게 만들어서 놀라게 되는 것이기 때문에 수동으로 표현합니다. 무엇이 사람을 깜짝 놀라게 만들었는지 단어를 해부해보니 재미있고 암기가 쉽지 않나요?

1. Everyone **was surprised at** his word.
   모든 사람은 그의 말에 깜짝 놀랐어.
2. I **was amazed at** my son's grade.
   난 아들의 성적에 깜짝 놀랐어.
3. She **was astonished at** his rudeness.
   그녀는 그의 무례함에 깜짝 놀랐어.
4. I **was alarmed at** the sudden noise.
   나는 갑작스러운 소리에 깜짝 놀랐어.
5. I **was frightened at** his fluent Chinese.
   나는 그의 유창한 중국어에 깜짝 놀랐어.
6. I **was startled at** the price on the tag.
   나는 가격표의 가격에 깜짝 놀랐어.

03 at 시간에

at은 '**시간**'을 표시할 때 사용합니다. 활과 창이 표적을 겨냥하듯 **시곗바늘**은 ←↑↓↘ 처럼 시간을 알려주는 한 점을 '**겨냥**'하고 있지요. 시곗바늘이 12시를 겨냥하고 있으면 '정오에', '점심시간에'입니다. 시곗바늘이 오전 5시와 7시 사이의 한 점을 겨냥하고 있으면 '새벽에'가 되죠. 시곗바늘이 오후 5시와 6시 사이의 한 점을 겨냥하고 있으면 '해 질 무렵에'입니다. 시곗바늘은 과거 영국인(앵글로색슨족)의 생활필수품인 화살, 창과 같지요.

- at dawn 새벽에
- at 7:30 7시 30분에
- at noon 정오에
- at lunchtime 점심시간에
- at sunset 해 질 무렵에
- at night 밤에

at this time 지금
at the moment

at this time은 **at**(시간) + this time(이 시간)입니다.
'**말을 하고 있는 이 시간에**'를 줄여서 표현하면 '**지금**'입니다. 말을 하고 있는 이 시간은 바로 지금이죠. time과 moment는 'n.시간'입니다.

moment[móumənt]는 'n.순간, 시간, 중요'입니다. 매 **순간**이, 매 **시간**이 **중요**하기 때문에 한순간도 그냥 흘려보내지 말라는 교훈을 담고 있지요.

1. We are short of cash **at this time**.
   우리는 지금 현금이 부족해.

2. I don't need your help **at the moment**.
   지금은 너의 도움이 필요 없어.

at the same time 동시에

at the same time은 **at**(시간) + the same time(같은 시간)입니다.
'**같은 시간에**'를 줄여서 표현하면 '**동시에**'입니다. 동시(同時)는 '같을 동, 때 시'입니다. same은 항상 the same으로 사용합니다.

1. They arrived **at the same time**.
   그들은 동시에 도착했어.

2. I couldn't understand their words because they spoke **at the same time**.
   그들이 동시에 말했기 때문에 나는 그들의 말을 이해할 수 없었어.

at any time　① 언제든지　② 지금 당장에라도
at any moment

　at any time은 at(시간)+any(어떠한)+time(시간)입니다.
'**어떠한 시간에도**'를 줄여서 표현하면 '**언제든지**', '**지금 당장에라도**'입니다. '어떠한 시간에' 와도 좋다는 것은 '지금 당장에' 와도 좋고, 앞으로 '언제든지' 와도 좋다는 두 가지 뜻을 갖고 있지요. time과 moment는 'n.시간'입니다.

1. You may go there **at any moment**.
   넌 언제든지 그곳에 가도 좋아.

2. You can ask me for help **at any time**.
   넌 언제든지 나에게 도움을 요청해도 좋아.

3. It's going to rain **at any moment**.
   지금 당장에라도 비가 올 것 같아.

at all times　항상(always), 언제나

　at all times는 at(시간)+all times(모든 시간)입니다.
'**모든 시간에**'를 줄여서 표현하면 '**항상(always)**'입니다. 어떤 사람이 '**모든 시간에**' 집에 있는 것은 '**항상**' 집에 있는 것이지요. 오전, 오후, 밤, 모든 시간에 집에 있으면 항상 집에 있는 것입니다.

1. We are ready to help you **at all times**.
   우리는 항상 여러분을 도울 준비가 되어 있습니다.

2. Keep your phone with you **at all times**.
   항상 전화기를 가지고 다니세요.

at the beginning of A　시작에
at the end of A　마지막에

- at the beginning of는 at(시간)+the beginning(시작)+of(~의)로 '~의 시작에'입니다.
- at the end of는 at(시간)+the end(마지막)+of(~의)로 '~의 마지막에'입니다. '시작에'와 '초(初)'에, '마지막에'와 '말(末)'에는 동의어죠. '시작에, 마지막에'는 시곗바늘이 ←↑↓↘ 처럼 겨냥하는 하나의 점이기 때문에 at입니다.

1. I'm going away **at the beginning of** January.
   나는 1월 초에 떠날 예정이야.

2. **At the end of** the movie, I fell asleep.
   영화 마지막에, 나는 잠들었어.

`at the age of A`   A의 나이에
`at a speed of A`   A의 속도로
`at a temperature of A`   A의 온도에서

at the age of 20은 **at**(시간)+the age(나이)+of 20(20살의)입니다.
'20살의 나이에'를 줄여서 표현하면 '20살에'죠. at (the age of) 20에서 괄호를 생략하고 간단하게 at 20으로 사용해도 됩니다. **나이는 시간의 흐름(=시곗바늘의 흐름)이기 때문에 at**이지요. 자동차 계기판의 속도계를 보세요. 자동차 계기판은 시곗바늘이 시간을 겨냥하는 것과 같기 때문에 겨냥의 at입니다. 온도계 역시 시계처럼 바늘이 하나의 숫자를 겨냥하고 있기 때문에 겨냥의 at입니다. **시계, 속도계, 체중계, 온도계, 각도계 등은 모두 ←↑↓↖ 처럼 시곗바늘이 한 점을 겨냥하고 있기 때문에 겨냥의 at** 입니다.

1. He graduated from school **at the age of** 20. (=at 20)
   나는 20세에 학교를 졸업했어.

2. The train was traveling **at a speed of** 300km an hour. (=at 300km an hour)
   그 기차는 시간당 300km 속도로 달리고 있었어.

3. Water boils **at a temperature of** 100 degrees Celsius. (=at 100 degrees Celsius)
   물은 섭씨 100도에서 끓어.

`at all costs`   반드시(certainly, surely), 어떤 희생을 치르더라도
`at any cost`
`at any price`
`at any expense`

- at all costs는 **at**(가격)+all costs(모든 가격, 희생)입니다.
  '모든 가격에, 모든 희생에'를 줄여서 표현하면 '**반드시**'입니다. 테러범이 대통령을 납치하면 어떻게 할까요? 테러범이 요구하는 '모든 가격에' 합의해서 '**반드시**' 구출할 것입니다.

- at any cost는 **at**(가격)+any cost(어떠한 비용, 희생)입니다.
  '**어떠한 가격에도, 어떠한 희생에도**'를 줄여서 표현하면 '**반드시**'입니다. 테러범이 달라고 하는 **어떠한 가격에도**, 특공대를 파견하여 **어떠한 희생에도 반드시** 구출할 것입니다.

cost, price, expense는 'n.가격, 비용, 희생'입니다. 위에서 시곗바늘이 달린 모든 것은 겨냥의 at을 사용한다고 설명했지요. 가격은 체중계(=저울)로 달아서 결정하는 것이기 때문에 겨냥의 at을 붙이는 것입니다.

1. I'll buy that **at all costs**.
   난 반드시 그것을 살 거야.

2. We have to save him **at any price**.
   우리는 반드시 그를 구해야 해.

at a low price 낮은(싼) 가격에
at a high price 높은(비싼) 가격에

at a low price는 at(가격)+a low price(낮은 가격)로 '낮은 가격에, 싼 가격에'입니다.
가격은 저울(=체중계)에 달아서 결정하죠. **시계, 체중계, 속도계, 온도계, 각도계는 ←↑↓↘와 같은 시곗바늘이 있기 때문에 모두 겨냥의 at**을 붙입니다. 우린 수박을 1개 단위로 팔지만, 유럽에선 100g당 얼마로 저울에 달아서 판매하죠. 중국도 마찬가집니다. 사실 그게 더 합리적이지 않은가요?

1. I bought an old book **at a low price**.
   나는 낮은 가격에 오래된 책을 샀어.
2. We don't have to buy the house **at a high cost**.
   우린 높은 가격에 그 집을 살 필요 없어.

at the price of A A를 희생하여
at the cost of

at the price of는 at(가격)+the price(가격, 비용, 희생)+of(~의)입니다.
'~의 가격에'는 '~을 희생하여'입니다. 비싼 가격, 불필요한 비용을 지불하는 것은 자기 재산을 희생시키는 것입니다. 소말리아 해적들은 지나가는 선박을 나포해서 돈을 요구하죠. 100억의 **비용**을 들여 선원들과 배를 돌려받았다면 회사로선 100억을 **희생**시킨 것입니다. 가격과 비용에서 희생이란 뜻이 파생되어 나오지요.

1. He saved her from the fire **at the price of** his own life.
   그는 자신의 목숨을 희생하여 그녀를 화재로부터 구했어.
2. We need not work hard **at the cost of** our health.
   우리는 건강을 희생하며 열심히 일 할 필요 없어.

04 at 장소 (~에, ~에서)

at은 겨냥으로 '장소'에 사용합니다. 대학교 정문에 가면 동서남북으로 겨냥한 ←↑↓↘ 등의 화살표를 많이 보게 되죠. at은 장소를 겨냥하는 것입니다. 우리말의 장소(=위치) 표현은 '~에' 하나뿐이지만 영어는 at, in, on이 있습니다. on은 '붙어 있는 장소'에 사용하죠. on에서 이미 배웠고 여기선 at과 in을 확실하게 구분하겠습니다. 아직도 많은 교재에서 in은 비교적 넓은 장소, at은 비교적 좁은 장소에 쓴다는 황당한 설명을 하고 있지요.

in은 '~안에'로 시작과 끝의 경계가 명확한 장소에 사용합니다. in the building, in the room, in the office, in Korea처럼 앞뒤 좌우로 경계가 명확한 장소는 in입니다. 빌딩, 방, 사무실 등은 앞뒤 좌우로 벽이 있어서 범위를 알 수 있어 in입니다. 국가, 시, 군, 구, 동의 행정구역 역시 지도를 보면 그 범위를 알 수 있기 때문에 in이지요. 그 이외의 장소는 at입니다.

원어민은 in과 at을 자연스럽게 느끼는 본능으로 선택합니다. 어떤 장소를 듣는 순간 앞뒤 좌우로 분명한 경계선을 알 수 있는 장소는 in, 그렇지 않으면 at입니다. at의 출발은 near(가까이)라고 앞에서 설명했죠. at은 '가까이, 근처에, 옆에'로 단어 자체가 정확한 범위를 알 수 없다고 알려주고 있습니다. at의 어원을 아니까 사방이 벽으로 둘러싸인 장소를 나타내는 in과 그렇지 않은 at이 바로 구별되지 않나요?

1. I met her / at her office.
   난 사무실에서 그녀를 만났어.

- at the bus stop 버스 정류장에서
- at the bank 은행에서
- at the postoffice 우체국에서
- at the station 역에서
- at the airport 공항에서
- at(in) a cafe 카페에서
- at Tom's house 탐의 집에서
- at the hairdresser's 미용실에서
- at friend's wedding 친구 결혼식장에서
- at the traffic light 신호등에서
- at the intersection 교차로에서
- at the church 교회에서
- at the corner 코너에서
- at the party 파티에서
- at the concert 콘서트에서
- at the meeting 회의에서
- at work 직장에서

be present at A — A에 참석(참가)하다

present[prézənt]는 'a.참석한, 현재의 vt.~에게 선물하다, 제출하다 n.현재, 선물'입니다.
　be present at은 be present(참석하다)+**at(장소)**으로 '~에 참석하다'입니다. 파티, 미팅, 개회식, 마라톤처럼 참석(참가)은 경계를 알 수 없는 장소이기 때문에 at입니다.
　present는 pre(앞=before)+sent(보내다=send)입니다. 선생님 앞에 나의 몸을 보내면 수업에 참석한 것이고, 친구 앞에 보내는 것은 선물이지요. present는 '**현재, 참석한** 사람에게 **선물**을 **준다**'로 기억하세요. '참석한'의 반대는 '결석한'으로 absent[ǽbsənt]입니다. absent는 ab(분리=off)+sent(보내다=send)로 자기 몸을 교실에서 분리시켜 다른 곳에 보내면 결석한 것입니다.

1. Many people **were present at** the party.
   많은 사람이 파티에 참석했어.

2. I **was present at** the opening ceremony.
   나는 개회식에 참석했어.

3. He **was absent from** school with the excuse that he was ill.
   그는 아프다는 핑계로 학교에 결석했어.

feel at home — 마음이 편안하다

feel at home은 feel(~을 느끼다)+at home(집에 있는)입니다.
'**자기 집에 있는 것처럼 느끼다**'를 줄여서 표현하면 '**마음이 편안하다**'입니다.

1. I **feel at home** at your house.
   난 너의 집에서 마음이 편안해.

2. I **feel at home** when I'm with you.
   난 너와 함께 있을 때 마음이 편안해.

be at home in A — A에 정통(능숙)하다, 달인이다

be at home in은 be(있다)+at home(집에)+in(분야에)입니다.
'**어떤 분야에 자기 집에 있다**'를 줄여서 표현하면 '**~에 정통(능숙)하다**'입니다. 자기 집에서 쓰던 물건은 어디에 무엇이 있는지 다 알고, 쓰던 물건은 능숙하게 다룰 수 있지요. 어떤 분야를 자기 집에 있는 물건처럼 능숙하게 다루면 그 분야에 정통한 것입니다. '정통하다'의 동의어는 '달인이다'입니다.

1. She **is at home in** Chinese literature.
   그녀는 중국 문학에 정통해.

2. He **is at home in** computers.
   그는 컴퓨터에 달인이야.

at war	전쟁 중(전쟁터에)
at play	놀이 중(놀이터에)
at prayer	기도 중(기도 장소에)
at church	예배 중(예배 장소에)
at table	식사 중(식탁에)
at breakfast	아침 식사 중(아침 장소에)
at school	수업 중(수업 장소에)
at anchor	정박 중(닻은 내린 곳에)
at sea	항해 중(바다에)

at war를 사전에 찾으면 '전쟁 중'으로 나와 있는데 at에는 '동작 중'이란 뜻이 없습니다. at은 장소로 at war는 '전쟁터에'입니다. They are at war는 '그들은 전쟁터에 있어'로 줄여서 표현하면 '그들은 전쟁 중이야'가 되지요.

at play는 '놀이터에'입니다. They are at play는 '그들은 놀이터에 있어'로 줄여서 표현하면 '그들은 놀이 중이다'가 됩니다. 항상 강조하는데 **영어는 눈에 보이는 모습 그대로 설명하는 언어**입니다.

at prayer, at church는 '기도하는 곳에'입니다. They are at prayer는 '그들은 기도하는 곳에 있어'를 줄여서 표현하면 '그들은 기도 중이야'가 되겠죠.

이제 나머지는 설명이 필요 없겠지요. at table은 '식탁에'로 사람이 식탁에 있으면 '식사 중'이 됩니다. at school은 '수업하는 곳에'로 '수업 중'이 됩니다. at anchor는 '닻을 내린 곳에'로 '정박 중'입니다. The ship is at anchor는 '그 배는 닻을 내린 곳에 있어'인데 줄여서 표현하면 '그 배는 정박 중이야'가 되지요. 배가 닻을 내린 곳에 있다면 그 배는 정박 중이죠. at sea는 '바다에'로 배가 바다에 있다면 '항해 중'입니다.

1. They are **at war**.
   그들은 전쟁터에 있어. (=그들은 전쟁 중이야.)

2. They are **at play**.
   그들은 놀이터에 있어. (=그들은 놀이 중이야.)

3. They are **at prayer**.
   그들은 기도하는 곳에 있어. (=그들은 기도 중이야.)

4. They are **at table**.
   그들은 식탁에 있어. (=그들은 식사 중이야.)

5. They are **at school**.
   그들은 수업하는 곳에 있어. (=그들은 수업 중이야.)

6. The ship is **at anchor**.
   그 배는 닻을 내린 곳에 있어. (=그 배는 정박 중이야.)

7. The ship is **at sea**.
   그 배는 바다에 있어. (=그 배는 항해 중이야.)

05　at　하나(one)

`at a look`　첫눈에
`at a sight`
`at a glance`

at a look은 at(한번)+a look(한번 보기)입니다. '한 번 보기'를 줄여서 표현하면 '**첫눈에**'입니다. glance[glæns]는 'n.힐끗 보기'입니다. at a glance는 '한 번 힐끗 봐서'로 줄여서 표현하면 역시 '첫눈에'입니다.

활이나 창으로 표적을 겨냥해 보세요. **하나의 화살은 하나의 표적을 겨냥**하기 때문에 at은 '겨냥'에서 '하나'라는 뜻이 발생합니다.

1. I loved her **at a look**.
   난 첫눈에 그녀를 사랑했어.

2. I saw **at a glance** that he was a fool.
   나는 첫눈에 그가 바보임을 알았어.

`at a time`　한 번에
`at a stretch`　한 번에
`at a breath`　단숨에
`at a blow`　한방에, 일격에
`at a bound`　단걸음에

at a time은 at(한번)+a time(한번)으로 '한 번에'입니다. at a stretch는 '한번 뻗어서'로 줄여서 표현하면 '**한 번에**'입니다. at a breath는 '한번 호흡에'로 줄여서 표현하면 '**단숨에**'입니다. at a blow는 '한번 타격에'로 줄여서 표현하면 '**일격에, 한방에**'입니다. at a bound는 '한번 걸음에'로 줄여서 표현하면 '**단걸음에**'입니다. 단(單)은 '하나 단'으로 하나(one)입니다. 단식 경기는 일 대 일로 하는 게임이죠.

1. You must not do two things **at a time**.
   넌 한 번에 두 가지 일을 해서는 안 돼.

2. He spoke for three hours **at a stretch**.
   그는 한 번에 3시간 동안 연설했어.

3. I ran a mile **at a breath**.
   나는 단숨에 1마일을 뛰었어.

4. The man passed out **at a blow**.
   그 남자는 한방에 기절했어.

5. He ran away **at a bound**.
   그는 단걸음에 도망쳤어.

all at once 동시에, 갑자기 (suddenly, all of a sudden)

all at once는 all(모두)+at(한번)+once(한번)입니다.
'**모두가 한 번에**'를 줄여서 표현하면 '**동시에**'죠. 30명의 학생이 '모두 한 번에' 고함을 지르면 '**동시에**' 고함을 지른 것이지요. 30명의 학생 모두가 온다는 말도 없이 '**동시에**' 왔다면 그것은 '**갑자기**' 온 것입니다. '동시에'라는 뜻에서 '갑자기'라는 뜻이 발생합니다.

1. The students got noisy **all at once**.
   학생들이 동시에 떠들기 시작했어.

2. **All at once**, it began to rain.
   갑자기 비가 오기 시작했어.

be good at A A에 능숙하다
be excellent at 탁월하다
be bad at 서투르다
be quick at 빠르다

good은 'a.능숙한, 좋은, 친절한, 유능한'입니다.
be good at은 be good(능숙하다)+at(하나)으로 '~에 능숙하다'입니다. **여러 개 중에서 콕 찍어서 하나에 능숙하다**는 것이지요. good 대신에 excellent(탁월한), bad(서툰), quick(빠른), slow(늦은)를 넣어 보세요. 어느 하나를 콕 찍어서 그 분야에 탁월하고, 서툴고, 빠르고, 늦다는 것입니다.

1. I'**m good at** playing tennis.
   나는 테니스 치는 것에 능숙해.

2. She **is excellent at** developing a hidden talent.
   그녀는 숨겨져 있는 재능을 개발하는데 탁월해.

3. I'**m bad at** speaking Chinese.
   난 중국어 말하는 것에 서툴러.

4. He **is quick at** accounts.
   그는 계산에 빨라.

with

1. ~을 가지고
2. ~와

1. with는 '~을 가지고'로 have입니다.

 A with B는 'A가 B를 가지고(=포함하고)'입니다. 물건이면 '~을 가지고'이고, 사람이면 '~을 데리고'가 되겠죠. Her face is wet with tears는 '그녀의 얼굴은 눈물을 가지고 젖어 있어'입니다. 밑줄 Her face와 with tears를 보면 그녀의 얼굴(A)이 눈물(B)을 가지고 있는 것이죠. with가 나오면 with 앞의 명사와 with 뒤의 명사에 밑줄을 그어보세요. 그럼 A with B 구조가 되고 'A가 B를 가지고(=포함하고)'입니다.

 What's the matter with you는 '네가 가지고 있는 문제가 뭐냐?'입니다. the matter with you는 '네가 가지고 있는 문제'로 A with B가 'B가 A를 가지고'입니다. A with B는 대부분이 'A가 B를 가지고'인데 몇 개는 'B가 A를 가지고'가 있죠. 숙어처럼 굳어진 표현 몇 개이기 때문에 나오면 암기하면 됩니다.

2. with는 '~와'입니다.

 A with B는 'A와 B'로 A와 B는 포함관계가 아닌 서로 대등한 관계를 말합니다. A with B는 'A와 B'로 with는 우리말의 '~와'와 정확하게 일치합니다. Mix the milk with the flour는 '우유와 밀가루를 섞어라'죠. the milk with the flour는 '우유와 밀가루로 우유와 밀가루는 서로 대등한 관계임을 알 수 있습니다.

A with B 1. A가 B를 가지고
 2. B가 A를 가지고
 3. A와 B

01 with ~을 가지고(=포함하고)

1. <u>He</u> was trembling / **with** fear.
   그는 떨고 있었어. / 두려움을 가지고

2. <u>Her face</u> is wet / **with** tears.
   그녀의 얼굴은 젖어 있어. / 눈물을 가지고

3. <u>I'm</u> down / **with** a cold.
   나는 다운 상태야. / 감기를 가지고

4. <u>He</u> helped me / **with** my assignment.
   그는 나를 도왔어. / 내 숙제를 가지고

5. What's <u>the matter</u> **with** <u>you</u>?
   네가 갖고 있는 문제가 뭐냐?

6. I have no <u>money</u> **with** <u>me</u>.
   나는 돈이 없어. / 내가 갖고 있는

7. I like <u>girls</u> **with** <u>brown eyes</u>. =I like brown ey**ed** girls.
   나는 여자를 좋아해 / 갈색 눈을 갖고 있는

1번 문장에서 밑줄 He와 with fear를 보면 그가 두려움을 가지고 있는 것입니다.

2번 문장에서 밑줄 Her face와 with tears를 보면 그녀의 얼굴이 눈물을 가지고 있는 것이지요. 우리말로 옮기면 '두려움으로', '눈물로'가 되죠. with가 '~으로, ~로'로 우리말 조사와 항상 일대일로 대응하지 않기 때문에 with의 정확한 개념 '~을 가지고'를 기억해야합니다.

3번 문장에서 밑줄 I와 with a cold를 보면 내가 감기를 가지고 있지요.

4번 문장에서 밑줄 He와 with my assignment를 보면 그가 나의 숙제를 가지고 돕는 것이지요. A with B는 'A가 B를 가지고'입니다.

5번 문장이 밑줄 the matter with you는 '네가 갖고 있는 문제'입니다.

6번 문장의 밑줄 money with me는 '내가 갖고 있는 돈'입니다. A with B는 대부분 'A가 B를 가지고'인데, 몇 개는 6~7번 문장처럼 'B가 A를 가지고'도 있지요. 숙어처럼 굳어진 표현 몇 개밖에 되지 않기 때문에 신경 쓰지 않아도 됩니다.

7번 문장을 보면 with와 -ed가 같다는 것을 알 수 있죠. with의 동의어는 have, of, -ed입니다. a man of ability는 '능력을 가지고 있는 사람'으로 of는 '~을 가지고'입니다. of에서 이미 배웠습니다. 걸 그룹 Brown ey**ed** girls는 '갈색 눈을 가지고 있는 소녀들'이지요. 단어 끝에 붙은 -ed는 무조건 '~을 가지고 있는'입니다.

come down with A

① A를 가지고 내려오다
② (병)에 걸리다

① come down with는 come(오다)+down(아래로)+with(~을 가지고)로 '무엇을 가지고 내려오다'입니다. '아래로 오다'를 줄여서 표현하면 '내려오다'가 되지요.

② come down with는 '병에 걸리다'라는 숙어입니다.
come down with가 '병에 걸리다'라는 숙어가 된 이유를 알기 위해서는 병의 역사를 알아야 합니다. 병 하면 떠오르는 것이 페스트죠. 페스트는 쥐가 옮기는 병으로 흑사병이라고도 합니다. 중세시대 유럽에선 흑사병으로 인해 유럽 인구 중 30% 이상이 사망했습니다. 그 당시 영국 인구는 약 400만 명이었는데 영국 또한 약 1/3이 사망했지요. 사람들은 이 병을 신이 내린 형벌이라고 믿었습니다. 타락한 인간을 징벌하기 위해 신이 하늘에서 내리는 질병이라고 생각했기 때문에 수많은 사람이 교회에 모여 기도를 했습니다. 전염병인데 많은 사람이 한 장소에 모여 기도했으니 더 많은 사람이 죽었지요. 영국인들은 **병이란 것은 신이 하늘에서 사람에게 내려주는 것으로** 믿었습니다. 감기에 걸린 것은 하늘에 떠돌고 있는 감기란 병을 가지고 내려왔다고 영국인은 믿는 것이죠. come down with a cold는 '하늘에 떠도는 감기를 가지고 내려오다'로 줄여서 표현하면 '감기에 걸리다'입니다. 1800년대에 세계적으로 크게 유행한 콜레라(역병, 괴질)를 우리나라에선 어떻게 대처했을까요? 콜레라를 쥐가 옮기는 병으로 알았기 때문에 무서운 고양이 그림의 부적을 온몸에 붙였고, 콜레라를 잡기 위해 하늘에 대포를 마구 쏘았습니다. 병이 하늘을 떠돌다가 사람에게 내려오는 것으로 보았기 때문이죠. 동양이나 서양이나 병은 하늘에서 내려오는 것으로 믿었던 것입니다.

1. **Come down with** my key.
   내 열쇠 가지고 내려와.

2. Have I **come down with** a serious disease?
   내가 심각한 병에 걸려있어?

3. She has **come down with** a cholera.
   그녀는 콜레라에 걸려 있어.

be busy with A

A로 바쁘다

be busy with는 be busy(바쁘다)+with(~을 가지고)입니다.
'~을 가지고 있어 바쁘다'를 줄여서 표현하면 '~로 바쁘다'입니다. 1번 문장에서 I와 with my work를 보면 내가 일을 갖고 있어 바쁜 것이고, 2번 문장에서 She와 with her housework를 보면 그녀가 가사 일을 갖고 있어 바쁜 것입니다. 앞으로 with가 나오면 무엇이 무엇을 가지고 있는지 with 앞에 있는 A와 with 뒤의 B에 밑줄을 그어 보세요.

1. I'm busy with my work.
   난 내 일로 바빠.

2. She **is busy with** her housework.
   그녀는 가사일로 바빠.

be covered with A — A로 덮여 있다

be covered with는 be covered(덮여 있다)+with(~을 가지고)입니다. '~을 가지고 덮여져 있다'를 줄여서 표현하면 '~로 덮여져 있다'죠. 1번 문장에서 All the mountains와 with snow을 보면 모든 산이 눈을 가지고 있고, 2번 문장에서 The desk와 with dust를 보면 책상이 먼지를 갖고 있습니다.

1. <u>All the mountains</u> **are covered with** snow.
   모든 산이 눈으로 덮여 있어.

2. <u>The desk</u> **is covered with** dust.
   책상은 먼지로 덮여 있어.

be equipped with A — A로 설치되어 있다, 구비되어 있다

equip[ikwíp]은 'vt.~을 갖추다, 구비하다, 설치하다'입니다.

be equipped with는 be equipped(설치되어 있다)+with(~을 가지고)입니다. '~을 가지고 설치되어 있다'를 줄여서 표현하면 '~로 설치되어 있다'입니다. 1번 문장의 밑줄을 보면 공장이 최신기계를 갖고 있고, 2번 문장의 밑줄을 보면 자동차가 에어백을 갖고 있지요.

1. <u>This factory</u> **is equipped with** the most modern machinery.
   이 공장은 가장 최신기계로 설치되어 있어.

2. <u>This car</u> **is equipped with** an air bag.
   이 차는 에어백이 설치되어 있어.

be satisfied with A / be content with — A에 만족하다

satisfied[sǽtisfàid], content[kəntént]는 'a.만족하는'입니다.

be satisfied with는 be satisfied(만족하다)+with(~을 가지고)입니다. '~을 가지고 만족하다'를 줄여서 표현하면 '~에 만족하다'입니다. 1번 문장에서 She와 with the result of the exam을 보면 그녀가 시험 결과를 가지고 만족하는 것이고, 2번 문장에서 She와 with a present를 보면 그녀는 받은 선물을 가지고 만족하는 것이죠. 원어민의 만족은 만족감을 주는 무엇을 가지고 만족하는 것입니다.

content는 콘텐츠(contents)로 'n.목차, 내용, 만족'입니다. 책의 **목차**를 보면 전체 **내용**을 파악할 수 있고, 내용이 좋으면 **만족**하지요. 의미의 파생관계를 이해하셨나요?

1. <u>She</u> **is satisfied with** the result of the exam.
   그녀는 시험 결과에 만족해.

2. <u>She</u> **was content with** a present.
   그녀는 선물에 만족했어.

be pleased with A   A에 기뻐하다, 만족하다

please[pli:zd]는 'a.기뻐하는, 만족하는'입니다.
be pleased with는 be pleased(기뻐하다, 만족하다)+with(~을 가지고)입니다. '~을 가지고 기뻐하다, 만족하다'를 줄여서 표현하면 '~에 기뻐하다, ~에 만족하다'입니다. 1번 문장에서 she와 with the present를 보면 그녀는 선물을 가지고 기뻐하는 것이고, 2번 문장은 사람들이 신제품을 가지고 만족하는 것이죠.

1. I'm sure she'll be very pleased with the present.
   나는 그녀가 이 선물을 받고 기뻐할 것이라고 확신해.

2. I'm sure you'll be pleased with our new product.
   저는 여러분이 우리의 신제품에 만족하시리라 확신합니다.

be loaded with A   A로 채워져 있다
be filled with
be full of

load[loud]는 'vt.~을 싣다, 채우다', fill은 'vt.~을 채우다', full은 'a.가득 찬'입니다.
- be loaded with는 be loaded(채워져 있다)+with(~을 가지고)로 '~로 채워져 있다'입니다.
- be filled with는 be filled(채워져 있다)+with(~을 가지고)로 '~로 채워져 있다'입니다.
- be full of는 be full(가득 차 있다)+of(~을 가지고)로 '~로 가득 차 있다'입니다. 앞에서 설명한 바와 같이 with, of, -ed, have는 모두 동의어입니다.

1. Your diary is loaded with negative words.
   너의 일기는 부정적인 단어들로 가득 차 있어.

2. He is filled with an important duty.
   그는 중요한 임무로 채워져 있어.

3. The room is full of smoke.
   그 방은 연기로 가득 차 있어.

be bored with A   A에 지루해져 있다

bore[bɔːr]는 'vt.~을 지루하게 만들다', 수동형인 be bored는 '지루해져 있다'입니다.
be bored with는 bored(지루해져 있다)+with(~을 가지고)입니다. '~을 가지고 지루해져 있다'를 줄여서 표현하면 '~에 지루해져 있다'죠. 1번 문장을 보면 내가 지루한 업무의 직업을 가지고 있고, 2번 문장을 보면 내가 지루한 수업을 가지고(=받고) 있지요.

1. I am bored with my job.
   나는 내 일에 지루해져 있어.

2. I'm bored with his lecture.
   나는 그의 강의에 지루해져 있어.

be wrong with A   A에 이상이 있다

wrong[rɔːŋ]은 'a.(도덕적)나쁜, 고장 난, 틀린'입니다.
A with B는 대부분 'A가 B를 가지고'인데, 일부는 'B가 A를 가지고'도 있다고 위에서 설명했습니다. 3~4번은 위에서 보았던 예문이지요. 1번 문장에서 Something과 with my car를 보면 '나의 차가 갖고 있는 무엇'이고, 2번 문장에서 What과 with you를 보면 '네가 갖고 있는 무엇'입니다.

1. Something **is wrong** / **with** my car.
   무엇이 고장 난 상태에요. / 내 차가 가지고 있는

2. You look pale. What'**s wrong with** you?
   안색이 창백하구나. 무슨 일 있니?

3. What's the matter **with** you?
   네가 가지고 있는 문제가 뭐냐?

4. I have no money **with** me.
   나는 갖고 있는 돈이 없어.

find fault with A   A가 갖고 있는 흠, 단점을 찾다

fault[fɔːlt]는 'n.잘못, 단점, 흠'입니다.
find fault with A는 find(~을 찾다)+fault with A(A가 가지고 있는 단점)로 '**A가 갖고 있는 단점을 찾다**'입니다. 누군가가 갖고 있는 흠을 찾는 것은 흉보고, 트집을 잡는 것이지요.

1. You always **find fault with** him.
   넌 항상 그가 갖고 있는 결점을 찾아.

2. People originally like to **find fault with** others.
   사람들은 원래 다른 사람이 갖고 있는 단점(흠, 결점) 찾기를 좋아해.

decorate A with B   A를 장식하다 / B를 가지고

decorate[dékərèit]는 'vt.~을 꾸미다, 장식하다'입니다.
decorate A with B는 decorate A와 with B로 나누어 주세요. 'A를 장식하다+B를 가지고'가 됩니다. **장식하려면 장식할 물건을 가지고(with) 있어야** 하겠지요. 1번 문장에서 I와 with dolls를 보면 내가 인형을 가지고(with) 차를 장식하는 것입니다. 수동형인 2~3번 문장도 마찬가지입니다. 데코(deco-장식)는 인테리어 가게의 간판 문구에서 흔히 보지요.

1. I **decorated** the car **with** dolls.
   나는 인형으로 차를 장식했어.

2. My car **was decorated with** dolls.
   내 차는 인형으로 장식되었어.

3. The walls **are decorated with** geometric designs.
   그 벽들은 기하학적인 무늬로 장식되어 있다.

replace A with B   A를 치우다 / B를 가지고

replace[ripléis]는 'vt.~을 치우다, 바꾸다'입니다.
　replace A with B는 'A를 B로 대체하다'로 공식화되어 있습니다. 어떤 공식은 A가 중요하고, 어떤 공식은 B가 중요해서 많은 공식을 무작정 외우면 혼란에 빠지게 되지요.
　replace A with B는 'replace A와 with B'로 나누어 주세요. 'A를 치우다＋B를 가지다'입니다. **replace A with B**는 'A를 치우고 B는 가지다'입니다. replace A는 A를 눈앞에서 **치워버리는 것**입니다.
　같은 표현으로 substitute B for A가 있습니다. A와 B의 순서가 뒤바뀌니까 헷갈리지요. substitute는 for에서 자세히 설명했습니다.

1. I want to **replace** this / **with** new one.
   이것을 치워버리고 싶네요. / 새것을 가지고

2. **Replace** coffee / **with** tea.
   커피를 치워버리세요. / 녹차를 가지고

begin with A / start with   A로 시작하다

begin with는 begin(vi.시작하다)＋with(~을 가지고)입니다.
　'**~을 가지고 시작하다**'를 줄여서 표현하면 '**~로 시작하다**'입니다. end with는 '~로 끝나다'입니다.

1. A journey of a thousand miles **begins with** a single step.
   천 리 길도 한 걸음을 가지고 시작해.

2. Write 5 words that **start with** A.
   A로 시작하는 단어 다섯 개를 쓰세요.

with all
① 모든 것을 가지고
② ~에도 불구하고(despite, in spite of)

with all은 with(~을 가지고)＋all(모든 것)로 '모든 것을 가지고'입니다.
　모든 것을 가지고 있으면 더욱더 좋아지는 것이 정상인데 모든 것을 가지고 있음에도 좋지 않은 상황이 발생하지요. 2번 문장을 보세요. '모든 재산을 가지고, 그는 불행하다'를 자연스럽게 옮기면 '모든 재산을 가지고 있음**에도 불구하고**, 그는 불행하다'가 됩니다. 이렇게 앞뒤의 내용이 상반되는 상황에서 with all이 '~에도 불구하고'라는 뜻이 생기는 것이죠.

1. **With all** my heart, I hope you forgive me.
   나의 모든 진심을 갖고서, 당신이 나를 용서하길 바랍니다.

2. **With all** his wealth, he is still unhappy.
   그의 재산에도 불구하고, 그는 여전히 불행해.

supply A with B / provide
A에게 B를 제공하다

supply[səplái], provide[prəváid]는 'vt.~에게 제공하다'입니다.

supply A with B는 'A에게 B를 제공하다'입니다. 이렇게 공식으로 외우면 with가 왜 사용되었는지 느낌이 오지 않지요. supply A with B는 'supply A+with B'로 나누어 보세요. 'A에게 공급하다+B를 가지고'가 됩니다. 사람에게 **무엇을 제공하기 위해선 제공할 무엇을 가지고 있어야** 하겠지요. 1번 문장에서 I와 with more information을 보면 내가 정보를 가지고 사람들에게 제공하는 것입니다. 내가 정보를 with 하지 않으면 정보를 제공할 수 없겠지요. 2번 문장에서 We와 with lots of food를 보면 우리가 음식을 가지고 그들에게 음식을 제공하는 것입니다. 우리가 음식을 with 하지 않으면 음식을 제공할 수 없지요.

supply는 sup(sub=아래)+ply(채우다=fill)로 컵이나 바구니를 가져가면 바닥에서 위로 우유와 빵을 채워 주는 것에서 '제공하다'라는 뜻이 나왔습니다. 로마 시대에 빵과 우유를 시민들에게 제공해 주는 데서 유래한 단어입니다. provide는 pro(앞=before)+vide(보다=see)로 앞으로 봐서 필요한 것들을 제공하는 것입니다. vide는 video(비디오)를 떠올리면 금방 '보다'라는 뜻임을 알 수 있지요.

1. I will **supply** you **with** more information.
   나는 여러분들에게 더 많은 정보를 제공하겠습니다.

2. We can **provide** them **with** lots of food.
   우리는 그들에게 많은 음식을 제공할 수 있어.

be popular with A
A에게 인기가 있다

popular[pápjələr]는 'a.인기 있는, 유행하는'입니다.

be popular with는 '~에게 인기가 있다'입니다. 우리말로 '~에게'가 자연스럽게 연결되기 때문에 to를 사용하기 쉽죠. 그런데 to를 사용해선 안 됩니다. 1번 문장에서 with 대신에 to를 넣어 보면 Boa to young people로 보아가 사람들에게 간다(이동)는 것이 됩니다.

우리는 앞에서 이동의 to를 배웠지요. A to B는 앞에 있는 A가 B에게 가는 것입니다. 가수 보아가 사람을 찾아가서 노래하나요? 그건 아니죠. 보아는 유명가수이기 때문에 콘서트를 열면 많은 사람이 보아에게 가기 때문에 Boa to young people을 사용하면 맞지 않습니다. **인기가 있는 것은 추종자 또는 팬을 가지고 있는 것이기 때문에 with를 쓰는 것입니다.** to도 '~와'로 옮겨질 때가 있고 with 또한 '~에게'로 옮겨질 때가 있지요.

1. Boa **is popular with** young people.
   보아는 젊은이들에게 인기 있어.

2. He **is popular with** girls.
   그는 여자들에게 인기가 있어.

be charged with A

① A로 채워져 있다
② A를 책임지고 있다
③ A로 고소당하다

charge[tʃɑːrdʒ]는 'vt.~을 채우다, 책임지우다, 고소하다'입니다.

① be charged with는 be charged(채워져 있다)+with(~을 가지고)로 '~로 채워져 있다'입니다. 앞에서 배운 be loaded with, be filled with, be full of와 같은 뜻입니다. 1번 문장의 밑줄을 보면 방이 연기를 가지고 있지요.

② be charged with는 be charged(책임 지워져 있다)+with(~을 가지고)로 '~로 책임 지워져 있다'입니다. 2번 문장의 밑줄을 보면 내가 중요한 임무를 가지고 있지요.

③ be charged with는 be charged(고소당하다)+with(~을 가지고)로 '~로 고소당하다'입니다. 3번 문장의 밑줄을 보면 그가 절도 혐의를 가지고 있습니다.

1. <u>The</u> <u>room</u> **is charged with** smoke.
   방은 연기로 가득 채워져 있어.

2. <u>I</u> **am charged with** an important mission.
   난 중요한 임무를 책임지고 있어.

3. <u>He</u> **was charged with** a theft.
   그는 절도로 고소당했어.

02 with ~와

A with B는 'A와 B'로 A와 B는 포함관계가 아닌 서로 **대등한 관계**를 말합니다. A with B는 'A와 B'로 with는 우리말의 '~와'와 **정확하게 일치**합니다.

drop in with A   A와 우연히 만나다

drop in with는 drop(발걸음을 떨어뜨리다)+in(공간 안에)+with(~와)입니다.
'**누구와 어떤 공간 안에 약속 없이 발걸음을 떨어뜨리다**'를 줄여서 표현하면 '**누구와 우연히 만나다**'입니다. drop (one's feet) in (the same space) with가 원래 표현입니다. 무작정 외우면 전혀 느낌이 오지않지요. 생략된 단어를 채워보면 대부분 무작정 암기할 숙어가 아니란 것을 알 수 있습니다. 느낌도 살고 암기도 쉽지 않나요?
지금까지 '우연히 만나다'라는 표현이 많이 나왔습니다. 기억을 더듬어 볼까요? come on, run into, bump into, run across, come across입니다. on과 in에서 배웠습니다. 한 번쯤 총정리하고 가면 좋겠지요.

1. I **dropped in with** my friend at the bank yesterday.
   어제 은행에서 친구와 우연히 만났어.

2. She **dropped in with** Jack at the bus stop.
   그녀는 버스 정류소에서 잭과 우연히 만났어.
   = I **came on** Jack at the bus stop.
   = I **ran into** Jack at the bus stop.
   = I **bumped into** Jack at the bus stop.
   = I **came across** Jack at the bus stop.
   = I **met** Jack **by chance** at the bus stop.

shake hands with A   A와 악수하다
exchange seats with A   A와 자리를 맞바꾸다

shake[ʃeik]는 'vt.~을 흔들다', exchange[ikstʃéindʒ]는 'vt.~을 맞교환하다'입니다.

- shake hands with는 shake hands(두 손을 흔들다)+with(~와)로 '~와 악수하다'입니다. 악수할 때 맞잡는 손이 2개이기 때문에 복수인 hand**s**를 사용해야 합니다.
- exchange seats with는 exchange seats(자리를 맞바꾸다)+with(~와)로 '~와 자리를 맞바꾸다'입니다. 두 개의 자리를 맞바꾸는 것이기 때문에 복수인 seat**s**를 사용해야 합니다.

1. I **shook hands with** him and gave him my card.
   나는 그와 악수를 하고 명함을 주었어.

2. Could you **exchange seats with** me?
   저와 자리를 바꿔 주실 수 있나요?

communicate with A   A와 의사소통하다, 교감하다

communicate[kəmjúːnəkèit]는 'vi.의사소통하다'입니다.
communicate with는 communicate(의사소통하다)+with(~와)로 '~와 의사소통하다'입니다. 의사소통은 두 사람 이상이 함께하는 것이기 때문에 접두사 com(함께)이 들어가 있습니다.

1. You must often **communicate with** your children.
   여러분은 아이들과 자주 의사소통해야 해요.

2. I use music to **communicate with** people.
   나는 사람들과 교감하기 위해 음악을 이용해요.

make friends with A
be friends with   A와 친구가 되다, 사귀다

make는 'vt.~을 만들다 vi.되다(become), 가다(go)'입니다.
make friends with는 make friends(친구 되다)+with(~와)로 '~와 친구 되다'입니다. 친구가 되기 위해선 두 사람이 필요하기 때문에 복수형 friends를 사용해야 합니다. make(되다) 대신에 be(되다)를 사용한 be friends with도 같은 뜻입니다.

1. She wants to **make friends with** you.
   그녀는 너와 친구가 되길 원해.

2. Don't **be friends with** a bad boy.
   나쁜 애와 친구 되지 마.

keep company with A   A와 교제(교류)하다, 사귀다

keep company with는 keep(~을 유지하다)+company(친구)+with(~와)입니다.
'~와 친구 관계를 유지하다'를 줄여서 표현하면 '~와 교제하다'입니다. company는 'n.손님, 동료, 친구, 단체, 회사'로 나열한 단어 뜻 모두 자주 사용됩니다.
company[kʌ́mpəni]는 com(함께=with)+pan(빵=bread)+y입니다. 함께 빵을 먹는 사이는 함께 식사하는 사이지요. 식사를 함께하는 사람은 **손님**, **동료**이고, 그들과 친해지면 **친구**가 되고, 친구가 모여서 **단체**를 만들고, **회사**를 만들지요. company는 사람들이 식사하는 과정에서 여러 가지 뜻이 파생되는 것입니다. pan이 빵인지 모르면 슈퍼에 가서 **팡**찌니를 사 먹는 것도 좋겠군요.
companion[kəmpǽnjən]은 'n.동료, 친구'입니다. com(함께=with)+pan(빵=bread)+ion으로 company와 어원 결합이 같은 동의어입니다.

1. Don't **keep company with** such a man.
   그런 사람과 사귀어서는 안 돼.

2. I know he wants to **keep company with** Mina.
   난 그가 미나와 사귀고 싶어 한다는 것을 알고 있어.

correspond with A
A와 소식을 주고받다

correspond[kɔ̀:rəspánd]는 'vi.소식을 주고받다, 일치하다'입니다.
correspond with는 correspond(소식을 주고받다)+with(~와)로 '~와 소식을 주고받다'입니다.
correspond with는 correspond(일치하다)+with(~와)로 '~와 일치하다'입니다.
correspond는 cor(com=함께)+respond(vi.대답하다)입니다. 두 사람이 함께 서로서로 대답하는 것은 편지(소식)를 주고받는 것입니다. 두 사람이 함께 같은 대답을 하면 대답이 일치하는 것이죠.

1. I stopped **corresponding with** him.
   나는 그와 소식 교환을 중단했어.

2. His actions do not **correspond with** his words.
   그의 행동은 그의 말과 일치하지 않아. (=그는 언행이 일치하지 않아.)

share A with B
A를 함께 쓰다 / B와

share[ʃɛər]는 'vt.~을 함께 쓰다'입니다.
share A with B는 사전이나 참고서에는 'A를 B와 공유하다'로 나와 있습니다. 우린 평상시에 공유(共有)란 단어를 별로 사용하지 않습니다. 영어단어를 우리말로 옮길 때 우리가 평상시에 잘 사용하지 않는 단어로 옮기면 그 단어는 사용하기 힘들어지지요. **share는 '~을 함께 쓰다'**입니다. share A with B는 share A+with B로 나누면 간단합니다. 'A를 함께 쓰다+B와'가 되지요. I share a room이라고 말해 보세요. '나는 방을 함께 사용해'라고 말하면 듣는 사람은 '누구와?'라고 되묻게 됩니다. 그럼 뒤에 with my sister로 자연스럽게 연결되지요.

1. I **share** a room / **with** my sister.
   나는 방을 함께 사용해. / 여동생과

2. Could you **share** your umbrella / **with** me?
   우산 함께 쓸 수 있어? / 나와

be friendly with A
be familiar with
A와 친하다

friendly[fréndli]는 'a.친한', familiar[fəmíljər]는 'a.친한, 잘 알려진'입니다.
be friendly with는 be friendly(친하다)+with(~와)로 '~와 친하다'입니다.
'명사+ly'는 형용사가 되어 friendly는 'a.친구 같은', motherly는 'a.엄마 같은', fatherly는 'a.아빠 같은'입니다. familiar는 family에서 파생된 단어로 가족처럼 '친한'입니다.

1. I **am friendly with** them.
   난, 그들과 친해요.

2. Use these books to **be familiar with** English.
   영어와 친숙해지기 위해선 이 책들을 이용해.

be on good terms with A   A와 관계가 계속 좋다

be on good terms with는 be(있다)+on(계속)+good terms(좋은 관계)+with(~와)로 '~와 좋은 관계로 계속 있다'입니다. 단어의 뜻을 그대로 조립하면 암기할 필요가 없지요.

term[tə:rm]은 'n.기간, 학기', terms는 'n.관계, 용어, 조건'입니다. term의 어원은 '끝'입니다. 터미네이터(terminator)는 지구를 끝내버리는 종결자이고, 터미널(terminal)은 버스가 출발해서 끝에 도착하는 종점입니다. 버스가 출발하여 종점(끝)에 도착하는 것처럼 **시작과 끝이 있는 모든 기간이** term입니다. 대학교의 기간은 '학기'이고, 국회의 기간은 '회기', 임무가 주어진 기간은 '임기', 죄수의 기간은 '형기'입니다. 대학교는 **term** project(**학기** 과제)가 많습니다. 학기 동안 친구 및 교수와의 **관계**(terms)가 형성되고, 수업시간에 전공**용어**(terms)를 배우게 되고, 성적에 따라서 장학금의 **조건**(terms)이 결정되지요. term은 대학생활에서 파생되는 단어입니다.

1. I **am on good terms with** natives.
   나는 현지인들과 계속 좋은 관계로 지내.

2. I **am on bad terms with** my neighbor.
   나는 이웃과 계속 좋지 않은 관계로 지내.

get along with A   A와 잘 지내다

get along with는 get(가다)+along(함께)+with(~와)로 '~와 함께 가다'입니다.
along은 '함께'로 together입니다. 친구가 가자는 대로 **친구와 함께 가는 것은** 친구와 싸우지 않고, 친구와 마찰 없이, **친구와 사이좋게 잘 지내는 것**이죠.

1. **Get along with** friends.
   친구들과 잘 지내.

2. Does my child **get along with** others?
   우리 애가 다른 애들과 잘 지내나요?

hang out with A   A와 어울리다, 놀다

hang out with는 hang(어깨를 걸다)+out(밖에서)+with(~와)입니다.
'**~와 밖에서 어깨를 걸다**'를 줄여서 표현하면 '**~와 어울리다, 놀다**'입니다. 밖에서 친구와 어깨동무하고 어울려 노는 모습에서 '~와 어울리다, ~와 놀다'입니다. play with는 어린아이들이 공이나 블록 등 장난감을 갖고 노는 것이죠. 어린이가 아닌 이상 play with 할 일은 없겠지요.

1. Don't **hang out with** Nicol.
   니콜과 어울려 놀지 마.

2. **Hang out with** friends who don't smoke.
   담배를 피우지 않는 친구들과 어울려라.

sympathize with A   A와 공감하다, 동정하다

sympathize[símpəθàiz]는 'vi.공감하다, 동정하다'입니다.

sympathize with는 sympathize(공감하다)+with(~와)로 '~와 공감하다'입니다. 공감(共感)은 같은 느낌을 말하는 데 공감이 지나쳐 불쌍하다는 생각을 하게 되면 그것이 바로 동정입니다. 공감인지 동정인지는 상황으로 판단하면 되겠지요.

sympathize는 sym(함께=with)+path(느낌=feeling)+ize로 '**함께 느끼는 것**'은 **공감**입니다. 텔레파시(telepathy-이심전심)는 tele(멀리=far)+path(느낌=feeling)+y로 멀리서도 느낌이 통하는 것입니다.

1. I can **sympathize with** you.
   난 너와 공감할 수 있어.

2. I **sympathize with** your point of view.
   난 당신의 의견에 공감해요.

3. Don't **sympathize with** me any more.
   더 이상 날 동정하지 마.

argue with A
quarrel with   A와 말다툼하다

argue[á:rgju:], quarrel[kwɔ́:rəl]은 'vi.말다툼하다'입니다.

argue with는 argue(말다툼하다)+with(~와)로 '~와 말다툼하다'입니다. 위의 두 단어는 말로 싸우는 언쟁이지 몸으로 싸우는 게 아닙니다.

1. I didn't **argue with** him. I just answered his questions.
   난 그와 말다툼하지 않았어. 그의 질문에 대답해 주었을 뿐이야.

2. I **quarreled with** my friend yesterday.
   난 어제 친구와 말다툼했어.

collide with A   A와 충돌하다(run into, bump into)

collide[kəláid]는 자동사로 'vi.충돌하다'입니다.

collide with는 collide(충돌하다)+with(~와)로 '~와 충돌하다'입니다. collide는 col(함께=with)+lide(치다=hit)로 함께 부딪혀 충돌하는 것입니다.

1. He **collided with** a tree while he was returning home.
   그는 집으로 돌아오는 도중에 나무와 충돌했어.

2. You again **collided with** him about the problem.
   넌 그 문제에 관해서 또 그와 충돌했어.

compete with A   A와 경쟁하다, 겨루다

compete[kəmpíːt]는 자동사로 'vi.경쟁하다'입니다.
compete with는 compete(경쟁하다)+**with**(~와)로 '~와 경쟁하다'입니다. compete는 com(함께=with)+pete(공격하다=attack)로 어떤 목표를 쟁취하기 위하여 서로를 공격하는 것은 경쟁하는 것이죠.

1. I have never felt the need to **compete with** anyone.
   나는 누군가와 경쟁할 필요를 느껴 본 적이 없어.

2. Korea **competes with** Japan in many countries.
   한국은 많은 국가 안에서 일본과 경쟁해.

be concerned with A   A와 관계있다

concerned[kənsə́ːrnd]는 'a.관계있는, 걱정하는'입니다.
be concerned with는 be concerned(관계있다)+**with**(~와)로 '~와 관계있다'입니다.
부모 자식 관계, 부부관계, 연인관계 등 사람은 관계를 맺고 살고, **관계**가 있으면 그 사람에 대해 **걱정**하게 됩니다. '관계'에서 '걱정'이란 의미가 파생됩니다.
concerned는 con(함께=with)+cern(위기=crisis)+ed(have)로 '함께 위기를 갖고 있는'입니다. 함께 같은 위기를 갖고 있으니 서로 관계가 있고, 서로 걱정하는 사이지요.

1. It **is concerned with** my pride.
   그것은 나의 자존심과 관계있어.

2. I **am** not **concerned with** the accident.
   난 그 사고와 관계가 없어.

3. Don't **be concerned about** me.
   나에 관해서는 걱정하지 마.

fall out with A   A와 헤어지다(break up with, part with)

fall out with는 fall out (of love) with가 원래 표현입니다.
fall(떨어지다)+out(밖으로)+of love(사랑에서)+**with**(~와)로 '~와 사랑 밖으로 떨어지다'를 줄여서 표현하면 '~와 헤어지다'입니다. 반대로 fall in love with는 '~와 사랑에 빠지다'입니다. in love의 반대는 out of love입니다. fall out with의 동의어로 break up with가 있습니다. 기억나지 않으면 색인에서 찾아 확인하세요.

1. He **fell out with** his wife and went to China.
   그는 아내와 헤어지고 중국으로 갔어.

2. I **fell out with** her but I don't regret that.
   난 그녀와 헤어졌지만, 그것을 후회하지는 않아.

consult with A A와 의논하다, 상담하다
confer with

consult[kənsʌ́lt], confer[kənfə́ːr]는 자동사로 'vi.의논하다'입니다.
consult with는 consult(의논하다)+with(~와)로 '~와 의논하다'입니다. 부동산 컨설팅이란 간판에서 흔히 보는 것처럼 consult는 주로 업무적으로 상담하는 것입니다.
consult는 con(함께=with)+sult(잡다=catch)로 대화를 통해 함께 결론을 잡는 것은 **의논**하는 것이지요. confer는 con(함께=with)+fer(옮기다=carry)로 두 사람이 함께 말을 주고받고 옮기는 것으로 **의논**하는 것입니다.

1. I would like to **consult with** you on some matters.
   몇 가지 문제에 관해 당신과 의논 하고 싶어요.

2. I have to **confer with** my friend before reaching a decision.
   결정을 내리기 전에 친구와 의논해야 해.

have something to do with A A와 관계가 있다
have nothing to do with A A와 관계가 없다

have something to do with는 **something to do**가 핵심이죠.
have(~을 가지고 있다)+something to do(할 무엇)+with(~와)입니다. '~와 앞으로 할 무엇을 가지고 있다'를 줄여서 표현하면 '~와 **관계가 있다**'입니다. 앞으로 해야 할 무엇을 갖고 있으면 그것과 관계를 갖고 있는 것이죠. nothing to do는 '할 일이 제로'입니다. '~와 앞으로 할 일을 갖고 있지 않다'를 줄여서 표현하면 '~와 **상관없다**'입니다.

1. It must **have something to do with** her pride.
   그것은 그녀의 자존심과 관계가 있음에 틀림없어.

2. Don't grumble at me. I **have nothing to do with** it.
   나한테 투덜거리지 마. 난 그 일과 상관없어.

compare A with B A와 B를 비교하다

compare[kəmpέər]는 'vt.~를 비교하다'입니다.
compare A with B는 'compare+A with B'로 나누세요. A with B는 'A와 B'로 A with B가 한눈에 들어오지요. compare는 com(함께=with)+pare(한 쌍=pair)로 한 쌍이 함께 놓여 있으니 같은지 다른지 비교하라는 것입니다.

1. Don't **compare** your friend **with** others.
   너의 친구와 다른 사람들을 비교하지 마.

2. We need to **compare** the original **with** the copy.
   우린 원본과 복사본을 비교할 필요가 있어.

confuse A with B A와 B를 혼동하다

confuse[kənfjúːz]는 'vt.~을 혼동하다, 혼란시키다, 당황케하다'입니다.
confuse A with B는 'confuse+A with B'로 나누세요. A with B는 'A와 B'로 A with B가 한눈에 들어올 것입니다. confuse는 con(함께=with)+fuse(섞다=fix)로 **이것저것 함께 섞으면 원재료가 무엇인지 혼동**하겠지요. 요즘은 퓨전(fusion)요리가 대세죠. 이것저것 섞어서 새로운 맛을 내는 요리를 말합니다. 2번 문장은 기억해 두세요. 친구인 줄 알고 뒤통수를 탁 쳤는데 아닌 경우가 많죠. 그때는 얼른 2번 문장처럼 말해야 얻어맞지 않습니다.

1. Don't **confuse** love **with** friendship.
   사랑과 우정을 혼동하지 마.

2. Sorry, I **confused** you **with** my friend.
   미안합니다. 당신을 나의 친구와 혼동했습니다.

combine A with B A와 B를 결합하다, 섞다

combine[kəmbáin]은 'vt.~을 결합하다, 섞다'입니다.
combine A with B는 'combine+A with B'로 나누세요. A with B는 'A와 B'로 A with B가 한눈에 들어올 것입니다. combine은 com(함께=with)+bine(묶다=bind)로 **함께 묶어 결합**하는 것입니다. 콤비네이션 피자(combination pizza)는 여러 가지 재료를 함께 결합하여 만든 피자죠. 그리고 농촌에 가면 콤바인(combine)이라는 농기계가 있습니다. 벼를 심고, 벼를 베는 등 여러 가지 기능을 함께 결합시킨 기계입니다. 어근 bine(묶다)은 서류철 바인더(binder)를 떠올리세요.

1. It's not easy to **combine** work **with** love.
   공부와 사랑을 결합하는 것은 쉽지 않아.

2. **Combine** the eggs **with** a little flour.
   계란과 소량의 밀가루를 섞으세요.

mix A with B A와 B를 섞다
mix with A A와 섞이다

mix는 'vt.~을 섞다 vi.섞이다'입니다.
mix A with B는 'A와 B를 섞다'이고 mix with A는 'A와 섞이다'입니다. 영어는 많은 단어를 자동사, 타동사로 자유롭게 사용하기 때문에 그 감각에 익숙해져야 합니다. 이 책을 계속 읽은 분이라면 지금쯤이면 자동사, 타동사에 익숙해져 있지 않나요?

1. At first, **mix** the flour **with** the milk.
   먼저, 밀가루와 우유를 섞으세요.

2. Don't **mix with** such people.
   그런 사람들과 섞이지 마.

접두어 com과 with

접두어 com, con, col, cor는 with와 뜻이 같습니다.
communicate **with**처럼 접두어 com과 전치사 with가 자연스럽게 어울리는 표현이 많다는 것을 발견할 수 있지요.

- **com**municate **with** A A와 의사소통하다, 교감하다
- keep **com**pany **with** A A와 교제하다
- **cor**respond **with** A A와 소식을 주고받다, 일치하다
- **com**pete **with** A A와 경쟁하다
- **col**lide **with** A A와 충돌하다
- be **con**cerned **with** A A와 관계있다
- **con**sult **with** A A와 의논하다, 상담하다
- **con**fer **with** A A와 의논하다, 상담하다
- **com**pare A **with** B A와 B를 비교하다
- **con**fuse A **with** B A와 B를 혼동하다
- **com**bine A **with** B A와 B를 결합하다, 섞다

1. 옆에
2. 지나가는
3. (힘)에 의해서
4. 까지
5. 차이로

1. by의 어원은 '옆에'입니다. by의 모든 뜻은 '옆에'에서 발생합니다.
 by the door는 '문 옆에', by the president는 '대통령 옆에'입니다. by nine o'clock은 '9시 옆에'로 '9시경, 9시쯤, 약 9시'가 되지요.

2. by는 '옆에'에서 '지나가는(go)'이란 뜻이 발생합니다.
 학교 가는 길에 빵집 옆에 도착했다면 거기에 머무를까요? 아니면 지나갈까요? 당연히 지나가야 하겠죠. by는 '옆에' 왔지만, 자신이 도착해야 할 최종 목적지가 따로 있기 때문에 머무르지 않고 '지나가는' 것입니다.

3. by는 '옆에'에서 '~에 의해서'란 뜻이 발생합니다.
 by the president는 '대통령 옆에'입니다. 대통령 옆에 있는 국무총리는 이인자로서 힘이 발생하지요. by는 일인자 옆에 있는 이인자 개념에서 '(힘)에 의해서'라는 뜻이 발생합니다.

4. by는 '옆에'에서 '~까지'와 '~차이로'란 뜻이 발생합니다.
 by the president는 '대통령 옆에'입니다. 대통령 옆에 있는 국무총리의 권한은 어디까지 한계가 있고 일인자인 대통령과는 힘의 차이가 있습니다. 대통령이 100의 힘을 가진다면 옆에 있는 국무총리는 80까지 힘을 쓰고, 대통령과 20이란 힘의 차이를 갖게 되지요. 이렇게 by는 '옆에'에서 '~까지, ~차이로'란 뜻이 발생합니다.

01 by 옆에(=약, 즈음, 경)

by는 '옆에'입니다. by me는 '내 옆에', by the door는 '문 옆에'입니다. by nine o'clock은 '9시 옆에'로 '약 9시, 대략 9시, 9시쯤, 9시경'이 됩니다.

1. It's very cold. Sit **by** the fire.
   날씨가 추워. 불 옆에 앉아.

2. There used to be a big tree **by** my house.
   나의 집 옆에 큰 나무가 계속 있었어. (그러나 지금은 없어.)

3. I was standing **by** the window listening to music.
   나는 음악을 들으면서 창문 옆에 서 있었어.

4. **By** nine o'clock, I'll come to you.
   9시쯤, 너에게 갈게.

stand by A
① A를 지지하다(support), 편들다
② 방관하다 ③ 대기하다

stand는 'vi.서다, 서 있다 vt.~을 세워 놓다, ~을 참다'입니다.
 stand by는 stand(서 있다)+by(옆에)로 '옆에 서 있다'입니다. 친구가 다른 사람과 논쟁을 벌이는데 친구 옆에 서 있으면 친구를 '지지하다, 편들다'라는 뜻입니다. 누군가의 차에 불이 났는데 아무런 조치도 취하지 않고 그냥 옆에 서 있으면 '방관하다'라는 뜻이 되죠. 1차 면접을 끝마치고 다음 면접을 위하여 다른 곳에 가지 않고 옆에 서 있다면 그것은 '대기하다'입니다.
 stand by는 '옆에 서 있다'일 뿐이죠. 서 있는 상황이 어떤 상황이냐에 따라서 지지, 방관, 대기가 될 뿐입니다. **누군가를 돕기 위하여 옆에 서 있으면 '~을 지지하다', 무엇인가 해야 함에도 하지 않고 그냥 옆에 서 있으면 '~을 방관하다', 다음 할 일을 하기 위해 다른 곳에 가지 않고 옆에 서 있으면 '대기하다'입니다.**

1. I will **stand by** you whatever happens.
   나는 무슨 일이 일어나든지 너를 지지하겠어.

2. Whatever you say, I'll **stand by** him.
   네가 무슨 말을 하든지, 난 그 사람을 지지해.

3. We mustn't **stand by** anymore. we must take actions.
   우린 더 이상 방관해선 안 돼요. 우린 행동을 취해야 해요.

4. **Stand by**! Action!
   스탠바이(=대기하세요!) 액션!

5. All of us were ordered to **stand by**.
   우리 모두는 대기 할 것을 명령받았어.

lay A by, lay A aside
put A by, put A aside
set A by, set A aside
A를 저축하다

lay, put, set은 모두 'vt.~을 놓다', by, aside는 '옆에'입니다.
lay by는 lay(~을 놓다)+by(옆에)입니다. '(돈)을 옆에 따로 놓다'를 줄여서 표현하면 '(돈)을 저축하다'입니다. 원어민은 돈을 따로 옆에 놓다라고 말하고 우리는 '돈을 저축하다'라고 합니다. 저축(貯蓄)은 '쌓을 저, 쌓을 축'으로 돈을 쌓고 쌓는 것이죠. 돈이 생길 때마다 일정 부분을 옆에 놓아두면 그 돈이 쌓이고 쌓여서 저축되는 것이지요.

1. You have to **lay by** your money for your future.
   넌 미래를 위해 돈을 저축해야 해.

2. I'm **putting aside** money for a new car.
   난 새 차를 사기 위하여 저축하고 있어.

3. She tries to **set aside** some money every month.
   그녀는 매월 약간의 돈을 저축하려고 노력해.

by halves
어중간하게, 대충(roughly, loosely)

by halves는 by(옆에)+halves(절반, 중간)입니다.
'절반 옆에, 중간 옆에'를 줄여서 표현하면 '어중간하게, 대충'입니다. 사람마다 기준이 다르지요. 10번 확인하는 것이 기본인데 5번 정도에 만족하고 끝내버리면 '어중간하게, 대충' 일을 하는 것입니다.

1. He always does things **by halves**.
   그는 항상 일을 어중간하게 해.

2. It isn't my way to do things **by halves**.
   일을 어중간하게 하는 건 내 방식이 아니야.

side by side
나란히

side by side는 side(측면, 옆구리)+by(옆에)+side(측면, 옆구리)입니다.
'옆구리 옆에 옆구리'를 줄여서 표현하면 '나란히'입니다. 사람의 옆구리 옆에 사람의 옆구리가 있는 모습을 보세요. '나란히' 있는 모습입니다.

1. Sit **side by side**.
   나란히 앉으세요.

2. School education must go **side by side** with training at home.
   학교 교육은 가정 교육과 나란히 가야 해.

by the time S V　즈음에, 무렵에

　by the time은 **by(옆에)**+the time(시간)으로 '시간 옆에'입니다.
'시간 옆에'를 다른 말로 표현하면 **시간 무렵에, 시간 즈음에**가 됩니다. 1번 문장에서 내가 도착한 시간이 6시라면 by the time은 '6시 옆에'가 되고 '6시 무렵에, 6시 즈음에'와 같은 뜻이 되지요. '옆에, 무렵에, 즈음에'는 동의어입니다. by the time 뒤에는 절(주어+동사)이 온다는 것도 기억하세요.

1. **By the time** I arrived, they had already gone off.
   내가 도착했을 무렵에, 그들은 모두 떠나 있었어.
2. **By the time** her baby was born, she was forced to quit her job.
   아기가 태어났을 무렵에, 그녀는 직장을 그만두어야만 했어.
3. **By the time** you get this letter, I'll be in China.
   네가 이 편지를 받을 때 즈음에, 난 중국에 있을 거야.

by the way　그런데

　by the way는 **by(옆)**+the way(그 길)입니다.
'지금까지 나누던 대화의 길과는 다른 옆길인데'를 줄여서 표현하면 '**그런데**'입니다. 친구와 여행에 관한 이야기를 하고 있는 상황에서 '그런데, 지금 몇 시냐?'라고 시간을 물어보세요. 시간을 묻는 내용은 앞에서 대화를 나누던 주제와는 전혀 다른 옆길에 해당합니다.

1. **By the way**, what time is it now?
   그런데, 지금 몇 시죠?
2. **By the way**, what's your name?
   그런데, 이름이 어떻게 되죠?

by and large　대체로, 전체적으로

　by and large는 **by(옆에)**+and(그리고)+large(크게)입니다.
'옆에서 그리고 크게'를 줄여서 표현하면 '**대체로, 전반적으로**'입니다. '대체(大體)로'는 큰 덩어리로 보는 것을 말합니다. 파티가 대체로 좋았다는 것은 옆(by)에서 하나하나 자세히 보고, 멀리서 큰 흐름으로 크게(large) 보니 '대체로, 전체적으로, 전반적으로' 좋았다는 것이지요. 동의어로 on the whole, for the most part가 있습니다. on과 for에 자세히 설명되어 있으니 기억나지 않으면 색인에서 찾아 확인하세요.

1. **By and large**, your idea is a good one.
   대체로(전체적으로), 너의 생각은 좋은 것이야.
2. **By and large**, the plan was successful.
   대체로(전체적으로), 그 계획은 성공적이었어.

02　by　지나가는

by는 '지나가는'입니다. '옆에' 도착했지만 자신이 가고자 하는 최종목적지가 따로 있기에 '머무르지 않고 지나가는'입니다.

pass by　지나가다
go by

pass by는 pass(가다)+by(지나가는)로 '지나가다'입니다.
go by는 go(가다)+by(지나가는)로 '지나가다'입니다. by는 '옆에' 왔지만 도착해야 할 최종 목적지가 따로 있기에 머무르지 않고 '지나가는' 것입니다. go의 동의어 come(가다), get(가다)으로 바꾼 come by, get by도 같은 뜻으로 '지나가다'입니다.

1. She **went by** me without saying a word.
   그는 한마디 말없이 내 옆을 지나갔어.

2. I saw him **pass by**.
   나는 그가 지나가는 것을 봤어.

get by　① 지나가다　② 그럭저럭 살다

① get by는 get(가다)+by(지나가는)로 '지나가다'입니다. 위에서 배운 go by, pass by, come by와 같습니다. 도착해야 할 최종 목적지가 따로 있기에 '지나가는' 것이지요.

② get by는 '지나가다'라는 뜻에서 파생되어 '그럭저럭 살다'입니다. **시간이 지나가는 대로 사는 것은 잘살지도 않고, 못 살지도 않고 그럭저럭 사는 것**이지요.

1. Please let me **get by**.
   저 좀 지나가게 해 주세요.

2. Till now, I always **got by** on my own.
   지금까지, 난 항상 나의 힘에 의존해서 그럭저럭 살았어.

step by step　단계적으로, 점진적으로(gradually)

step by step은 step(단계)+by(지나가고)+step(단계)입니다.
'**한 단계 지나가고 그다음 한 단계**'를 줄여서 표현하면 '**단계적으로, 점진적으로**'입니다. 교재가 1단계부터 10단계가 있다면 단계를 건너뛰지 않고 한 단계 지나가고 다음 단계로 넘어가는 것은 단계적으로 학습하는 것이지요.

1. I will explain it to you **step by step**.
   제가 그것을 단계적으로 설명해 드리겠습니다.

2. You have to move toward your goal **step by step**.
   여러분들은 단계적으로 목표를 향하여 나아가야 합니다.

little by little
bit by bit
점진적으로, 조금씩 조금씩, 서서히

little, bit은 '조금'입니다. little by little은 little(조금)+by(지나가고)+little(조금)입니다.
일을 함에 있어서 일의 진도를 조금하고 또 조금 하는 것으로 '조금씩 조금씩, 점진적으로'입니다.

1. **Little by little**, he got better and got out of the hospital.
   점진적으로, 그는 회복되었고 병원에서 나왔어.

2. **Bit by bit** memories of the night came back to me.
   조금씩 조금씩(서서히) 그날 밤의 기억들이 되살아났다.

stop by
go by
drop by
call by
잠깐 들리다

- stop by는 stop(~을 멈추다)+by(지나가는)입니다.
  '**지나가다가 발걸음을 멈추다**'를 줄여서 표현하면 '**잠시 들리다**'입니다.

- go by는 go(가다)+by(지나가는)입니다.
  '**지나가다가 들어가다**'를 줄여서 표현하면 '**잠시 들리다**'입니다.

- drop by는 drop(~을 떨어뜨리다)+by(지나가는)입니다.
  '**지나가다가 발걸음 떨어뜨리다**'를 줄여서 표현하면 '**잠시 들리다**'입니다. drop (one's feet) by에서 괄호가 생략된 표현이죠. 장소를 방문하는 것은 사람의 발걸음을 떨어뜨리는 것임을 누구나 다 알기 때문에 괄호(one's feet)를 생략하는 것입니다.

- call by는 call(방문하다)+by(지나가는)입니다.
  '**지나가다가 방문하다**'를 줄여서 표현하면 '**잠시 들리다**'입니다.

학교를 마치면 목적지는 집이죠. 집을 향하여 걸어가는데 학교와 집 사이에 친구 집이 있습니다. 그러면 친구 집을 지나가다가(by) 걸음을 멈추고(stop), 지나가다가(by) 들어가고(come, go), 지나가다가(by) 발걸음을 떨어뜨리고(drop), 지나가다가(by) 방문하는(call) 것은 친구 집을 잠깐 들리는것이지요. 계획을 갖고 방문하는 것이 아니라 지나가다가 잠깐 들리는 것입니다. 눈에 보이는 모습 그대로 설명한 것이지요.

1. Do you mind if I **stop by** this evening?
   오늘 저녁에 잠시 들러도 괜찮니?

2. When I'm free, I'll **drop by** your office.
   내가 한가할 때, 너의 사무실에 들를게.

come by

① 잠깐 들리다
② 입수하다, 구하다(get, obtain)

① come by는 come(가다)+by(지나가는)입니다.
'지나가다가 들어가다'를 줄여서 표현하면 '잠깐 들리다'입니다.

② come by는 come(오다)+by(옆에)입니다.
'바로 옆에 오다'에서 '~을 손에 넣다, 입수하다, 구하다'라는 뜻이 발생합니다. 어떤 물건이 사람의 손 바로 옆에 오면 그것을 손에 넣는 것이지요. '손에 넣다'는 순수 우리말이고 한자어로 된 우리말로 바꾸면 '입수(入手)하다'가 됩니다.

1. **Come by** my home when you have time.
   네가 시간 있을 때 우리 집에 잠깐 들러.

2. How did you **come by** such a large sum of money?
   어떻게 그 많은 돈을 손에 넣었니?

by and by 곧, 머지않아(soon)

by and by는 by(지나가고)+and(그리고)+by(지나가고)입니다.
'시간이 지나가고 또 지나가고'를 줄여서 표현하면 '머지않아, 곧'입니다. by는 시간이 지나가는 것이죠. 시간이 지나가고 또 지나가면 머지않아(=곧) 어떤 시기에 도달하지요.

1. **By and by**, I'll let you know.
   머지않아(곧), 너에게 알려줄게.

2. I'll get married **by and by**.
   나 머지않아(곧) 결혼할 거야.

day by day 날마다, 나날이
month by month 달마다, 다달이

day by day는 day(하루)+by(지나가고)+day(하루)입니다.
'하루가 지나가고 또 하루'를 줄여서 표현하면 '날마다, 나날이'입니다. month를 넣어 볼까요? '한 달이 지나가고 또 한 달'을 줄여서 표현하면 '달마다, 다달이'가 되죠. year by year는 '해마다'가 되지요. by는 시간이 지나가는 것입니다. 원래는 a day by a day인데 앞뒤가 대구(對句)를 이룰 땐 관사를 생략합니다. by가 '지나가는'으로 잘 기억되지 않으면 작별인사 good bye!를 기억하세요. good bye!는 '잘 가!'로 bye는 '가다'는 뜻을 갖고 있지요.

1. Your English is improving **day by day**.
   너의 영어는 날마다 향상되고 있어.

2. It is getting warmer **day by day**.
   나날이 따뜻해지고 있어.

one by one 하나씩 하나씩, 차례대로
two by two 둘씩 둘씩

one by one은 one(하나)+by(지나가고)+one(하나)입니다.
'**하나 지나가고 또 하나**'를 줄여서 표현하면 '**하나씩 하나씩**'입니다. '10명씩'은 ten by ten 하면 되겠지요. 사람이 지나가는 모습을 눈에 보이는 그대로 설명하는 것입니다.

1. The crow dropped stones **one by one** into the jar.
   까마귀는 하나씩 하나씩 작은 돌을 단지 안에 떨어뜨렸어.

2. Instead of going **one by one**, they all went together.
   하나씩 하나씩 가는 대신에, 그들은 모두 함께 갔어.

by way of A A를 지나서, 경유하여(via)

by way of는 by(지나서)+way(지역)+of(이라는)입니다.
'**어디라는 지역을 지나서**'를 줄여서 표현하면 '**어디를 경유하여**'입니다. by way of Daegu는 '대구라는 지역을 지나서'로 줄여서 표현하면 '대구를 경유하여'가 되죠. way of를 생략하고 by만 사용해도 됩니다.

1. This train **goes by** way of Daegu to Seoul.
   이 기차는 대구를 경유하여 서울로 갑니다.

2. This plain **goes by** way of Hongkong to Paris.
   이 비행기는 홍콩을 경유하여 파리로 갑니다.

03 by (힘)에 의해서

by는 '~에 의해서'입니다. by는 '옆에'에서 '(힘)에 의해서'라는 뜻이 파생됩니다.

대통령 옆에 있는 국무총리는 2인자로서 힘을 갖게 됩니다. by는 1인자 옆에 있는 2인자 개념에서 '(힘)에 의해서'라는 뜻이 발생합니다. by는 수동태 문장에 사용되지요. 수동태는 영문법쇼크에서 자세하게 다루고 여기선 by가 1인자 옆에 있는 2인자 개념에서 '(힘)에 의해서'라는 것을 기억해 두세요.

1. He died / **by** poison.
   그는 독에 의해서 죽었어.

2. I was bitten / **by** a mosquito.
   나는 모기한테(모기에 의해서) 물렸어.

3. The building was knocked down / **by** fire.
   그 건물은 붕괴되었어. / 화재에 의해서

4. She was moved / **by** his words.
   그녀는 감동받았어. / 그의 말에 의해서

5. Many accidents are caused / **by** careless driving.
   많은 사고들은 야기 돼. / 부주의한 운전에 의해서

6. Don't judge a person / **by** his shape.
   사람을 판단하지 마. / 외모에 의해서

7. I can tell who it is / **by** the voice.
   나는 누구인지 말할 수 있어. / 목소리에 의해서

8. A spider is hanging / **by** a thread.
   거미가 매달려 있어. / 실 하나에 의해서

9. Stop smoking! You can keep your health / **by** giving up smoking.
   담배 끊어! 넌 너의 건강을 유지할 수 있어. / 흡연을 포기함에 의해서

by means of A — A라는 수단에 의해서, A에 의해서

by means of는 by(~에 의해서)+means(n.수단, 방법)+of(~이라는)입니다. '~이라는 수단에 의해서'를 줄여서 표현하면 '~에 의해서'입니다. by means of는 by를 길게 늘여 표현한 것으로 means of를 생략하고 by만 사용해도 뜻은 같습니다. means는 '수단, 방법'이고, mean은 'vt.~을 의미하다, 의도하다(intend) a.비열한(dirty)'입니다.

1. Thoughts are expressed **by means of** words.
   생각은 말에 의해서 표현돼.

2. I often explain **by means of** body language.
   난 종종 몸짓에 의해서 설명해.

3. It works **by means of** a spring.
   그것은 용수철에 의해서 작동해.

by mail — 우편으로
by credit card — 신용카드로

- by mail은 '집배원의 힘에 의해서'로 줄여서 표현하면 '**우편으로**'입니다. 집배원의 힘에 의해서 우편물이 전달되죠. by letter는 '편지로', by telephone은 '전화로', by telegram은 '전보로'입니다. 어떤 힘에 의해서인지 생각해 보세요.

- by credit card는 '카드 단말기에 의해서'로 줄여서 표현하면 '**신용카드로**'입니다. 신용카드로 결제하는 것은 카드를 단말기에 긁어 단말기에 의해서 결제하는 것이지요.

1. We called the meeting **by email** / by letter/ by telephone/ by telegram.
   우리는 회의를 소집했어. 메일로 / 편지로 / 전화로 / 전보로

2. Can I pay **by credit card**?
   신용카드로 지불해도 되나요?

by accident — ① 사고에 의해서 ② 우연히(accidentally, casually)

① by accident는 **by(~에 의해서)**+accident(사고)로 '사고에 의해서'입니다.
② by accident는 **by(~에 의해서)**+accident(우연)로 '우연에 의해서'입니다. accident[ǽksidənt]는 'n.사고, 우연'이기 때문에 by accident는 '사고에 의해서, 우연에 의해서'가 됩니다. **사고**는 **우연**히 일어나는 것이기 때문에 '사고'에서 '우연'이란 뜻이 파생됩니다.

1. My son broke his arm **by accident**.
   나의 아들은 사고에 의해서 팔을 부러뜨렸어.

2. I met him **by accident** at the airport.
   나는 공항에서 그를 우연히 만났어.

by chance 우연히(by accident, accidentally, casually)

chance[tʃæns]는 'n.우연, (우연한)기회'입니다.
　by chance는 '우연에 의해서'로 줄이면 '우연히'입니다. '**우연에 의해서**'는 '운명의 힘에 의해서'이지요. '우연히 만나다'는 come on, fall in with, bump into, come across, run across가 있습니다. 모두 앞에서 배운 것이죠.

1. I met her again **by chance**.
   나는 우연히 그녀를 또 만났어.

2. I **came across** him at the airport.
   나는 공항에서 그를 우연히 만났어.

by nature 본래, 원래
by birth 출생에 의해서

　by nature는 by(~에 의해서)+nature(천성)로 '천성에 의해서'입니다.
　천성(天性)이란 하늘이 내려준, 처음부터 타고난 성격을 말합니다. '**처음부터 타고난 성격에 의해서**'를 줄여서 표현하면 **본래, 원래**가 되지요. '출생에 의해서'는 '부모님의 힘에 의해서'입니다. 부모님이 한국인이면 태어난 사람도 한국인이 되겠지요.

1. I'm strong **by nature**.
   난 본래 강해.

2. Motor-racing is **by nature** a dangerous sport.
   자동차 경주는 본래 위험한 스포츠야.

3. I'm Korean **by birth**.
   난 출생에 의해서 한국인이야. (=난 태생이 한국인이야.)

learn A by heart A를 외우다, 암기하다
know A by heart

heart[hɑːrt]는 'n.기억, 심장, 마음', learn, know는 'vt.~을 알다'입니다.
　learn A by heart는 learn(~을 알다)+by heart(기억에 의해서)입니다. '**기억에 의해서 알다**'를 줄여서 표현하면 '**~을 외우다, 암기하다**'입니다. 누군가에게 물어보거나, 책을 보거나, 인터넷에 검색하지 않고 오로지 자신의 기억력에 의해서 아는 것은 내용을 암기하고 외우는 것이지요. heart가 '기억'이란 뜻이 있음을 아는 것이 핵심입니다.

1. I didn't **learn** the words **by heart**.
   나는 아직 그 단어들을 외우지 못했어.

2. You have to **know** the grammar rules **by heart**.
   넌 문법 규칙들을 외워야 해.

by mistake 실수에 의해서, 실수로

by mistake는 '실수에 의해서'입니다.
'실수에 의해서'는 '**무의지의 힘에 의해서**'이고 줄이면 '**실수로**'입니다. 실수란 자신의 의지와는 상관없이 작용하는 무의지의 힘에 의해서 일어나는 일이지요. 반대는 on purpose(고의로)입니다.

1. I'm sorry, I took your keys **by mistake**.
   미안, 내가 실수로 너의 열쇠를 가져갔어.

2. I've paid my phone bill twice **by mistake**.
   난 실수로 전화 요금을 두 번 낸 적이 있어.

by no means 결코(never)

by no means는 by(~에 의해서)+no(not~any)+means(수단)입니다.
'**어떠한 수단과 방법에 의해서도 하지 않는**'을 줄여서 표현하면 '**결코 하지 않는**'입니다. 어떠한 수단 방법, 모든 수단 방법을 총동원해도 하지 않는다는 것은 '**결코**' 하지 않는다는 것이죠. by no means는 never입니다.

1. He is **by no means** stupid. In fact, he's smart.
   그는 결코 어리석지 않아. 사실, 그는 똑똑해.

2. Life is **by no means** a smooth sailing.
   인생은 결코 평탄한 항해가 아니야.

by all means ① 반드시, 꼭(certainly, surely)
② 좋아요, 물론요, 그렇게 하세요

by all means는 by(~에 의해서)+all means(모든 수단 방법)입니다.
'**모든 수단 방법에 의해서**'를 줄여서 표현하면 '**반드시, 꼭, 무조건**'입니다. 모든 수단과 방법에 의해서 한다는 것은 '반드시, 꼭, 무조건' 한다는 것이지요. 또 누군가 무엇을 해도 되는지 허락을 구하는 경우, 무엇을 허락할 때 by all means라고 대답합니다. by all means는 '모든 수단 방법에 의해서 마음대로 하세요'로 줄여서 표현하면 '**좋아요, 물론요, 그렇게 하세요**'입니다. 회화에서 자주 사용하는 표현입니다.

1. **By all means**, give me a call at home later.
   꼭, 나중에 집으로 전화해.

2. A good idea! Do so **by all means**.
   좋은 생각이야! 꼭 그렇게 해.

3. Can I use your phone? **By all means**.
   네 휴대폰 사용할 수 있어? 물론.

4. Can I try on this jacket? **By all means**.
   이 재킷 입어 봐도 돼요? 물론요.

by leaps and bounds 급속히, 대폭, 쑥쑥

by leaps and bounds는 by(~에 의해서)+leaps(n.뜀, 도약)+bounds(n.뜀, 도약)입니다. **'뜀박질이나 도약에 의해서'**를 줄여서 표현하면 **'급속히, 대폭, 쑥쑥'**입니다. 매출액이나 이익이 천천히 걸어가듯 늘어나는 것이 아니라 뜀박질하듯 증가 가면 급속히, 대폭, 쑥쑥 증가하는 것이죠.

1. That company is growing **by leaps and bounds**.
   그 회사는 급속히 성장하고 있다.

2. The profits of my company are increasing **by leaps and bounds**.
   우리 회사 이익은 급속히 증가하고 있다.

by the book 규칙대로, 원칙대로

by the book은 by(~에 의해서)+book(n.책, 규칙)입니다. **'규정집에 의해서'**를 줄여서 표현하면 **'규칙대로, 원칙대로'**입니다. by the book은 상황에 따라 '그 책에 의해서'와 '규칙대로'라는 뜻으로 사용됩니다.

1. It's a movie inspired **by the book**.
   이것은 그 책에 의해 영감을 받은 영화입니다.

2. She always does everything **by the book**.
   그녀는 항상 모든 것을 규칙대로(원칙대로) 한다.

hang by a thread 매우 위태롭다

hang by a thread는 hang(vi.매달리다)+by(~에 의해서)+a thread(실 한 올)입니다. **'한 올의 실에 의해 매달려 있다'**를 줄여서 표현하면 **'매우 위태롭다'**입니다. 한 올의 실은 언제 끊어질지 모르기 때문에 매우 위태로운 상황이죠. 매우 위태로운 상황을 우리는 일촉즉발, 위기일발, 풍전등화로 표현합니다.

1. Their marriage life was **hanging by a thread**.
   그들의 결혼생활은 매우 위태로웠다.

2. The fate of the nation **hangs by a thread**.
   그 나라의 운명이 매우 위태롭습니다.

by hook or (by) crook 어떻게 해서든, 반드시

by hook(crook)은 by(~에 의해서)＋hook(갈고리)입니다.

'**어떤 갈고리에 의해서든**'은 '**수단과 방법을 가리지 않고, 어떻게 해서든지**'입니다. 중세 영국은 장원제도였습니다. 농노들(소작인)은 영주의 직영지에서 노동했고, 그 대가로 영주는 농노들에게 땔감을 구할 권리를 주었습니다. 어떤 갈고리(hook, crook=수단과 방법)를 사용하든 상관없이 나무를 구할 수 있도록 허용한 것에서 유래한 표현으로 동의어는 by any means입니다.

1. I will fix your car for you **by hook or by crook**.
   어떻게 해서든 당신 차를 고치겠습니다.

2. I am determined to finish the task this week **by hook or by crook**.
   나는 어떻게 해서든 이번 주에 그 일을 마칠 결심이다.

3. You know we must win this game **by hook or crook**.
   너도 알다시피 우리는 어떻게 해서든 게임에 이겨야 해.

04 by ~까지

　by는 '~까지'입니다. 1인자 옆에 있는 2인자의 힘은 어디까지 한계가 있지요. 1인자인 대통령과 2인자인 국무총리는 힘이 같을 수 없지요. 그래서 by는 옆에 있는 2인자로서 '~까지'라는 뜻이 발생합니다.

　'~까지'는 by와 until(till)이 있습니다. by는 처음부터 영국인이 사용하던 영어 단어이고 until은 프랑스 지배를 받으면서 새롭게 들어온 단어입니다. 기존에 있던 by에 until(till)이 추가됨에 따라 영국인은 두 단어를 구분하여 사용합니다. 영국인의 조상인 게르만족은 욕심이 많아서 절대로 단어를 버리는 법이 없지요.

　by는 '언제까지 완료하다'라는 표현에 사용하고, until(till)은 '언제까지 계속하다'라는 표현에 사용합니다. 쉽게 구분하는 방법은 '계속'을 넣어 보면 되지요. 1~5번 문장은 by입니다. '~까지 계속'으로 '계속'을 넣어서 해석하면 바로 어색함을 느끼지요.

1. Finish it **by** 5.
   5시까지 그것을 끝내.

2. Let me know **by** tomorrow whether you go or not.
   네가 갈 것인지 아닌지 내일까지 알려줘.

3. Hand in your reports **by** next Monday.
   다음 주 월요일까지 리포트를 제출하세요.

4. I'll be back **by** Sunday afternoon.
   일요일 오후까지 돌아올게요.

5. I'll be there **by** 3.
   3시까지 그곳에 갈게요.

6. I'm working **until** 10:30.
   나는 10시 30분까지 계속 일할 생각이야.

7. I will be away **until** Sunday.
   난 일요일까지 계속 다른 곳에 있을 거야.

8. I'll wait for you **until** you come.
   난 네가 올 때까지 계속 기다릴 거야.

9. I want to study Chinese **until** I am fluent.
   난 유창할 때까지 계속 중국어를 공부하고 싶어.

05 by ~차이로

by는 '~차이로'입니다. '옆에'에서 '~차이로'라는 뜻이 발생합니다. 1인자인 대통령과 옆에 있는 2인자 국무총리는 힘의 차이가 있지요.

1. I missed the train / **by two minutes**.
   나는 기차를 놓쳤어. / 2분 차이로

2. My friend won / **by 5 votes**.
   나의 친구는 이겼어. / 5표 차이로

3. The price of oil has gone up / **by 100 won**.
   기름 가격이 올라가 있어. / 100원 차이로

4. Our football team won the game / **by two goals**.
   우리 축구팀이 게임을 이겼어. / 2골 차이로

5. He is shorter than me / **by 10 centimeters**.
   그는 나보다 키가 작다. / 10센티 차이로

6. I won / **by a nose** / in a 100m race.
   나는 이겼어. / 코 하나 차이로 / 100m 경주에서

7. I'm taller than my mother / **by a head**.
   나는 엄마보다 키가 커. / 머리 하나 차이로

by the skin of one's teeth 간신히, 가까스로, 구사일생으로

by the skin of one's teeth는 **by**(차이로) + the skin of one's teeth(잇몸)입니다.
치아를 감싸고 있는 피부는 잇몸입니다. '**잇몸 크기 차이로**'를 줄여서 표현하면 '**간신히, 가까스로**'입니다. 우리는 '간발(間髮)의 차이로'라고 하는데 '발(髮)'은 머리카락입니다. 우리는 '머리카락 차이로'라고 하고, 원어민은 '잇몸 차이로'라고 합니다.

1. He escaped **by the skin of his teeth**.
   그는 간신히 도망쳤다.

2. I avoided an accident **by the skin of my teeth**.
   나는 간신히 사고를 면했다.

away

1. 즉시
2. 다른 곳으로, 멀리
3. 사라져
4. 다른 곳에, 먼 곳에

1. away는 '즉시'입니다.

away의 어원은 on the place로 '그 자리에서'입니다. away는 다른 곳에 가지 말고 '그 자리에서 즉시'입니다. 지금부터 1000년 전의 영국은 바이킹(덴마크, 노르웨이)의 침입으로 영국 전체가 전쟁터였지요. 바이킹은 너무나 잔인하고 무자비해서 바이킹의 침입을 영국인들은 지옥의 묵시록에 나오는 악마로 보았습니다. 남녀노소 어린애까지 몰살이 기본이었지요. 적이 침입하면 'Fire away!'라고 외쳤습니다. 도망치지 말고 '그 자리에서 즉시 쏴라!'입니다. 집과 가족을 지키기 위해서는 적을 향해 그 자리에서 즉시 활을 쏴야겠지요. away가 '즉시'라는 뜻으로 사용된 것은 전쟁터에서 Fire away! 입니다.

2. away는 '다른 곳으로, 멀리'입니다.

fire away 해서 적을 물리치지 못하면 알프레드 대왕이 습지로 도망친 것처럼 '다른 곳으로, 멀리' 도망쳐야 하겠지요. away의 원래 뜻은 on the place로 '그 자리에 붙어서'입니다. away는 자기가 붙어 있는 그 장소에서 다른 곳으로 가는 것이기 때문에 '~에서 분리하여 다른 곳으로'입니다. '~에서 분리'라는 표현이 익숙하지 않으세요? '~에서 분리'는 off입니다. away와 off는 같은 뜻입니다. 많은 표현에 있어서 away를 off로 바꾸어 사용하는 이유는 같은 뜻이기 때문이죠. away를 분해해 볼까요? away는 a(ad=이동)+way(길)로, 어떤 장소에 붙어(on) 있다가 길(way)을 가는(a) 것으로 off와 같지요.

3. away는 '사라져, 없어져'입니다.

집을 떠나 다른 곳으로, 멀리 가는 것은 머물고 있던 집에서 '사라지고, 없어지는' 것이죠. 집을 떠나 다른 곳으로, 멀리 가는 사람을 보세요. 그 사람은 집에서 사라지고 없어지는 것입니다. 그래서 '다른 곳으로, 멀리'라는 뜻에서 '사라져, 없어져'라는 뜻이 발생합니다.

4. away는 '다른 곳에, 멀리'입니다.

다른 곳으로, 멀리 간 사람은 어떤 장소에 도착하게 됩니다. 그러면 '다른 곳에, 먼 곳에' 있는 것은 당연하죠. away는 즉시, 다른 곳으로, 사라져, 다른 곳에 머무르는 과정을 담고 있습니다.

홈경기와 원정경기

각종 국제대회와 프로야구 등은 Home and Away 방식으로 경기를 진행합니다. 원정경기를 어웨이 경기라고 하죠. away의 반대가 home임을 알 수 있지요.

프로야구를 관람한 적 있나요? 평일에 6시 30분에 경기를 시작하면 보통 10시쯤에 경기가 끝납니다. 경기가 끝난 뒤 선수들은 '즉시' 운동장을 떠나 원정경기를 위하여 '다른 곳으로' 사라집니다. 떠나는 선수들은 홈구장에서 '사라지는' 것이죠. 선수들은 몇 시간 동안 버스를 타고 원정경기가 있는 '다른 곳에, 먼 곳에' 내려서 잠을 자고 그다음 날 원정경기를 합니다. 왜 즉시 떠날까요? 조금이라도 빨리 원정팀이 있는 숙소에 도착하여 휴식을 취해야 하기 때문입니다. 6개월 동안 140경기 이상을 매일 경기하다시피 하기 때문에 선수들에게 휴식은 경기력 향상을 위해 매우 중요하죠.

away는 즉시, 다른 곳으로, 사라져, 다른 곳에 머무르는 과정을 담고 있습니다.

01 away 즉시, 지체 없이

fire away   지체 없이 쏘다

fire away는 fire(vi.쏘다) + away(즉시)로 '즉시 쏘다'입니다.
적이 침입하면 화살, 총, 대포를 머뭇거리지 않고 즉시 쏘지요. 시위나 반란이 있으면 진압군은 지체 없이 최루탄, 물대포, 총 등을 발포합니다. 사람의 입에서 나오는 말도 총 쏘는 것과 다름없죠. 말이 빠른 사람을 보고 따발총 쏘듯 말한다고 합니다.

1. The police **fired away** at the people.
   경찰들은 사람들을 겨냥하여 지체 없이 쏘았어.

2. I've got a few questions. OK then, **fire away**.
   제가 몇 가지 질문이 있어요. 좋아요. 그럼. 지체 없이 물어보세요.

talk away   즉시 말하다
speak away   즉시 말하다
ask away   즉시 질문하다

- talk away는 talk(vi.말하다) + away(즉시)로 '즉시 말하다'입니다.
- speak away는 speak(vi.말하다) + away(즉시)로 역시 '즉시 말하다'입니다. 하고 싶은 말이 있으면 생각나는 대로, 지체 없이 즉시 말하라는 것이지요.
- ask away는 ask(질문하다) + away(즉시)로 '즉시 질문하다'입니다. 선생님들이 흔히 하는 말이지요. 궁금한 게 있으면 머뭇거리지 말고 지체 없이, 즉시 질문하라는 것입니다.

1. We're **talking away**, but I don't know what to say.
   우린 주저 없이 말하고 있는데, 난 무엇을 말해야 할지 모르겠어.

2. If you have any questions, don't hesitate to **ask away**.
   네가 어떠한 질문이 있으면, 즉시 물어보는 것을 주저하지 마.

right away   바로 즉시, 바로 지금

right away는 right(바로) + away(즉시)로 '바로 즉시, 바로 지금'입니다.
머뭇거리거나 지체하지 말고 '바로 즉시'입니다. right now, at once, immediately와 같은 뜻입니다.

1. We're very busy **right away**.
   우린 바로 지금 매우 바빠.

2. You'd better leave **right away**.
   넌 바로 지금 떠나는 게 좋아.

02 away 다른 곳으로, 멀리

go off	go away	떠나다
get off	get away	떠나다
walk off	walk away	떠나다
move off	move away	떠나다
ride off	ride away	말 타고 떠나다
drive off	drive away	운전해서 떠나다
fly off	fly away	날아서 떠나다

go away는 go(가다) + away(다른 곳으로)입니다. '**다른 곳으로 가다**'를 줄여서 표현하면 '**떠나다**'입니다. off에서 배운 것을 왜 away에서 그대로 옮겨 놓았을까요? 그것은 off와 away가 동의어이기 때문입니다.

go off는 **집에서 떠나는** 느낌이고, go away는 **다른 곳을 향하여 떠나는** 느낌입니다. 심리적으로 느끼는 기준만 다를 뿐 모두 떠나는 것이지요.

1. **Go away** and leave me alone.
   가버려. 그리고 날 내버려 둬.

2. **Get away**! Don't bother me anymore!
   가 버려! 날 더 이상 괴롭히지 마!

3. How can you just **walk away**?
   어떻게 그냥 떠나버릴 수 있나요?

4. I don't want to **move away** from home.
   난 집에서 떠나고 싶지 않아.

5. She got in the car and **drove away**.
   그녀는 차를 타고 떠났어.

6. I was watching my kite **fly away** into the sky.
   나는 연이 하늘로 떠나가는 것을 바라보고 있었다.

run away 도망치다

run away는 run(달리다)＋away(다른 곳으로)입니다.
'**다른 곳으로 달리다**'를 줄여서 표현하면 '**도망치다**'입니다. 집에 붙어 있던 사람이 다른 곳으로, 멀리 달리는 것은 도망치는 것이지요. 2번 문장은 run away (from home)에서 괄호가 생략되었습니다. 도망치는 것은 집에서 몸을 분리시켜 달리는 것임을 누구나 알기 때문에 괄호(from home)를 생략하는 것이지요. run away와 run off는 당연히 같은 뜻입니다.

1. You mustn't **run away** from your responsibilities.
   넌 너의 책임으로부터 도망쳐서는 안 돼.

2. He **ran away** at the age of 17.
   그는 17살의 나이에 (집에서) 도망쳤어.

look away 다른 곳으로 보다, 외면하다

look away는 look(vi.눈을 돌리다, 보다)＋away(다른 곳으로)입니다.
'다른 곳으로 보다'를 줄여서 표현하면 '외면하다'가 됩니다. look away를 처음부터 '외면하다'로 외우지 마세요.

1. When I saw him, he was **looking away**.
   내가 그를 봤을 때, 그는 다른 곳으로 보고 있었어.

2. Don't **look away** / when I'm talking to you.
   다른 곳으로 보지 마. / 내가 너에게 말하고 있을 때

take A away ① A를 가지고 다른 곳으로 가다 ② (음식)포장해 가다(take out, carry out)

take away는 take(~을 잡다)＋away(다른 곳으로)입니다.
'무엇을 잡아 다른 곳으로 가다'입니다. 잡는 것이 물건이면 '가지고'가 되고 사람이면 '데리고'가 됩니다. 매장에서 음식을 take 해서 다른 곳으로 가져가는 것은 음식을 포장해 가는 것이죠. 우리가 배우는 영어는 미국식 영어이기 때문에 take out에 익숙합니다. 그런데 **영국, 호주, 뉴질랜드 사람**들은 take away를 주로 사용합니다. **미국에선** take out과 carry out을 사용합니다. out에서 이미 배웠지요. 이렇게 영어는 지역별로 표현이 다른 경우가 많습니다.

1. Somebody **took** my umbrella **away**.
   누군가 내 우산을 가져갔어.

2. The police came and **took** my friend **away**.
   경찰이 와서 내 친구를 데려갔어.

3. Two hamburgers to **take away**, please.
   햄버거 두 개 포장 부탁해요.

4. Can I have two hamburgers to **carry out**?
   들고 나갈 햄버거 두 개 가질 수 있나요?

give A away — A를 공짜로 주다

give away는 give(~을 주다)+away(다른 곳으로)입니다.
'**무엇을 다른 곳으로 주다**'를 줄여서 표현하면 '**무엇을 공짜로 주다**'입니다. 1번 문장을 보세요. I gave all my books away (from me)입니다. from me가 생략되어 있지요. from me는 '나로부터 분리시켜'입니다. 책을 **나로부터 분리시켜** 다른 사람에게 주는 것이기 때문에 책을 공짜로 주는 것이죠. 그 책은 나로부터 분리되어 나에게 돌아오지 않기 때문에 공짜로 주는 것입니다.

1. I **gave** all my books **away** when I graduated from school.
   나는 학교를 졸업했을 때 나의 모든 책을 공짜로 주었어.

2. The doctor **gave away** all his money to the poor.
   그 의사는 그의 모든 돈을 가난한 사람들에게 공짜로 주었어.

give the game away — 비밀을 누설하다

give the game away는 give(주다)+the game(n.경기)+away(다른 곳으로)입니다.
'**경기 전략을 다른 사람에게 주다**'를 줄여서 표현하면 '**비밀을 누설하다**'입니다. 자기 팀의 경기 전략을 분리시켜 경쟁자나 누군가에게 주는 것은 비밀을 누설하는 것이죠.

1. It was supposed to be a surprise party but the children **gave the game away**.
   그것은 깜짝 파티로 하려던 것인데 아이들이 비밀을 누설해 버렸다.

2. He **gave the game away** when he was pushed.
   그는 압박을 당했을 때 비밀을 누설했다.

stay away from A — A에서 벗어나 다른 곳에 머무르다

stay away from은 stay(머무르다)+away(다른 곳에)+from(~에서 분리, 벗어나)입니다.
'**~에서 벗어나 다른 곳에 머무르다**'를 줄여서 표현하면 '**결석하다, 결근하다**'입니다. 학생은 평상시에 학교에 있는데 학생이 학교에서 벗어나 다른 곳에 머무르면 결석하는 것이지요. 직장인은 평상시에 회사에 있는데 직장인이 회사에서 벗어나 다른 곳에 머무르면 결근입니다.

1. He **stayed away from** school yesterday.
   나는 어제 학교에서 벗어나 다른 곳에 있었어. (=결석했어.)

2. I **stayed away from** work yesterday.
   나 어제 직장에서 벗어나 다른 곳에 있었어. (=결근했어.)

3. I'll **stay away from** home tomorrow.
   난 내일 집에서 벗어나 다른 곳에 있을 거야.

4. **Stay away from** me.
   나로부터 벗어나 다른 곳에 있으세요. (나에게서 떨어지세요.)

03 away 없어져, 사라져

fade away   흐릿해져 사라지다

fade[feid]는 'vi.흐릿해지다, 시들다'입니다.
fade away는 fade(흐릿해지다)+away(사라져)로 '흐릿해져서 사라지다'입니다. 인터넷상에는 각종 소문이 난무하지요. 광우병 괴담, A양 염문설 등 많습니다. 처음에는 모든 사람의 입에 오르내리고 그것을 기억하지만 시간이 지나면 fade 하고, 곧 기억에서 away 하지요.

1. As the years **passed away**, the rumor faded away.
   해가 지나감에 따라, 그 소문은 흐릿해져서 사라졌어.
2. Old soldiers never die. They just **fade away**.
   노병은 죽지 않아. 그들은 다만 시들어 사라질 뿐이야.

boil away   끓어서 사라지다

boil[bɔil]은 'vi.끓다 vt.~을 끓이다, ~을 삶다'입니다.
boil away는 boil(끓다)+away(사라져)로 '끓어서 사라지다'입니다. 물을 끓이면 물은 수증기가 되고, 그다음에 수증기는 공중으로 사라지지요. a boiled egg는 '삶겨져 있는 계란'으로 '삶은 계란'입니다.

1. The water in the pan has **boiled away**.
   냄비 안의 물이 끓어서 없어졌어.

melt away   녹아서 사라지다(disappear)

melt away는 melt(vi.녹다)+away(사라져)로 '녹아서 사라지다'입니다.
얼음이 녹으면 물이 되고, 물은 증발하여 사라지게 됩니다. 분노, 원망, 결심 등의 사람 마음은 처음엔 얼음처럼 굳어 있지만 시간이 가면 얼음처럼 녹아내려 사라지게 되지요.

1. The snow will **melt away** soon.
   눈은 곧 녹아서 사라질 거예요.
2. Opposition to my plans **melted away**.
   나의 계획에 대한 반대는 녹아서 사라졌어.
3. Her determination to kill him slowly **melted away**.
   그를 죽이려는 그녀의 결심은 천천히 녹아서 사라졌어.

do away with A   A를 없애다, 제거하다

do away with는 do(~을 하다)+away(사라져)+with(~을 가지고)입니다.
'**가지고 있는 무엇을 사라지게 하다**'를 줄여서 표현하면 '**~을 제거하다, 없애다**'입니다. 갖고 있는 것을 자신으로부터 사라지게 하는 것은 없애고 제거하는 것이죠. 동의어는 remove, get rid of입니다.

1. She wants me to **do away with** my shoes.
   그녀는 내가 나의 신발을 없애 버리기를 원해.

2. We should **do away with** nuclear weapons.
   우린 핵무기를 없애야 해.

3. We have to **do away with** that old custom.
   우린 그 오랜 관습을 없애야 해.

pass away   ① (시간이) 지나가다   ② 죽다(die)

① pass away는 pass(지나가다)+away(사라져)입니다.
'**(시간)이 지나가 사라지다**'를 줄여서 표현하면 '**(시간)이 지나가다**'입니다. 내 옆을 스쳐 지나간 사람은 다시 돌아올 수 있지만, 스쳐 지나간 **시간은 사라지는 것**이기 때문에 away를 붙이는 것입니다.

② pass away는 pass(건너가다)+away(다른 곳으로)입니다.
pass away (from this world)가 원래 표현입니다. '**이 세상에서 다른 곳으로 건너가다**'를 줄여서 표현하면 '**죽다**'입니다. 죽는 것은 이 세상에서 다른 곳(=저승)으로 건너가는 것임을 누구나 다 알기 때문에 괄호(from this world)를 생략하는 것이지요.

1. Lots of time **passed away**.
   많은 시간이 지나갔어.

2. My father **passed away** when I was 17.
   내가 17살이었을 때 아버지는 돌아가셨어.

04 away 다른 곳에, 먼 곳에

be away 다른 곳에 있다, 멀리 있다

be away는 '다른 곳에 있다, 멀리 있다'입니다. 원래 표현은 be away (from home)입니다. 집을 떠나 다른 곳에, 먼 곳에 있는 것이지요.

1. I'll **be away** for the weekend.
   나는 주말 동안 다른 곳에 있을 거야.

2. Your words **are away** from the subject.
   너의 말들은 주제에서 멀리 있어.

keep away from A A에서 다른 곳에 유지하다

keep away from은 keep(~을 유지하다)+away(다른 곳에)+from(~에서)입니다.

keep away from은 keep (oneself) away from에서 괄호(oneself)가 생략된 것입니다. 1번 문장은 Keep (yourself) away from the baby입니다. '아이로부터 당신 몸을 분리시켜 다른 곳에 유지하세요'입니다. 굳이 '당신 몸을'이라고 말해주지 않아도 누구나 다 알기 때문에 괄호(yourself)를 생략하는 것이지요.

1. **Keep away from** the baby.
   아이로부터 먼 곳에서 유지하세요.

2. If I were you, I would **keep away from** that bad boy.
   내가 너라면, 난 그 나쁜 애로부터 멀리 있을 텐데.

3. **Keep away from** heat and sunlight.
   열과 햇빛으로부터 먼 곳에 있으세요.

far away 멀리, 먼 곳에

far and away는 far(멀리) and away(멀리)로 '멀리멀리'입니다. 강조하기 위해 두 개의 단어를 and로 연결했는데 and가 생략되어 far away가 되었습니다.

1번 문장은 그룹 스콜피언스의 명곡 Holiday의 가사입니다. 2번 문장은 비틀스의 명곡 Yesterday의 가사입니다. 찾아서 한 번 들어 보세요. 톰 크루즈와 니콜 키드먼이 주연한 서부개척영화 Far and away는 볼만한 영화입니다.

1. Let me take **far away**.
   나를 멀리 데려가 주세요.

2. All my troubles seemed so **far away**.
   나의 모든 근심은 그렇게 멀리 있는 것처럼 보였어.

put A away　　① A를 다른 곳에 두다　② 저축하다

① put away는 put(~을 두다)+away(다른 곳에)로 '무엇을 다른 곳에 두다'입니다.
1번 문장은 눈에 보이는 장난감을 다른 곳에 두라는 것으로 장난감을 치우라는 것이지요. 2번 문장은 자존심을 다른 곳에 두라는 것으로 자존심을 버리라는 것입니다.

② put away는 '(돈)을 다른 곳에 두다'로 돈을 '저축하다'입니다.
돈이 생겼을 때 **돈의 일부를 떼어내어 다른 곳에 놓아두는 행위는 돈을 저축하는 것입니다.** '저축하다'라는 표현이 많은데 기억하나요? save up, lay up, lay by, put by, set by, lay aside, put aside, set aside입니다. 모두 save (money) up처럼 가운데에 money가 생략되어 있지요. 기억나지 않으면 색인에서 찾아보세요.

1. **Put** your toys **away** before you turn in.
   잠자리에 들기 전에 장난감을 치워.

2. **Put away** your pride.
   너의 자존심은 버려.

3. We should **put away** lots of money.
   우리는 돈을 많은 돈을 저축해야 해.

over

1. 위에
2. 넘어
3. 여러 번, 계속
4. 너머에
5. 여기저기, 전체
6. ~관하여

over의 핵심은 '넘어'입니다. over는 '넘어'에서 모든 뜻이 파생되어 나옵니다.

과거 영국인의 기본생활수단은 목축이었지요. 아침에 일어나 양 떼를 몰고 언덕을 '넘어' 갑니다. 풀밭이 좋은 곳까지 '여러 번, 계속' 언덕을 넘고 넘어갑니다. 그리고 도착한 언덕 '너머에서' 양들에게 풀을 먹이지요. 들판은 '여기저기, 온통' 양들로 덮여있습니다. 이들은 매일 산을 넘어가기 때문에 풀밭이 어디에 있는지 '산에 관하여' 잘 알고 있지요. 영어는 눈에 보이는 모습 그대로 표현하는 언어지요. over는 과거 영국인의 일생생활을 눈에 보이는 모습 그대로 설명해 주고 있습니다.

'넘어' 간다는 것은 앞에 장애물이 놓여 있어 '장애물을 넘어' 간다는 것이죠. 앞에 장애물이 없으면 그냥 걸어가지 넘어갈 이유가 없겠지요. 막다른 골목에 들어와 사방이 벽이라면 벽을 넘어가야 합니다.

over는 '위에'라는 뜻이 있는데 '넘어'와 '위에'는 무슨 상관이 있을까요? 담장을 넘어가려면 담장 위를 봐야겠지요. 비행기가 날고 있는데 산이 가로막고 있으면 산 위를 봐야 산을 넘어갈 수 있습니다. 위를 보지 않고는 넘어갈 수 없지요. 그래서 '넘어'에서 '위에'라는 뜻이 발생하는 것입니다.

01 over 위에

over는 '위에'입니다. '위에'는 on, over, above가 있지요.

on은 접촉으로 표면에 '붙어 있는 위에'입니다. on the desk는 '책상 위에'로 책상 위에 붙어 있는 것이지요. over는 '수직으로 바로 위에'입니다. above는 '수직으로 바로 위에'를 포함한 '모든 위치의 위에'입니다.

재미있는 이야기 하나 하지요. 유럽, 중국, 미국 등 땅이 넓은 나라의 기차에는 침대칸이 있습니다. 30시간 이상 기차를 타 본 적이 있나요? 장거리 여행은 수면을 취해야 하기 때문에 좌석이 아니라 침대가 필요하지요. 침대는 2층 또는 3층 침대입니다. 일행과 함께 여행을 갑니다. 2층에서 자고 싶을 때 Can I sleep on you?라고 말하면 어떻게 될까요? 듣는 사람은 바로 충격받습니다. on은 앞에서 배웠지요. 떨어져 있는 두 개가 접촉하는 것입니다. '당신 몸에 붙어서 자도 될까요?'라고 말했으니 듣는 사람 황당할 수밖에 없지요. on이 아니라 over를 써야 합니다. on은 접촉이고, over는 떨어져서 수직으로 바로 위입니다. on을 사용했다가 따귀를 맞을 수도 있지요. 개념이 확 잡히지 않나요?

1. The clouds are **over** our heads.
   구름이 우리 머리 위에 있어.

2. She is **over** me in the office.
   그녀는 사무실에서 나의 위에 있어.

3. There is a bridge **over** the river.
   강 위에 다리가 하나 있어.

4. The moon is **over** the roof of our house.
   달은 우리 집 지붕 위에 있어.

5. A lamp is hanging **over** the table.
   테이블 위에 램프가 걸려 있어.

02 over 넘어

over는 '넘어'가 핵심입니다. 앞에 무엇인가 장애물이 가로막고 있어 수평으로 가지 못하고 장애물을 '넘어'가는 것이죠. 이렇게 '넘어'가는 것은 '**장애물을 넘어**' 가는 것으로 시간이 걸리고 노력이 필요함을 의미하지요. 1번 문장에서는 다리가 장애물이고, 2번 문장에선 울타리가 장애물이고, 3번 문장에선 산맥이 장애물이고, 4번 문장은 돌멩이가 장애물이고, 5번 문장은 어깨가 장애물이고, 6번 문장은 언덕이 장애물입니다. over는 앞에 놓여 있는 장애물을 '넘어' 가는 것입니다.

1. The water is flowing **over** the bridge.
   물이 다리를 넘어 흐르고 있어.

2. The horse is jumping **over** the fence.
   말이 울타리를 뛰어넘고 있어.

3. The plain flew **over** the Alps.
   비행기는 알프스 산맥을 넘어 날았어.

4. I fell **over** a stone.
   난 돌에 걸려 넘어졌어.

5. I talked to him **over** my shoulder.
   난 어깨너머로 그에게 말했어.

6. A rock is falling **over** the cliff.
   바위 하나가 언덕을 넘어 떨어지고 있어.

get over A
① A를 넘어가다, 넘어오다(come over)
② A를 극복하다(overcome)

get over는 get(가다, 오다) + over(넘어)로 '넘어가다, 넘어오다'입니다.
over는 장애물을 '넘어'입니다. 장애물이 눈에 보이는 벽이나 울타리가 아니라 고난, 질병이라면 고난을 넘어가고, 질병을 넘어가는 것이지요. '**고난을 넘어가다**'는 '**고난을 극복하다**'입니다. '넘어가다'와 '극복하다'는 동의어가 되는 것이지요.

1. **Get over** here right away.
   즉시 여기로 넘어와.

2. Cheer up! You can **get over** the difficulties.
   기운 내! 넌 그 어려움들을 극복할 수 있어.

3. You have to **get over** the shock yourself.
   넌 스스로 그 충격을 극복해야 해.

come over   넘어오다, 넘어가다

come over는 come(오다, 가다)+over(넘어)로 '넘어오다, 넘어가다'입니다.
함께 가거나, 상대편 쪽으로 갈 때는 go가 아니라 come입니다.

1. **Come over** here and have a drink.
   여기로 넘어와 술 한잔하자.

2. Would you like to **come over** for dinner tonight?
   오늘 밤 우리 집에 저녁 먹으러 넘어올래?

run over A   ① (사람 따위)를 치다   ② (신문)을 대충 읽다

run over는 run(달리다)+over(넘어)로 '넘어 달리다'입니다.

① run over는 '**넘어 달리다**'로 '**~를 치다**'입니다. 차가 달리고 있는데 차를 가로막는 장애물이 나타나면 차는 장애물을 넘어 달리게 되지요. 차가 동물이나 사람을 넘어 달리면 '~을 치다'가 되고, 차가 물건을 넘어 달리면 '~을 들이받다'가 됩니다.

② run over는 '**넘어 달리다**'에서 의미가 확장되어 '**(신문)을 대충 읽다**'입니다. 우리는 신문을 볼 때 처음부터 끝까지 헤드라인만 보는 경우가 많지요. **눈이 다음 페이지로 빨리 달려 넘어가는 모습에서 run over는 '(신문)을 대충 읽다**'입니다.

1. I **ran over** a road sign yesterday.
   난 어제 도로 표지판을 넘어 달렸어. (=들이받았어.)

2. I **ran over** a cat on my way home.
   집에 돌아가는 길에 고양이를 넘어 달렸어. (=치었어.)

3. My father always wakes up and **runs over** the newspaper.
   아버지는 항상 일어나셔서 신문을 대충 읽어보셔.

hand A over   A를 넘겨주다(=양도하다)

hand over는 hand(~을 건네주다)+over(넘어)입니다.
'**무엇을 넘어 건네주다**'를 줄여서 표현하면 '**무엇을 양도하다**'입니다. 식탁에서 Hand me the spoon이라고 해 보세요. 숟가락을 바로 건네줄 것입니다. hand는 바로 건네주는 것이죠. 그러나 아버지의 재산은 자식에게 숟가락을 넘겨주듯이 바로 넘겨줄 수 없습니다. 재산을 넘겨주기 위해서는 여러 가지 절차를 넘어가야 하지요. **hand over는 장애물(=절차)을 넘어 건네주는 것으로 '양도하다**'입니다. 양도(讓渡)는 재산이나 권리를 남에게 넘겨주는 것입니다.

1. He **handed over** his business to his son.
   그는 자기 사업을 아들에게 넘겨주었어.

2. The boss **handed over** his position to me.
   사장은 나에게 그의 자리를 넘겨주었어.

take A over   A를 넘겨받다(=양도받다, 인수하다)

take over는 take(~을 잡다)+over(넘어)입니다.
'무엇을 잡아 나에게 넘겨오다'를 줄여서 표현하면 '무엇을 넘겨받다'입니다. 친구가 공을 던지면서 Take it! 하면 그 공을 바로 잡을 수 있지요. 그러나 아버지의 재산이나 대표이사 자리는 야구공 잡듯이 바로 잡을 수 없습니다. 어떤 절차(장애물)를 넘어 잡을 수 있지요. **어떤 장애물(절차)을 넘어 자기 손에 잡는 것으로 '넘겨받다'**입니다. 동의어는 '양도받다, 인수하다'입니다. take over(넘겨받다, 양도받다)의 반대는 hand over(넘겨주다, 양도하다)입니다.

1. I can't **take over** your debts.
   난 너의 빚을 넘겨받을 수 없어.

2. He wants his son to **take over** the business.
   그는 자기 아들이 그 사업을 넘겨받기를 원해.

boil over   끓어서 넘다, 화를 내다

boil over는 boil(끓다)+over(넘어)로 '끓어서 넘다'입니다.
물이 boil 해서 냄비 벽을 over 하는 것이죠. 우리는 화가 날 때 '속이 부글부글 끓는다'고 하지요. 화가 부글부글 끓어서 넘치면 그것은 화를 내는 것입니다.

1. Watch the pan not to **boil over**.
   끓어 넘치지 않도록 냄비를 지켜봐.

2. She **boiled over** when he didn't keep his promise.
   그가 약속을 지키지 않았을 때 그녀는 화를 냈어.

pull over   (차를) 길옆에 세우다

pull over는 pull(~을 당기다)+over(넘어)로 '(말고삐)를 넘어 당기다'입니다.
pull over는 pull (the reins) over로 pull(당기다)+the reins(말고삐)+over(넘어)입니다.
'**말고삐를 넘어 당기다**'를 줄여서 표현하면 '**(마차)를 길옆에 세우다**'입니다. 길 가운데에서 달리고 있는 마차의 말고삐를 당기면 마차는 제자리에서 서게 되지요. 길 가운데에 서면 다른 마차와 충돌하게 됩니다. 그래서 옆에 있는 **다른 마차를 넘어(over) 말고삐를 pull 하면 마차를 길가에 세우게** 되지요. pull over는 과거에 원어민이 마차를 길옆에 세우는 동작에서 유래하여 현재의 자동차에도 그대로 사용하는 것입니다.

1. The police ordered me to **pull over**.
   경찰은 나에게 차를 길옆에 세우라고 했어.

2. Can you just **pull over** here?
   여기서 차를 길옆에 세워 줄래?

03 over 여러 번, 계속

over는 '여러 번, 계속'입니다. '넘고 넘어'에서 '여러 번, 계속'의 뜻이 발생하는 것입니다. over and over를 줄여서 over입니다.

over and over 여러 번, 계속

1. I read his letter **over and over**.
   나는 그의 편지를 여러 번 읽었어.

2. You are saying the same thing **over and over**.
   너는 계속 같은 말만 하고 있어.

3. I warned you **over and over**.
   난 너에게 계속 경고했어.

think A over A를 여러 번 생각하다(=숙고하다)

think over는 think(~을 생각하다)+over(여러 번)입니다.
'~을 여러 번 생각하다'를 줄여서 표현하면 '~을 깊이 생각하다, ~을 숙고하다'입니다. 무엇에 대해서 한번 생각하는 것이 아니라 여러 번 생각하는 것은 깊이 생각하는 것이지요. 동의어로 '숙고(熟考)하다'입니다. 숙고란 심사숙고의 줄임말로 깊이 생각하는 것입니다. think over를 '여러 번 생각하다'로 기억하고 동의어 '숙고하다'를 기억하면 이해가 쉽죠. think over를 처음부터 '숙고하다'로 외우면 무작정 암기해야 할 숙어가 되어버리지요.

1. **Think over** what I told you.
   내가 한 말을 깊이 생각해봐.

2. I need more time to **think over** your proposal.
   너의 제안에 더 많은 숙고할 시간이 필요해.

chew A over A를 여러 번 씹다(=숙고하다)

chew over는 chew(~을 씹다)+over(여러 번)로 '무엇을 여러 번 씹다'입니다.
우리말에도 무엇을 곱씹어 본다는 표현이 있죠. 무엇에 대해 여러 번 씹는 것은 깊이 생각하고, 숙고하는 것이지요.

1. Let me **chew over** the problem for a while.
   잠시 동안 그 문제에 대해 깊이 생각하도록 해 주세요.

2. He spent the whole night **chewing** the contract **over**.
   그는 그 계약에 대해 깊이 생각하면서 하룻밤을 보냈어.

look over
① 넘어 보다
② 여러 번 보다(=살펴보다, 검토하다)

① look over는 look(보다)+over(넘어)로 '넘어 보다'입니다.
시선을 막고 있는 어떤 장애물을 넘어서 보는 것입니다. 시야를 가로막는 장애물 없이 바로 보이면 Look!이라고 하고 over를 붙일 필요가 없지요. 2번 문장의 look over a menu는 메뉴 책을 한 페이지씩 넘어(넘겨)보는 것입니다. 원어민의 식당인 양식집 메뉴판은 책처럼 여러 페이지로 되어 있지요. 페이지를 over 하지 않으면 전체 메뉴를 볼 수 없습니다. 메뉴를 전체 다 보기 위해선 몇 장을 over 해서 look 해야 한답니다.

② look over는 look(보다)+over(여러 번)로 '여러 번 보다'입니다.
무엇을 한번 보는 것이 아니라 여러 번, 반복해서 보는 것이지요. 계약서, 제안서 등 중요한 것을 볼 때 우리는 한번 보는 것이 아니라 여러 번 반복해서 봅니다. 내용에 문제점이 있는지, 내용이 만족스러운지 등 여러 번 살펴보는 것이지요. '여러 번 보다'는 '살펴보다, 검토하다'입니다.

1. **Look over** there!
   저쪽 너머로 봐!

2. Can we **look over** a menu while we're waiting?
   기다리는 동안 메뉴 좀 넘겨봐도 될까요?

3. **Look** it **over** if it has problems.
   문제가 있는지 없는지 살펴보세요. (=검토해 보세요.)

go over
① 넘어가다
② 여러 번 넘어가다(=살펴보다, 검토하다)

① go over는 go(가다)+over(넘어)입니다.
앞에 어떤 장애물이 있어서 그것을 넘어가는 것입니다. 1번 문장은 장애물인 담을 넘어가는 것이고, 2번 문장은 배운 곳으로 페이지를 넘어가는 것입니다. 넘지 않으면 원하는 곳으로 갈 수 없기 때문에 넘어가는 것이지요.

② go over는 go(가다)+over(여러 번)입니다.
'여러 번 넘어가다'를 줄여서 표현하면 '~을 살펴보다, 검토하다'입니다. 위에서 배운 look over와 같은 뜻이지요. 제안서, 계약서 등을 처음부터 끝까지 반복해서 여러 번 넘어가는 것은 내용을 잘 살펴보고 검토하는 것입니다.

1. He tried to **go over** the wall, but got caught again.
   그는 담을 넘어가려고 시도했는데, 또 붙잡혔어.

2. Let's **go over** what we learned last time.
   지난 시간에 배운 곳으로 넘어갑시다.

3. Did you **go over** my proposal?
   나의 제안을 검토해 봤어?

check A over   A를 여러 번 확인하다

check over는 check(~을 확인하다)+over(여러 번)로 '무엇을 여러 번 확인하다'입니다. 한번 확인하는 것이 아니라 여러 번 반복해서 확인하는 것이지요. 사전에는 '철저하게 확인하다'로 나와 있습니다. 여러 번 반복해서 확인하는 것이나 철저하게 확인하는 것이나 같은 말이지요.

1. The doctor **checked** me **over** and told me there's nothing wrong.
   의사는 나를 여러 번 확인했고, 이상 없다고 말했어.

2. When you arrive, **check over** everything in the villa.
   도착한 후에, 별장 안에 있는 모든 것을 여러 번 확인하세요.

3. I **checked** my car **over** before the trip.
   나는 여행 전에 차를 여러 번 확인했어.

04 over 넘어가 있는(=초과한)

over는 '넘어가 있는'입니다. 산을 넘어가 있고, 울타리를 넘어가 있는 개념에서 시간이 넘어가 있는 개념으로 확장된 것입니다. Time is over, Game is over에 이미 익숙해져 있지요. over에 '끝나다(finish)'라는 의미가 추가된 것은 1300년경입니다.

1. There is a house **over** the river.
   강 너머에 집 하나가 있어.

2. There is a bank **over** the road.
   길 너머에 은행이 하나 있어.

3. Your car is **over** there.
   너의 차는 저 너머에 있어.

4. He looks **over** thirty.
   그는 30세 너머에 있는 것으로 보인다.

5. I am **over** 60 kilos.
   나는 60킬로 너머에 있어.

6. The meeting **is over**.
   회의가 끝났어.

7. Game **is over**.
   게임이 끝났어.

8. Spring **is over**.
   봄이 끝났어.

9. Time **is over**.
   시간이 초과했어.

05 over 여기저기, 전체

over는 '여기저기, 전체'입니다. cover라는 단어 속에는 over가 들어 있지요. cover는 전체를 덮는 것입니다.

1. Rain is well-known all **over** the world.
   비는 세계 곳곳에(여기저기) 알려져 있어.

2. He is wet all **over**.
   그는 전체 다 젖어 있어.

3. I put tacks **over** the floor.
   나는 마루 전체에 압정을 깔아놓았어.

4. The lake is frozen **over**.
   호수가 전체 다 얼어 있어.

06 over ~관하여(=about)

over는 '~에 관하여'로 about과 같습니다. over는 계속의 뜻을 갖고 있기 때문에 about과 비교하여 비교적 긴 시간의 분쟁이나 언쟁을 암시합니다.

1. It is no use crying **over** spilt water.
   엎질러진 우유에 대해서 우는 것은 소용이 없어.

2. Long dispute **over** Dokdo
   독도에 관한 오랜 논쟁

talk over A   A에 관하여 이야기하다(talk about, discuss)
argue over A   A에 관하여 언쟁하다(argue about)

1. She **talked over** the accident in the park.
   그녀는 공원 안의 사건에 관해서 말했어.

2. I have to **talk over** the matter with my parents.
   난 그 문제에 관해서 부모님과 이야기해봐야 해.

3. Don't **argue over** the result.
   결과에 관하여 논쟁하지 마세요.

4. We are **arguing over** the picnic.
   우린 소풍에 대하여 논쟁하고 있어요.

about

1. 옆에, 주위에
2. 대략, 약
3. 막, 곧
4. ~에 관하여

1. about은 '옆에, 주변에'입니다. about의 모든 뜻은 '옆에'에서 파생됩니다.

 about은 a(접촉=on)+bout(경계=bound)로 '경계에 붙어 있는'입니다. 경계선(bound)은 앞뒤 좌우로 여러 곳이죠. 경계선에 붙어 있다는 것은 한곳에 붙어 있을 수도 있고, 여러 곳에 붙어 있을 수 있겠지요. about은 '한 곳에 붙어 있는'을 줄여서 표현하면 '옆에'이고, '여러 곳에 붙어 있는'을 줄여서 표현하면 '주위에, 주변에'입니다

2. about은 '약, 대략'입니다.

 about nine은 '9시 옆에'로 우리말로 바꾸면 '약 9시, 대략 9시, 대충 9시, 거의 9시, 9시쯤' 입니다.

3. about은 '막, 곧'입니다.

 '출발 시각 옆에'를 줄여서 표현하면 '막 출발하는, 곧 출발하는'으로 시간이 임박했음을 말합니다. '옆에'에서 '막, 곧'이란 뜻이 발생하지요.

4. about은 '~에 관하여'입니다.

 about은 '옆에, 주위에'에서 '~에 관하여'라는 뜻이 발생합니다. 내 옆에, 내 주위에 붙어 있는 사람은 모두 나와 관계가 있는 사람들이죠. 바로 옆에, 주변에 붙어 있는 관계에서 '~에 관계하여' 입니다. '~에 관계하여'를 줄여서 표현하면 '~에 관하여'이고 동의어로는 '~에 대하여'입니다.

01 about 옆에, 주위에, 주변에

about은 '옆에, 주위에, 주변에'입니다. about의 동의어는 around입니다. 영국인들은 주로 about을 많이 쓰고 미국인들은 around를 많이 쓰지요. 1번 문장을 보세요. about me는 '나에 관하여'가 아니라 '내 주변에, 내 주위에'입니다.

1. I'm in a difficult situation. There is nobody **about**[around] me.
   난 어려운 상황 속에 있어. 내 주위에 아무도 없어.

2. Look! Is there something **about**[around] my neck?
   봐! 목 주위에 무엇인가 있니?

3. A strange rumor is going **about**[around]. Have you heard it?
   이상한 소문이 주위에 돌아다니고 있어. 너 그것을 들은 적 있니?

4. I'm just looking **about**[around].
   나는 그냥 주위에 둘러보고 있어요.

5. There are many people **about**[around] her.
   그녀 주위에 많은 사람이 있어.

6. I'm searching **about**[around] for the lost bike.
   잃어버린 자전거를 찾기 위해 주위에 찾아보고 있어.

7. The baby has thrown his toys **about**[around].
   아기가 장난감을 주위에(=여기저기에) 던져 놓았어.

see about
① 주위에 둘러보다(see around)
② 돌보다(take care of, look after)

① see about은 see(보다)+about(주위에)으로 '주위에 둘러보다'입니다.
시장에 가거나, 새로운 곳에 가서 구경거리가 있으면 우리는 주위에 여기저기 둘러보지요. see around도 같은 뜻입니다.

② see about은 '**주위에 둘러보다**'에서 '**~을 돌보다**'는 뜻이 발생합니다.
아기가 어디가 아픈지, 불편한 곳이 없는지 아기의 몸 주위 여기저기 둘러보면 그것은 아기를 돌보는 것이고, 환자의 몸 주위 여기저기 둘러보면 환자를 돌보는 것이지요.

동의어 take care of는 take(하다)+care(간호)+of(~을)로 '~을 간호하다, 돌보다'입니다. look after는 look(보다)+after(뒤)로 사람의 뒤를 돌보아 주는 것이지요.

1. What are you doing here? I'm just **seeing about**[around].
   여기서 뭐 하고 있니? 난 그냥 주위에 둘러보고 있어.

2. I took a day off to **see about** my baby.
   나는 아이를 돌보기 위하여 하루 휴가를 냈어.

set about A — A를 시작하다(start, begin)

set about은 set(~을 놓다)+about(접촉-on)으로 '무엇을 붙여 놓다'입니다. '(일)에 손을 붙여놓다'를 줄여서 표현하면 '(일)을 시작하다'입니다. about의 어원이 '경계에 붙어있는'으로 on이라고 위에서 설명했습니다. set about the work는 set (one's hand) about the work로 set one's hand(손을 놓다)+about the work(일에 붙여)입니다. **'손을 일에 붙여 놓다'**를 줄여서 표현하면 **'일을 시작하다'**임을 바로 알 수 있지요. 청소를 시작하는 것은 청소도구에 손을 붙여 놓는 것이고, 운전을 시작하는 것은 자동차의 핸들에 손을 붙여 놓는 것입니다. 생략된 단어를 채워 넣어보면 바로 이해가 되지요.

1. We **set about** the work of cleaning the house.
   우리는 집 청소하는 일을 시작했어.
2. Let's **set about** our work.
   우리 일을 시작합시다.

A come about — A가 일어나다, 발생하다(happen)

come about은 come(오다, 가다)+about(접촉)으로 '무엇이 와서 붙다'입니다. 불이 come 해서 물체에 접촉(about)하면 화재가 발생하고, 자동차가 come 해서 사람에 접촉(about)하면 사고가 발생하지요. **무엇이 come 해서 접촉한(about) 결과 '~이 일어나다, 발생하다'**입니다.

1. Can you tell me how the fire **came about**?
   그 화재가 어떻게 일어났는지 나에게 말해 줄 수 있어?
2. Such things **come about** from time to time.
   그런 일들은 가끔 일어나.

bring about A / bring on — A를 일으키다, 야기하다

bring(~을 가지고 오다, 가다)+about(접촉)입니다. about과 on은 모두 접촉이죠. '무엇을 가지고 와서(가서) 붙이다'를 줄여서 표현하면 '~을 일으키다, 야기하다'입니다. 불을 bring 해서 물체에 접촉(about, on)시키면 화재를 일으키고, 자동차를 bring 해서 다른 차나 벽에 접촉(about, on)시키면 교통사고를 일으키지요. **무엇을 bring 해서 접촉(about, on)시킨 결과 '~을 일으키다, 야기하다'**라는 뜻이 되는 것입니다.

1. Our vote will **bring about** immediate change.
   우리의 투표는 즉각적인 변화를 일으킬 것이다.
2. Water shortage can **bring on** war.
   물 부족이 전쟁을 일으킬 수 있어.

02 about 약, 대략, 대충, 쯤, 거의

about은 '옆에'입니다. about nine은 '9시 옆에'로 '약 9시, 대충 9시, 대략 9시, 9시쯤, 9시경'과 같은 말이 됩니다. 시곗바늘이 9라는 숫자 옆에 있기 때문에 '약'이란 뜻이 되는 것이죠. around nine, nearly nine, by nine 모두 같은 뜻입니다.

1. I think she is **about** my age.
   내가 생각하기엔 그녀는 내 나이쯤이야.

2. We arrived there **about** noon.
   우린 정오쯤에 거기에 도착했어.

3. How much money do you need? **about** 10 dollars.
   얼마나 많은 돈이 필요해? 약 10달러야.

4. I'll be back in **about** an hour.
   약 한 시간 후에 돌아올게.

03 about 막, 곧

about은 '옆에'입니다. 1번 문장에서 about time to leave는 '떠날 시간 옆에'로 '막 떠날 시간, 곧 떠날 시간'이 됩니다. 2번 문장의 be about to는 '막(곧) ~할 예정이다'입니다. be to가 '~할 예정이다'인데 여기에 about을 추가하니 '막(곧) ~할 예정이다'로 시간이 임박했음을 나타내지요. be to가 왜 '~할 예정이다' 인지는 영문법쇼크에 자세하게 설명해 놓았습니다.

1. It's **about** time to leave.
   이제 곧 떠날 시간이야.

2. The movie is **about** to start.
   영화가 곧 시작할 예정이야.

3. We were **about** to leave when he came.
   그가 왔을 때 우리는 막 떠날 예정이었어.

4. My wife and I are **about** to be parents.
   아내와 나는 곧 부모가 될 예정이야.

04 about ~에 관하여

about은 '~에 관하여'입니다. about은 '옆에, 주위에'가 기본 뜻인데 '옆에, 주위에'에서 '~에 관하여'라는 뜻이 발생합니다. '~에 관하여'는 '~에 관계하여, 관련하여'를 줄여서 표현한 말이죠. 내 옆에, 내 주변에 붙어 있는 사람은 나와 관계있는 사람이고, 나에 관해서 구체적으로 아는 사람이지요. about은 '무엇에 관하여 구체적으로, 자세히'입니다.

be sorry about A	A에 관하여 미안하다
dream about A	A에 관하여 꿈꾸다
think about A	A에 관하여 생각하다
warn about A	A에 관하여 경고하다
complain about A	A에 관하여 불평하다, 하소연하다
hear about A	A에 관하여 듣다
care about A	A에 관하여 신경 쓰다, 걱정하다

우리가 가장 흔히 쓰는 '~에 관하여'는 about입니다. 너무도 익숙하기 때문에 about에 관한 표현들을 모아 놓았습니다. about의 핵심은 '무엇에 관하여 구체적으로, 자세히'라는 느낌을 갖는 것입니다. I heard about that은 '나는 그것에 관하여 (구체적으로, 자세히) 들었어'입니다. 어떤 내용을 구체적으로 자세히 들었다는 것이지요.

1. I'm **sorry about** what I said.
   내가 말한 것에 대해 미안해.

2. I **dreamed about** you last night.
   어젯밤에 너에 관하여 꿈을 꾸었어.

3. I need some time to **think about** your proposal.
   난 너의 제안에 대해 생각할 조금의 시간이 필요해.

4. I **warned** you **about** the danger.
   난 너에게 그 위험에 대하여 경고했어.

5. You are always **complaining about** your job.
   넌 항상 너의 일에 대하여 불평하고 있어.

6. Did you **hear about** what happened on the street?
   거리에서 무엇이 발생 했는지에 관하여 들었니?

7. I don't **care about** the looks.
   난 외모에 관하여 신경 쓰지 않아요.

be anxious about A — A에 관하여 걱정하다
be worried about
be concerned about

anxious[ǽŋkʃəs], worried[wə́:ri], concerned[kənsə́:rnd]는 'a.걱정하는'입니다.
be anxious about은 be anxious(걱정하다)+about(~에 관하여)으로 '~에 관하여 걱정하다'입니다. 나머지는 단어만 외우면 되지요.
anxious는 'a.간절히 바라는, 걱정하는'입니다. **간절히 바라는 것**은 이루어지지 않을까 봐 **걱정**하기 때문에 '간절히 바라는'에서 '걱정하는'이란 뜻이 파생됩니다.
concerned는 concern(관계, 걱정)+ed(have)로 'a.관계있는, 걱정하는'입니다. 부모 자식 관계, 연인 관계, 부부관계 등 **관계**가 있으면 **걱정**하기 때문에 '관계'에서 '걱정'이란 뜻이 파생됩니다.

1. As he is weak, he is always **anxious about** his health.
   그는 몸이 약해서 항상 건강에 대해 걱정한다.

2. She **is concerned about** finding a job after graduation
   그녀는 졸업 후 일자리 찾는 것에 대해 걱정해.

3. Farmers **are** always **worried about** harvest.
   농부들은 항상 추수에 관해 걱정해.

how about V-ing — ~하는 것이 어때?
what about V-ing

일상생활에서 자주 사용하는 표현입니다. 1번 문장은 How **(do you think)** about going with me? 에서 괄호(do you think)가 생략되었습니다. '나와 함께 외출하는 것**에 대해 어떻게 생각해**?'입니다. 2번 문장 역시 마찬가지입니다. What **(do you think)** about eating out?에서 괄호(do you think)가 생략되었습니다. do you think를 넣으면 '어떻게 생각해?'가 되고 생략하면 간단하게 '어때?'가 되지요. 같은 표현으로 What do you say to Ving, Why don't you가 있습니다. 아래 3~4번 표현도 함께 익혀 두세요.

1. **How about** go**ing** out with me now?
   지금 나와 데이트하는 것 어때?

2. **What about** eat**ing** out this evening?
   오늘 저녁 외식하는 것 어때?

3. **What do you say to** go**ing** fishing with me tomorrow?
   내일 나와 낚시 가는 것 어때?

4. **Why don't you** try it once again?
   한 번 더 시도해 보는 게 어때?

~에 관하여 1

지금까지 배운 '~에 관하여'를 총정리합니다. '~에 관하여'로 영어에는 on, about, over, of가 있어 구분이 필요합니다. 먼저 on, about, over와 of로 나누어 주세요. on, about, over는 '구체적이고 자세한 내용에 관하여'이고, of는 '일부분에 관하여'로 가볍게 언급할 때 사용합니다.

영어신문을 보면 '독도에 관하여'를 표현할 때 on Dokdo, about Dokdo, over Dokdo로 계속 나오죠. 모두 독도에 관하여 구체적이고 자세하게 말한다는 것입니다.
on은 접촉입니다. a fly on the wall에서 보듯이 on은 한 곳에 접촉하고 있지요. 그래서 on은 '하나의 주제에 관하여' 구체적으로 자세하게 다루는 느낌을 줍니다. about은 '경계에 붙어 있는'으로 이곳저곳 몇 군데 붙어 있는 것이기 때문에 '몇 가지에 관하여' 구체적으로 자세하게 다루는 느낌을 줍니다.
over는 about과 같습니다. over는 '여러 번, 계속'의 뜻을 갖고 있기 때문에 긴 시간 동안 계속되는 분쟁이나 언쟁에 관해서 구체적으로 자세하게 다루는 느낌입니다. over Dokdo는 독도에 관한 분쟁이 계속되고 있다는 느낌을 주지요.

on이 가장 구체적이고 about과 over는 비슷한데 over는 비교적 긴 시간의 분쟁에 관하여 말할 때 사용합니다.
of는 일부분을 나타내는 전치사죠. one of ten은 '10분의 1'입니다. 어떤 사건에 대하여 10개의 내용 중에 하나를 들었거나, 하나를 알고 있다면 그 사건에 대하여 자세하게 모르는 것이지요.
of는 구체적으로 자세하게 다루는 것이 아니라 '일부분에 관하여'로 가볍게 다루는 느낌입니다. of가 '~에 관하여'로 사용하는 경우는 보통 특정단어와 연결하여 숙어처럼 굳어진 것이지요. 예문은 on, about, over, of에서 찾아 복습 차원에서 읽어보세요. 그리고 회화에서 감초처럼 사용되는 When it comes to 또한 '~에 관하여'입니다.

~에 관하여 2

- in regard **to**
- in respect **to**
- in reference **to**
- with regard **to**
- with respect **to**
- with reference **to**

'~에 관하여'는 '~에 관계하여, ~에 관련하여'를 줄인 것이라고 설명했습니다. 그래서 '~에 관하여'는 '**관계, 관련**'이란 단어가 사용되지요. regard[rigá:rd], respect[rispékt], reference[réfərəns]는 모두 'n.관계, 관련'입니다.

- in regard to는 in(안에, 속에)+regard(관계)+to(이동)입니다.
  '**가서 관계 속에 있는**'을 줄여서 표현하면 '**~에 관계하고 있는**'이고, 다시 줄이면 '**~에 관하여**'입니다. 어떤 집단에 가서(to), 그 집단 안에(in) 들어가, 관계(regard)를 맺고 있으면 당연히 관계와 관련이 있지요.

- with regard to는 with(가지고)+regard(관계)+to(이동)입니다.
  '**가서 관계를 가지고 있는**'을 줄여서 표현하면 '**~에 관계하고 있는**'이고, 다시 줄이면 '**~에 관하여**' 입니다. 어떤 집단에 가서(to), 그 집단과 관계(regard)를 가지고(with) 있으면 관계와 관련이 있지요. '~에 관하여'를 보면 모두 이동의 to가 들어가 있습니다. 이동하지 않고 가만히 있으면 관계가 형성되지 않지요.

regard는 re(다시=again)+gard(보다=see), respect는 re(다시=again)+spect(보다=see)입니다. 한 번 보고 안 보는 사이가 아니라 다시 보는 사이는 '관계' 있는 사이죠. reference는 re(다시=again)+fer(옮기다=carry)+ence로 한 번 보고 안 보는 사이가 아니라 다시 봄을 옮겨 만나는 사이 역시 '관계' 있는 사이입니다.

1. He talked to me **in regard to** my plan.
   그는 나의 계획에 관해서 말했어.

2. Our question is **with regard to** departure time.
   우리의 질문은 출발 시각에 관해서예요.

3. I called you **with respect to** the letter you sent me.
   저한테 보낸 편지에 관해서 전화를 드렸는데요.

after

after는 before(앞, 이전)의 반대로 '뒤, 후'를 나타냅니다. **순서상으로는 '뒤', 시간상으로는 '후'**입니다. 'after + 명사' 구조로 사용하면 전치사, 'after + 주어 + 동사' 구조로 사용하면 접속사입니다.

one after another — 잇따라, 줄줄이, 차례차례

one after another는 one(하나) + after(후에) + another(또 하나)입니다. **'하나 후에 또 하나'는 '잇따라, 줄줄이, 차례차례'**입니다. 하나의 악재가 터진 후에 또 하나의 악재가 터지면 잇따라, 줄줄이 악재가 터지는 것이죠. 한 사람이 나간 후에 또 한 사람이 나가면 차례차례 가는 것입니다. one after the other는 '번갈아, 교대로'입니다. one과 another는 불특정한 것이 여럿 있다는 것이지만, one과 the other는 정해진 2명(개)만 있기 때문에 2명이 '번갈아, 교대로'입니다.

1. Bad things keep happening **one after another** these days.
   최근에 좋지 않은 일이 줄줄이(잇따라) 터지고 있다.

2. We were asked to enter the room **one after another**.
   우리는 한 명씩 차례차례 방에 들어와 달라고 부탁받았다.

3. We drove the car **one after the other**.
   우리는 번갈아(교대로) 차를 운전했다.

go after A / run after — A를 뒤쫓다, A를 추구하다

go after는 go(가다) + after(뒤에)입니다. **'누군가의 뒤를 가다(달리다)'를 줄여서 표현하면 '뒤쫓다'**입니다. 누군가를 붙잡기 위해 뒤따라 달려가는 것은 뒤쫓는 것이죠. 어떤 목표를 달성하기 위해 목표를 뒤쫓는 것은 목표를 추구하는 것이죠. run after는 이성의 꽁무니를 쫓는다는 의미도 있습니다.

1. He **went**[ran] **after** the burglars.
   그는 도둑들을 뒤쫓아 갔다.

2. We're both **going**[running] **after** the same job.
   우리 두 사람 다 같은 직장을 얻으려고 하고 있어.

3. He's always **running after** younger women.
   그는 항상 더 젊은 여자들을 쫓아다녀.

after all 결국

after all은 after(후에, 뒤에)+all(모든 것)입니다.
'**모든 일을 겪은 후에, 모든 과정을 거친 뒤에**'를 줄여서 표현하면 '**결국**'입니다. after all의 동의어에는 finally, ultimately, eventually, in the end, in the long run이 있습니다.

1. So you made it **after all**!
   그래 네가 결국 그것을 해냈구나!

2. He didn't show up **in the long run**.
   그는 결국 나타나지 않았다.

ask after A A의 안부를 묻다
inquire after

ask after는 ask(vi.질문하다, 묻다)+after(후에, 뒤에)입니다.
'**누군가를 만난 후에 그 사람이 어떻게 지내는지 묻다**'를 줄여서 표현하면 '**누구의 안부를 묻다**'입니다. ask 대신에 동의어 inquire(vi.질문하다, 묻다)를 사용해도 같은 의미입니다.

1. He always **asks after** you in his letters.
   그는 편지에서 꼭 너의 안부를 물어.

2. She **inquired after** you yesterday.
   어제 그녀가 너의 안부를 물었어.

take after A A를 닮다(resemble), 본받다

take after는 take(잡다, 취하다)+after(뒤, 후)입니다.
'**누군가의 뒤(후광=용모, 성격 등)를 자기 것으로 취하다**'를 줄여서 표현하면 '**닮다, 본받다**'입니다. 진행형으로 쓰지 않고, 특히 부모를 닮은 경우에 사용합니다.

1. Your daughter doesn't **take after** you at all.
   당신 딸은 당신을 전혀 안 닮았어요.

2. He studies a lot. You should **take after** him.
   그는 열심히 공부해. 너는 그를 본받아야 해.

look after A   A를 돌보다(take care of)

look after는 look(vi. 보다)+after(뒤)입니다.
'**누군가의 뒤를 보다**'를 줄여서 표현하면 '**돌보다**'입니다. 아기가 다치지나 않는지 아기 뒤를 따라다니며 보는 것은 돌보는 것이죠.

1. Who's going to **look after** the children while you're away?
   당신이 없을 때 아이들은 누가 돌볼 계획인가요?

2. Don't worry about me. I can **look after** myself.
   내 걱정은 하지 마. 내 한 몸은 돌볼 수 있으니까.

seek after A
search after   A를 추구하다

seek after는 seek(찾다)+after(뒤)입니다.
'**무엇을 뒤쫓아 가며 찾다**'를 줄여서 표현하면 '**추구하다**'입니다. 공자나 소크라테스와 같은 성인이 남긴 철학이 무엇인지 성인을 뒤쫓아 가며 찾는 것은 진리를 추구하는 것이죠. seek의 동의어 search를 넣어도 같은 의미입니다.

1. Great men earnestly **seek after** the truth.
   위대한 인물들은 진지하게 진리를 추구한다.

2. He is a salesman who **seeks after** pleasant life.
   그는 즐거운 삶을 추구하는 판매원이다.

time after time   여러 번, 자주

time after time은 time(1번)+after(후에)+time(또 한 번)입니다.
'**한 번 한 후에 또 한 번**'을 줄여서 표현하면 '**여러 번, 자주**'입니다. a time after a time에서 a가 생략되어 time after time입니다. 'a+명사'가 앞뒤로 대구를 이룰 때는 부정관사를 생략합니다.

1. He has escaped from jail **time after time**.
   그는 여러 번 탈옥한 경력이 있다.

2. They hindered her work **time after time**.
   그들은 그녀의 일을 여러 번 방해했다.

name after A   A를 따라 이름 짓다

name after는 name(vi.이름 짓다)+after(뒤)입니다.
아들의 이름을 '순신'이라고 지으면 이순신 장군의 이름을 따라 이름 짓는 것이죠.

1. He was **named after** the President.
   그는 대통령의 이름을 따라 지어졌다.

2. In 1930, Porsche founded a company **named after** his name.
   1930년에, 포르쉐는 그의 이름을 딴 회사를 설립했다.

apart

apart는 '**떨어져, 따로, 조각조각**'입니다.

a(이동=ad) + part(n.일부분, 조각)의 결합으로 일부분으로 떨어져 나가는 것입니다. 함께 살지 않고 떨어져 사는 것은 따로 사는 것이기 때문에 '떨어져'에서 '따로'라는 뜻이 파생되고, 접시가 떨어지면 여러 조각이 되기 때문에 '떨어져'에서 '조각조각'이란 뜻이 파생됩니다.

1. The two houses stood 500 meters **apart**.
   그 두 집은 500m 떨어져 있었다.

2. Their birthdays are only three days **apart**.
   그들의 생일은 단지 3일 떨어져 있다.

3. I think we should spend some time **apart**.
   우리는 얼마 동안 떨어져 시간을 보내는 게 좋을 것 같아요.

4. They're living **apart** now.
   그들은 지금 따로따로(=떨어져) 산다.

5. A hurricane tore **apart** houses with explosive force.
   태풍은 폭발적인 힘으로 집들을 산산조각 냈다.

6. When his wife died, his world fell **apart**.
   그의 아내가 죽자 그의 세상이 무너져 산산조각이 났다.

7. Don't say a word, it will tear my heart **apart**.
   아무 말도 하지 마. 그 말은 내 마음을 산산조각 찢어 놓을 거야.

take A apart   A를 분해하다

take apart는 take(잡다) + apart(떨어져, 따로, 조각조각)입니다.
'**기계를 해체하여 부품을 따로따로 손에 잡다**'를 줄여서 표현하면 '**분해하다**'입니다. 분해한 것을 조립하는 것은 put together로 put(놓다) + together(함께)입니다. 각각의 부품들을 함께 붙여 놓는 것이 조립이죠.

1. The mechanic likes to **take apart** the engine and put it together.
   그 기술자는 엔진을 분해하고 조립하는 것을 좋아한다.

2. This bed can **take apart** for easy storage.
   이 침대는 보관하기 쉽도록 분해 할 수 있다.

tell A apart   A를 구별하다

tell apart는 tell(말하다, 구별하다) + apart(떨어져, 따로)입니다.
'**따로따로 구분하여 말하다**'를 줄여서 표현하면 '**구별하다**'입니다. 쌍둥이를 보고 한 사람은 누구이며, 또 한 사람은 누구라고 따로따로 구분하여 말하는 것은 구별하는 것이죠.

1. I can't **tell** the twins **apart**.
   나는 그 쌍둥이를 구별할 수 없어.

2. I can **tell** the Mars and the Venus **apart**.
   나는 화성과 금성을 구별할 수 있어.

apart from A   A를 제외하고

apart from은 apart(떨어져, 따로) + from(~에서)의 결합입니다.
'**어떤 무엇을 A에서 떨어뜨려**'를 줄여서 표현하면 '**A를 제외하고**'입니다. 어떤 집단에서 A를 떨어뜨려 따로 놓는 것은 A를 제외하는 것이죠. 동의어로는 except, save, but, excepting, exclusive of, with the exception of, except for가 있습니다. apart from은 3~4번 문장처럼 단어 의미 자체로 파악해야 하는 경우도 있습니다.

1. **Apart from** my host, I didn't know a single person there.
   주인을 제외하고, 나는 그곳의 단 한 사람도 알지 못했다.

2. What else do you want to do **apart from** acting?
   연기 말고는 그 밖에 어떤 일을 하고 싶으세요?

3. He lives **apart** / **from** his wife.
   그는 아내로부터 떨어져 산다.

4. My school stands **apart** / **from** my house.
   나의 학교는 내 집에서 떨어져 있다.

across

across는 a(이동=ad)+cross(가로지르다)로 '**가로질러, 건너편에**'입니다.

가로질러 간다는 것은 직선으로, 지름길로 간다는 것입니다. across의 반대는 along(따라서)으로 강을 따라서 강물의 흐름과 같은 방향으로 가는 것은 along이고, 강을 건너기 위해 맞은편으로 강을 가로질러 가는 것이 across입니다. 강을 가로질러 건널 때는 건너편의 목표지점을 향하여 건너는 것이기 때문에 '가로질러'에서 '건너편에'라는 뜻이 파생됩니다. a grocery store across the way는 '길 건너편에 있는 생필품 가게'입니다.

cut across A   A를 가로질러 가다

cut across는 cut(자르다)+across(가로질러)입니다.
'**길을 가로질러 자르다**'를 줄여서 표현하면 '**가로질러 가다, 지름길로 가다**'입니다. 어떤 길을 둘러가지 않고 일직선으로 가로질러, 지름길로 가는 것이죠.

1. I usually **cut across** the park on my way home.
   나는 집으로 갈 때 보통 공원을 가로질러 간다.

2. They put up fences to prevent visitors from **cutting across** the grass.
   그들은 방문객들이 잔디밭을 가로질러 가는 것을 막기 위하여 울타리를 세웠다.

get across A   A를 가로질러 가다, 제대로 전달하다

get across는 get(가다=go)+across(가로질러)입니다.
둘러가지 않고 **가로질러, 지름길로 가는** 것입니다. 가로질러 가는 것은 지름길로 똑바로 가는 것이죠. 자기 생각을 상대편에게 가로질러, 지름길로 전달하는 것은 똑바로, 제대로 전달하는 것입니다.

1. Is there a subway I can take to **get across** town from here?
   여기서 시내를 가로질러 가기 위해 내가 탈 수 있는 지하철이 있나요?

2. What exactly are you trying to **get across**?
   정확히 무엇을 제대로 전달하고자 하는 거야?

3. Your meaning didn't really **get across** to her.
   당신 뜻이 그녀에게 제대로 전달이 안 되었어요.

come across A   A를 가로질러 가다, 우연히 만나다

come across는 come(오다, 가다)＋across(가로질러)의 결합입니다. **강을 가로질러 가다가 사람들을 우연히 만나는 일상생활에서 유래**한 표현입니다. 강을 건널 땐 강폭이 좁고 물이 얕은 곳에서 건너게 되고 그곳에서 사람들을 우연히 만나게 되지요. 사람은 우연히 만나는 것이고, 사물은 우연히 발견하는 것입니다.

come across는 1번 문장의 '가로질러 오다(가다)'란 의미에서 2~3번 문장의 '우연히 만나다'라는 뜻이 파생됩니다. 4번 문장을 직역하면 '어떤 좋은 생각 하나가 나의 마음을 가로질러 갔어'로 어떤 생각이 스쳐(가로질러) 지나간 것은 생각이 갑자기 떠오른 것이죠.

come across(우연히 만나다)의 동의어는 run across, run into, bump into, meet~by chance 입니다.

1. We **came across** the mountain yesterday.
   우리는 어제 그 산을 가로질러 왔어.

2. I **came across** an old friend there.
   나는 그곳에서 옛 친구를 우연히 만났다.

3. What do you do when you **come across** an unfamiliar word?
   당신은 익숙하지 않은 단어를 우연히 만나면 어떻게 하나요?

4. A good idea **came across** my mind.
   갑자기 좋은 생각 하나가 떠올랐어.

run across A   A를 가로질러 뛰다, 우연히 만나다

run across는 run(뛰다)＋across(가로질러)로, 앞에서 설명한 come across와 같습니다.

1. A mountain range **runs across** the country's south coast.
   산맥 하나가 그 나라의 남부 해안을 가로질러 뻗어 있다.

2. We **ran across** some old friends in the village.
   우리는 그 마을에서 우연히 옛 친구 몇 명을 만났다.

3. When a great idea **runs across** your mind, write down immediately.
   좋은 생각이 떠오르거든 즉시 적어 둬.

against

against의 어원은 '반대(in opposition to, adverse, hostile), 적대'입니다.

반대는 서로가 등을 대고 반대 방향을 보는 것이기 때문에 '~반대하여'에서 '~에 기대어'라는 뜻이 파생되고, 반대파나 적군이 쳐들어올 것에 대비하기 때문에 '~반대하여'에서 '~에 대비하여'라는 뜻이 파생되고, 아군과 적군은 대조되기 때문에 '~반대하여'에서 '~대조(비교)하여' 라는 뜻이 파생됩니다. 이와 같이 against는 '~반대(적대)하여'라는 뜻에서 '~에 기대어, 대비하여, 대조하여'라는 뜻이 파생됩니다.

1. Are you **against** the plan or for it?
   너는 그 계획에 반대하는 거야 아니면 찬성하는 거야?

2. We were rowing **against** the current.
   우리는 강물을 거슬러(흐름과 반대로) 노를 젓고 있었다.

3. I will be dead set **against** his opinion.
   난 그의 의견에 단호히 반대하겠다.

4. Don't lean **against** the elevator door.
   엘리베이터 문에 기대어 서 있지 마.

5. We must provide **against** a rainy day.
   우리는 만일에 대비해서 준비해 두어야 해.

6. They took precautions **against** fire.
   그들은 화재에 대비하여 예방책을 취했다.

7. What's the rate of exchange **against** the dollar?
   달러 대비 환율이 어떻게 되죠?

8. Check your receipts **against** the statement.
   영수증을 명세서와 대조하여 확인해 보세요.

3번 문장의 set against는 사전에 '~에 단호히 반대하다'라는 숙어로 나와 있는데 암기하지 마세요. set (my opinion) against his opinion에서 괄호가 생략된 표현입니다. 그의 의견에 반대하는 나의 의견을 내놓는 것은 그의 의견에 단호히 반대하는 것이죠.

재미있는 숙어 모음

shed crocodile tears   거짓 눈물을 흘리다, 우는 시늉을 하다

shed crocodile tears는 shed(vt.흘리다)+crocodile tears(악어 눈물)입니다.
'**악어의 눈물을 흘리다**'는 '**거짓 눈물을 흘리다**'입니다. 악어는 먹이를 먹을 때 눈물을 흘리는데 잡아먹는 것이 슬퍼서 흘리는 것이 아니라 눈물샘의 신경과 입 관절의 신경이 같아 흘리는 것으로 먹이를 삼키기 쉽게 하기 위해 흘리는 눈물입니다. 그래서 '**악어의 눈물=가식적인 눈물, 거짓 눈물**'이 된 것이죠.

1. Stop **shedding crocodile tears**!
   가식적인 눈물은 그만 흘려!
2. She **shed crocodile tears** when she heard the news about the accident.
   그녀는 그 사고에 대해 들었을 때 거짓 눈물을 흘렸다.

break a leg   행운(성공)을 빌다

왜 '다리를 부러뜨리다'라는 의미가 '행운을 빌다'라는 의미가 되었을까요?
이는 오랜 옛날 원어민이 갖고 있던 미신에서 유래했습니다. Good luck(행운을 빌어)이라고 하면 그 반대의 일이 일어난다고 믿었기 때문에 **좋은 일을 기대할 때 그 반대로** '다리나 부러뜨려라'라고 한 것입니다.

1. **Break a leg**! I know you can do it.
   행운을 빈다! 네가 할 수 있다는 것을 알고 있어.
2. The best you could do now is **break a leg**.
   지금 네가 할 수 있는 최선은 행운을 비는 것이야.

a hard nut to crack   다루기 어려운 일(사람)

서양에서는 호두 파이를 즐겨 먹는데 망치로 딱딱한 호두를 깨어 알맹이를 꺼내는 것은 누구에게나 어려운 일입니다. '**깨뜨리기 어려운 단단한 호두**'는 은유적으로 '**다루기 어려운 일이나 사람**'을 나타냅니다. 성격이 까칠한 사람들은 다루기 힘들죠. hard(a.단단한) 대신에 tough(a.단단한, 거친)를 사용해도 됩니다.

1. It may be **a hard nut to crack**, but you can solve it.
   그것은 다루기 어려운 문제겠지만 너는 그것을 해결할 수 있어.
2. He is **a tough nut to crack**.
   그는 다루기 까다로운 사람이다.

a rule of thumb 경험상의 규칙, 척도

a rule of thumb은 a rule(자=ruler) + of(의) + thumb(엄지손가락)입니다.
'**엄지손가락 자**'는 '**경험상의 규칙, 척도**'입니다. 객관적인 줄자나 쇠막대 자를 이용하지 않고 엄지손가락 자를 사용하여 얻은 지식은 경험상의 규칙입니다. 원어민의 조상인 앵글로색슨족은 야만인이었습니다. 아내에게 매질하는 것이 허용되었는데 회초리의 두께가 엄지손가락보다 굵어서는 안 된다는 법이 있었다고 합니다. 아내는 회초리 중에서 남편의 엄지손가락 두께보다 굵은 회초리를 골라 제거했습니다. 결혼하기 전에 남편 될 사람의 엄지손가락 굵기부터 보지 않았을까요? a rule of thumb에는 서글픈 역사가 숨어 있습니다.

1. As **a rule of thumb** people like to deliver bad news than good news.
   경험상의 척도로 봐서 사람들은 좋은 소식보다 나쁜 소식 전달하기를 좋아합니다.
2. This is **a rule of thumb** for cookies and cakes alike.
   이것은 쿠키와 케이크에 똑같이 적용되는 경험에서 나온 법칙이야.

break the ice 어색한 분위기를 깨다

'얼음(얼음처럼 차가운 상황)을 깨다'는 '어색한 분위기를 깨다'입니다.
회의할 때, 친하지 않은 사람들과 만났을 때 어색하고, 서먹하고, 딱딱한 분위기가 되기 쉽습니다. 이때 어색한 분위기를 깨기 위해 '오늘 춥죠?, 야구 좋아하세요?'처럼 날씨, 스포츠 이야기 등의 가벼운 질문을 던지면 어색한 분위기를 깨고 대화를 열어갈 수 있지요.

1. To **break the ice**, he talked about the weather.
   어색한 분위기를 깨기 위해 그는 날씨에 관해 이야기했다.
2. Let's play a game to **break the ice**.
   어색한 분위기를 깰 겸 게임을 한판 하죠.

day in and day out 매일, 날마다

19C 영국에 산업혁명이 한창인 시기에 태어나 일반화된 표현입니다.
사람들은 출근하는 아침(day in)부터 퇴근하는 저녁(day out)까지 **날마다 매일 소음, 공해, 오염된 물에 시달려야** 했습니다. 이러한 시대적 배경으로 인해 day in and day out은 주로 지루하거나, 좋지 않은 일이 매일 반복될 때 사용합니다. 일반적인 의미의 '매일'은 everyday, day after day, from day to day입니다.

1. I'm so tired of eating at the same restaurants **day in and day out**.
   나는 날마다 같은 식당에서 밥 먹는 것이 너무 신물 나.
2. Why are you two always getting into fights **day in and day out**?
   너희들은 어떻게 매일 싸움질이니?

down in the mouth   풀이 죽은, 의기소침한

'입술이 아래로 처져 있는'을 줄여서 표현하면 '풀이 죽은, 의기소침한'입니다.
mouth는 'n.입, 입술'입니다. 스마트폰의 이모티콘을 보면 입술 양쪽 끝이 위로 올라가 있는 모습은 웃음 띤 즐거운 모습이고, 입술 양쪽 끝이 아래로 처져있는 모습은 풀이 죽은, 의기소침한 모습이죠. '왜 입술 양쪽 끝이 아래로 처져있는 거야?'는 '왜 풀이 죽은 모습이야?'입니다.

1. Why are you so **down in the mouth**?
   왜 그렇게 우울한 얼굴을 하고 계세요?

2. He was completely **down in the mouth**.
   그는 완전히 풀이 죽어있었다.

draw a blank   아무런 성과를 얻지 못하다

'빈 종이(꽝)를 끌어내다'는 '아무런 성과를 얻지 못하다'입니다.
어떤 노력을 했지만 아무런 성과를 얻지 못했을 때 사용하는 표현으로 제비뽑기에서 유래했습니다. 사탕, 초콜릿이 적힌 종이와 아무것도 쓰지 않은 빈 종이(blank=꽝)를 넣어 섞어놓은 항아리 속에서 blank(꽝)를 draw(끌어내다) 했다는 것은 좋은 것을 꺼내려고 노력했지만 아무런 성과를 얻지 못했다는 것이죠.

1. I tried to remember his name but **drew a blank**.
   나는 그의 이름을 기억하려고 애썼지만 기억해낼 수 없었다.

2. The police investigation has **drawn a blank**.
   경찰 수사는 아무런 결과를 얻지 못했다.

be all thumbs   손재주가 없다, 서투르다

be all thumbs는 be(이다)+all(모두)+thumbs(엄지손가락)입니다.
'열 손가락 모두 엄지손가락이다'를 줄여서 표현하면 '손재주가 없다, 서투르다'입니다. 손가락 10개가 모두 굵고 짧은 엄지손가락으로 되어 있으면 연장 다루는 것이 서투르기 때문에 물건을 제대로 만들 수 없지요.

1. He's **all thumbs** when it comes to cooking.
   그는 요리에 관해서는 아주 서툴러.

2. You know that I'm **all thumbs**.
   너도 알다시피 나는 손재주가 없어.

the nuts and bolts 기본적 사항

'볼트와 너트'는 '기본적인 사항, 기초적인 사항'입니다.
건물을 짓거나 기계를 조립하는 데 있어서 가장 기본적인 부품이 볼트와 너트이기 때문에 '볼트와 너트'에서 '기본적인 사항, 기초적인 사항'이란 의미가 파생되는 것이죠.

1. The course taught me **the nuts and bolts** of computer programming.
   그 수업은 나에게 컴퓨터 프로그래밍에 관한 기본 지식을 가르쳐주었다.
2. Ann is familiar with **the nuts and bolts** of public relations.
   앤은 홍보에 관한 기본적 사항을 잘 알고 있다.

a drop in the bucket 무시해도 좋을 만큼 적은 양, 새 발의 피

'양동이 안의 물 한 방울'은 '무시해도 좋을 만큼 적은 양, 새 발의 피, 빙산의 일각'입니다.
큰 양동이 안에(in) 들어있는 한 방울의 물은 무시해도 좋을 만큼의 아주 적은 양이죠. a drop in the ocean도 같은 뜻입니다.

1. One thousand dollars is **a drop in the bucket** for him.
   그에게 1천 달러는 새 발의 피에 불과하다.
2. Revealed his corruption is **a drop in the ocean**.
   드러난 그의 부패는 빙산의 일각이야.

a pain in the neck 골칫거리, 아주 귀찮은 사람(것)

'목 안에 있는 통증'은 '골칫거리'입니다.
오랫동안 지속하는 기침으로 인한 목의 통증, 생선 가시가 목에 걸려 빠지지 않을 때의 목의 통증 등은 누구에게나 골칫거리입니다. 우리는 골칫거리를 눈엣가시라고 하는데 영어 원어민은 a pain in the neck(목의 통증)이라고 합니다. 동의어 a pain in the ass, a pain in the butt는 격식이 필요하지 않은 일반 대화에서 흔히 사용합니다. 치질처럼 엉덩이(ass, butt)에 있는 고통 또한 골칫거리죠.

1. That guy is **a pain in the neck** with his constant demands.
   저 사람은 끊임없이 요구하는 아주 귀찮은 사람이다.
2. My roommate is a real **pain in the neck**.
   내 룸메이트는 진짜 골칫거리예요.

a slip of the tongue   실언(misstatement), 말실수

a slip of the tongue은 a slip(n.미끄러짐)+of(분리=off)+the tongue(n.입)입니다.
'실수로 입에서 분리되어 미끄러져 나온 말'을 줄여서 표현하면 '실언, 말실수'입니다.

1. I didn't mean to tell her that. It was **a slip of the tongue**.
   나는 그녀에게 그것을 이야기할 의도는 없었어. 그것은 말실수였어.

2. Sorry, I've made **a slip of the tongue**.
   미안합니다. 제가 말실수를 했군요.

a back-seat driver   잔소리꾼(a chatterbox), 참견 잘하는 사람

back-seat driver는 '**뒷좌석 운전자**'로 '**잔소리꾼**'입니다.
운전자 뒷좌석에 앉아서 '2차선으로 가자, 속도가 빠르다, 깜빡이를 넣어라' 등등 운전자에게 이런저런 성가신 말을 하는 사람은 잔소리꾼이죠.

1. Don't be **a back-seat driver** after you become a manager.
   팀장이 된 후에 잔소리꾼이 되지 마.

2. He is a terrible **back-seat driver**.
   그는 끔찍한 잔소리꾼이야.

be caught red handed   현행범으로 체포되다

be caught red handed는 be caught(체포되다)+red handed(현행범인)입니다.
15C 스코틀랜드에서 살인, 폭력, 침입 범죄를 저지르다 현장에서 붙잡힌 범인들은 손이 피범벅인 경우가 많았다고 합니다. 그때부터 red handed(붉은 손을 갖고 있는=**손이 피투성이인**)에서 '**현행범인**'이란 뜻으로 일반화되었습니다.

1. He **was caught red handed** on the spot.
   그는 현행범으로 현장에서 체포됐어요.

2. He **was caught red handed** stealing money.
   그는 돈을 훔치다가 현행범으로 체포되었다.

beat around the bush   요점을 피하다, 빙빙 돌려 말하다

beat around the bush는 beat(치다)+around(여기저기에, 주변에)+the bush(수풀)입니다. 사냥꾼 일행이 수풀 여기저기를 툭툭 쳐서 수풀에 숨어 있던 꿩이 놀라 날아오를 때 사냥꾼이 총을 쏘아 꿩을 잡았습니다. 수풀을 툭툭 치는 것은 숨어 있던 꿩이 밖으로 나오도록 하는 것이죠. 핵심을 바로 말하지 않고 핵심 주변의 말을 툭툭 던져 상대방이 핵심을 알아차리도록 하는 것은 수풀 주변을 툭툭 쳐서 꿩(핵심)이 수풀 밖으로 날아오르도록 하는 것과 같기 때문에 '**수풀 주변을 툭툭 치다**'에서 '**빙빙 돌려 말하다, 변죽을 울리다**'라는 의미가 파생됩니다.

1. You don't have to **beat around the bush**, just say it.
   빙빙 돌려 말할 필요 없이 그냥 얘기해 보세요.

2. Get to the point, instead of **beating around the bush**.
   빙빙 돌려 말하는 것 대신에 본론으로 들어가세요.

blow one's own horn(trumpet)   자화자찬하다, 허풍떨다

'자기 자신의 나팔(트럼펫)을 불다'를 줄여서 표현하면 '**자화자찬하다**'입니다.
이 표현은 이솝우화의 동물음악대에서 유래했습니다. 음악회가 끝난 뒤 자기가 나팔을 잘 불어서 다른 동물들의 실수를 덮을 수 있었다며 원숭이가 자기가 제일 잘했다고 자랑을 합니다. 다른 동물들의 실수를 덮을 수 있었던 것은 원숭이가 나팔을 잘 불어서가 아니라 원래 나팔 소리는 다른 악기보다 소리가 크지요.

1. He always **blows his own horn**.
   그는 늘 자기 자랑을 늘어놓는다.

2. I don't like people who **blow their own trumpet**.
   나는 자화자찬하는 사람들을 좋아하지 않아.

bite the bullet   이를 악물고 참다, 꾹 참다, 고통을 감내하다

'치료받기 위해 총알을 입에 물다'를 줄여서 표현하면 '**이를 악물고 참다, 꾹 참다**'입니다.
전쟁터에서 부상당한 군인에게 독한 술을 마시게 한 후 총알을 입에 물리고 치료한 것에서 유래한 표현입니다. 몸에 박힌 총알을 꺼내거나, 썩어가는 팔다리를 잘라낼 때 고통을 참기 위해선 눈앞에 보이는 총알을 입에 꽉 물 수밖에 없지요. 진통제 모르핀이 등장한 시기는 19C입니다.

1. I know it's a hard work, but you have to **bite the bullet** and do it.
   그게 힘든 일인 줄은 알지만 너는 꾹 참고 해야 해.

2. We need to **bite the bullet**.
   우리는 이를 악물고 견뎌야 합니다.

call a spade a spade   사실대로 말하다, 톡 까놓고 말하다

'삽을 삽이라고 부르다'를 줄여서 표현하면 '**사실대로 말하다**'입니다.
spade[speid]는 'n.삽, 스페이드(카드)'입니다. 카드의 스페이드 모양은 모종삽처럼 생겼습니다. 삽을 삽이라고 부르고 망치를 망치라고 부르는 것은 있는 그대로 숨김없이, 사실대로, 톡 까놓고 말하는 것이죠. call A B 구조를 흔히 5형식 문장이라고 합니다.

1. You have told a lie. You'd better **call a spade a spade**.
   너는 거짓말을 했어. 사실대로 말하는 게 좋을 거야.

2. To **call a spade a spade**, he's a fraud.
   솔직히 말하면 그는 사기꾼이야.

call it a day   하루 일을 끝마치다, 하루 일을 마무리하다

직역하면 '그것을 하루라고 부르다'인데 어떻게 '하루 일을 끝마치다'라는 뜻이 되었을까요? 전기가 상용화되기 이전까지 사람들은 아침 해가 뜰 때 일을 시작해서 저녁 해가 질 때 일을 끝마쳤습니다. 해가 지는 퇴근 시점에 '**지금까지를 오늘 하루라고 부릅시다**'라고 말하면 '**오늘 일을 끝마칩시다**'라는 의미가 되는 것이죠. 즉 퇴근하자는 소리입니다.

1. It's dark already. Let's **call it a day**.
   날이 이미 저물었네요. 오늘은 그만 끝냅시다.

2. I'm losing my concentration. Let's **call it a day**.
   집중이 안 되는군요. 오늘은 그만 끝냅시다.

cut corners   절차(원칙)를 생략(무시)하다, 경비(비용)를 절약하다

'코너를 잘라버리다'는 '절차를 무시하다, 경비를 절약하다'입니다.
반드시 둘러가야 하는 상황에서 코너를 cut 하고 지름길로 가면 일을 쉽게 하려고 절차나 원칙을 무시하는 것입니다. 둘러갈 필요가 없는 코너인 상황에서 불필요한 코너를 cut 하고 지름길로 가는 것은 경비(비용)를 절약하는 것이죠.

1. I don't trust the guys who **cut corners**.
   나는 절차를 무시하는 자들을 신뢰하지 않아.

2. You shouldn't **cut corners** if you want good quality.
   좋은 품질을 원한다면 비용을 절약해선 안 되지.

fly in the face of   ~에 역행(반대)하다

fly(날다) + in the face of(~의 면전에서)입니다.
'부모님의 면전에서 날라가버리다'를 줄여서 표현하면 **'~에 역행하다'**입니다. 부모님 면전에서 부모님의 말씀을 듣지 않고 새처럼 날아가 버리는 것은 부모님의 말씀에 역행하고 반대하는 것이죠.

1. You mustn't **fly in the face of** your parents' will.
   너는 부모님의 뜻에 역행(반대)해서는 안 돼.

2. Why do you **fly in the face of** Providence?
   너는 왜 하늘의 뜻에 역행하느냐?

follow in somebody's footsteps   ~의 발자취(선례)를 따르다

follow in somebody's footsteps은 follow(vt.따라가다) + somebody's footsteps(누군가의 발자국) + in(안에)에서 부사 in이 명사 앞으로 이동한 구조입니다.
눈 위를 걸어가면 발자국이 남지요. **'누군가의 발자국 안에 자신의 발을 넣어 따라가다'**를 줄여서 표현하면 **'누군가의 발자취(선례)를 따르다'**입니다.

1. Many civil rights leaders have **followed in Lincoln's footsteps**.
   많은 시민권 운동 지도자들은 링컨의 발자취를 따랐습니다.

2. I intend to be a physician, **following in my father's tracks**.
   나는 아버지의 발자취를 따라 의사가 될 생각이다.

get a head start   남보다 유리한 출발을 하다

get a head start는 get(~을 가지다=have) + a head start(머리 하나의 출발)입니다.
'머리 하나 크기의 앞선 출발을 가지다'는 **'남보다 유리한 출발을 하다'**입니다. 달리기 시합에서 총소리를 듣자마자 재빨리 머리를 내밀어 남들보다 머리 하나 크기로 앞서 출발하면 남보다 유리한 출발을 하는 것이죠.

1. People who do not serve in the military **get a head start** on their careers.
   군 복무를 하지 않는 사람들은 사회생활에서 유리한 출발을 합니다.

2. She wants her children to **get a head start** in learning before they go to school.
   그녀는 자녀들이 학교에 가기 전에 선행학습 하기를 원해.

get cold feet 긴장되다, 겁을 먹다

get cold feet는 get(갖다=have)+cold feet(차가운 발)입니다.
'**차가운 발을 갖다**'가 '**긴장되다, 겁을 먹다**'라는 뜻이 된 것은 19C 전쟁터에서 도망치는 군인의 발에서 유래했습니다. 총 맞아 죽을지 모른다는 공포감에 질려 군인의 몸과 발이 차가워진 현상에서 유래한 것입니다. 공포에 질리면 몸이 오싹해지며 차가워지지요. 누구나 그런 경험이 있을 것입니다.

1. Why do I always **get cold feet** before I give a presentation?
   나는 왜 사람들 앞에서 발표하기 전에 언제나 긴장되는 걸까?

2. Almost everyone **gets cold feet** in dangerous situation.
   거의 모든 사람이 위험한 상황에서 겁을 먹는다.

get the ax 해고(퇴학)당하다

get the ax는 get(**되다**=become)+the ax(도끼, **참수**)로 '**참수되다**'는 '**해고되다**'입니다.
게르만족이 등장하는 옛날 영화를 보면 도끼가 자주 등장합니다. 도끼로 참수하기 때문에 '도끼'에서 '참수'라는 뜻이 됩니다. 우리는 해고되었을 때 흔히 '잘렸다'라고 하지요.
동의어로 get[have] the sack이 있는데, get(가지다=have)+the sack(마대자루)의 결합으로 해고당한 후 자신의 짐을 마대자루에 담아 회사를 떠나는 것에서 유래했습니다. '**내가 쓰던 물건을 모두 담은 마대자루를 가졌어**'를 줄여서 표현하면 '**나는 해고당했어**'입니다.

1. He **got the ax** yesterday.
   그는 어제 해고됐어요.

2. He **got the ax**[sack] for wasting too much time at work.
   그는 직장에서 너무 많은 시간을 낭비해서 해고됐어.

get the picture 상황을 파악(이해)하다, 감을 잡다

get the picture는 get(가지다=have)+the picture(전체적인 그림)입니다.
'**전체적인 그림을 가지다**'는 '**상황을 파악하다**'입니다. 설명을 듣고 상황에 대한 전반적인 그림을 머릿속에 가지면 상황을 파악하고 이해하는 것이죠. 실제 사진을 받는 상황에서 get the picture는 '사진을 받다'입니다.

1. Do you **get the picture** now?
   이제 상황 파악이 돼?

2. You still don't **get the picture**.
   넌 여전히 상황 파악을 못 하고 있어.

get wind of A   A에 관해 눈치채다

get wind of는 get(가지다=have) + wind(n.바람, 낌새, 눈치) + of(~에 관하여)입니다. 바람에서 풍겨오는 냄새에서 여러 가지 낌새를 알아차릴 수 있기 때문에 '**바람**'에서 '**낌새, 눈치**'란 뜻이 파생됩니다. 시골에서는 고기나 전을 굽는 냄새가 마을에 퍼지면 이웃집에서 잔치가 있다는 것을 눈치채지요.

1. Our competitors must not be allowed to **get**[have] **wind of** our plans.
   경쟁자들이 우리 계획을 눈치채도록 허용해서는 안 돼.
2. How did she **get**[have] **wind of** our plans?
   그녀가 어떻게 우리 계획을 눈치챘지?

give one's right arm   어떤 희생이든 감수하다

'자신의 오른팔을 적에게 내어주다'를 줄여서 표현하면 '**어떤 희생이든 감수하다**'입니다.
고려 태조 왕건은 대구 팔공산에서 견훤의 매복 작전에 걸려 죽임을 당할 위기에 놓였는데 오른팔이었던 신숭겸 장군이 곤룡포를 바꿔 입고 적을 유인하여 싸우다 죽어가는 동안 무사히 도망칠 수 있었습니다. 자신의 오른팔을 적에게 내어주는 것은 자신이 살기 위해 어떤 희생이든 감수하는 것이죠.

1. I will **give my right arm** for her.
   나는 그녀를 위해 어떤 희생이라도 감수할 거야.
2. I will **give my right arm** to be there.
   나는 거기에 가기 위해 어떤 희생이든 감수할 거야.

get A wrong   A를 오해하다

get A wrong은 get(vt.받다=receive) + A + wrong(a.잘못된, 틀린)입니다.
'A를 잘못된 것으로 받아들이다'를 줄여서 표현하면 '**A를 오해하다**(misunderstand)'입니다.

1. I'm sorry, I **get** you **wrong**.
   내가 너를 오해해서 미안해.
2. Don't **get** me **wrong**, I'm not criticizing you.
   오해하지 마. 나는 널 비난하고 있는 게 아니야.

go through the motions 시늉만 하다

go through the motions는 go through(경험하다) + the motions(동작들)입니다. **'운동 동작들을 한번 경험해보다'를 줄여서 표현하면 '시늉만 하다'**입니다. 어떤 동작들을 운동이 되도록 하지 않고 경험 삼아 한번 해 보는 것은 운동하는 시늉만 하는 것이죠. go through는 experience입니다.

1. Stop **going through the motions** and just do it.
   시늉만 하지 말고 그냥 행동으로 옮겨.

2. Jane isn't doing her best. She's just **going through the motions** of the job.
   제인은 최선을 다하고 있지 않아. 그 일을 하는 시늉만 할 뿐이야.

go through the roof 급등하다, 화가 머리끝까지 치밀다

go through the roof는 go(가다) + through(관통하여) + the roof(지붕, 꼭대기)입니다. **'가격이 지붕을 관통하여 가다'를 줄여서 표현하면 '급등하다'**입니다. 상품 가격이 천정과 지붕을 뚫고 위로 올라가면 가격이 천정부지로 급등하는 것이고, 분노지수가 머리 뚜껑을 뚫고 위로 올라가면 화가 폭발하는 것이죠.

1. These days, prices are **going through the roof**.
   요즘 물가가 급등하고 있어.

2. He got so angry he almost **went through the roof**.
   그는 너무 화가 나서 화가 머리끝까지 치밀었다.

grease one's palm 누구에게 뇌물을 주다

'누구의 손바닥에 기름질 하다'를 줄여서 표현하면 '뇌물을 주다'입니다.
grease[griːs]는 'n.기름 vt.~에 기름질 하다'입니다. 옛날에는 동서양을 막론하고 평민이 고기를 먹는 것은 상당히 어려웠습니다. 짐승을 잡으면 맛있는 부위는 귀족들이 다 가져가고 기름 덩어리인 비계만 남았는데 그것이라도 구해 관원들에게 뇌물로 준 것에서 유래했습니다. 감옥에 갇힌 가족을 만나려면 감방 지기에게 기름 덩어리인 비계라도 쥐어줘야 했습니다.

1. **Whose palm** did you **grease**?
   누구에게 뇌물을 줬나요?

2. Since he **greased her palm**, he could buy a house very cheaply.
   그는 그녀에게 뇌물을 줘서 집을 매우 싸게 살 수 있었다.

have a big mouth 입이 가볍다, 수다스럽다

'큰 입을 갖고 있다'를 줄여서 표현하면 '**입이 가볍다, 수다스럽다**'입니다.
입이 커서 입에서 튀어나오는 말들이 많아 수다스럽다는 것이죠. 입이 싸고, 말이 많고, 비밀을 잘 간직하지 못하고, 자기 자랑을 많이 하는 수다스러운 사람들을 말합니다.

1. Everyone says you **have a big mouth**.
   모두 네가 수다쟁이라고 말해.

2. Everyone knows she **has a big mouth**.
   그 여자가 수다스럽다는 것은 세상 사람들이 다 알아.

have a chip on one's shoulder 싸움(시비)을 걸다

have a chip on one's shoulder는 have a chip(나무토막을 갖고 있다) + on one's shoulder(어깨 위에)입니다. 18C 미국에선 누군가에게 불만이 있어 싸움을 걸 때 어깨 위에 나무토막을 얹어 싸우자는 신호를 보냈습니다. 그래서 '**어깨 위에 나무토막을 갖고 있다**'가 '**싸움을 걸다**'라는 뜻이 된 것이죠. "내 어깨 위의 나무토막이 안 보이냐? 야! 너 나랑 한 판 붙자"

1. When Tim is drunk, he always **has a chip on his shoulder**.
   팀은 취하면 항상 싸움(시비)을 걸어.

2. There's a kid in our class who **has a chip on his shoulder**.
   우리 반에는 시비 걸기를 좋아하는 애가 있어.

have a finger in the pie 참견하다, 간섭하다

'파이에 손가락을 대다'를 줄여서 표현하면 '**참견하다, 간섭하다**'입니다.
서양인들은 파이를 주식처럼 만들어 먹지요. 이 집, 저 집 방문할 때마다 손가락으로 파이를 찍어 먹고 맛이 어떠니 하면서 참견하는 사람을 빗대어 하는 말입니다.

1. She likes to **have a finger in the pie**.
   그녀는 참견하기(끼어들기)를 좋아해.

2. He's trying to **have a finger in every pie**.
   그는 모든 일에 참견하려고 노력하고 있어.

have second thoughts   다시 생각해보다

have second thoughts는 have(가지다)+second(두 번째)+thoughts(생각)입니다.
'**첫 번째 생각을 버리고 두 번째 생각을 갖다**'를 줄여서 표현하면 '**다시 생각해보다**'입니다. 1번 문장은 여자 친구와 결혼(연애)하려고 했던 첫 번째 생각을 버리고 결혼에 대해 다시 생각해 보는 것이고, 2번 문장은 캐나다로 이민(유학) 가기로 했던 첫 번째 생각을 버리고 이민을 다시 생각해 보는 것입니다.

1. I am **having second thoughts** about my girlfriend.
   나는 여자 친구에 대해 다시 생각해 보고 있어.

2. We now **have second thoughts** about going to Canada.
   우리는 지금 캐나다행을 다시 생각해 보려고 해.

have the upper hand   주도권을 잡고 있다, 우세하다, 이기다

have the upper hand는 have(가지다)+the+upper(위쪽의)+hand(손)의 결합입니다.
'**다른 사람보다 손이 위에 있다**'를 줄여서 표현하면 '**주도권을 잡고 있다, 우세하다**'입니다. have 대신에 get, gain을 사용해도 됩니다. 15C에 유행했던 손으로 막대기 잡기 게임에서 유래했습니다. 차례대로 막대기 밑에서부터 꼭대기까지 손으로 잡아 나가 맨 꼭대기 부분을 잡는 사람이 이기는 게임으로 손이 위에 있다는 것은 주도권을 쥐고 있고, 우세하고, 이기고 있다는 것이죠.

1. Who **has the upper hand**?
   누가 주도권을 잡고 있나요?

2. My mother seems to **have the upper hand** over my father.
   우리 엄마가 아빠보다 주도권을 가지고 있는 것 같아.

hit below the belt   반칙행위(비겁한 짓)를 하다

hit below the belt는 hit(때리다)+below(~의 아래)+the belt(벨트, 혁대)입니다.
권투 경기에서 유래한 표현으로 '**벨트 아래를 때리다**'는 '**반칙행위를 하다**'입니다. 벨트 아래는 급소가 있는 부분으로 권투 경기에서 벨트 아래를 치는 행위는 반칙이죠.

1. I hate arguing with him. He always **hits below the belt**.
   나는 그와 언쟁하는 거 싫어해. 그는 항상 비겁한 짓을 해.

2. Mentioning someone's past is **hitting below the belt**.
   과거를 들먹이는 것은 비겁한 짓이야.

hit the book(s) 열심히 공부하다(study hard)

hit the book은 '책을 치다(때리다)'가 아니라 '**열심히 공부하다**'입니다.
도서관에 가면 많은 책이 꽂혀 있습니다. 손을 뻗어 이런저런 책들을 꺼내는 모습은 권투에서 잽을 날리듯 툭툭 치는(hit) 모습과 비슷합니다. 도서관에서 이런저런 book을 hit 하며 보는 것은 열심히 공부하는 것이죠.
hit the hay는 '건초를 치다'가 아니라 '**잠자리에 들다**'입니다. 과거 영국인들은 바닥에 건초를 깔고 잠을 잤습니다. 건초가 바닥에 골고루 깔리도록 건초를 툭툭 치며 정돈하는 것은 잠자리에 드는 것이죠.

1. She **hit the books** to enter a good university.
   그녀는 좋은 대학에 입학하기 위해 열심히 공부했다.

2. It's time to **hit the hey**.
   잠자리에 들 시간이야.

hit the ceiling 격노하다, 길길이 뛰다, 노발대발하다

'천정을 치다'는 '**격노하다, 길길이 뛰다, 노발대발하다**'입니다.
사람들은 분노하면 길길이 날뜁니다. 머리가 천정에 닿을 정도로 날뛰었다는 것은 격노했다는 것이죠.
hit the road는 '**출발하다, 여행을 떠나다, 길을 나서다**'입니다. 유목민이 길을 떠날 때 큰 칼로 나무를 툭툭 hit 하며 길을 만들어가며 가는 일상생활에서 유래한 표현입니다.

1. I was late today and my boss **hit the ceiling**.
   오늘 지각했는데, 사장이 노발대발했어.

2. Before we **hit the road**, let's have some food.
   출발하기 전에 뭐 좀 먹자.

ins and outs 자세한 내용, 상세한 내용

ins and outs는 ins(포함된 정보들)+outs(제외된 정보들)입니다.
'**포함된 정보들과 제외된 정보들 모두**'는 '**자세한 내용, 상세한 내용**'입니다. 보고서 안에 담은 내용들(ins)과 보고서에 담지 못한 보고서 밖의 내용들(outs)을 모두 알려달라는 것은 자세하고 상세한 내용을 알려달라는 것이죠.

1. I don't know the **ins and outs** of their quarrel.
   나는 그들이 싸우게 된 상세한 내용은 모른다.

2. The Minister knows the **ins and outs** of the case.
   그 장관은 그 사건에 대한 상세한 내용을 알고 있다.

laugh in one's sleeve   숨어서 웃다, 몰래 웃다

laugh in one's sleeve는 laugh(웃다)+in one's sleeve(소매 안에서)입니다.
소매를 들어 올려 웃는 입이 상대방에게 보이지 않도록 '**소매 안에서 웃다**'는 상대방에게 들키지 않도록 '**몰래 웃다**'입니다. 소매를 up 시켜 입을 가리기 때문에 in 대신에 up을 사용해도 됩니다.

1. In reality, she **laughed in her sleeve**.
   사실, 그녀는 속으로 웃고 있었어.

2. Jane looked very serious, but I knew she was **laughing up her sleeve**.
   제인은 대단히 심각해 보였는데, 나는 그녀가 속으로 웃고 있는 것을 알았다.

leave for the day   퇴근하다

leave for the day는 leave(떠나다)+for the day(남아 있는 그 하루를 위하여)입니다.
'**남아 있는 그 하루를 위하여 사무실을 떠나다**'를 줄여서 표현하면 '**퇴근하다**'입니다. leave (the office) for the day에서 괄호가 생략된 표현입니다. leave for work(출근하다)는 leave (home) for work에서 괄호가 생략된 표현으로 업무를 위하여, 직장을 향하여 집을 떠나는 것은 출근하는 것이죠.

1. Do you mind if I **leave for the day**?
   지금 퇴근해도 될까요?

2. Unless there's anything else, I'm **leaving for the day**.
   별일 없으면 퇴근하겠습니다.

odds and ends   잡동사니, 자질구레한 일들

odds and ends는 odd(n.자투리 a.홀수의, 외짝의)+end(n.끝)입니다.
'**자투리들, 끝에 남은 것들**'은 '**잡동사니, 자질구레한 일들**'입니다. 짝이 맞지 않아서 남는 것, 끝을 자르고 남은 여분 등을 언젠가는 사용할 것 같아서 모아 두는데 그런 것들을 우리는 잡동사니라고 합니다.

1. The desk drawer was full of **odds and ends**.
   책상 서랍은 잡동사니로 가득했다.

2. I have a few **odds and ends** to do before leaving.
   나는 떠나기 전에 해야 할 몇 가지 자질구레한 일들이 있어.

put one's foot in one's mouth 말실수(실언)를 하다

'손이 아닌 발을 입안에 넣다'를 줄여서 표현하면 '**말실수를 하다**'입니다.
음식을 먹기 위해 손을 입으로 넣어야 하는데 발을 입에 넣는 것은 실수죠.

1. You **put your foot in your mouth** at the party. Why did you get so drunk?
   너 파티에서 실언했어. 왜 그렇게 취했니?

2. I guess I really **put my foot in my mouth** last night.
   엊저녁에 정말 말실수를 한 것 같아요.

put two and two together 종합적으로 판단하다

put two and two together는 put(놓다)＋two and two(두 개씩)＋together(함께)입니다.
보고 들은 정보들을 '연관성이 있는 두 개씩 함께 놓고 보다'는 '정보를 종합적으로 판단하다'입니다.

1. He can't **put two and two together**.
   그는 종합적으로 판단할 수 없어.

2. **Putting two and two together**, I assume that this was the car he used.
   종합적으로 판단하면, 나는 이것이 그가 사용한 차량이라고 추정해.

pull strings 배후에서 조종하다, 영향력을 행사하다

'줄을 잡아당기다'가 '배후에서 조종하다'라는 의미가 된 것은 인형극에서 유래했습니다.
인형극을 보면 인형에 여러 줄을 매달아 사람이 뒤에서 줄(strings)을 잡아당겨(pull) 인형을 조종하지요. 이 책을 쓰고 있는 지금, 대한민국은 대통령을 pull strings 하여 국정을 농단한 비선 실세 최순실로 인해 온 나라가 혼란스럽습니다.

1. Who do you think is **pulling strings**?
   너는 누가 배후조종을 한다고 생각하니?

2. Choi had been **pulling strings** behind the President.
   최순실은 대통령 뒤에서 영향력을 행사해왔다.

3. He **pulled strings** to get a job for his friend.
   그는 친구에게 직장을 잡아주려고 영향력을 행사했다.

up in the air   미정인

up in the air는 up(위에)＋in the air(하늘에, 공중에)입니다.
'무엇이 손에 잡히지 않고 하늘 위에 붕 떠 있는'을 줄여서 표현하면 **'미정인'**입니다.

1. Our travel plans are still **up in the air**.
   우리 여행 계획은 아직 미정이다.

2. It's **up in the air** whether I'll get a promotion or not.
   내가 승진을 하게 될지 아닐지는 미정이야.

put on a white sheet   참회(회개)하다

put on a white sheet는 put(놓다)＋on(접촉)＋a white sheet(흰색 천)입니다.
'흰색 천을 몸에 덮다'를 줄여서 표현하면 **'참회(회개)하다'**입니다. 여자들이 미사 볼 때 덮어쓰는 흰색 천을 몸에 덮고 성당에 가서 기도하면 회개하고, 참회하는 것이죠.

1. The criminal **put on a white sheet** while serving his term in a prison.
   그 범죄자는 감옥에서 투옥 생활하면서 참회했다.

keep a straight face   진지한 표정을 하다

keep a straight face는 keep(~을 유지하다)＋straight face(진지한 얼굴)입니다.
사람 얼굴은 웃으면 입꼬리가 올라가는 등 얼굴 표정에 변화가 생기지요. **straight face**는 표정 변화가 **없는 얼굴**, 얼굴 표면이 곧게(straight) 펴진 **진지한 얼굴**을 말합니다.

1. It's hard to **keep a straight face** when someone tells a funny joke.
   누군가가 재미있는 농담을 할 때, 진지한 표정을 하기란 어려워.

kick the bucket   죽다(die)

'두레박을 차다'가 왜 '죽다'라는 뜻이 되었을까요?
사람을 두레박 위에 세워 목에 줄을 감은 다음 사람을 받치고 있는 두레박(bucket) 걷어차(kick) 사람 목이 댕그랑 매달리도록 만들어 교수형에 처하는 것에서 유래했습니다. 미국 서부 영화에서 흔히 보았을 것입니다.

1. He **kicked the bucket** last week.
   그는 지난주에 죽었습니다.

찾아보기

A

a back-seat driver 381
abound in 216
about 360
absent oneself from 133
abstain from 141
accommodate to 163
according to 171
account for 277, 282
across 374
act on 105
adapt to 163
a day of 129
add A to B 156
add up 040
add up to 166
adhere to 152
adjust to 163
a drop in the bucke 380
after 368
after all 369
against 376
a hard nut to crack 377
aim at 292
all at once 305
allow for 277
a lot of 184
amount to 166
and aso on 100
and so forth 100
and the like 100
a pain in the neck 380
apart 372
apart from 373
apologize to 148
appeal to 149
apply for 272
apply oneself to 158
apply to 174

appoint A to B 157
approve of 192
argue over 359
argue with 319
arm in arm 224
a rule of thumb 378
ask after 369
ask out 242
ask away 342
a slip of the tongue 381
at 290
at a blow 304
at a bound 304
at a breath 304
at a glance 304
at a high price 300
at all costs 299
at all times 298
at a look 304
at a loss 295
at a low price 300
at anchor 303
at any cost 299
at any expense 299
at any moment 298
at any price 299
at any time 298
at a sight 304
at a speed of 299
at a stretch 304
at a temperature of 299
at a time 304
at breakfast 303
at church 303
at least 294
at most 294
at one's wit's end 295
at play 303
at prayer 303
at random 293
at school 303
at sea 303
at table 303

attach A to B 156
attend on 083
attend to 159
at the age of 299
at the beginning of 298
at the cost of 300
at the end of 298
at the moment 297
at the price of 300
at the same time 297
at this time 297
attribute A to B 157
at war 303
away 340

B

back up 057
back to back 152
bark at 292
bark up the wrong tree 034
be absent from 133
be absorbed in 217
be abundant in 216
be afraid of 192
be alarmed at 296
be all thumbs 379
be amazed at 296
be angry at 292
be anxious about 365
bear in mind 213
be ashamed of 194
be astonished at 296
beat out 246
beat around the bush 382
be at home in 302
be aware of 195
be away 348
be bad at 305
be badly off 127
be based on 106
be booked up 049
be bored with 310

be bound for 266
be brought to light 175
be burnt to death 165
be busy with 308
be capable of 195
be caught red handed 381
because of 181
be certain of 193
be charged with 314
be composed of 186
be concerned about 365
be concerned with 320
be connected to 172
be conscious of 195
be content with 309
be convinced of 193
be covered with 309
be cut out for 239
be dependent on 105
be desirous of 194
be different from 138
be disappointed at 295
be down 069
be dressed in 221
be drowned to death 165
be engaged in 218
be engaged to 172
be envious of 193
be equal to 167
be equipped with 309
be excellent at 305
be exposed to 151
be familiar to 161
be familiar with 317
be famous for 276
be fed up with 050
be filled with 310
be fond of 194
be founded on 106
be friendly with 317
be friends with 316
be frightened at 296
be frozen to death 165

be full of 310
begin with 312
be good at 305
be ignorant of 195
be independent of 182
be indifferent to 164
be inferior to 169
be in one's shoes 221
be interested in 217
be involved in 217
be jealous of 193
be keen on 103
be late for 266
be liable for 278
believe in 219
be loaded with 310
belong to 157
belt up 054
be made from 180
be made of 180
be made up of 186
be married to 172
be noted for 276
be notorious for 276
be on a diet 098
be on a trip 095
be on business 095
be on good terms with 318
be on strike 098
be on the brink of 083
be on the edge of 083
be on the point of 083
be on the verge of 083
be on vacation 095
be opposed to 168
be pleased with 310
be popular with 313
be possessed of 187
be prepared 268
be present at 302
be proud of 193
be quick at 305
be ready for 268

be related to 172
be renowned for 276
be responsible for 278
be rich in 216
be satisfied with 309
be sensitive to 163
be separated from 136
be shocked at 295
be sick of 187
be similar to 167
be sold out 258
be sorry about 364
be startled at 296
be starved to death 165
best of all 184
bestow A on B 085
be superior to 169
be sure of 193
be surprised at 296
be suspicious of 195
be taken in 205
be terrified at 296
be tired from 140
be tired of 187
be tired out 260
beware of 194
be weary from 140
be weary of 187
be well-known for 276
be well known to 161
be well off 127
be worn out 260
be worried about 365
be wrong with 311
bid farewell to 149
bind A to B 156
bit by bit 329
bite off more than one can chew 130
bite one's tongue off 130
bite the bullet 382
black out 259
blame A for B 274
blow off 125

찾아보기 395

blow up 054
blow one's own horn 382
blow out 261
boil away 346
boil down to 175
boil over 354
break down 067
break a leg 377
break down 067
break in 204
break into pieces 232
break out 240
break the ice 378
break up with 043
breathe out 241
bring about 362
bring up 028
bring on 362
brush up 045
buckle up 054
bump into 229
burn up 042
burn out 259
burst into 232
burst out 246
butter up 033
buy up 041
by 324
by accident 333
by all means 335
by and by 330
by and large 327
by birth 334
by chance 334
by credit card 333
by crook 337
by halves 326
by hook 337
by leaps and bounds 336
by mail 333
by means of 333
by mistake 335
by nature 334

by no means 335
by the book 336
by the skin of one's teeth 339
by the time 327
by the way 327
by way of 331

C

call a spade a spade 383
call at 081
call A up 026
call by 329
call it a day 383
call off 121
call on 081
call one's names 081
calm down 068
cancel each other out 249
care about 364
carry out 247
carry on 103
catch up with 058
change A into B 234
change up 060
cheat on the test 099
check out 248
check up 048
check in 206
check over 357
check up 036
cheek to cheek 152
cheer on 093
cheer up 031
chew over 355
clean out 239
clean up 039
clear A of B 201
clear off 123
clear up 047
cling to 152
close down 064
close to 160

cloud up 047
collect up 041
collide with 319
combine A with B 322
come about 362
come across 375
come by 330
come down with 308
come in 234
come into 234
come into effec 231
come on 099
come out 238
come over 353
come to nothing 173
come to onesel 173
come up 025
come up with 059
comment on 113
communicate with 316
compare A to B 167
compare A with B 321
compensate for 278
compete for 270
compete with 320
complain about 364
compliment on B 113
concentrate on A 102
confer A on B 085
confer with 321
confuse A with B 322
congratulate A on B 113
consist of 186
consult with 321
contribute to 159
convince A of B 200
correspond to 168
correspond with 317
count up 040
count on 105
cover up 047
crash into 229
cry at 292

cry one's eyes out 249
cure A of B 201
cut across 374
cut down 064
cut out 239
cut up 052
cut corners 383

D

dance to the music 150
dash off 117
date back to 145
day by day 330
day in and day out 378
decorate A with B 311
dedicate A to B 158
depart for 267
depend on 105
deprive A of B 200
derive from 140
describe to 148
devote A to B 158
die from 181
die of 181
die out 261
differ from 138
dine out 252
dismiss A from B 137
dispose of 192
distinguish A from B 138
divide A into B 232
do away with 347
down 062, 069
down in the mouth 379
drag on 093
draw a blank 379
draw up 055
draw on 105
dream about 364
dress up 044
drink up 037
drive away 343

drive off 116, 343
drive up 024
drop off 120
drop by 329
drop in 212
drop in on 212
drop in with 315
drop off 125
drop out 246
drop to one's knees 165
dry out 262
dry up 042
due to 161

E

ease A of B 201
eat up 037
eat one's heart out 250
eat out 252
end up 060
enter into 231
escape from 135
etc 100
exchange seats with 315
exclude A from B 134
explain to 148

F

face to face 152
face up to 170
fade away 346
fall back on 105
fall out with 320
fall to one's knees 165
far away 348
far from 134
feed on 104
feel at home 302
fight out 258
figure out 247
figure up 040

fill in 213
fill up 054
fill out 260
find fault with 311
finish up 040
fire away 342
first of all 184
fix up 049
fly away 343
fly in the face of 384
fly off 116, 343
focus on 102
follow in somebody's footsteps 384
for 264
for ages 279
for a long time 279
for a moment 280
for an age 279
for a while 280
for example 272
for fun 267
forgive A for B 275
for good 280
for instance 272
for lack of 277
for my part 281
for sale 096
for short of 277
for the most part 281
for the purpose of 271
for the sake of 271
for the time being 280
for want of 277
free of cost 182
from 132
from A to B 144
from now on 092, 139
from that time on 139

G

gather up 041
gaze at 291

get across 374
get down 070
get a head start 384
get along with 318
get a move on 103
get away 343
get wrong 386
get by 328
get cold feet 385
get in 203
get in the way 204
get off 116, 117, 343
get off the ground 118
get on 080
get one's own back on 089
get on one's nerves 089
get on with 094
get out 238
get out of hand 250
get over 352
get rid of 196
get the ax 385
get the picture 385
get to 153
get up 029
get wind of 386
give 284
give in 209, 210
give out 242
give up 038
give away 345
give birth to 156
give oneself to 158
give one's regards to 149
give one's right arm 386
give the game away 345
give way to 162
glance at 291
go after 368
go away 343
go back on one's word 090
go by 328, 329
go for 273

go off 116, 128, 343
go on a business 108
go on a diet 098
go on an errand 108
go on a strike 098
go on a vacation 108
go on one's hands and knees 076
go out 237
go out with 237
go over 356
go through the motions 387
go through the roof 387
go up 024
graduate from 133
grease one's palm 387
grow up 026

H

hand A down 067
hand in 209
hand out 242
hand in hand 224
hand over 353
hands down 063
hands up 025
hang up 035
hang by a thread 336
hang on 086
hang out with 318
happen to 153
have a big mouth 388
have a chip on one's shoulder 388
have a finger in the pie 388
have an effect on 102
have an impact on 102
have an influence on 102
have on 079
have to oneself 176
have it out 263
have nothing to do with 321
have second thoughts 389
have something to do with 321

have the upper hand 389
head for 267
heal A of B 201
hear about 364
hear from 139
hear of 189
hear out 258
help oneself to 155
hit below the belt 389
hit the book 390
hit the ceiling 390
hit the road 390
hold off 119
hold out 241
hold on 086
how about 365
hurry off 117
hurry up 051

I

I'm off now 129
impose A on B 085
in 202, 207
in addition 223
in advance 211
in a minute 227
in a moment 227
in any case 220
in any event 220
in a second 227
in a while 227
in back of 214
in cash 106
in charge of 226
in common 211
in comparison with 226
in contrast with 226
in fact 223
inform A of B 199
in front of 214
in general 219
in height 220

in length 220
in need 224
in need of 224
in particular 219
in place of 220
in principle 218
in public 219
inquire after 369
inquire into 230
in reality 223
ins and outs 390
in secret 219
insist on 101
in spite of 215
in spite of oneself 215
instead of 220
interfere in 204
in the black 225
in the end 225
in the face of 214
in the first place 224
in the long run 225
in the middle of 214
in the red 225
in the world 082
in this manner 223
in this way 223
into 228
introduce A to B 154
in truth 223
invite A to B 154
irrespective of 182
It's all up with me 060

K

keep down 069
keep A from B 141
keep in mind 213
keep an eye on 090
keep on 079
keep a straight face 393
keep away from 348
keep company with 316
Keep off the grass 125
keep on 103
keep out 252
keep something to oneself 173
keep to 152
keep to the right 168
keep up with 059
keep your hair on 090
kick off 121
kick the bucket 393
knock down 066
know by heart 334
know A from B 138
know of 190

L

laugh at 291
laugh in one's sleeve 391
laugh one's head off 131
lay off 120
lay up 031
lay by 326
learn by heart 334
leave for 267
leave for the day 391
leave out 254
let down 065
let off 120
let out 245
let go of 196
let on 087
let the cat out of the bag 249
let up 047
lie on your back 076
line up 044
listen to 150
listen up 053
little by little 329
live it up 033
live on 104
lock up 049
look after 370
look at 291
look up 029
look away 344
look back on 101
look down on 101
look for 268
look in on 212
look into 230
look on 100
look out 244, 261
look over 356
look up to 029
lots of 184

M

major in 218
make a fool of 196
make A into B 233
make an attack on 084
make up 055, 056
make both ends meet 225
make for 267
make friends with 316
make fun of 196
make off with 127
make out 262
make the most of 197
make up for 056
make up one's mind 057
make up with 043
make use of 197
match up 036
melt away 346
mess up 042
mix up 053
mix A with B 322
mix with 322
month by month 330
most of all 184
move away 343
move off 116, 343

move on 092
move up 033

N

name after 371
next to 160
nod off 125

O

object to 168
occur to 153
odds and ends 391
of 178
off 114
off and on 123
off duty 096
of one's own accord 186
on 072
on account of 109
on and off 123
on and on 092
on application 091
on asking 091
on behalf of 109
on board 088
once in a while 212
on credit 106
on display 097
on duty 096
one after another 368
on earth 082
one by one 331
on edge 082
on exhibi 097
on fire 095
on foot 076
on guard 095
on one's own 104
on one's way to 097
on pins and needles 088
on purpose 107

on record 108
on request 091
on sale 096
on television 094
on the basis of 107
on the decrease 097
on the ground of 107
on the house 088
on the increase 097
on the internet 094
on the job 096
on the move 098
on the radio 094
on the rise 097
on the run 098
on the scene 084
on the spot 084
on the whole 107
on time 080
open up 051
operate on 082
out 236, 251
out of breath 256
out of condition 256
out of control 254
out of date 255
out of fashion 255
out of hand 254
out of order 255
out of place 257
out of question 257
out of sight 255
out of stock 256
out of style 255
out of the question 257
out of use 256
over 350
over and over 355
owe A to B 155
owing to 161

P

pack up 046
part from 137
participate in 216
pass in 209
pass out 242
pass away 347
pass by 328
pass out 259
pay off 126
pay up 041
pick out 244
pick up 030
pick on 099
play a trick on 084
play off 123
play on 093
prefer A to B 169
prevail on 094
prevent A from B 141
pride oneself on 086
prior to 170
prohibit A from B 141
protect A from B 135
provide A for B 283
provide A to B 283
pull A down 066
pull in 206
pull up 027
pull over 354
pull strings 392
pull up one's socks 027
punish A for B 275
put down 070
put in 209, 211
put an end to 164
put off 119
put A on B 077
put aside 326
put up 046
put away 349
put in for 272

put on airs 078
put on a play 078
put on a white sheet 393
put one's foot down 068
put one's foot in one's mouth 392
put on weight 078
put out 253
put two and two together 392
put up at 046
put up with 058

Q

quarrel with 319

R

rain cats and dogs 122
reach out 241
read up 036
recover from 135
refer to 160
refrain from 141
regardless of 182
relieve A of B 201
rely on 105
remind A of B 199
remove A from B 134
replace A with B 312
reply to 148
rescue A from B 136
resign from 136
resort to 149
respond to 148
rest on 105
result from 139
result in 139
retire from 137
rid A of B 201
ride away 343
ride off 116, 343
right away 342
ring up 026

rob A of B 200
root out 240
root for 270
rule out 254
run across 375
run after 368
run away 344
run down 070
run for 270
run into 229
run out of 260
run over 353
run up 024

S

save up 031
say goodbye to 149
say hello to 149
say to 147
scold A for B 274
search after 370
search for 268
second to none 166
see about 361
see off 118
see out 245
see eye to eye 175
seek after 370
send A for B 269
send off 118
send out 241
send out 061
set about 362
set down 070
set off 126
set aside 326
set up 045
set out 252
settle down 071
sew up 048
shake hands with 315
share A with B 317

shed crocodile tears 377
shout at 292
shout to 293
show off 129
show up 044
shut down 064
shut off 130
shut up 048
side by side 326
sing to the music 150
sit down 063
sit for an exam 271
sit on the fence 089
sit up with 051
sleep on 093
smile at 291
speak out 245
speak away 342
speak ill of 190
speak of 189
speak to 147
speak well of 190
specialize in 218
speed up 025
spell out 263
stand up 050
stand by 325
stand for 269
stand off me 122
stand on one's hands 076
stand out 251
stand up 029
stand up for 269
stand up to 170
stare at 291
start up 052
start with 312
stay away from 345
stay on 092
stem from 140
step by step 328
stick out 241
stick out 251

stick to 152
stop A from B 141
stop by 329
straighten up 039
strip A of B 200
submit to 162
subscribe to 171
substitute A for B 273
succeed to 158
suffer from 140
sum up 040
supply A with B 313
switch on 081
sympathize with 319

T

take account of 197
take down 065, 070
take advantage of 197
take after 369
take in 205
take into consideration 230
take off 124
take out 243
take apart 372
take a rain chec 122
take A to B 154
take up 032
take away 344
take it out on 243
take off 116
take on 087
take over 354
take part in 216
take pride in 215
talk away 342
talk back to 147
talk down to 147
talk one's head off 131
talk over 359
talk to 147
talk to oneself 173

tear down 066
tear up 053
tell A from B 138
tell off 128
tell apart 373
tell on 112
ten to one 170
testify to 171
thank A for B 275
thanks to 161
the nuts and bolts 380
think about 364
think back on 101
think of 190
think over 355
think to oneself 173
throw A at B 293
throw A to B 293
throw up 038
tidy up 039
tie up 050
time after time 370
Time is up 060
to 142
to one's disappointment 174
to one's surprise 174
to some degree 145
to some extent 145
total up 040
total up to 166
to the minute 145
to the point 160
translate A into B 233
treat A to B 155
try on 079
turn down 063
turn in 209
turn A into B 233
turn on 081
turn out 240
turn to 143
turn up 044
two by two 331

two miles off 127
two years off 127

U

up 022, 035
up in the air 393
up to 026
use up 037

V

volume up 025

W

wait for 271
wait on 083
wake up 032
walk away 343
walk off 116, 343
walk up 024
warm up 052
warn about 364
wash out 238
wash up 039
watch out 244
what about 365
When it comes to 176
Where are you off to 129
with 306
with all 312
work out 248
work for 268
wrap up 043
write down 070
write up 036

Y

yell at 292
yield to 162

memo

학습 후기 글 모음

아래 학습 후기 글들은 고등학생, 대학생, 직장인, 일반인, 영어 강사 등 다양한 분들이 작성한 글로써 예스24, 인터파크, 알라딘, 교보문고와 같은 인터넷 서점의 구매 후기, 네이버 리뷰, 카페 후기, 개인 블로그에 남긴 글에서 일부를 발췌한 것입니다.

영문법쇼크와 전치사쇼크(=영숙어쇼크)를 각각 3회 독 완료해서 이번 시험에 대박을 낸 고등학생입니다. 쇼크잉글리쉬에서 받은 쇼크는, 감히 제 인생을 뒤흔들만했다고 해도 과언이 아닙니다. (kyunga20)

영어 숙어가 진짜 안 외워져서 구매하게 됐는데 정말 쇼킹입니다. 영문법쇼크도 나오면 참고해야겠어요. (리오넬주영)

한마디로 쇼크 하네요. 지금까지 봤던 책과는 차원이 다르군요. 중고생은 반드시 봐야 하는 책 같네요. 별점 100을 줘도 아깝지 않은 책입니다. (파트라슈)

영문법쇼크, 전치사쇼크(=영숙어쇼크)는 영어의 신세계를 보여주는 책입니다.
누구에게나 자신 있게 추천할 수 있는 책입니다. (mangoband)

지금까지 수십 권의 영어책을 봤지만 전치사쇼크만큼 유익하고 재미있는 책은 처음입니다.
새로운 영어 숙어 세계로 빠져드는 흥분을 감출 수가 없군요. 영어를 포기했거나, 숙어 때문에 고통스러운 분들에게 이 책을 강력하게 추천하고 싶습니다. (ksk***)

쇼크 시리즈는 단언컨대 영어 혁명입니다. (jungmoon0528)

영어 숙어 지긋지긋 했는데 한 번에 해소 해주는 책입니다. 다른 책과는 비교 자체가 되지 않는 책입니다. 강추합니다. (endnf***)

전치사쇼크 정말 전치사에 대해 충격적이네요. (GOLDbook)

오랜만에 가본 교보문고에서 보고, 이건 정말 괜찮겠는데 싶어 집에 오자마자 구매한 책.
그렇게 큰 기대를 하지 않고 보기 시작했는데 세상에!! 세상의 모든 영문법을 공부하고자 하는 사람들은 반드시 보라고 절대 추천해 주고 싶은 책이다. 절대 강추 한다. (flower)

영어를 포기한 사람들도 전치사 쇼크(=영숙어쇼크)를 보면 영어에 흥미가 생길 겁니다. 숙어집을 소설책 읽듯이 읽는다는 것은 색다른 경험이었습니다. 저자가 영어혁명이라고 말하는데 혁명이라고 할 만합니다. (gksk2***)

이 책 한 달 만에 끝냈습니다. 더 이상 설명이 필요한가요. 아마 대한민국 숙어책 중에서 최고봉입니다. 주위 사람들에게 추천해서 다들 구매했는데 이런 책을 발견해 알려줘서 고맙다고 합니다. (edwin0***)

숙어 공부에 매우 유익한 책입니다.
또한 영문법 공부에도 아주 많은 도움이 되고 있습니다. (red7***)

책을 읽다 보면 공부한다는 개념이라기보다는 무언가 영어를 체계화해나가는 느낌? 영어를 원어민의 사고에서 생각하려고 노력하다 보니 언어를 공식을 통해 간접적이 아니라 직접적으로 배운다는 느낌이 듭니다. (pj78***)

오늘부로 영문법 쇼크 1권 2권을 모두 읽고서 리뷰를 남길 충분한 이유가 있는 책인 것 같아서 소감을 적어 봅니다. 1장에서 7장까지 개념을 충분히 정리할 수 있도록 많은 페이지를 할당하여 자세하게 설명하고 있고 이해하기가 아주 편리하였습니다. 저자가 얼마나 공을 들여 연구하며 만들었는지 책을 읽고 정리하면서 느낄 수 있었으며, 자녀들에게 추천하고 싶은 책입니다. (hcom)

전치사 쇼크가 신선한 충격을 주었는데 영문법 쇼크는 비교가 되지 않는군요.
미래시제는 없다, 분사구문은 없다... 하나하나 영어의 역사와 논리성에 근거를 두고, 놀라지 않을 수 없습니다. 기존의 영문법 책에서는 찾아볼 수 없는 내용으로 채워져 있습니다. 무엇보다 시제 부분은 온몸에 소름이 돋을 정도였습니다. (fksaus)

쇼크시리즈는 단언컨대 영어 혁명입니다. (jungmoon0528)

영문법쇼크! 해리포터 이후에 이렇게 기다려본 책은 처음이네요~ (kieunaa)

그동안 영어는 저에게 평생 동안 극복해야할 대상처럼 느껴졌습니다.
그러던 차에 쇼크시리즈를 보았습니다. 정말 새로운 세상을 만난 기분이었습니다. 과거에는 그대로 패스했던 많은 문장이 눈에 들어오기 시작했습니다. 파이낸셜타임즈도 단어가 어려워서 그렇지 눈에 쏙쏙 들어오네요. (qm7172)

제가 이 책들을 이렇게까지 극찬하는 이유는 이 학습서들이 보여주는 다음과 같은 특징들 때문입니다.
첫째, "이것이 영어이고 문법이고 규칙이다!"가 아닌, 왜 그런 것이고 왜 그렇게 사용하는 것인지에 대한 내용이 이 책에는 들어있습니다.
둘째, 이 책에는 영어권 사람들의 사고방식이 묻어있습니다. 그렇기에 많은 분에게 추천을 드려봅니다. 좋은 것은 나눌수록 더 좋은 것이니깐요. 더 적고 싶은 장점이 많지만.. 저는 이만 글을 마무리를 짓고, 영어 공부에 몰두하겠습니다. (gaamjaa)

전치사 쇼크(=영숙어쇼크)를 구매하고 영단어 쇼크도 기다리다가 구매했습니다.
이해를 바탕으로 하면 장기기억이 가능하기 때문에 효율적입니다. 이렇게 모아모아 보니 기억의 연결이 되어 확실히 효율적인 것 같습니다. 날마다 날마다 쇼킹하게 보고 있습니다. (fofomin)

저는 미국 뉴욕에서 대학교를 다니고 있는 한 학생입니다.
제가 미국에서 직접 쇼크시리즈 전권을 구매할 정도로 저에게 있어서 정말 가치 있는 책입니다.
한마디로 말하자면 정말 이 책이 한사람의 인생을 바꿀 수도 있다고 생각합니다... 이런 책이 왜 제가 더 어릴 적에 없었는지 아쉬울 뿐이네요... (kodw0402)

선생님의 말씀처럼 무작정 암기하듯 공부해오던 것이 너무나 비효율적이었다는 것을 알게 되어, 머릿속으로 맑은 공기가 시원하게 들어오는 것 같았습니다. 정말 반갑고 고마운 책으로 강력추천 합니다. (jssart)

영문법쇼크도 그랬지만 암기를 하라는 것이 아니라 왜 그랬는지 설명을 해주다 보니 그냥 계속 반복해 읽기만 해도 이해를 기반으로 하는 암기가 됩니다. 아무리 칭찬해도 부족할 만큼 놀랍도록 체계적이고 유기적으로 구성된 정말 잘 만들어진 교재입니다. 영어공부가 즐겁고 재미있어집니다. ^^ (munne)

지금까지 숙어들을 무조건 암기해왔지만 효율적이지 못했습니다. 무엇보다 이 책의 장점은 숙어가 왜 그런 내용으로 해석이 되는지 이해할 수 있도록 해준다는 것입니다. 강력 추천합니다! (gluestuck)

전치사쇼크. 정말 좋은 책입니다. 영문법 쇼크를 읽고 구매한 책입니다. 무조건 외우기를 권하기보다는 이해를 시키고 있으므로 기억에도 오래 남습니다. 잘 구매했다고 생각합니다. (starcloud90)

왜 2013년에 나온 거죠?? 좀 빨리 나오지. ㅜㅜ 이렇게 좋은 책이 있을 줄은 몰랐네요...
책은 약간 비싸다고 생각할 수도 있지만 그만큼 값어치를 하는 책입니다. 서점에서 여러 가지 책을 보다가 이 책을 봤는데 딱 보고 좋다는 말이 나오더군요. (ujooseno)

저자 자신의 오랜 정성이 엿보이는 책입니다.
언어의 역사적 배경과 기원에 대한 설명을 읽는 것이 무작정 백번 외우는 것보다 낫더군요. 우리가 영어를 못하는 것은 머리나 노력 부족 탓이 아니라 일본식 문법 때문이라는 데 적극 동의합니다. 이 책 강추합니다!!! (superhans)

그동안 이해되지 않던 영문법이 드디어 정리가 되고 있습니다. 제가 그동안 뭘 공부했었나 싶네요. ㅠㅠ 지금이라도 이 책을 만나서 다행인 것 같아요. 영문법이 이해 안 되고 개념이 잡히지 않으시는 분들께 강추에요. 너무도 감사드리는 마음에 처음으로 리뷰 남겨봅니다. ㅠ (xjfjqm)

개인적으로 정말 괜찮은 기본서 또는 그 이상의 책이라고 생각합니다.
내용은 탄탄하면서도 표현은 적절했고, 무언가를 일깨워 주는 그런 책이었다고 말씀드리고 싶네요. 기본서 그 이상의 효과를 기대할 수도 있는 책입니다. 학습하면서 그간 저자분의 많은 노고와 노력이 느껴졌습니다. (mys3592)

이 책은 a -> b 그래서 -> c가 되는 과정을 논리적으로 자세히 그리고 알기 쉽고 흥미롭게 쓰여 있습니다. 저는 앞으로 영어문장을 접하면서 전치사 부분이 나올 때마다 그에 해당되는 전치사쇼크의 페이지 부분을 찾아보려합니다.
오늘 아침에도 right away가 들어있는 문장을 접하게 되고 away가 잘 와 닿지 않아 전치사쇼크 314p를 참고했습니다. 절대 잊혀지지 않을 것 같네요^^: (oo**8181)

영문법 책인데 영어의 역사로 시작하는 게 신선했다.
중고등학교 시절을 통틀어 완독한 영문법 책은 이게 처음이다. 외국어가 암기영역의 학문인 건 분명하지만 이유도 모르고 무작정 외우는 것보다는 왜 그런지 이유를 알고 외우는 건 하늘과 땅 차이다. (ma**ngnet)

발행되자마자 서점에 전화하면서 구입했는데....
진짜 너무 궁금해서 바로 나오길 기다렸고, 진짜 늘 충격을 줍니다. 출간되자마자 전치사 편부터 팬이 되어서 그냥 시리즈는 항상 소장하려 합니다.
내용은 어느 책을 비교해도 충격적이며 신선합니다. 진짜 적극 추천입니다. 서점가서 확인하시고 읽어보세요. 바로 데려오고 싶은 아이니까요. 영어 공부하는 분에게 반드시 추천할 겁니다. (ei**2)

이 책을 읽고, 여태껏 샀던 모든 영문법에 관한 책을 버리고 싶어졌다.
책을 읽으면서 개념을 잡아갈 수 있었다. 진심으로 읽으면서 저자에게 감사했다. (sujin83819)

전치사쇼크! 영어를 포기한 사람들에게 강추합니다. (rlatjdrnr)

책 하나에 이렇게 흥분되고 충격받기는 처음입니다.
어려운 것을 너무 쉽게 설명해서 놀라고, 안 외워도 되어서 놀라고, 아무도 가르쳐 주지 않은 내용에 놀라고, 또 놀라고. (rlatjddyd)

책 내용을 읽기 전에는 책 제목을 의심했지만, 지금은 공감이 됩니다.
지금까지 수많은 영어책을 읽어왔지만 이렇게 재밌게 드라마처럼 술술 읽어나간 책은 이 책이 처음이네요. 그만큼 큰 도움을 준 책이었습니다. (truebible)

시제와 과거분사, 현재완료 이론은 **아주 획기적임**. (mellisaflow)

살까 말까 망설이다가 사서 읽게 되었다. **안 읽었으면 정말 후회할 뻔했다.**
영어를 쉽게 이해하지 못한 게 원인이라 생각하는 데 그 걸림돌이 된 것들을 많이 없애준 고마운 책이다. (dolphin)

학생들은 물론 영어 선생님들에게도 가르침을 줄 수 있는 책이다. 기존 책들에 비해 설명이 논리적이고 이해하기도 쉬워 나로서는 배운 것이 정말 많은 '**보물**' 과 같다. (mee.ch)

이 책 한번 읽어보시오. **돈 값하는 책**이요. (anonymously)

전치사쇼크를 보고 **놀라움**을 금치 못했는데 영문법 쇼크는 **차원이 다르네요**. 특히 시제 부분은 상상을 뛰어넘는군요. 대단합니다. (rlatjddyd)

영문법에 한 획을 긋는 책이라고 봅니다. 70페이지를 넘어가고 있는데..
놀랍고도 놀랍습니다. 배우는 영어가 무엇이 잘못되었는지 역사적으로 논리적으로 완벽하세 설명해 놓았습니다. 내가 배운 영어 공식들이 엉터리임을 인정하지 않을래야 않을 수 없습니다. (이 임호)

가히 **혁명적인 책**이라고 해도 과언이 아닙니다.
책 한 권에 이렇게 흥분할 수 있을까.. (rlatjdrnr)

전치사 쇼크, 영문법 쇼크에 이어 영단어 쇼크가 나왔길래! 당연히 구입하였다.
어근과 그 뜻이 상세히 나와 있어서 최소 3번 이상만 읽었다면, 단어가 나뉘어 보이고 정말 유추라는 것을 할 수 있다. **계속 보면 외워져서 외워짐의 효과..** (모든자유와속박)

영단어쇼크! 전치사쇼크 만큼 기대가 큽니다.
첫 장의 구절처럼 인생이 바뀔 수 있는 책이 되었으면 좋겠네요. 이제 열심히 공부하면 어휘력이 쑥쑥 올라가겠죠. ㅋㅋㅋ (소천)

믿고 보는 정형정님 영어 도서 시리즈!!
영문법 쇼크1, 2에 이어 전치사 쇼크에 **너무 감동**받은 나머지 주저 없이 선택한 영단어쇼크까지...!! 후회 없는 선택이라 말씀드리고 싶네요.
쇼크 시리즈를 반복해서 공부하다 보면, 영어 전체에 대한 맥을 잡으면서, **영어에 대한 자신감**을 가지게 될 것이란 기대감이 생깁니다. 그런 희망으로 영어 공부에 임할 수 있게 해주신 정형정님께 깊은 감사를 표합니다. (한아미)

좋은 책을 만나면 기분이 좋아집니다. 오래간만에 괜찮은 영어교재를 만났습니다.
"전치사 쇼크" 아직 어린 조카들이 중학생이 되면 영어교재로 선물해주고 싶은 책입니다. (http://blog.naver.com/nanahaus)

이 책은 **제목처럼 쇼킹**했습니다.
다른 문법책들을 볼 때마다 너무도 많은 예외 상황에 이건 아니다 싶은 것이 많았는 데 이 책을 보고 나면 지금까지 우리가 배운 문법이 얼마나 엉터리인지를 알 수 있게 됩니다. 아무튼, 꼭 읽어볼 만한 책이었습니다. (http://mauida.blog.me)

그 문장의 뜻이 왜 이런 뜻일 수밖에 없는지에 대한 자세한 설명 그리고 충분한 예문까지 나와서 **정말 1석 3조 이상의 효과**를 나타내며 보기만 해도 자체 반복이 되니 외워질 수밖에 없게 만들어 놨다. 혹시 구매를 망설이는 사람들이 있다면 꼭 구매하길 바란다. (바티칸님의 마이 북피니언)

자연스러운 회화를 원하는 저에게 **미국에서 유학 갔다 온 친구가 추천해준 책** 중 하나입니다. 여러 책 중 이 책이 가장 와 닿았던 것은 예시로 나온 문장들의 단어 수준이 일반인도 접근하기 편했다는 점. 책 읽듯이 한번 죽 읽어봐도 좋다는 점. 정말 짧은 문장으로 표현을 할 수 있다는 점. 회화책은 아니지만 예시만 잘 외워도 회화 실력은 충분히 늘 수 있습니다^^. (http://blog.naver.com/100vely)

이 책은 적어도 '**이해를 기반으로 한 암기**'를 하게 해준다.
또한 전치사 자체의 의미뿐만 아니라, 그 의미가 탄생하게 된 배경 등을 영미권 역사를 통해서 쉽게 **알려준다**는 점에서 좋은 책이다. (http://blog.naver.com/abideasd)

책을 읽는 내내 "아하, 그렇구나!"라는 **감탄**을 여러 번 하게 되었습니다. 영어를 공부하는 사람이라면 꼭 읽어보면 좋을 책으로 적극 추천합니다.
책을 만드신 저자분에게 감사의 말씀을 드리고 싶네요.^^ (http://blog.naver.com/leemagma)

봐도 봐도 애매한 전치사를 조금 더 정확하게 들여다볼 수 있습니다. **제가 가르치는 학생들에게도 유용하게 쓸 수 있을 것 같네요.** 전치사에 대해 자세히 알고 싶으신 분들 추천합니다. ~ ^^
(http://macherta.blog.me)

이과생인 나에게 영어란 그냥 못 알아 듣는 남의 말이었습니다. 찾다 찾다 찾은 게 이 책입니다. 아직 읽고 있는 중이지만 뭔가 해답을 찾은 거 같은 느낌이 막 듭니다. 열심히 막 읽고 싶은 책입니다. 내 아이와 영어공부에 대해 말해줄 수 있는 그 날까지 열심히 해보렵니다. (wjstjf4)

막막해진 경험. 영어 공부를 한 사람들은 많이들 겪어보지 않았을까 싶다. 이 책은 나처럼 전치사가 알쏭달쏭한 사람들에게 유용한 책이다. 통상적인 영어책보다는 훨씬 도움이 되었다. 통상적인 영어책을 공부하는 것보다는 훨씬 더 효과적인 습득이 가능했다. 상당 부분 이해할 수 있었고, 그래서 더 많이 기억에 남는다. (포지)

영어권 사람들의 시각이 얼마나 단순하고 명확한지를 잘 알아내어 영문법을 통해 설명하고 제대로 된 영어에 대한 시각까지 알려주고 있어서 아주 유익한 책인 것 같다. 공식처럼 외우려는 우리 영어의 잘못된 인식을 깨우는 좋은 학습서인 것 같다. (comet7s***)

원서들 중 전치사, 사전, 이디엄 책들도 굉장히 다양하지만... 솔직히 영문법서보다 훨씬 어렵고 너무 영어로 되어있어 그 의미파악을 하기가 너무 힘들어 한국어 책을 찾게 되었는데 그 완결판이 바로 이 전치사 쇼크라는 것이다. 영어자체를 잘하고 싶으면 꼭 구매하길 바란다. (vatican1***)

영어가 생긴 역사부터 설명이 되어있어 정말 영어랑 멀게만 느껴졌던 저도 쉽게 이해 할 수 있게 돼 있어요. ㅋㅋ 덕분에 토익 공부하는 중에도 전치사 부분에 자신감이 생겼네요. ㅎ (thdrudtjr***)

정말 쇼크! 편하게 읽으면서 외우려고 안 해도 기억에 오래 남는 책. (eu6***)

영문법 쇼크를 사서 읽고 감명받아서 같이 샀는데 이 책도 정말 좋더라고요.
외우려고 노력하지도 않는데 어휘력이 늘어있는 듯한 느낌? ㅎㅎ (jini***)

친구를 기다리면서 그냥 뒤적거리다가 만난 책이 전치사 쇼크입니다.
아무 생각 없이 읽어 나갔는데 계속 읽고, 있고 있더군요. 저자의 언어적인 감각이 탁월하다는 생각밖에 들지 않았습니다. 상상을 뛰어넘는 책이었습니다. (dongkun9***)

직장인인데 읽어보니 제 인생에 도움이 될 만 한 책인 듯하네요. (dail***)

영어 항상 어렵게만 생각한 왕초보자인데요.
이 책은 정말 쉽고 쏙쏙 들어 와여. 영어 공부하실 분 강력 추천 드려요! (go***)

많은 영문법 책을 보았지만 대부분 그 책이 그 책..
제가 궁금했던 모든 것을 설명해 주네요. 처음부터 끝까지 눈을 뗄 수 없을 정도.. 이런 책을 만났다는 것이 너무나 저에겐 너무나 큰 행운입니다. 한 권의 책으로 이렇게 흥분하기도 처음입니다. (swpotat***)

서점을 돌다가 영문법쇼크2를 보고 말 그대로 쇼크를 받아 사게 되었는데 1권이 있다 길래 1권도 샀습니다. 앞으로도 좋은 책 많이 써주세요! 감사합니다. (jini***)

내가 시제를 이렇게 몰랐던가 싶은 게... 그동안 암기한 건 뭔가 싶고..ㅋㅋ
하여튼 공부하는 것 같지 않고 호기심에 금방 읽게 되더라고요.. 잘못 알고 있는 걸 고치는 건 상당히 신나는 일이네요~ ㅎㅎ (jake1***)

기존 영문법과는 전혀 다른, 가히 혁명적이라고 할 만 합니다. 특히 시제부분.. (fks***)

전치사쇼크. 나 혼자만 보고 싶은 책입니다^^ (jodohy***)

강추합니다. 그동안 영어 공부하면서 이상하게 느껴졌던 점들.. 시원하게 다루고 있습니다. (taleshuije***)

시험대비용으로 빠르게 어휘를 학습할 수 있게 도움이 되는 것 같아요.
아는 단어가 많을수록 시험에 큰 도움이 되겠죠. (3028a***)

영어시험에 대비할 수 있게 구성되어 있어서 도움이 많이 될 것 같습니다.
필요한 핵심 단어들도 단시간에 익힐 수 있을 것 같아요! (tory1***)

전치사쇼크(=영숙어쇼크) 읽고 정말 쇼크 받아서 영단어도 구매해 봅니다. (SUN***)

memo